作者近照

戴相龙，1944年11月生，江苏省仪征市人。著有《领导干部金融知识读本》、《戴相龙金融文集》等著作。

1985年8月至1990年，任中国农业银行副行长。1990年至1993年7月，任交通银行总经理、副董事长、党组书记兼中国太平洋保险公司董事长。1993年7月至1995年5月，任中国人民银行副行长、党组副书记。1995年6月至2002年12月，任中国人民银行行长、党委（党组）书记，期间2001年6月任中央金融工委副书记。2002年12月至2007年12月，任天津市市长、天津市委副书记。2008年1月，任全国社会保障基金理事会理事长、党组书记。

戴相龙是中国共产党十四届中央候补委员，十五届、十六届、十七届中央委员。

戴相龙 天津工作文集

TIANJIN GONGZUO WENJI

戴相龙　著

中国金融出版社

责任编辑：何　为
责任校对：刘　明
责任印制：裴　刚

图书在版编目（CIP）数据

戴相龙天津工作文集（Daixianglong Tianjin Gongzuo Wenji）/戴相龙
著.—北京：中国金融出版社，2010.10
　ISBN 978 - 7 - 5049 - 5546 - 3

　Ⅰ.①戴…　Ⅱ.①戴…　Ⅲ.①地区经济—经济发展—天津市—文集
Ⅳ.①F127.21 - 53

中国版本图书馆 CIP 数据核字（2010）第 115420 号

出版
发行　　中国金融出版社

社址　　北京市丰台区益泽路 2 号
市场开发部　　（010）63272190，66070804（传真）
网 上 书 店　http://www.chinafph.com
　　　　　　　（010）63286832，63365686（传真）
读者服务部　（010）66070833，62568380
邮编　100071
经销　　新华书店
印刷　　天津银博印刷技术发展有限公司
尺寸　　169 毫米 ×239 毫米
印张　　30
字数　　362 千
版次　　2010 年 10 月第 1 版
印次　　2010 年 10 月第 1 次印刷
定价　　80.00 元
ISBN 978 - 7 - 5049 - 5546 - 3/F. 5106
如出现印装错误本社负责调换　联系电话（010）63263947

自 序

2002 年 12 月 30 日，我离开工作近十年的中国人民银行到天津工作，直到 2007 年底任期结束回到北京。这五年，虽然只占我职业生涯的九分之一，但却是我一生最为难忘的岁月。这五年，我们国家发展变化很大。以胡锦涛同志为总书记的党中央，在继承和发展党的三代中央领导集体关于发展的重要思想基础上，提出和落实以人为本、全面协调可持续的科学发展观，我国改革开放再上新台阶，国内生产总值年均增长 10.6%。这五年，天津的发展突飞猛进，经济年均增长 15%。党中央、国务院把滨海新区开发开放纳入国家总体发展战略，将天津定位为北方经济中心，为天津的振兴提供了千载难逢的历史机遇。我能在这个重要时期到天津工作，实在是一大幸事。这五年，在天津市委、市政府领导下，我以"明大义、办实事、当公仆"自勉，依法行政，尽心尽责，在制定城市规划、发展现代交通、推进金融改革、争取和建设重大项目、改善民生等方面做了我应该做的工作，取得一定成绩，这主要归功于市委领导和市政府集体的努力，归功于天津广大干部和群众的长期奋斗。

2008 年初，我调到全国社会保障基金理事会工作，许多同志建议我把在天津工作时期的一部分有特色的讲话和署名文章整理出版，我采纳了这个建议。我也想借这本书记录天津市干部、群众加快改革开放和现代化建设的奋斗历程，用以感谢天津广大干部和天津市民对我在市政府工作的信任和支持。这本书以学习和落实科学发展观为指导，以推进滨海新区开发开放为主线，以市政府依法行政实践为基础，集中编选了我在九个方面的工作文稿。为了与前不久出版的《戴相龙金融文集》相衔接，我将此书定名为《戴相龙天津工作文集》。谨以此书感念同我日夜奋斗的领导和同事们，也权作为序。

二〇一〇年十月

目 录

深刻理解国家区域发展战略
加快推进滨海新区开发开放

（2006 年 6 月 16 日）

今年 5 月 26 日，国务院以国发〔2006〕20 号文件，颁发了《国务院关于推进天津滨海新区开发开放有关问题的意见》（以下简称《意见》）。我们要认真学习贯彻《意见》，深刻理解党中央、国务院关于推进滨海新区开发开放的重大意义，深刻理解滨海新区开发开放的指导思想、重要原则、功能定位和主要任务，深刻理解把滨海新区建成国家综合配套改革试验区的基本要求和改革重点，努力增强战略意识、责任意识和创新意识，抓住机遇，乘势而上，掀起滨海新区开发开放新的热潮，为促进区域经济振兴、为全国发展作出贡献。

一、推进滨海新区开发开放，是党中央、国务院从全局出发做出的重要战略部署

《意见》一开始就明确了推进滨海新区开发开放的深远意义，

注：本文根据戴相龙同志在市政府机关干部学习贯彻《国务院关于推进天津滨海新区开发开放有关问题的意见》动员大会上的辅导报告整理。

指出"推进天津滨海新区开发开放是在新世纪新阶段,党中央、国务院从我国经济社会发展全局出发做出的重要战略部署"。对此,我们可以从三个层次来学习理解。

(一)进一步推进天津滨海新区开发开放,已具备良好条件和基础

国务院在《意见》中,充分肯定建设滨海新区已经取得很大成绩,充分肯定把推进滨海新区开发开放纳入国家发展战略已有较好基础。在《意见》的第一部分先后提到,"经过十多年的开发建设,滨海新区已经具备了进一步加快发展的条件和基础"。"经过十多年的发展,滨海新区的综合实力不断增强,服务功能进一步完善,是继深圳经济特区、浦东新区之后,又一带动区域发展的新的经济增长极。"天津毗邻首都,有中国北方第一大港,有现代工业基础,还有1000多平方公里盐碱地可供工业和生态建设,这在中国其他沿海城市是没有的,在世界上也少见。2005 年,新区生产总值达到1609亿元,近 20 年年均递增 20.6%,占全市的比重达到 43.9%;外贸出口占全市的比重达到 67.5%;累计实际利用外资 159 亿美元,世界 500 强在新区投资了 152 家企业。新区已成为我国沿海最具发展活力和投资热点地区之一。

(二)进一步推进滨海新区开发开放,是党中央、国务院经过深思熟虑作出的重大决策

早在 1986 年,邓小平同志视察天津时就高瞻远瞩地指出:"你们在港口和市区之间有这么多荒地,这是个很大的优势,我看你们潜力很大。可以胆子大点,发展快点。"从 1998 年开始,天津市人大代表、政协委员多次在全国人大和政协会议上提出,建议把天津滨海新区作为国家级新区。1999 年和 2000 年,江泽民、胡锦涛等中央领导同志先后视察滨海新区,并作出重要指示。党的十六届五中全会召开前夕,2005 年 10 月 1 日,胡锦涛总书记再

次亲临滨海新区视察，对规划建设好滨海新区提出五项要求，要"把科学发展观落实到开发建设的整个过程和各个方面，不断增强创新能力、服务能力和国际竞争力"。2004年11月24日，温家宝总理在全国政协上报文件中批示"规划和建设好天津滨海新区，不仅关系天津的长远发展，而且对于振兴环渤海区域经济有着重要作用"，要求国家发改委在制定"十一五"规划时予以统筹考虑。2005年3月6日，温家宝总理参加了全国人代会天津代表团的讨论，对规划和建设滨海新区提出要求。6月26日，温家宝总理率领十六个国家部委主要负责同志到滨海新区视察，明确了新区开发开放的指导思想、功能定位、发展目标和主要任务。2005年10月，党的十六届五中全会通过的《中共中央关于国民经济和社会发展第十一个五年规划的建议》和2006年3月十届全国人大四次会议通过的《政府工作报告》及《国民经济和社会发展第十一个五年规划纲要》都明确指出，继续发挥经济特区、上海浦东新区的作用，推进天津滨海新区开发开放，带动区域经济发展。在这之后的三个月时间里，温家宝总理连续多次召开国务院常务会议，讨论天津及滨海新区的有关问题。3月22日，审议并原则通过天津城市总体规划，进一步突出了天津市的地位和作用，要把天津建设成国际港口城市、我国北方经济中心和生态城市。4月26日，审议并通过了《关于推进滨海新区开发开放有关问题的意见》，批准滨海新区为全国综合配套改革试验区。5月17日，决定将空客A320系列飞机总装线项目落户天津。5月18日，胡锦涛总书记主持召开中共中央政治局常委会议，讨论并原则同意国务院提出的关于推进天津滨海新区开发开放有关问题的意见，并就推进滨海新区开发开放作出重要指示。5月30日，曾培炎副总理受胡锦涛总书记和温家宝总理委托，代表党中央、国务院在天津召开由国家二十四个部门领导同志参加的推进滨海新区开发开放工作座谈会，向全国、全世界宣布进一步开发开放天津滨海新区。在不到一年的时间里，党中央、国务院连续有七次会议专门审定或涉及审定一个地区的长远发展，在历史上确实是少见的。这充分表明了党中央、国务院对滨海新区开发开放的高度重视和深思熟虑，充分说明做出这一战略决策，不只是支持一个地区的发展，而是实施国家发展战略。

（三）进一步推进滨海新区开发开放具有重大意义

认识推进滨海新区的战略意义，要站在树立和落实科学发展观的全局和高度，要树立世界眼光，从参与经济全球化、协调区域发展和创新区域发展模式三个方面去理解。

一是推进滨海新区开发开放，有利于提升京津冀、环渤海地区的国际竞争力，更好地参与经济全球化和区域经济一体化。

所谓经济全球化，是指由于现代交通、通信事业的发展，使商品、资金、人才、技术等按国际规则跨国流动，跨国公司已在全球经济发展中发挥主导作用。经济全球化有利于发挥各国的比较优势，从长远看对各国和全球发展都有利。但是，由于发达国家有技术、资金优势，经济全球化也扩大了国家发展的差别。因此，我国提出在经济全球化中要维护发展中国家利益。改革开放27年来，我国经济年均增长9.4%。2005年外贸进出口高达1.4万亿美元，累计吸引外资6000多亿美元。目前，外汇储备已接近9000亿美元。今后五年，我国进口货物将超过4.5万亿美元。以上说明，我国积极参与经济全球化，不但促进了国内发展，也为全球经济发展作出了贡献。

经济全球化通过区域经济一体化来体现。区域经济一体化的实现形式是自由贸易区，就是取消对进出口关税和数量的限制。自由贸易区有两种形式，其一是指在国家内部设立的某种类似自由港的经济特区；其二是国家与国家之间通过签订自由贸易协定、经济贸易条款等来实现。近几年，自由贸易区也走向了联合发展。2005 年，欧盟内部的自由贸易已相当于欧盟全部贸易量的 60% 左右，北美自由贸易区内部贸易也占北美全部贸易量的 40% 左右。中日韩之间尚未实行自由贸易。2005 年中日韩外贸进出口总额 30785 亿美元，其中，中日韩之间的进出口贸易额为 4000 亿美元，比 2000 年增长 1.16 倍，占总贸易量的 13%。目前，我国正在积极推进与有关国家建立自由贸易的谈判。

国务院在《意见》中指出，天津滨海新区位于环渤海地区的中心位置，内陆腹地广阔，区位优势明显，产业基础雄厚，增长潜力巨大，是我国参与经济全球化和区域经济一体化的重要窗口。大连、青岛等环渤海湾城市与日韩等国经济联系也十分密切。推进天津滨海新区的开发开放，促进这一地区加快发展，可以有效地提升京津冀、环渤海地区的对外开放水平，使这一地区更好地融入国际经济，释放潜能，增强竞争力，促进东北亚和全球其他地区的发展。目前，天津港货物吞吐量的 70% 以上来自周边省市，口岸进出口总值的 55% 来自腹地，新区已成为我国北方扩大对外开放的门户。天津作为中日韩十城市经济联合会制造业部会主干事城市，正在积极推动东北亚地区制造业之间的联合与发展。

二是推进滨海新区开发开放，有利于区域经济协调发展。

我国实行统一的社会主义市场经济。但是，我国地域辽阔，东中西部发展基础不同，因此必须实施区域协调发展战略。一方面推进东中西部协调发展，另一方面要继续推进东部开发开放，发挥带动作用。党和国家历来十分重视统筹东部沿海区域经济发展。20 世纪 80 年代，开发开放深圳经济特区，带动了"珠三角"地区的发展。这一地区主要包括广州、深圳等九个城市，2005 年，生产总值达到 1.81 万亿元，占全国的 9.2%；实际利用外资 116 亿美元，占全国的 19%；进出口 4110 亿美元，占全国的 29%。90 年代，开发开放上海浦东，带动了"长三角"地区的发展。这一地区主要包括上海、南京、杭州等十六个城市，目前已成为全球第六大城市带，2005 年生产总值达到 3.38 万亿元，占全国的 17.2%；实际利用外资 263 亿美元，占全国的 44%；进出口 5025 亿美元，占全国的 35%。在我国东部沿海三大区域经济中，环渤海地区面积最大、人口最多，包括五省二市，生产总值约占全国的 30% 左右。环渤海地区可分为京津冀及其右翼山东半岛、左翼辽东半岛三部分。其中京津冀城市群由北京、天津和河北八个城市组成，2005 年地区生产总值达到 1.8 万亿元，占全国的 9.3%；实际利用外资 90.5 亿美元，占全国的 15%；进出口 1926 亿美元，占全国的 14%。到 2005 年底，"珠三角"、"长三角"和京津冀这三大经济圈生产总值占全国的比重达到 35.8%，实际利用外资和进出口总额分别占全国的 78%。但总体上讲，这三大经济区域发展还不够平衡，京津冀、环渤海地区在许多方面发展相对滞后。加快环渤海地区的发展，同样需要一个像深圳特区和上海浦东新区那样的战略启动点。滨海新区有吞吐量名列世界第九位的港口，有综合考核指标多年名列全国第一的经济技术开发区，有中国北方最大的保税区，有丰富土地等资源和先进制造业，有背靠京津两个直辖市的广大腹地。中央选择滨海新区担负起这个历史重任，必将有力地服务和带动京津冀和环渤海地区经济振兴。

国务院在《意见》中提到，滨海新区是继深圳经济特区、浦东新区之后，又一带动区域发展的新的经济增长极。增长极是区域经济的概念。所谓经济增长极，就是指区域经济发展的龙头。定位增长极，不仅要看经济总量，更要看服务功能和战略地位。增长极在区域经济增长中处于中心地位，是引领和带动区域经济发展的"发动机"。经济增长极这个提法，在国家正式文件中出现还是第一次。过去，国务院领导同志讲的"三个增长极"是指"珠三角"、"长三角"和"环渤海"。这次《意见》把天津滨海新区与深圳经济特区和浦东新区并列为增长极。曾庆红同志还明确讲到滨海新区在区域经济发展中应起到龙头作用。党中央、国务院的战略新布局，进一步凸显和提升了滨海新区的定位，充分说明了党和国家对滨海新区开发开放寄予厚望，同时也赋予了滨海新区服务和带动区域经济发展的历史重任。

三是推进滨海新区开发开放，有利于按照科学发展观的要求，探索新时期区域发展的新模式。

现在，推进滨海新区开发开放和当年开发深圳和上海浦东已经有了很大的不同。其一，开发开放的基础和起点不一样。深圳开始是一个渔村，从农产品创汇逐步发展为以移民为主、面向香港的现代化特区。上海一直是富饶的长江三角洲龙头城市，浦东新区的生产总值在开发开放初期只占上海的8%左右，现在占全市的23%。天津是我国老工业基地，滨海新区现在的经济总量已占到全市的43%以上。其二，开发开放的市场环境不一样。深圳和上海浦东开发开放初期，我国处在计划经济、有计划的商品经济向社会主义市场经济过渡阶段，随着我国改革的深入和开放的扩大，深圳、上海的市场经济水平不断提高。现在，社会主义市场经济体制已初步建立，我国已加入世贸组织。更重要的是，以胡锦涛同志为总书记的党中央提出了科学发展观和构建社会主义和谐社会的重大战略思想。这些，都对我们开发开放工作提出了更高的目标、标准和要求。所以我们提出，要学习深圳，学习浦东，同时要发挥比较优势，做到有所创新。其三，采取的政策措施不一样。当前，随着社会主义市场经济体制的逐步完善，中央对一个地区的支持，已从区域优惠政策转为实行国民统一待遇，鼓励改革创新发展。国务院《意见》明确指出，推进滨海新区开发开放，主要靠天津自身的力量和加强区域合作，国务院有关部门也要采取有力措施给予支持和帮助，但不实行特定地区的财政税收优惠政策。滨海新区最重的任务，也是国务院给予的最大的扶持政策，就是批准滨海新区为全国综合配套改革试验区。党中央、国务院把推进滨海新区开发开放作为国家发展战略决策，就是为了在新世纪、新阶段探索按照科学发展观促进区域经济发展的新模式。

总体来讲，我们要立足于国家实施全球战略、区域战略、创新战略，必须用战略的眼光，用全球的视野，用创新的思维，从更高的层面、更宽的领域来理解推进滨海新区开发开放的重要意义。我们要跳出天津，增强"国家思维"，扩大"区域视野"，按照国务院的《意见》，规划和建设好天津滨海新区。

二、用科学发展观理念推进滨海新区开发开放

国务院《意见》的第二部分，是讲规划和建设一个什么样的新区。《意见》以科学发展观的理念，提出了推进滨海新区开发开放的指导思想、重要原则、功能定位和主要任务。

（一）要深刻理解推进滨海新区开发开放的指导思想

推进滨海新区开发开放要全面树立和落实科学发展观。以人为本，全面、协调、可持续发展的科学发展观，是党中央对我国二十多年改革开放和全球有关发展的理论和实践的总结，具有鲜明的时代特征。第二次世界大战后近六十年，全球有关发展的理论经历了"以经济增长为核心"、"以经济和社会综合发展为核心"、"以经济、社会与自然可持续发展为核心"三个阶段。从我国看，经过改革开放，经济总量已列全球第五位，进出口贸易和外汇储备迅猛增长，群众收入不断提高。但同时也出现了东中西、城乡差距扩大、科技水平低、环保形势严峻等问题。因此，必须转变经济发展方式。在这种情况下，党中央提出了科学发展观的重大战略思想。2003 年 7 月，胡锦涛总书记在全国防治"非典"工作会议上的讲话中，提出要更好地坚持协调发展、全面发展、可持续发展的发展观。10 月 14 日，中国共产党十六届三中全会通过的《中共中央关于完善社会主义市场经济体制若干问题的决定》指出，要"坚持以人为本，树立全面、协调、可持续的发展观"。在这之后召开的中央经济工作会议上，胡锦涛总书记强调指出，2004 年经济工作要牢固确立和认真落实以人为本，全面、协调、可持续的发展观。2004 年 3 月，胡锦涛总书记在中央人口资源环境工作座谈会上，对科学发展观作了完整、全面的阐述，形成了全党、全国的重要指导思想。2005 年 4 月，胡锦涛总书记要求把科学发展观贯穿于经济社会发展全过程，落实到经济社会发展的各个环节。学习和贯彻国务院的《意见》，自始至终要结合实际，努力实践科学发展观，用科学发展观制定新区发展规划和综合改革方案，做好新区开发开放的各项工作。

《意见》中有一段内容，集中提出了推进滨海新区开发开放的指导思想，主要讲了四层意思。一是讲总体思路。就是要"以邓小平理论和'三个代表'重要思想为指导，全面落实科学发展观"，做到"三个进一步"，即"进一步解放思想，进一步改革开放，进一步发挥优势，坚持高起点、宽视野"。二是讲发展创新。即"注重科技创新和自主创新，突出发展特色，改善发展环境"。三是讲发展路径。即"三新、四力"，就是"用新思路、新体制、新机制，推动新区不断提高综合实力、创新能力、服务能力和国际竞争力"。四是讲服务带动。即"在带动天津发展、推进京津冀和环渤海区域经济振兴、促进东中西互动和全国经济协调发展中发挥更大的作用"。这个指导思想每一句话的内涵都非常丰富。比如，强调新思路、新体制、新机制，既指出了我们现在存在的差距，也指出了推进滨海新区开发开放的关键。就是要求我们打破旧有的思维模式，用创新的思维谋划未来的发展。要求滨海新区积极适应作为国家级新区的需要，加快健全既符合新区特点又有利于调动各方面积极性的新体制、新机制。这需要我们集中全市上下的智慧，大胆探索实践。

（二）要认真把握推进天津滨海新区开发开放的八条原则

这八条原则就是，坚持以科学发展观统领经济社会发展全局，走科学发展之路；坚持突出发展特色，充分发挥比较优势；坚持推进改革开放，用改革开放促开发建设；坚持科技创新和自主创新，加强创新能力建设；坚持增强服务功能，带动和促进区域经济发展；坚持节约集约用地，切实发挥土地对经济建设的引导和调控作用；坚持可持续发展，建设资源节约型和环境友好型新区；坚持以人为本，推进和谐社会建设与全面发展。这些原则都充分体现了科学发展观的要求，为我们加快滨海新区开发建设提供了指导和遵循。

（三）要充分认识天津滨海新区功能定位的内涵

《意见》用很简短的文字概括地提出了滨海新区的功能定位。"依托京津冀、服务环渤海、辐射'三北'、面向东北亚"，这是滨海新区的发展视角和服务领域。面向东北亚，不排除同时向欧美乃至全球开放。但从滨海新区所处的区域来看，应当重点突出面向东北亚。对滨海新区的定位有四句话。

一是要把滨海新区"努力建设成为我国北方对外开放的门户"。一般说来，"门户"要比"窗口"更宽广。这里所说的"门户"，我理解主要是"通道"的意思，即强调滨海新区要成为我国北方对外开放的重要通道。2005年天津海关进出口货值为820亿美元，是中国北方最大的海关，这一点就可以说明滨海新区是我国北方对外开放的门户。今后，要更好地发挥这个"门户"的作用，服务和带动京津冀、环渤海，参与经济全球化和区域经济一体化发展。

二是把新区建成"高水平的现代制造业和研发转化基地"。天津是中国北方最大的工业城市，发展现代制造业具有比较优势，新区高新技术产业占全部工业总产值的42%，有条件地把新区建成研发基地。

三是把新区建成"北方国际航运中心和国际物流中心"。我国"十一五"发展规划纲要提出，建设上海、天津、大连等国际航运中心。国际航运中心应当具备三个基本条件，第一，要有深水航道；第二，要有广阔的腹地和相当大的货运量；第三，要有良好的服务体系。2007年天津将建成25万吨级深水航道，2010年天津港货物吞吐量将超过3亿吨、集装箱超过1000万标准箱，而且建有40万平方米国际贸易与航运服务中心，完全具备建设国际航运中心和国际物流中心的条件。

四是将滨海新区逐步建设成为"经济繁荣、社会和谐、环境优美的宜居生态型新城区"。

以上定位说明，进一步规划建设滨海新区，同我们过去所说的滨海新区有相同之处，也有更多不同之处。过去，我们强调的是经济新区。现在，国家强调的是高度开放的经济新区、和谐的社会新区、宜居的生态新区。这样的定位，更体现了科学发展观，体现了国家战略，体现了比较优势。

（四）要全面落实推进天津滨海新区开发开放的各项任务

国务院在《意见》中，明确提出了滨海新区开发开放的六条任务。

一是以建立综合配套改革试验区为契机，探索新的区域发展模式，为全国发展改革提供经验和示范。这是推进新区开发开放最重要的任务，也是给天津滨海新区最大的政策。

二是坚持走新型工业化道路，把增强自主创新能力作为中心环节，进一步完善研发转化体系，提升整体技术水平和综合竞争力。一方面要增强自主创新能力，另一方面要促进产业结构优化升级。大力开发精密制造、信息产业、生物医药、海水淡化、循环经济等重点领域的关键技术，使新区成为先进技术引进消化吸收的承接地和扩散地，成为高新技术的原创地和产业化基地。重点发展电子信息、石油和海洋化工、汽车和装备制造、石油钢管和优质钢材、生物医药、新型能源和航空航天等优势产业，加快把现有产业优势转化为综合经济优势，走在全国经济结构优化升级的前列。

三是充分发挥区位、资源、产业等综合优势，加快基础设施建设，积极发展高新技术产业和现代服务业，努力提高综合竞争力和区域服务能力。搞好六个方面的服务：第一是在国际贸易和国际航运方面搞好服务；第二是在海关和口岸方面搞好服务；第三是在现代物流方面搞好服务；第四是在科技创新和促进产业升级方面搞好服务；第五是在区域金融合作发展方面搞好服务；第六是在休闲旅游方面搞好服务。

四是统一规划，综合协调，建设若干特色鲜明的功能区。按照规划，抓紧建设先进制造业产业区、滨海高新技术产业园区、滨海化工区、滨海中心商务商业区、海港物流区、临空产业区、海滨休闲旅游区、临港产业区这八个产业功能区。坚持开发与节约并重、把节约放在首位的方针，抓好节能、节水、节地、节材和资源综合利用。大力推进节约和集约用地，使土地资源优势能够持久有效地发挥作用。

五是搞好环境综合整治，维护生态平衡，大力发展循环经济，实现人与自然、经济社会与生态环境相和谐。重点建设开发区和大港化工区两个生态工业园区，形成石油化工、汽车、优质钢材和海水淡化四条循环经济产业链。建设500平方公里的南北两大生态保护区，使新区的生态用地达到800平方公里左右。同时，要维护社会稳定，促进社会和谐。

六是推进管理创新，建立统一、协调、精简、高效、廉洁的行政管理体制。党中央、国务院对这个问题反复强调，我们要高度重视，积极探索，抓紧推进。

三、通过办好全国综合配套改革试验区，推进滨海新区开发开放

国务院批准滨海新区为全国综合配套改革试验区。对此，我们要从战略和全局的高度，深刻理解，认真贯彻。

（一）深刻认识设立综合配套改革试验区的重大意义、改革的任务和要求

改革是发展的根本动力。我国二十多年的发展历程，就是一个不断深化改革的历程。1993年，中国共产党十四届三中全会作出了《中共中央关于建立社会主义市场经济体制若干问题的决定》。2003年，中国共产党十六届三中全会作出了《中共中央关于完善社会主义市场经济体制若干问题的决定》，此时社会主义市场经济体制初步形成。2005年10月，中国共产党十六届五中全会作出了《中共中央关于制定国民经济和社会发展第十一个五年规划的建议》，贯穿了科学发展观的根本要求，提出了新时期改革面临的主要任务。2006年3月，十届全国人大四次会议通过的《中华人民共和国国民经济和社会发展第十一个五年规划纲要》，提出了深化体制改革的五项重点工作：着力推进行政管理体制改革，坚持和完善基本经济制度，推进财政税收体制改革，加快金融体制改革，完善现代市场体系。到这个时候，改革已涉及各个方面，

已进入攻坚阶段。因此,国家有必要批准设立一个综合配套改革试验区,在许多重大改革上先行先试,重点突破。天津是北方经济中心、国际港口城市,滨海新区要按科学发展观的要求建成经济新区、社会新区、生态新区。完成这个任务,主要靠天津自身的力量和加强区域合作,靠国务院有关部门支持。这里所说的支持,主要是支持滨海新区进行改革。因此,国家批准滨海新区作为国家综合配套改革试验区,我们应该承担起新时期改革开放先行先试的历史责任。

滨海新区改革的主要内容就是,按照党中央、国务院的部署,根据中国共产党十六届三中、五中全会和"十一五"规划提出的要求,从滨海新区的实际出发,先行试验一些重大的改革开放措施。改革的原则就是要做到"三个结合",即坚持重点突破与整体创新相结合、经济体制与其他方面改革相结合、解决当地实际与攻克面上共性难题相结合。改革的主要目的就是,通过综合配套改革,在重大改革上有新突破,推进天津滨海新区的开发开放,为全国的改革开放积累经验,提供借鉴。

(二)搞好滨海新区金融改革和创新

《意见》指出:"鼓励天津滨海新区进行金融改革和创新。在金融企业、金融业务、金融市场和金融开放等方面的重大改革,原则上可安排在天津滨海新区先行先试。"从这里可以看出,除了必须由国家统一实施的金融调控、金融监管外,金融体系中的许多重要内容都可以在新区进行改革创新。《意见》也提出了金融改革的具体内容,就是"本着科学、审慎、风险可控的原则,可在产业投资基金、创业风险投资、金融业综合经营、多种所有制金融企业、外汇管理政策、离岸金融业务等方面进行改革试验"。

《意见》把金融改革放在综合配套改革第一条,这说明党中央、国务院对当前金融改革的高度重视。邓小平同志 1991 年视察上海时指出："金融很重要，是现代经济的核心。金融搞好了，一着棋活，全盘皆活"。我认为，"金融是现代经济的核心"，是指由金融企业、金融市场、金融业务、金融调控和金融开放所组成的金融体系，对经济发展发挥杠杆作用，对宏观经济发挥调控作用，对经济和社会发挥稳定作用。1997 年和 2002 年，中央先后召开两次全国金融工作会议，我国金融改革取得了很大成就。商业银行资本充足率达到 10％ 以上，不良贷款率由原来的 20％ 多下降到8％。几个超大型国有控股商业银行已经上市。当然，金融改革也面临着一些新问题，主要是商业银行业务范围不适应企业集团的综合经营，直接融资比例过小，外汇储备管理也面临新的挑战等，这些问题必须通过深化改革来加以解决。

天津金融改革创新总的目标是，要建立与北方经济中心相适应的现代金融服务体系，促进滨海新区开发开放，为全国改革提供借鉴。一是争取金融机构综合经营试点。综合经营是指成立金融集团并通过内设子公司经营包括银行、证券、保险、信托在内的多种金融业务。目前，国有商业银行实行的是专业经营、分业管理，不适应金融市场发展的需要。外资银行虽然在国内实行的是专业经营，但其在国外实行的是综合经营，相对来讲，竞争优势明显。我们争取进行金融机构综合经营试点，积极探索实行综合经营的具体模式。二是扩大直接融资试点。目前，制约经济发展的一个重要的瓶颈，就是直接融资渠道不畅，缺乏资本金。为此，我们将申请试点扩大企业债券业务和信托投资公司的资金集合信托业务，加快设立渤海产业投资基金和基金管理公司，把天津建成各种基金设立、运营、培训、论坛中心。三是推进外汇管理体制改革。近几年，我国外汇体制改革取得显著成效，目前外汇储备已接近9000亿美元，成为世界最大的外汇储备国。外汇储备增加，主要是因为外商投资规模持续扩大，对外贸易顺差不断加大，人民币预期的升值压力，加大了国际资本的流入。总的来看，这是好事。但同时也要看到，国际贸易和国际收支不平衡，容易引发贸易争端和摩擦；巨额的外汇储备主要是美元资产，隐藏资产缩水的风险。滨海新区应在外汇管理体制改革方面有所突破，争取进行更多区域性外汇管制改革试点，实行新区内企业经常项目下意愿结售汇和小额人民币自由兑换，逐步扩大资本项目的对外开放，开展离岸金融业务。四是创新和完善金融机构体系。当前最主要的任务，是把现有金融机构经营管理好，发挥更大效应。同时，要适当发展一些新的金融机构。

（三）推进滨海新区土地管理改革

《意见》指出："支持天津滨海新区进行土地管理改革。在有利于土地节约利用和提高土地利用效率的前提下，优化土地利用结构，创新土地管理方式，加大土地管理改革力度。开展农村集体建设用地流转及土地收益分配、增强政府对土地供应调控能力等方面的改革试验。"

土地管理改革的目的是管好地、用好地，提高单位土地面积的投资力度和科技含量，使土地管理与经济、社会、自然协调发展。到2020年，全市建设用地1450平方公里，比现在增加389平方公里，其中，滨海新区建设用地510平方公里，比现在增加150平方公里（不包括国家重点建设项目）。土地供应量和经济社会建设需要存在很大缺口。我们要通过改革，解决这个矛盾，同时要为国家管好用好土地提供借鉴。我们将在三个方面进行改革创新试验。一是推进农村集体建设用地依法有序流转。滨海新区现有集体建设用地约168平方公里，我们要积极探索建立农村集体建设用地流转的有效机制，盘活集体土地资产，使农村集体建设用地使用权依照法定程序，通过有偿有限期的转让、出租、作价出资

（入股）等方式进行转移，保护农村集体经济组织和农民的合法权益。二是改革土地价格形成机制和收益分配。进一步研究完善土地征收补偿机制，使补偿价格更好地体现土地所有权价值，处理好国家、农村集体经济组织和农民关系问题，探索土地交易收益分配的模式。三是增强政府对土地供应的调控能力。改革规划编制体系，争取对滨海新区单独编制土地利用总体规划，实现统筹安排各类各业用地。改革土地利用管理办法，对能源、交通、基础设施等重点建设项目用地和城、镇、村建设用地实施分类下达。改革土地利用考核办法，按照定额指标、利用效益等，对土地利用效率进行考核。改革经营性土地管理制度，优化经营性土地供应结构，调控房地产市场平稳健康发展。改革土地资源配置机制，提高土地利用效率。

（四）借鉴国际通行做法，在天津港东疆港区设立保税港区

《意见》指出，"借鉴国际通行做法，在天津港东疆港区设立保税港区，重点发展国际中转、国际配送、国际采购、国际转口贸易和出口加工等业务，积极探索海关特殊监管区域管理制度的创新，以点带面，推进区域整合。"

参与经济全球化和区域一体化，港口的作用十分重要。建设东疆保税港区，是把滨海新区建成我国北方对外开放门户、北方国际航运中心和北方国际物流中心的需要，也是实现我国加入WTO所作的各项承诺，在管理方式和运行模式上与国际经济接轨的需要。这既是对滨海新区重大的政策支持，也是给予滨海新区重要的改革任务。正在建设的东疆保税港区，是中国目前最大的保税港区，三面临海，封关后管理很便利，其发展方向和目标就是要扩大中转功能，逐步建成符合国际惯例的自由贸易港。自由贸易港是指在国境之内、海关管理之外，允许船舶、货物、资金自由进出的港区。最大的特点是对全部或绝大多数进出港区的货

物免征关税。东疆保税港区的建设可分阶段、分步骤地实施。可先实行对国外货物入港保税，对国内货物实行退税，建立具有"境内关外"海关监管特点的保税港区。在此基础上，参照国外自由港的发展模式，积极探索货物、人员、税收、外汇等方面更加开放的管理政策。

（五）以改革的精神落实国家给予滨海新区的财政税收政策

现在国务院及有关部门给滨海新区三个方面的财政税收政策。一是对天津滨海新区所辖规定范围内、符合条件的高新技术企业，减按15%的税率征收企业所得税。二是比照东北等老工业基地的所得税优惠政策，对天津滨海新区的内资企业予以提高计税工资标准的优惠，对企业固定资产和无形资产予以加速折旧的优惠。以上政策，在全国其他相同对象也同样执行。三是中央财政在维持现行财政体制的基础上，在一定时期内对天津滨海新区的开发建设予以专项补助，但数量很少，时间较短。

这些政策与当年深圳和浦东新区的政策虽然有很大不同，但在内外资企业税收政策逐渐拉平，中央财政资金支持一般不再开口子的形势下，国家给予天津滨海新区这些政策也是非常不容易的，我们要抓紧制定落实这些政策的实施办法。

四、认真做好当前滨海新区开发开放的各项工作

《意见》的第四部分，主要是对天津市和国务院有关部门的工作提出要求。我们要按《意见》的要求，做好当前各项工作。2005年6月26日，温家宝总理率国务院有关部委来天津视察，至今已将近一年。这期间，我们围绕推进滨海新区开发开放做了大量卓有成效的工作。天津市委召开了八届八次全会，通过了《关于加快推进滨海新区开发开放的意见》，对推进滨海新区开发开放作出具体部署。我们组织力量编制了滨海新区发展规划以及滨海新区城市总体规划和土地利用规划，正在抓紧制定八个功能区的详细建设规划。京津城际快速铁路、京津塘高速公路二线、天津滨海国际机场和港口的改扩建工程正在抓紧进行。30个重大产业项目正在实施和推进之中，1000万吨炼油、100万吨乙烯项目即将开工。金融改革顺利进行。现在，滨海新区的发展势头非常好，我们一定要乘势而上，树立更高标准，追求更高水平，以一天也不耽误的精神，扎实推进滨海新区开发开放的各项工作。

纪念邓小平同志"开发区大有希望"题词二十周年

（2006 年 8 月 20 日）

　　二十年前，我国改革开放的总设计师邓小平同志，就是在我们现在开会的这个地方，发表了著名的天津谈话，欣然题词"开发区大有希望"。今天，有这么多国家部委领导、专家和友人在这里集会，隆重纪念邓小平同志题词二十周年，我们感到非常高兴。

　　开发区的辉煌成就，是学习和实践邓小平理论的巨大成果。创办经济技术开发区，是邓小平同志英明、果断、正确的决策。党的十一届三中全会以后，邓小平同志作为中国共产党第二代中央领导集体的核心，确立了中国改革开放的方针。1980 年 5 月，党中央决定设立深圳、厦门、珠海、汕头经济特区。1984 年 2 月，邓小平同志视察了深圳等经济特区。提出不仅要把原有的特区办好，而且要再开放几个港口城市。他明确指出："除现在的特区之

　　注：本文根据戴相龙同志在"纪念邓小平同志'开发区大有希望'题词二十周年"大会上的讲话整理。1984 年 12 月，天津经济技术开发区在滨海地区成立，这是当时全国最早设立的 14 个开发区之一。1986 年 8 月 21 日，邓小平同志视察天津经济技术开发区，发表了著名的天津谈话（见《邓小平文选》（第三卷）165—166 页），同时题词"开发区大有希望"。在邓小平同志天津谈话和题词的指引下，天津市先后规划建设"滨海地区"、"滨海新区"，为 2005 年 10 月国家把滨海新区开发开放从城市发展战略提升为国家发展战略打下了基础。

外，可以考虑再开放几个港口城市。这些地方不叫特区，但可以实行特区的某些政策。"1984年5月，党中央、国务院做出了逐步兴办国家级经济技术开发区的重大决策，并于当年批准了大连、天津等十个国家级开发区。二十年前，1986年8月21日，邓小平同志视察天津开发区，发表了著名的天津谈话，他说："你们在港口和市区之间有这么多荒地，这是个很大的优势，我看你们潜力很大。可以胆子大点，发展快点。你们这里有些基础设施比上海好，有些事情办起来可能容易些。你们准备向外国借一百亿美元，有没有对象？可以多找一些国家。人家借给我们钱都不怕，我们怕什么？我向来不怕。十年时间，有一两个地方，借百把亿元，只要讲效益，有什么危险？两百亿也没有什么了不起！"他还欣然题词："开发区大有希望。"这个题词，像光芒四射的灯塔，指引全国经济技术开发区在改革开放中破浪前进；这个题词，像催人奋进的号角，鼓舞经济技术开发区大胆创新。1992年春天，邓小平同志又发表了重要的"南巡讲话"，再一次掀起我国对外开放和引进外资的新高潮。到目前为止，我国国家级经济技术开发区和享受相同政策的特定工业园区达到54个，推动我国形成了全方位、宽领域、多层次的对外开放格局。

经济技术开发区，为推动我国改革开放、建设中国特色社会主义、提高我国在世界上的政治地位和经济地位，建立了不朽的历史功勋。到2005年，全国54个国家级开发区和工业园共实现地区生产总值8200亿元，平均每年增长35%以上，占全国国内生产总值的4.5%；累计引进外资1000亿美元；进出口占到全国的15%。衡量经济技术开发区的成就，不仅要看经济指标在全国的比例，更重要的是二十年来经济技术开发区在改革开放中发挥了窗口、示范、辐射和带动作用。经济技术开发区作为改革开放的试验田和先行区，在推进管理体制创新、大力发展高新技术产业、集约经营和合理开发土地、引进和培养高素质人才等方面都产生了重大影响。

天津经济技术开发区于 1984 年成立，在邓小平同志题词的鼓舞下，取得了辉煌的成就。2005 年，地区生产总值达到 642 亿元，占滨海新区的 40%；实际利用外资 12.8 亿美元，占滨海新区的 50.8%；外贸出口 139.7 亿美元，占滨海新区的 75.6%。天津经济技术开发区的创建和发展，大大推动了滨海新区的发展，成为滨海新区最有影响的经济功能区，也为全市改革开放作出了巨大贡献。据国家有关部门统计，天津经济技术开发区综合考核指标连续九年处于领先水平。取得这样的成就，是邓小平同志重要题词所给予的巨大鼓舞的结果，是在党中央、国务院的领导下，国家有关部门长期有效指导的结果，也是与全国经济技术开发区以各种形式的支持分不开的。这次国家商务部又把纪念邓小平同志题词二十周年活动，选在天津经济技术开发区进行，是对我们的巨大鼓舞。我们一定不辜负大家的期望，把天津经济技术开发区办得更好。

今天，我们在纪念邓小平同志"开发区大有希望"题词二十周年的时候，怀着无限崇敬的心情，深深缅怀邓小平同志的丰功伟绩和崇高风范。党的十五大把邓小平思想明确为邓小平理论。邓小平理论是毛泽东思想的继承和发展，是当代中国的马克思主义。邓小平理论坚持解放思想、实事求是的思想路线，抓住"什么是社会主义，怎样建设社会主义"这个根本问题，深刻揭示了社会主义本质，形成了建设有中国特色社会主义理论的科学体系。邓小平同志以大无畏的革命精神，坚持改革开放，倡导并支持创办经济特区、经济技术开发区，扩大对外开放城市，丰富了邓小平理论。现在，我国已进入改革开放的新阶段，在经济快速发展的同时，也出现了一些新情况、新问题。党的十六大以后，党中央提出深入贯彻落实科学发展观，建设创新型国家，提高技术创新能力。同时提出，要转变经济增长方式，提高我国参与经济全球化的水平。我国参与经济全球化，也处在新的发展阶段。第一阶段是从不开放到开放，第二阶段是加入 WTO 以后，第三阶段是发展自由贸易区。现在，经济全球化和区域经济一体化，特别是自由贸易区的发展，是我们面临的新形势。目前，欧盟内的自由贸易量相当于整个欧盟对外贸易总量的 66% 左右，北美自由贸易区国家之间的自由贸易相当于对外贸易总量已超过 50%。中日韩三国的对外贸易总量是 3 万亿美元，三国之间的贸易量只有 4000亿美元，都属于一般贸易。我国已与东盟签订了建立自由贸易区协议，也正在推进与其他国家的自由贸易商谈，亚洲的自由贸易将会逐步发展起来。经济技术开发区不仅在前两个阶段，而且在将来的自由贸易区发展中都会发挥重要的功能和作用。我们一定要认真学习邓小平理论，高举邓小平理论和"三个代表"重要思想的伟大旗帜，深入贯彻落实科学发展观，全面落实商务部、国土资源部印发的《国家级经济技术开发区经济社会发展"十一五"规划纲要》，把天津经济技术开发区办得更好，为推进滨海新区开发开放作出新的贡献。

加快滨海新区开发开放

（2006 年 10 月 6 日）

推进滨海新区开发开放，对于天津实现长远发展，服务和带动环渤海区域经济振兴，贯彻全国区域协调发展总体战略部署，都具有重大意义，要以科学发展观为指导全面加快实施。

一、天津滨海新区开发开放，是党中央、国务院统观全局作出的重要战略部署

天津滨海新区包括塘沽、汉沽、大港三个行政区和天津经济技术开发区、天津港保税区、天津港区以及东丽区、津南区的部分乡镇，规划面积2270平方公里。滨海新区有货物吞吐量位居世界第六位的中国北方第一大综合性港口，有北方最大的保税区，有全国办得最好的经济技术开发区，有1200多平方公里盐碱荒地，有背靠京津两大直辖市和中西部广阔腹地的区位优势。

1986 年，中国改革开放的总设计师邓小平同志亲临滨海地区视察，明确指出："你们在港口和市区之间有这么多荒地，这是个很大的优势，我看你们潜力很大。可以胆子大点，发展快点。"在邓小平谈话精神的鼓舞下，天津市加快规划和建设滨海地区，实施了工业东移战略。1994 年，天津市委、市政府提出用十年左右

注：本文是戴相龙同志发表在《求是》（2006 年第 21 期）杂志上的署名文章，原题目为"用科学发展观统领天津滨海新区的开发开放"。

时间基本建成滨海新区的奋斗目标，使生产总值和外贸出口分别达到全市的 40% 以上。到 2002 年，这个目标已经提前实现。2005 年，新区生产总值超过1600亿元，十二年年均递增 20.6%，外贸出口 184.7 亿美元，累计实际利用外资 159 亿美元，世界 500 强在新区投资了 152 家企业。经过十多年的开发建设，天津滨海新区已经具备了进一步加快发展的条件和基础，是继深圳经济特区、浦东新区之后，又一带动区域发展的新的经济增长极。

党中央、国务院对滨海新区开发开放一直十分重视。1999 年 10 月，江泽民同志视察新区后指出："以战略和长远的构思发展新区，肯定大有希望。" 2002 年 1 月和 2005 年 10 月，胡锦涛同志先后视察滨海新区，要求 "把科学发展观落实到开发建设的整个过程和各个方面，不断增强创新能力、服务能力和国际竞争力"。2005 年 6 月，温家宝同志带领国家部委主要负责同志考察新区后指出，加快天津滨海新区开发开放，已经成为环渤海区域及全国发展战略布局中重要的一步棋，走好这步棋，意义重大。党的十六届五中全会和十届全国人大四次会议通过的一系列重要文件，决定把推进天津滨海新区开发开放作为实施国家发展战略的重大措施。在这之后，党中央、国务院又多次召开会议，研究和决定推进天津滨海新区开发开放的重要措施。今年 5 月 30 日，曾培炎同志受胡锦涛总书记和温家宝总理委托，代表党中央、国务院在天津召开推进滨海新区开发开放工作座谈会，向全国宣布进一步开发开放天津滨海新区。

学习领会中央领导一系列重要讲话精神，我们深深感到，推进滨海新区开发开放是党中央、国务院统观全局，作出的重大战略部署。一是有利于提升京津冀及环渤海地区的国际竞争力。天津滨海新区具有多方面的比较优势，推进滨海新区开发开放，有利于促进京津两市的分工合作，促进京津冀城市群的发展，从而加强与山东半岛、辽东半岛的经济联系，更好地参与经济全球化和区域经济一体化。二是有利于实施全国区域协调发展总体战略。20世纪80年代，开发开放深圳经济特区，带动了"珠三角"地区的发展。90年代，开发开放上海浦东新区，带动了"长三角"地区的发展。推进滨海新区开发开放，将有利于推进环渤海区域经济的发展，从而形成我国由南到北、由东到西全面开放的格局。三是有利于按照科学发展观的要求，探索新时期区域发展的新模式。滨海新区进行综合配套改革试验，有利于探索新时期促进区域经济发展的经济管理模式，更好地发挥市场配置资源的基础性作用。

二、推进滨海新区开发开放，必须走科学发展之路

推进天津滨海新区开发开放是在全面贯彻落实科学发展观的新形势下进行的，必须坚持高起点、宽视野，突出发展特色，发挥比较优势，树立科学的发展理念，制定科学的发展战略，构建科学的发展模式，坚持科学的发展道路。推进滨海新区开发开放的指导思想是：以邓小平理论和"三个代表"重要思想为指导，全面落实科学发展观和构建社会主义和谐社会的重大战略思想，进一步解放思想，进一步改革开放，进一步发挥优势，坚持高起点、宽视野，注重科技创新和自主创新，突出发展特色，改善发展环境，用新思路、新体制、新机制推动新区不断提高综合实力、创新能力、服务能力和国际竞争力，在带动天津发展、推进京津冀和环渤海区域经济振兴、促进东中西互动和全国经济协调发展中发挥更大的作用。功能定位为：依托京津冀、服务环渤海、辐射"三北"、面向东北亚，努力建设成为我国北方对外开放的门户、高水平的现代制造业和研发转化基地、北方国际航运中心和国际物流中心，逐步成为经济繁荣、社会和谐、环境优美的宜居

生态型新城区。

按照国务院关于"统一规划，综合协调，建设若干特色鲜明的功能区，构建合理的空间布局"的要求，我们初步确定滨海新区总体发展布局为"一轴"、"一带"、"三个城区"、"七个功能区"。沿京津塘高速公路和海河下游建设"高新技术产业发展轴"，沿海岸线和海滨大道建设"海洋经济发展带"，在"轴"和"带"的 T 形地带，建设塘沽、汉沽、大港三个城区，对滨海新区的产业实行集中规划，逐步建设先进制造业产业区、滨海化工区、滨海高新技术产业园区、滨海中心商务商业区、海港物流区、临空产业区、海滨休闲旅游区七个功能区。在充分论证的基础上，建设临港产业区。

在推进滨海新区开发开放的同时，今年 7 月 27 日国务院批复了《天津市城市总体规划》，调整和提升了天津的城市定位，即"天津是环渤海地区的经济中心，要逐步建设成为国际港口城市，北方经济中心和生态城市"。新的城市定位与滨海新区的定位相互联系，互为整体，为天津发展提供了更为广阔的空间，对我们各项工作提出了更高要求，也使我们进一步明确了推进滨海新区开发开放的发展方向和工作重点。

为把滨海新区建设成为我国北方对外开放的门户，我们将加快发展商务中心、交易中心，开发各类商品市场，建设区域性贸易中心。为把新区建设成为高水平的现代制造业和研发转化基地，我们将坚持走新型工业化道路，把增强自主创新能力作为中心环节，进一步完善研发转化体系，提升整体工业的技术水平和综合竞争力。到 2010 年，新区工业总产值将达到 8500 亿元。为把新区建设成为北方国际航运中心和国际物流中心，港区面积将由 30 平方公里扩大到 100 平方公里。同时，我们将充分发挥海空两港和开发区、保税区聚集的优势，加快建设六大物流基地，建设综合性自由贸易港区。到 2010 年，天津港货物吞吐量将超过 3 亿吨、集装箱吞吐量超过1000万标准箱。为把滨海新区逐步建设成为经济繁荣、社会和谐、环境优美的宜居生态型新城区，我们规划和建设经济技术开发区生态工业园区、大港生态化工园区，建立四条循环经济产业链，建设 500 平方公里的南北两大生态环境区，实现人与自然、经济社会与生态环境相和谐。

三、推进滨海新区开发开放，要切实发挥全国综合配套改革试验区的示范带动作用

按照党中央、国务院的要求，我们制订了天津滨海新区综合配套改革试验总体方案。总的设想是，以中央关于深化经济体制改革的一系列重要指示为指导，以转变政府职能和深化企业、科技、金融、土地、涉外经济体制等改革为重点，率先基本建立比较完善的社会主义市场经济体制，创新有利于转变经济增长方式和促进经济社会全面协调可持续发展的机制，探索区域发展模式，服务和带动区域经济发展，提高参与全球化的竞争力。我们确定的目标是，用五年至十年的时间，率先基本建立以自主能动的市场主体、统一开放的市场体系、政企分开的行政体制、科学有效的调控机制、合理适度的社会保障、完备规范的法制环境为主要特征的，与国际通行做法相衔接的，比较完善的社会主义市场经济体制，为实现国务院对天津滨海新区的功能定位提供强大动力和体制保障，为全国改革与发展积累经验。

按照党中央的要求，结合滨海新区的实际，我们确定了企业改革、科技体制、涉外经济体制、金融、土地、农村体制、社会事业和社会保障制度、资源节约和环境保护、行政管理体制九个方面的改革内容。力争到 2007 年底，各项改革都取得明显进展，特别是在科技体制改革、涉外经济体制改革、金融改革创新、土地管理制度改革、行政管理体制改革等方面尽快取得重大突破。

深化科技体制改革。重点是加速科技成果转化和技术商品化，完善以企业为主体、市场为导向的自主创新的体制架构，成为创新型城市的先导区，在全国科技和人才体制改革中发挥促进作用。由滨海新区的有关企业和中央企业联合投资开发滨海高新技术产业园区，建立发展高新技术的融资体系和风险投资退出机制。

深化涉外经济体制改革。重点是建设东疆保税港区，加快建设北方国际航运中心和国际物流中心，加强与东北亚国家地区的经贸合作，积极参与经济全球化和区域经济一体化，建立符合市场经济和世贸组织规则要求的涉外经济管理体制和运行机制。

推进金融改革创新。重点是按照科学审慎和风险可控的原则，扩大直接融资，增强金融企业综合服务功能，积极推进外汇管理体制改革，建设与北方经济中心和滨海新区开发开放相适应的现代金融服务体系和全国金融改革创新基地，为建立与完善的社会主义市场经济体系相适应的金融体制，更好地促进经济增长方式转变，参与经济全球化提供经验。

改革土地管理制度。重点是按照"统一规划、依法管理、市场配置、政府调控"的原则，优化土地利用结构，创新土地管理方式，形成耕地资源得到切实保护、各类用地得到切实保障、土地资产效益得到切实发挥的节约集约用地新格局。

推进行政管理体制改革。重点是以建立统一、协调、精简、高效、廉洁的管理体制为目标，针对滨海新区面积较大的实际情况，分阶段建立健全富有新区特点的管理体制。现阶段，主要是加强新区管委会在制订发展规划、统筹产业布局、推动基础设施建设、协调处理重大问题等方面的组织领导职能，延伸经济功能区的开发建设功能，延伸行政区的社会管理和公共服务职能，建立有利于发挥新区整体优势和共同发展的管理制度。在此基础上，深入调查研究，进一步完善滨海新区行政管理体制。

四、滨海新区开发开放，既是历史性机遇，也是历史性责任

滨海新区纳入国家总体发展战略布局，为天津提供了难得的发展机遇，同时也赋予我们重大使命。我们清醒地看到，在新世纪、新阶段开发建设滨海新区，比较开发建设深圳和上海浦东，在发展环境、政策条件等方面已发生了许多新的变化。从总体形势看，经济全球化、区域经济一体化趋势日益加深，科学技术日新月异，资金、技术、人才、市场的竞争更加激烈，能源、资源、环境等方面的矛盾愈益突出，我们将面临多方面的严峻挑战。在这种情况下，我们要担负起党中央、国务院交给的服务和带动区域经济振兴等重要任务，责任十分重大。我们一定要努力增强机遇意识、战略意识、全局意识和服务意识，以更加积极的姿态，更加扎实的作风，倾全市之力，加快推进滨海新区开发开放。当前，推进滨海新区开发开放的各项工作已经全面展开。

认真贯彻中央精神，坚持用规划指导工作。天津市委、市政府现已编制并审定了天津滨海新区国民经济和社会发展"十一五"规划纲要，制订了滨海新区综合配套改革试验总体方案，并上报国务院。目前，国家已经批复同意设立天津东疆保税港区，功能、税收、外汇政策按照国务院关于设立洋山保税港批复的有关规定执行。此外，可根据全国综合配套改革试验区建设的相关要求，在机制、体制创新等方面先行试验一些重大的改革开放措施，并借鉴国际通行做法，积极探索海关特殊监管区域管理制度的创新。国家外汇管理局已经批复滨海新区进行七方面外汇管理制度改革。

加快现代综合交通体系建设，全面提升服务功能。天津港25万吨级深水航道和30万吨级原油码头工程已分别于今年2月和5月开工，计划于2007年底和2008年4月完工。规划面积30平方

公里的东疆港区已吹填造陆 6 平方公里，建成了 8.4 公里的疏港通道，2010 年将整体成陆。由北京南站至天津东站 115 公里的京津城际快速铁路，于去年 7 月开工建设，计划 2008 年 8 月投入运营，届时京津两地相通只需半个小时。全长 145 公里的京津塘高速公路二线天津段的建设正在顺利进行。天津滨海国际机场改扩建工程已经启动，建成后将为形成北方航空货运中心创造良好条件。国际贸易与航运服务区中的相关配套设施已动工兴建，将建成独具特色的航运综合服务区。

加快科技创新步伐，推进经济集约化发展。我们先后与科技部、中国科学院、中国工程院、清华大学等单位建立了科技全面合作关系，筹备、启动了一批重大科技项目。30 个重大产业项目正在实施和推进之中。中石化 100 万吨乙烯、1000 万吨炼油的炼化一体化项目已于今年 6 月 26 日开工建设，项目建成后，乙烯年生产能力将达到 120 万吨，炼油年综合加工能力将达到 1250 万吨。占地面积 10 平方公里的渤海化工园建设开始启动。空中客车 A320 系列总装线项目正在积极推进，即将开工建设。

加大产业结构调整力度，大力发展循环经济。我们围绕产业结构的优化和升级，加快现代服务业发展。全国第一家在筹备阶段就引入境外战略投资者加盟的渤海银行已于今年 2 月正式营业。总额度为 200 亿元的产业投资基金已经国家批准，由六家公司发起的首期 60 亿元的渤海产业投资基金和基金管理公司即将成立。4×100 万千瓦北疆电厂循环经济试点项目已经启动，建成后每天可利用发电余热和蒸汽淡化海水 20 万吨；将置换出 22 平方公里的盐田用地，进一步提高土地的利用价值；利用发电所产生的粉煤灰等固体废弃物，每年可生产新型建材 150 万立方米。

在规划建设滨海新区的过程中，我们深知，天津滨海新区过去的发展得益于中央及各部门和兄弟省市的大力支持，在新的起点上推进新区开发开放，同样离不开各方面的关心与帮助。我们一定要按照中央的要求，主动融入区域，服务区域，融入全国，服务全国，全面加强与周边省市的联系与合作，努力创造国际一流的投资环境，提供全方位优质服务。我们完全有信心，在党中央、国务院的关怀和领导下，在全市人民的共同努力下，在新的历史起点上，谱写出更加壮丽的篇章。

努力把天津建成北方经济中心

（2006 年 8 月 17 日）

最近，国务院批复同意修编后的《天津市城市总体规划（2005—2020 年）》。我们要树立和落实科学发展观，学习和贯彻国务院对天津市城市总体规划的批复，组织动员全市广大干部和市民，认真实施城市总体规划，坚持改革开放创新，把天津市建设成为国际港口城市、北方经济中心和生态城市。

注：1986 年、1999 年国务院先后批复同意天津市城市总体规划，将天津定位为"拥有先进技术的综合性工业基地、开放型多功能的经济中心和现代化港口城市"和"环渤海地区的经济中心"、"现代化港口城市和我国北方重要的经济中心"。在 2005 年 10 月中央将天津滨海新区开发开放纳入国家发展战略布局后，天津市及时修订城市总体规划。2006 年 7 月 27 日，国务院批复同意修编的《天津市城市总体规划（2005—2020 年）》明确提出，天津要逐步建成"国际港口城市，北方经济中心和生态城市"。2006 年 8 月 17 日，天津市政府召开全市干部大会，动员学习和贯彻国务院对天津市城市总体规划的重要批复。本文根据戴相龙同志在天津市城市总体规划实施动员大会上的讲话整理。

一、充分认识国家对天津市城市定位的重要意义，提高贯彻落实国务院批复的自觉性

改革开放以来，国务院和天津市委、市政府一直十分重视研究天津的城市性质、地位和发展方向问题。1986 年 8 月 4 日，《国务院关于天津市城市总体规划方案的批复》中，将天津定位为："拥有先进技术的综合性工业基地、开放型多功能的经济中心和现代化的港口城市"。这一批复对于天津以后若干年的城市建设和经济发展，起到了特别重要的作用，这也是国务院第一次明确天津的城市性质和发展方向。1997 年 3 月，在八届全国人大五次会议期间，天津代表团提出建议，鉴于天津的发展规模和诸多优势，请求国家提升天津的定位。对此，国务院非常重视。1999 年 8 月 5 日，国务院批复《天津市城市总体规划（1996—2010 年）》，将天津的城市定位为："天津是我国直辖市之一，环渤海地区的经济中心"，"努力把天津市建设成为经济繁荣、社会文明、科教发达、设施完善和环境优美的现代化港口城市和我国北方重要的经济中心"。

随着天津经济社会的快速发展，上一轮城市总体规划的一些指标提前完成，推进滨海新区开发开放纳入国家总体发展战略布局，形势的发展要求对天津城市规划作出新的调整。今年 3 月 22 日，国务院常务会议听取了天津市城市总体规划修编工作及审查情况的汇报。7 月 27 日国务院作出批复，对天津市城市定位进行了调整和提升，确定为："天津市是我国直辖市之一，环渤海地区的经济中心"，要"将天津市逐步建设成为经济繁荣、社会文明、科教发达、设施完善、环境优美的国际港口城市，北方经济中心和生态城市"。

与 1999 年的批复相比，国务院这次批复对天津的城市定位做

了四大调整：一是明确了以滨海新区的发展为重点；二是提升了天津的国际地位，将"现代化港口城市"调整为"国际港口城市"；三是更加强调了天津市在区域经济发展中的地位和作用，将"我国北方重要的经济中心"提升为"北方经济中心"；四是突出了人与自然和谐发展，增加了建设"生态城市"的目标。与此同时，国务院的批复还就城市布局结构、人口和用地规模、区域和城乡统筹发展、滨海新区的开发开放、节水节能和环保、基础设施建设、改善人居环境、保护历史文化遗产等，提出了明确要求。

本次总体规划比上一版本有了新的提高。本次总体规划的指导思想是落实科学发展观，核心是调整和提升天津市的定位，重点是推进滨海新区的开发开放，任务是服务和带动区域经济发展。总之，这是一次非常重要的批复，是我们实施城市总体规划的纲领性文件。贯彻落实国务院的批复，不仅关系天津的长远发展，对于促进区域经济协调发展，提高我国国际竞争力都具有重大意义。

首先，有利于促进天津的长远发展。国务院依据科学发展观，立足于促进京津冀、环渤海区域经济发展，发挥天津的优势和特色，调整和提升了天津的城市定位，并从这个定位出发，明确了天津今后15年城市规划和建设的一系列重大问题。突出了促进滨海新区开发开放，提出了人口和建设用地的控制指标，对优化产业结构、加强基础设施建设、改善人居环境也都提出了明确的要求。这既给天津的长远发展创造了良好条件，又是对天津寄予的厚望。按照城市总体规划，我们将形成"一轴、两带、三区"的新的市域空间布局，实现城乡统筹发展；我们将把滨海新区打造成为我国新的经济增长极，有效地带动区域经济发展；我们将以发展海河经济为突破口，加快第三产业发展，大大提升城市的服务和辐射功能；我们将高水平规划建设11个新城和一批中心镇，形成用地少、就业多、要素集聚能力强、人口分布合理的新城市群，提高经济、社会和生态效益。城市总体规划的顺利实施，将有利于树立和落实科学发展观，有利于实现国家对天津的城市定位，从而建立一个更加繁荣、宜居、和谐的天津。

其次，有利于加强京津分工协作，共同促进京津冀城市群的发展。这次国务院对天津市城市总体规划的批复，在国内外引起了强烈反响。北京、天津同为直辖市，究竟如何分工，一直是国务院和有关专家关心的问题，也是协调当前区域发展的重要课题。国务院在这次批复中强调："天津市的规划建设要注意与京津冀地区发展规划的协调，加强区域性基础设施建设，促进产业结构的合理调整和资源优化配置。特别要注意加强与北京市的协调，实现优势互补、协调发展，提高为首都、环渤海以及北方地区服务的功能。"2005 年 1 月 27 日，国务院批复同意了《北京城市总体规划（2004—2020 年）》，明确"北京市是中华人民共和国的首都，是全国的政治中心、文化中心，是世界著名的古都和现代国际城市"。而这次对天津的批复，强调天津要建成北方经济中心、国际港口城市，这就进一步明确了北京与天津两个城市的职能分工。这不仅对天津，而且对促进北京与天津的分工和协作，共同推进京津冀都市群的发展，具有非常重要的意义。这个规划的实施，对京津冀都市群的发展将起到非常重要的作用。现在，国务院对北京、天津的城市总体规划和河北省的城镇建设规划都批复了，这就为京津冀地区的经济协作、区域经济发展，乃至发挥京津冀在环渤海地区的核心作用，起到了一个保障作用。在规划层面上起到了一个保障作用，在资源的配置方面起到了一个保障作用，在大交通体系建设、产业调整、资源建设利用等方面都起到了保障作用。北京与天津是两个有千万人口以上的特大城市，市中心相距仅 120 公里，这在国际上不多见，在全国众多城市中，更是有着无法比拟的绝对优势。京津两市扬长避短，优势互补，联系河北省的发展，一定能够更好地促进京津冀城市群的协调发展，从而使京津冀具备继"珠三角"、"长三角"之后全国率先发展地区的基本条件。

最后，有利于促进环渤海乃至东北亚区域的经济发展。国务院批复中把天津滨海新区规划建设确定为重点，对滨海新区定位的表述同国务院20号文件是一致的。这个定位明确提出了滨海新区要建设成为我国北方对外开放的门户、高水平的现代制造业和研发转化基地、北方国际航运中心和国际物流中心，以及宜居生态型新城区。这样会更好地发挥滨海新区作用，带动京津冀都市圈以及环渤海区域的发展。国务院批复中，既再次明确天津是环渤海地区的经济中心，又强调天津将建设成为北方经济中心。这意味着，天津要担当起振兴环渤海地区经济的重任，成为中国面向东北亚、参与国际经济合作的带动力量。振兴环渤海地区经济，是党中央、国务院早已明确的战略任务。环渤海区域由京津冀都市群、山东半岛城市群、辽东半岛城市群三部分组成。规划和发展京津冀都市圈，有利于促进这三个城市群的发展，从而加快环渤海区域经济的发展。天津地处环渤海湾的中心，是我国北方最大的沿海城市，特别是最近《国务院关于推进天津滨海新区开发开放有关问题的意见》，赋予了滨海新区带动天津发展、推进京津冀和环渤海区域经济振兴、促进东中西互动和全国经济协调发展的重要任务。天津必须不断提高综合实力、创新能力、服务能力和国际竞争力，为实现环渤海地区的繁荣与发展作出更大的贡献。天津在东北亚区域发展中，也具有重要的战略地位。天津是我国对外开放最早的城市之一，背靠"三北"，腹地广阔，具有联系南北、沟通东西的枢纽功能，与周边地区的资源、市场互补性强，联系紧密。对外与日本、韩国隔海相望，是蒙古、哈萨克斯坦等近邻内陆国家的最近出海口。国务院将天津定位为国际港口城市和北方经济中心，就是要求天津充分发挥经济中心的作用，提升促进环渤海地区和北方地区的对外开放水平，积极参与东北亚区域的发展与合作，使这一地区更好地融入国际经济，增强竞争力。

二、贯彻国务院《批复》，努力实现国家对天津的定位

国务院的批复，在明确天津城市定位中，讲了两句话。第一句话："天津市是我国直辖市之一，环渤海地区的经济中心"。再次明确天津市是环渤海地区的经济中心，是对上版规划顺利实施的充分肯定。第二句话："天津市的发展建设，要按照经济、社会、人口、资源和环境相协调的可持续发展战略，以滨海新区的发展为重点，不断增强城市功能，充分发挥中心城市作用，将天津市逐步建设成为经济繁荣、社会文明、科教发达、设施完善、环境优美的国际港口城市，北方经济中心和生态城市。"这句话对定位有一段很长的定语，明确要实现科学发展、全面发展、和谐发展，这是对我们提出的更高要求，含义是很深刻的。全面理解和实现这一新的定位，要着力把握好以下四个方面。

（一）要充分认识和发挥天津市是环渤海地区的经济中心的作用

天津在地理区位上处于环渤海湾的中心，具备港口、资源和产业优势，形成了以港口为中心的海、陆、空连为一体的大交通体系，有开发区、保税区，有1000多平方公里的盐碱地作为生态和建设用地，有广阔的腹地等，各种资源和优势都集中到一个地方，这在中国其他地方是没有的，世界上也是少见的。在北方沿海城市中，天津的地区生产总值、工业总产值、利用外资、外贸出口、信贷总额、口岸进出口总值均居首位。在经济总量不断壮大的同时，天津对环渤海区域的服务、辐射和带动功能不断增强。天津港保税区是全国最大的保税区，目前区内正常运营的企业有5700多

家，其中，来自环渤海和"三北"地区的1700多家，物流总量
187.6 亿美元，货物总量约占 40%。天津港是我国北方第一大港，
75%以上的货物来自北京、河北、山西、内蒙古等环渤海地区和
其他腹地省市，占北京市出口商品总值的 42%、河北的 59%、山
西的 50%、内蒙古的 35%。天津海关是中国北方最大的海关，
2005 年海关进出口总值达到 820 亿美元，其中 55%以上的口岸进
出口货值来自周边省市。环渤海区域内各省市都有企业在滨海新
区设立窗口，而环渤海地区又有1000多家企业为滨海新区进行生产
配套。十多年来，天津经济持续快速协调健康发展，全市地区生
产总值年均递增 12.9%，综合实力明显增强，作为环渤海经济中
心的地位得到巩固和加强。

（二）要努力把天津建设成为国际港口城市

迄今为止，关于国际港口城市的确切定义还没有统一的说法。
比较统一的认识是，国际港口城市，是指在全球或某区域内起到
经济枢纽作用，具有现代化国际港口等基础设施与国际服务功能
的现代化城市。

作为国际港口城市，首要条件要有深水大港，并且是具有国
际中转和集散功能的现代化港口。早在 19 世纪 60 年代，天津就是
我国重要的通商口岸，一百多年来，天津港一直在全国乃至世界
港口布局中占有重要地位。近年来，围绕北方国际航运中心和国
际物流中心建设，天津市委、市政府从科学规划入手，努力增强
海港、空港和交通枢纽能力，着力改善口岸通关环境，积极推进
重点项目建设，取得了明显成效。目前，天津港航道达到 20 万吨
级，总吞吐量达 2.4 亿吨，航线通达世界 180 多个国家和地区的
400 多个港口，拥有 63 条国际集装箱航线。天津滨海国际机场改
扩建工程正在加紧进行，空运服务功能将大幅度提升。一批与天
津海、空两港相连接的公路网络和铁路通道已经建成，对外交通

明显改善。2005 年建成了天津国际贸易与航运服务中心，实现了海关、边检等行政管理部门集中办公，为天津口岸的货物、船舶及相关人员出入境提供了便捷高效的通关服务，并实现了与部分内陆地区的跨区域通关。以港口为依托的临港产业发展势头强劲，世界 500 强企业中有 100 多家在滨海新区落户，100 万吨乙烯、1000万吨炼油炼化一体化等重大项目已经开工，空客 A320 总装线项目即将启动，修造船、集装箱、仓储等港口产业进一步发展，临港工业区和港口物流区建设初具规模，金融、信息、货物配送等服务体系日趋完善，货运代理等各种港口服务企业发展到2000余家。

为了加快建设国际港口城市，我们初步确定从国际航运与物流、国际开放与交流、社会文化与生态三个方面完善港口功能。到 2010 年，港区规划面积由目前的 30 平方公里扩大到 100 平方公里，天津港将建成具有 –19 米的深水航道和深水泊位，能够全天候地接纳国际海运主流船型的船舶自由进出港。届时，货物吞吐量将超过 3 亿吨，集装箱吞吐量超过 1000 万标准箱；天津港直通西部腹地的铁路和高速公路通道有望建成。到 2020 年，货物吞吐量将超过 4 亿吨，集装箱吞吐量力争超过 2000 万标准箱。占地 10 平方公里的东疆保税港区全面建成。

国际港口城市，还应具备高度发达的以国际深水大港为依托的航运、物流、金融、贸易、科技、信息服务等产业。按照这个要求，"十一五"期间，我们将在离岸金融业务等方面进行改革试验；以港口为依托，进一步开拓国内外市场，探索中介领域贸易、多边复式贸易、无形贸易等多种贸易形式；构筑高度外向型的产业结构，积极参与国际产业分工与合作；大力发展修船、造船和与港口航运服务相关联的各种产业；完善金融、保险、法律、商贸、物流、会展、信息、中介等现代服务体系；改进管理体制，使人员出入境更加便捷。通过努力，显著提升天津的城市功能、城市地位和在国内外的影响力，成为国内外人流、物流、资金流、信息流集聚的重点地区之一。

（三）要努力把天津建设成为北方经济中心

经济中心是指在特定区域范围内，承担区域金融、贸易、交通、科研等多种服务功能，对周边地区既具有强大吸引力、聚集力，又具有强大辐射力和综合服务能力的中心城市。

上海定位为"一个龙头、四个中心"，指的是"长三角"地区发展的龙头和经济、金融、贸易以及航运中心。怎么理解要把天津建成北方经济中心？首先，要把天津建成为北方先进制造业和研发转化基地。我们的工业增加值占 GDP 的 50% 以上，主体产业是先进制造业。其次，要发展运输业，建设国际航运中心等。比较起来，天津的贸易和金融发展不够。真正的经济中心，还应该是金融和贸易中心。从这个角度来看，天津作为北方经济中心功能还是不够的。天津曾经是中国北方的金融中心，但是，现在的金融地位远不及北京。目前，对天津金融业的定位有几种表述方法，一是全国金融创新基地，二是北京和天津共同组织北方金融中心。这个问题，目前可以不去讨论，最重要的是促进金融服务和经济发展相适应，把金融业做大做强。我认为，天津市金融发展目标是建立与北方经济中心相适应的现代金融服务体系和全国金融创新基地。

实现建设北方经济中心的定位要求，一是进一步提升制造业的竞争力。发挥天津老工业基地的优势，走新型工业化道路，以滨海新区建设高水平的现代制造业和研发转化基地为重点，以高新技术产业为先导，以名牌拳头产品和大型企业集团为支撑，形成面向世界的国际性先进制造业基地。二是加快发展现代服务业。大力发展与制造业相互促进的服务业，促进第二产业、第三产业共同发展，推行现代商业流通方式，全面提升满足居民需求的服务业，整合旅游资源，发展旅游产业，不断提高服务业占全市生产总值的比重。三是建立和完善与北方经济中心相适应的现代金融服务体系。加快金融改革与创新，开展商业银行综合经营，扩大直接融资，发展产业投资基金和企业债券，推进外汇管理体制改革，完善金融机构体系，建立非上市公众公司股权交易市场。四是努力增强区域服务功能。充分发挥区位、资源、产业等综合优势，加快功能区设施建设，努力在国际贸易和国际航运、海关和口岸、现代物流、科技创新和促进产业升级等六个方面搞好服务，提升对区域经济发展的服务和带动作用。

（四）要努力把天津建设成为生态城市

保护自然生态环境，实现人与自然和谐相处，是落实以人为本的科学发展观的重要内容。国务院批复的天津城市定位中，第一次把建设生态城市作为天津城市的发展目标，这是对天津实现全面协调可持续发展提出的更高要求。

生态城市，是根据生态学原理，建立社会、经济、自然可持续发展，物质、能量、信息高效利用的人类聚居地。天津有着相对丰富的自然生态资源，山、河、湖、海、田共生，湿地众多，面积达1700多平方公里。目前，全市累计建成8个不同级别、不同类型的自然保护区，保护区总面积已占全市国土总面积的13.67%。从2002年开始，全市全面开展了创建国家环境保护模范城市工作，经过三年努力，27项考核指标全部通过国家环保总局验收，今年初被命名为国家环境保护模范城市。但是，有些指标是脆弱的，需要进一步巩固和提高。2002—2005年，天津GDP以12%—15%的速度增长，水资源消耗总量没有增加，能源消耗总量增幅5%，实现了一倍的能源换取两倍以上的经济总量。今年3月，我们又提出了"三创一建"的工作思路，进一步巩固提高创建环保模范城市的成果，创建国家卫生城市，创建国家园林城市，建设生态城市，力争到 2010 年把中心城区和滨海新区率先建成生态城区，到 2015 年把天津建成生态城市。

实现上述目标，要发展生态经济，构建经济发展高增长、资源消耗低增长、环境污染负增长的发展模式；要大力发展循环型经济，推广生态农业和生态服务业发展模式；要改善生态环境，加强自然资源保护与合理利用，提高土地利用的集约化水平，推广清洁能源和清洁生产，加强湿地、海洋、森林生态保护，强化污染物排放总量控制；要建设生态人居和生态文化，实现人与自然、人与社会的和谐，优化城市人居建设布局，塑造具有天津特征的人文精神，形成全社会共同参与生态城市建设的自觉行动和浓厚氛围。

三、加强领导，明确责任，切实改进对天津城市总体规划的管理

贯彻落实国务院批复精神，实施好城市总体规划，是全市的一项重要任务。近期，要围绕规划的实施抓紧做好五个方面的工作。

（一）广泛宣传国务院批复和天津城市总体规划

8 月 9 日，市政府召开了国务院批复城市总体规划的新闻发布会，拉开了总体规划专题宣传的序幕。宣传部门要将国务院批复和总体规划的报道作为近期的重要工作，充分利用各种媒介，将规划内容向市民公示，使批复和总体规划主要内容家喻户晓、深入人心，使全市广大群众了解规划、服从规划、监督规划的实施。市规划局要精心组织筹备好总体规划的公开展览工作，抓紧筹备建设天津市规划展览馆，为全市广大群众充分了解城市建设成就，展示城市美好未来提供平台。

（二）正确处理实施城市总体规划中的几个主要关系

一是滨海新区和中心城区的关系。中心城区和滨海新区分工协作，各有侧重，共同承担天津城市的综合职能。中心城区重点是加快海河综合开发改造，优化产业结构，大力发展第三产业，实施工业东移战略，成为全市的行政文化中心、商贸服务中心。滨海新区重点是建设若干特色鲜明的功能区，加强对包括天津港、天津经济技术开发区、天津港保税区、塘沽、汉沽、大港在内的现有各类资源进行整合，落实滨海新区定位。加快形成新区带动老区，老区支持新区，新老并举、共同发展的格局。

二是滨海新区与其他区县发展的关系。要坚持全市统一规划，统筹基础设施建设，统筹重大产业项目布局。随着滨海新区开发开放高潮的兴起，各项改革创新措施的不断实施，各类要素会加速向滨海新区聚集，必将提升滨海新区的发展实力和服务功能。滨海新区要切实发挥示范带动作用，通过技术引领、功能辐射、产业链延伸，带动其他区县发展，实现良性互动，协调并进。新区以外的各区县要紧紧抓住推进滨海新区开发开放这一历史性机遇，做好各自发展规划，形成各具特色的优势产业和新型城镇。

三是天津与周边省市的关系。天津作为环渤海的经济中心和我国北方经济中心，要在谋求自身发展的同时，利用多方面的优势，促进周边地区分工协作与优势互补，加快区域交通体系建设，促进生产要素的流动和有效配置，增强区域经济竞争力。特别要按照国务院审定的环渤海湾港口的基本分工，加强天津港与曹妃甸等港口的合作。

（三）依据天津市城市总体规划，抓紧开展规划编制和完善工作

各区县、各部门要严格按照城市总体规划的要求，对本地区、本部门的规划进行修编。初步考虑，重点制定和完善好以下四方

面规划：一是抓紧完善滨海新区城市总体规划，尽快按程序报批。抓紧编制滨海新区各经济功能区总体规划和控制性详细规划。二是全面启动 11 个新城总体规划，力争明年年内完成。抓紧完善天津市小城镇及新农村布局规划，在继续做好"三镇、两村"规划试点的基础上，年底前完成 30 个中心镇总体规划的编制工作。同时，尽快开展一般建制镇和村庄的规划编制工作。三是认真编制天津市近期建设规划，与全市经济和社会发展规划共同构成政府统筹经济社会发展和城市建设的"双平台"。同时，编制好全市住房建设、综合交通、市政基础设施、产业布局等专项规划。四是积极开展天津市土地利用总体规划修编工作，为实现城市总体规划提供保障。

（四）加强监督管理，严格依法实施城市总体规划

一是制定并完善城市规划法规。尽快形成由地方性法规、政府规章和规范性文件构成的天津市城市规划法规体系，抓紧报批《天津市城市规划条例》，逐步实现城市规划编制、审批、实施、监督全面依法管理。二是建立城市规划管理行政责任追究制度。全市范围内各项建设活动都必须符合城市总体规划。规划一经审批，任何单位和个人都必须严格遵守和执行。如果因实际情况发生重大变化确需进行修编调整的，必须按照程序进行。坚决制止未经审批的任何形式的违法占地和违法建设，对于个别地方为了局部利益，搞违法建设的，要依法严肃处理。三是加强规划工作的公众参与和社会监督。要增强规划工作的透明度，坚持"开门"编规划，提高规划决策的民主性、科学性。规划方案批准后，要向社会公示。规划实施过程中，要主动接受社会监督，自觉接受人大、政协的监督。四是要理顺全市规划管理体制，为总体规划实施提供保障。目前，市内六区、滨海新区、新技术产业园区的规划管理体制已经理顺，管理程序也已明确。下一步，要逐步理

顺各区县及乡镇的规划管理体制。各区县要设立独立的规划局，作为区县政府的组成部门，履行规划管理职能。

（五）充分发挥规划部门的职能作用，提高创新能力

《天津市城市定位指标体系初步方案》已完成，下一步要广泛征求各方面意见，尽快确定方案。要加强新形势下规划管理的改革与创新。当前，在城镇建设用地问题上，要处理好既控制规模总量，又留足发展空间的关系。可以借鉴当初修建外环线的做法，将各类城镇的最终发展范围控制起来，在这个圈内进行建设，达到从外部严格控制规模，从内部超前预留、集约挖潜、合理用地的目的。可以选择条件成熟的地方进行上述试点工作。要切实加强规划干部队伍建设，提高规划设计水平和管理水平。要加强规划研究工作，着手组建天津市规划研究中心，聚集一批高素质的专业人才，专门从事规划研究工作。

高度重视规划编制工作

（2004 年 2 月 29 日）

规划编制工作是一项涉及天津全局和长远发展的大事，通过编制规划，可以进一步统一全市各级干部对天津发展方向以及如何加快发展的认识，更加有力地推动"三步走"发展战略和五大战略举措的实施。

一、认真编制、执行经济社会中长期发展规划，是促进政府职能转变，坚持依法行政，推进"三步走"战略顺利实施的重要保障

（一）明确规划和规划体系的内涵和基本概念

一般来说，规划就是指对全面的、长远的、重大的有关发展目标、路径、一系列重要关系的总体布局，而计划是指在工作或行动以前，预先拟定的具体内容和步骤。

经济社会中长期发展规划的编制体系，大致可以分为两大类。第一大类是经济社会发展规划编制体系。主要指正在启动的"十一五"规划。对此，国家提出的规划体系为：按照行政层级划分，包括国家规划、省级规划和市县级规划；按规划对象和功能划分，包括国民经济和社会发展总体规划、专项规划和区域规划。其中，国民经济和社会发展总体规划是一个综合性、纲领性规划，在各

注：本文根据戴相龙同志在天津市规划编制工作会议上的讲话整理。

类规划中处于"龙头"地位，是编制专项规划、区域规划以及制定各项经济政策和年度计划的依据。第二大类是城市规划编制体系。按照《城市规划法》的规定，我国城市规划编制体系包括国土资源规划、区域规划、城市总体规划、分区规划和控制性详细规划。其中，国土资源规划是国家和地区的高层次、综合性规划，具有主导、协调整个国土资源开发利用和保护的"龙头"作用，是指导城市总体规划与其他各项规划的依据，是国家和区域规划中最基础的规划。城市规划作用的发挥，主要是通过对城市功能的定位，通过对城市空间，尤其是土地使用的安排和分配来实现的。

从全市规划体系看，目前天津全市规划有国民经济和社会发展总体规划、国土规划、城市总体规划等。这些规划内容有所交叉，但各有侧重，互为依据，互为补充，构成天津的规划体系。应当明确，我们现在编制规划，与计划经济时期相比，已经发生了根本性变化。最突出的标志就是，社会资源的配置方式已经由原来的行政安排转变为主要通过市场配置。这就意味着，政府的调控手段要从主要依靠行政手段转变为综合运用法律手段、经济手段以及必要的行政手段。这同时也要求，各种规划的编制和实施，都要以法律为依据，通过法定程序来进行，纳入法制化轨道。

（二）充分认识编制规划的重大意义和作用

在社会主义市场经济条件下，编制和实施规划，对实现国家战略目标，弥补市场缺陷，有效配置资源等，都具有十分重要的意义和作用。规划是工作的先导，是经济社会发展和城市建设的蓝图和依据。做好规划的编制和实施，是各级政府的重要职责。各地区、各部门要强化规划意识，更多地通过规划指导推动工作。我多次强调，规划的节省是最大的节省，规划的失误是最大的失误。抓规划就是抓生产力，就是抓投资环境，就是抓科学发展，就是抓财富。

编制规划的重要性，至少可以归纳为三条。

一是有利于促进政府转变职能。在完善社会主义市场经济体制过程中，政府的主要职能是经济调节、市场监管、社会管理和公共服务。要实现把政府管理经济的职能转到主要为市场主体服务和创造良好发展环境上来，就必须重视规划工作，加强对规划工作的领导。规划既是由政府制定的，也是约束和规范政府的，是政府履行宏观调控、经济调节和公共服务责任的重要依据。因此，要把规划的编制和实施过程，作为各级政府切实转变职能的过程，通过规划的编制和实施更好地履行政府对经济和社会事务的管理职能。从一定意义上讲，规划就是政府对人民群众的承诺。人民群众对规划的广泛参与、普遍认同和自觉执行的过程，实际上也是对各级政府的亲和与监督的过程。

二是有利于坚持依法行政。依法行政是对政府工作的基本要求，涵盖的内容很多，而经过法定程序制订的重大规划，具有法律效力。我们强调各区县、各部门、各单位和所有当事人按照规划办事，按照规划处理各方利益关系，这是政府坚持依法行政的主要内容。

三是有利于"三步走"发展战略的有效实施。2003 年，经过全市人民的共同奋斗，天津人均国内生产总值超过3000美元，实现了"三步走"发展战略第一步目标。从今年开始，要实施第二步目标。在这个进程中，政府的一项重要工作就是要通过编制规划，明确各地区、各部门、各单位在"三步走"战略中的地位、作用和工作目标，把天津市委提出的总体要求和各项决策部署落到实处。

这些年来，天津市委、市政府一贯重视规划编制工作，各项规划是科学的，合理的，有预见性的，既反映了当时的历史需要，又对天津长远发展起到了指导和推动作用。早在 20 世纪 80 年代中期，李瑞环同志在天津工作期间，就采取领导干部、专家、实际工作部门相结合的办法，在充分调查研究的基础上，编制了《天津市城市总体规划》，确定了天津的城市性质、发展方向和城市布局结构。1994 年，天津市委、市政府提出了"三五八十"四大奋斗①目标，实际上是对历届天津市委、市政府发展思路的继承与创新，对明确天津发展方向，加快天津发展，起到了重要作用。通过对天津城市总体规划的编修，1997 年国务院进一步明确了天津新的城市发展目标，确定了天津的城市定位。此外，天津历次五年计划的制订和实施，对明确天津工作的用力方向和工作着力点，促进经济社会协调发展，都发挥了重要作用。

但必须清醒地看到，随着经济体制改革的不断深入和实践的发展，天津在规划编制和实施工作中，还存在不少亟待解决的问题。一是由于经济和社会事业的快速发展，出现了许多当时编制规划时难以预期的变化，现在急需调整。比如，与 20 世纪 80 年代相比，"一条扁担挑两头"的布局结构发生了重大变化，"扁担"已经变宽了，成了一条经济带。再比如，随着"三五八十"四大奋斗目标的提前实现，天津市委、市政府不失时机地提出了"三步走"发展战略和海河综合改造开发的决策。这些重大情况的变化，都是今后编制规划所必须充分考虑的。二是有的规划内容前瞻性不够，出现了当时看来是正确的，而现在成为制约因素的情况。城市总体规划和土地利用规划在很多方面已不能有效保障经济建设对用地的合理需求。三是在规划上总体偏重于市中区和滨海新区，缺乏城乡统筹考虑。四是自觉遵守规划的意识和依法

---

① "三五八十"四大奋斗目标，即到 1997 年，全市国内生产总值提前三年实现翻两番；用五年到七年时间，把市区成片危陋平房基本改造完毕；用八年左右时间，把国有大中型企业嫁接、改造、调整一遍；用十年左右时间，基本建成滨海新区。

维护规划的权威性尚存不足。有的规划在实施中受到各种干扰，也出现了一些违反规划要求，不能按照法定程序建设的问题。五是规划的形成过程缺乏民主化，导致有的规划内容空泛，缺乏科学性，对推动实际工作的作用不明显，等等。对上述问题，全市各个方面都要给予足够的重视，并在今后的工作中认真加以解决。

（三）注意把握编制规划的指导思想和基本原则

编制和实施发展规划，最终目的是促进天津经济社会和人的全面发展，实现经济效益、社会效益和环境效益的统一，全面提高人民的物质文化生活水平和健康水平。在规划编制的指导思想上，必须坚持以人为本，树立和落实全面、协调、可持续的发展观，紧密围绕国务院对天津的城市定位和"三步走"发展战略，立足天津的基础、优势和发展潜力，针对制约经济社会发展的主要矛盾和问题，按照"五个统筹"的要求，提出科学的发展思路和工作措施，为实现天津在新阶段的新跨越绘制好发展蓝图。

根据国内外的经验和天津实际，编制规划中要把握四个原则。一是突出协调发展。就是要统筹兼顾，通盘考虑，促进经济与社会、城市与农村、新区与老区、人与自然的协调发展。正确处理改革、发展、稳定的关系，体现当前发展与长远发展、局部利益与整体利益的统一。二是突出深化改革，扩大开放。就是通过体制改革和机制创新，完善市场体系，提高市场化程度，转变政府职能，从根本上改善综合投资环境。加快实施开放带动战略，尤其要增强滨海新区在区域经济发展中的功能和作用，使新区为天津乃至我国北方地区全面建设小康社会作出更大贡献。三是突出城乡一体化发展。建立城乡统筹发展机制，在工业布局、第三产业发展、城市基础设施建设，以及社会事业发展等方面通盘考虑，对郊区、县给予更多关注和支持，把加快推进城乡一体化体现在规划中。四是突出民主科学决策。健全规划咨询制度，提高规划编制的透明度和社会参与度，广泛听取各方面意见，扩大专家队伍，形成规范化的规划决策咨询机制。凡涉及人民切身利益的规划内容，要采取社会公示和社会听证制度。

总之，要通过各级政府和政府各部门的协同努力，使规划编制、实施过程，成为深入调查研究、摸清真实情况的过程，成为统一思想、科学决策的过程，成为转变政府职能、推进依法行政的过程，成为解决突出矛盾、推动各项工作再上新水平的过程。

二、着眼于实施"三步走"发展战略，编制好经济和社会发展中长期规划

编制"十一五"规划、城市空间发展战略规划和滨海新区整体发展规划，都要以超前的战略眼光和理性思维，从天津在京津冀、环渤海、东北亚发展的大格局中谋划未来发展。也就是要跳出天津看天津，立足现在谋未来，认真处理好近期建设与远期发展，天津自身发展与北京市、河北省的协调发展，现代化建设与历史文化保护，需要与可能等一系列关系，扬天津之长，避天津之短，使三个规划更好地发挥导向和调控作用。

编制和执行"十一五"规划，要突出以下四个重点：

一是努力实现经济、社会与人的协调发展，建设和谐发展的天津。多年来，天津市委、市政府在加快经济发展的同时，十分重视社会事业发展，不少工作走到全国前列。比如，我们在全国比较早地提出并实施了科技兴市战略，多年来天津科技综合实力居全国前列，技术创新能力不断增强；教育和卫生布局调整取得明显成效，教育总体质量和医疗救治水平明显提高；加强了城市文化建设、环境建设，人民生活质量明显改善。尤其是2003年抗击"非典"工作取得阶段性重大胜利，受到党中央、国务院的充分肯定。但在实际工作中，某些方面仍存在着重经济建设、轻社会事业发展的倾向。所以，在"十一五"规划的编制中，要把统筹经济和社会协调发展，实现人与自然的和谐发展放在更加突出的位置，在加快社会事业发展，完善保障体系建设，满足人民多样化需求等方面，在项目安排、资金投入上给予更多的支持。特别要着眼于保护生态，净化美化城市环境，改善群众生产生活条件，注重发展循环经济，实现可持续发展。

二是加快改革开放，提高市场化程度，建设充满生机和活力的天津。实践充分证明，改革开放是强国富民之路，是经济社会发展的强大动力，是一个城市、一个地区富有生机和活力的源泉所在。天津国民经济所以能够连续十二年平均两位数增长，主要得益于改革开放。必须看到，深化改革、扩大开放的任务还非常繁重。比如，国有企业改革步子迈得不够大，个体私营经济发展不够快，一批中小企业尚未摆脱困境，行政审批事项还比较多，利用外资规模偏小，综合投资环境还有不少令投资者不满意的地方，等等。对此，我们必须运用改革的思路和办法，从根本上加以解决。在规划编制上，一定要与党的十六届三中全会提出的经济体制改革的方向、目标、任务紧密结合，针对天津体制机制存在的突出矛盾和主要问题，提出改革的重点、步骤和措施，并把投资环境是否改善，是否促进了生产力发展，作为检验改革成效的一个重要标志。要按照我国政府对世界贸易组织的承诺，建立起完善的与国际惯例相容的对外开放体系。

三是发展先进生产力，转变经济增长方式，建设现代化的天津。发挥科学技术第一生产力的作用，大力发展先进生产力，是增强天津整体实力，不断提高人民生活水平的根本途径。我认为，天津要率先基本实现现代化，首要任务是实现科学技术的现代化。规划天津经济发展，一定要突出科教兴市战略和人才强市战略，力争通过技术发展的跨越，形成后发优势。多年来，天津市委、市政府对科教兴市战略十分重视，张立昌同志在20世纪90年代初就提出要"走科技路，吃科技饭"，抢占科学技术的制高点，做到高人一筹，领先一步。实践证明，这条路子符合天津发展实际，有力地推动了经济增长。在世界科技迅猛发展的今天，知识更新速度不断加快，科技成果转化为现实生产力的周期越来越短，我们必须紧紧跟上世界科技发展的潮流，大力发展先进技术，使经济增长更多地建立在科技进步的基础上。尤其是新上项目，一定要瞄准国内先进、世界一流，确保技术领先。不能达到这一要求的，一律不批准开工。要进一步建立和完善项目审批责任制，把住"病从口入"关，谁批准，谁负责。对这些，"十一五"规划要结合科技中长期发展规划和人才规划，作出明确规定，为加快经济增长方式的转变提供规划保证。

四是着眼于未来发展，改善对外交通，建设服务于全国的天津。进入新世纪，全球经济一体化的趋势越来越明显，其中突出表现为区域经济联合体的不断涌现和迅速发展。从城市与区域发展的关系分析，城市是一定地域范围的中心，城市的中心作用对整个区域的发展有很大影响。从国内看，区域间的联合与协作，已经成为现代经济发展的必然趋势。这些年，长江三角洲和珠江三角洲的迅猛发展，就是一个例证。从目前看，京津冀联合有了一个比较好的基础，但还不是十分紧密。这次国家编制"十一五"规划，已经把京津冀首都经济圈区域规划作为一项重要内容，我们一定要抓住这个机遇，在推进区域联合上谋求天津的更大发展。我觉得，推进京津冀联合的突破口，可以放在改善对外交通上，要通过加快交通设施建设，拉近天津与北京、河北的距离，使之形成经济统一体。我们要在前一段工作基础上，加强与北京和河北的高层联系与磋商，大力发展公路、铁路、航运和海运。这项工作做好了，可以有效地促进京津冀资本、技术、信息、劳动力等生产要素的流动和重组。在促进京津冀发展中，一方面，我们要积极配合国家有关部门做好京津冀区域规划；另一方面，天津的规划也要注意与国家规划相衔接、相配套。

三、围绕天津城市的功能和定位，编制好城市空间发展战略规划

编制城市空间发展战略规划，要充分考虑天津城市的性质和功能定位，充分考虑天津发展的现状、历史与生态条件，充分考虑天津的优势、劣势与发展环境，从整体区域和长远的时间跨度上来谋划天津的发展。为此，要注意处理好以下四个方面的问题。

（一）处理好新城区建设与老城区改造（保护）的问题

城市的发展是城市内涵与外延的有机结合，旧城区要延续城市历史文脉，新城区要体现城市现代化，整个城市要体现历史文化与城市特色的继承和发展。

第一，要十分重视历史文化保护。天津作为国家历史文化名城，更要处理好历史文化保护与城市现代化建设的关系。在老城区改造中，要严格落实历史文化名城保护规划，切实保护好"五大道"等历史街区和各类历史遗存。这些历史遗存，尤其是历史文化、历史风貌，是不可再生的，保存的时间越久，历史价值就越高。一旦受到破坏，则隔断了城市历史，形成永久的城市缺陷和历史性遗憾。对这些不可再生资源，一定要列入规划，进行强制性保护。改动每一处，都要广泛征求意见，进行充分论证，并履行必要的法定程序，还应有一定的补救措施。

第二，要留有足够的发展空间。旧区改造不能简单地拆旧房盖新楼，尤其是不能大量建设住宅楼和工业项目，必须采取"泻肚子"的方法，把过于拥挤的居民和建筑物迁到城区外围，实施脱胎换骨的改造。老城区改造中，除历史文物外，不应再建很多新的东西。要用现代理念和更高标准，从保护历史和长远发展出发，留下足够的道路发展空间，绿化发展空间，第三产业发展空间，旅游观光空间。

第三，要高度重视地下空间的利用。地下空间是天津宝贵的空间资源。要加快规划建设地铁、地下停车场、地下商场、过海河隧道等地下设施。特别要充分发挥城市地铁交通运量大、速度快、无污染的优势，合理规划网络布局。要规划解决好地铁建设与地上火车站、公交枢纽站、大型商贸区、大型居民区的衔接问题。要加快启动地铁二号线、三号线建设，带动城市发展。

第四，要以人为本。不论改造老城区还是建设新城区，不论规划建设住宅区还是工商业区，都要注重改善环境，提供适宜人们生活、生产、发展的优美舒适的环境。天津的河流、湿地、水面资源十分宝贵，一定要保护好，绝不允许随便填埋、破坏、挤占。要在充分保护生态环境的前提下，研究城市发展规划。

（二）处理好中心城区和滨海新区的合理分工与协调发展问题

中心城区和滨海新区是天津城市发展的两大战略重点，要合理分工，协调发展。

一是继续优化中心城区与滨海新区产业和空间布局，明确各自的发展重点。中心城区重点是大力发展金融、商贸、科技、教育等服务业，改善生态环境，体现城市的繁荣、文明，创造舒适的人居环境和以服务业、都市型工业为主的创业环境。滨海新区要依托天津港、开发区、保税区等功能区，加快建设世界性加工制造基地和国际物流中心。要依托塘沽区，适度加快服务业发展。主体工业以滨海新区为主，中心城区不再上大的工业项目，已有大中型工业企业要有计划地向滨海新区迁移。要完善滨海新区的城市功能，促使中心城区人口向滨海新区转移，降低中心城区人口密度，使滨海新区逐步发展成为拥有一定人口规模、产业发达、功能完善的新城。

二是要优化中心城区和滨海新区之间的空间布局。继续加强交通通道建设，中心城区和滨海新区之间的交通要朝着多样化、大容量、快速化的方向发展。同时，以农田、湖泊、绿化带等为主，规划建设生态隔离区。

三是注意产业区和住宅区的合理配置。不论中心城区还是滨海新区，住宅区和产业区应该分开，以利于人们的生活和生产。但二者又不能距离太远，否则将带来极大的交通压力。现在不少城市出现了早晨上百万人一起涌到市中心区上班，晚上又一起赶回住宅区休息的状况，造成交通极度拥挤。我们要从规划上避免这个问题。

（三）处理好中心城区和卫星城、小城镇的合理布局、协调发展问题

在这个问题上，应该明确以下三点：第一，天津的中心城区发展，以外环线为界限，不能再向外扩张。在1986年修外环线时，市政府就明确规定，外环线是城市发展的控制线和环境保护圈。城市应该有一定的规模，但在一定条件下规模过大，就会带来很多问题，反过来迟滞城市经济社会的全面发展。因此，天津的中心城区发展在地域上要到此而止，不能像有些城市那样"摊大饼"，一环一环地无限扩张。第二，天津城市发展的出路是建设卫星城，发展小城镇。发展具有一定规模、功能相对独立的卫星城镇，是控制大城市无限扩张，承接中心城区产业和人口扩散的重要选择，对于加快城乡一体化进程，优化城乡布局、产业布局和人口布局具有重要的意义。在产业布局方面，卫星城和小城镇可以积极承接市区工业企业转移，大力发展配套工业和农产品深加工，加快推进农村工业化。在人口布局方面，卫星城和小城镇建设要与旧城区改造、农村迁村并点结合，吸引中心城区人口

和农村人口向卫星城和小城镇集中。第三，在发展卫星城和小城镇中，要高度重视节约土地资源。卫星城和小城镇建设，不能贪大求洋、好高骛远，要坚决防止乱占耕地的问题。要合理调整乡镇工业园区布局，不可过多过滥。同时，积极推进各类工业企业向工业园区集中，减少对土地的占用。现在，天津卫星城和小城镇普遍存在着经济总量不足、人口规模偏小、基础设施薄弱、服务功能不强、聚集作用不足的问题。我们要以编制市域城镇规划，特别是卫星城和小城镇详细发展规划为先导，以加快卫星城和小城镇建设为突破口，形成市中心区、卫星城、中心镇有机结合的三级城市网络，加快城市化和工业化步伐，促进全市经济更快发展。

（四）要更加重视天津西北部的规划和建设

前不久，清华大学建筑与城市研究所所长、中国城市规划学会理事长、两院院士吴良镛教授来天津，介绍了他牵头组织的"天津城市空间发展战略研究"成果。其中首要的观点是，天津要处理好与北京及周边地区的关系，抓住北京向东南方向发展的历史机遇，积极推进京津冀经济联合与协作，在区域经济的联合协作中加快天津发展。应该说，这是关系天津发展的大战略，是天津势在必行的战略选择。我们编制天津城市空间发展战略规划，一定要充分考虑到这一历史机遇，更加重视天津西北部，也就是北辰、武清、宝坻等区县的规划和建设。第一，要统一思想，主动呼应北京的发展，加强与北京、河北的经济联系，积极承接首都部分经济功能的转移。第二，要从加强交通设施建设入手，大力改善天津与周边地区的交通，缩短与北京等周边地区的距离，形成更紧密的交通联系。第三，将建设重心向中心城区的西北部倾斜，特别要注重抓好交通干线两侧的规划建设，努力形成优美整洁的城市景观。第四，要加强北辰、西青、武清等区县卫星城的发展，共同构筑京津冀之间布局合理、紧密联系的城市群。

四、以发挥辐射力、带动力为目标，编制好滨海新区整体发展规划

经过十年的建设与开发，滨海新区已经成为天津经济发展的主要引擎。面对新形势新任务，我们一定要站在加快实施"三步走"战略和天津整体发展的高度，努力编制出高质量、高水平的滨海新区规划，促进新区的更大发展。

第一，科学界定发展区域，制定积极的有限目标。现在编制新区规划，与十年前的实际情况相比发生了很大变化，必须树立高标准，进行全方位的重新审视。总体上讲，新区规划要按照"立足天津，辐射'三北'，服务全国，面向东北亚，建成现代化的世界性加工制造基地和物流中心"的定位进行设计。既要规划远景目标，又要制定出近期目标和年度安排，不求所有，但求所为，分步实施，确保落实。特别是作为区域专项规划，一定要科学合理地界定区域范围。长远规划可以在陆域面积2270平方公里范围内考虑，近期目标则要以建成区168平方公里为区域发展的立足点，确定一个功能定位明确、地域关联紧密、能够发挥聚集效应的有限发展范围。也就是说，近期规划的区域不宜太大。在现有条件下，如果搞得太大，不利于各种生产要素有效聚集；同时，近期规划区域太大了，也不容易得到国家的政策支持。因此，研究确定近期区域发展目标，应把发展重点集中在开发区、保税区和天津港三个功能区及其拓展区上，以核心区为发展主体，逐步壮大实力，发挥辐射带动作用。

第二，完善新区功能布局，发挥功能组合优势。一个区域的功能布局及其定位，决定这个区域的发展方向和目标。怎样实现各功能区之间优势互补，形成更大的合力，必须在规划中予以明确。这个问题解决好了，将是新区发展的最大亮点。总的要求是，充分发挥港口的货物集散功能、开发区的加工制造功能、保税区的自由贸易功能和塘沽区的服务功能，整体合理提升、全面增强辐射力和带动力。在区域布局方面，要充分考虑塘沽区基础设施条件比较好，服务功能比较完善的特点，今后大的服务性项目应该主要安排在塘沽区。

第三，着手编制海河下游开发规划，加快重点项目实施。开发海河下游是大力发展海河经济的重要内容，也是加快滨海新区新一轮发展的重要启动点。随着天津及周边地区经济快速发展，开发海河下游的条件已经成熟。海河下游地区具有诸多优势，它濒临三个功能区，周边交通便捷，对外开放度高，经济非常活跃，工业东移的重心也在这个地方。因此，滨海新区总体规划要把海河下游开发统筹考虑进去。同时，要注意搞好与海河上游开发、临港工业区建设及三个功能区规划的衔接。

精心编制中长期经济和社会发展规划

（2004 年 8 月 11 日）

举办规划研究班，主要目的是学习和运用科学发展观，研究和部署天津市中长期发展规划的编制工作。

一、关于编制经济和社会发展"十一五"规划

"十一五"规划是整个经济中长期发展规划的"龙头"规划，是综合性规划。编制规划是理清思路的过程，是提高工作水平的过程，是提高规划质量的过程。编制"十一五"规划的内容很多，最重要的有以下几个问题。

（一）既要争取较快的速度，更要不断提高经济增长的质量和效益

关于速度问题。经济增长需要一定的速度。实现天津"三步走"战略的第二步目标，按可比价格计算，全市 GDP 如果提前三年即到 2007 年比 2000 年翻一番，那么后四年应该年均增长8.4%。如果提前四年，也就是到 2006 年比 2000 年翻一番，后三年年均增长要达到11.4%。我们要力争提前四年，到 2006 年 GDP 比 2000 年翻一番。在这个基础上实现第三个目标，到 2010 年全市GDP 实现6200亿元。这次编制规划要研究天津发展的速度应摆在

注：本文根据戴相龙同志在天津市编制中长期经济和社会发展规划研究班上的讲话整理。

什么样的水平上。从国家来讲，根据经济发展的潜力，低的时候增长在7.5%左右，高的时候可能高于8%。过去十年，天津经济年均增长12%，比全国年均增速高3—4个百分点。"十一五"期间，天津经济每年增长12%，就可以基本达到提前一年实现人均GDP 6000美元的目标。

关于经济结构问题。主要表现在三个方面。一是第一产业即农业问题。要力争农业的产业化水平更高，郊区县的工业化水平更高，服务业和城乡一体化也要大力发展。二是第二产业也就是工业。现在的工业增加值已经接近GDP的一半，今后还是要以六个支柱产业为主，当前六个支柱产业已达到整个工业的近70%。将来趋势是什么呢，我们也在预测，这也要在规划中研究。天津市的特点和优势产业是什么，怎么把它做大，这也是"十一五"规划要研究的。天津市的纺织工业在历史上一直很有基础，现在处于弱势，我们要搞纺织新城，和上海或有实力的地方进行合作，重振纺织行业的雄风。总之，要把现在的六个支柱产业继续做大，同时根据市场变化和天津特点，创造新的产业，这个问题在规划里也要研究。三是第三产业如何规划问题。总的来讲，应该在第一产业、第二产业迅速发展的基础上，努力提高第三产业的比例。这应该是动态的，不是说放慢第一产业、第二产业发展速度来提高第三产业的比例。目前第三产业增加值在全市经济总量中偏低，这种状况要不断地改变。在发展人民生活服务业的同时，要大力发展为工业服务的行业。

关于低耗、高效问题。编制"十一五"规划要树立和落实科学发展观。首先，要考核天津市的资本利润率。天津市的工商企业总资本是多少，其中国有及国有控股的资本、民营资本、外资资本有多少？总资本能创造多少利润？资金、土地、劳动力都是主要生产要素，看天津市的经济效益，要看各项生产要素使用效益。从资金来讲，要衡量资本利润率，过去没有账的要查历史资料。我认为天津的资本利润率还是比较低，国有企业资本利润率只有百分之二点几，很危险。虽然上半年工业企业有150多亿元的利润，但扣除外资企业利润70亿—80亿元，三个中央企业利润40多亿元，天津所属企业的利润是很低的。天津有二十几家上市公司，合计才有3分钱资本回报率。因此，要加快天津发展速度，结构要合理，最重要的是要抓低耗高效。第二要考核劳动生产率，劳动力创造的财富怎么样。第三要考核主要资源的消耗率。天津市在控制水源、能源消耗方面有成绩，但我们不能麻痹，还要在降低能耗和水耗方面下工夫。要考核万元GDP能降下降指标，要考核每平方公里的建设用地创造多少财富。我们建设用地2000多平方公里，创造的GDP还是不多。要考核每平方公里建设用地创造多少GDP，新增一平方公里创造多少新增GDP。分别考核资本、劳动力、土地等资源使用效益。编制规划不能只预计经济增长多少，收入增加多少等，应该预测各类生产要素使用效益。

关于财政收支问题。财政收支水平最能反映天津经济实力和效益。第一要努力提高财政收入增长的幅度，提高财政收入占GDP的比例。财政收入占GDP的比例有很多不可比的因素，但是粗略比较，天津的差距还是很大的。地区财政收入全部口径占GDP的比例，北京是31%，上海是30%，天津是18%。增加天津财政收入，提高财政收入占GDP的比例，要达到北京、上海两市的水平很难，但是，近几年能不能提高2—3个百分点？第二要收支平衡，略有结余。第三要清理天津的内债和外债。我们的财政收支在预算上是平衡的，还略有结余。但是，在预算外，我们还欠外债，为化解金融风险还欠中央银行的资金，一部分国有企业债务，还会成为政府债务，一部分区、县、镇政府还有大量欠债，这都是财政要研究和解决的问题。

（二）要加快经济发展，也要推进各项社会事业共同进步，实现经济和社会协调发展

社会事业包括科、教、文、卫、体，还要把防灾减灾、环保支出、环卫支出、社会管理等支出都要考虑进来。所谓社会各项事业，基本上是用财政的钱来保证社会管理、就业、提高生活水平的各项支出，保证居民受到教育，保证环境比较好、治安比较好。这个问题过去还是重视的，但突出得不够。2003 年天津发生非正常死亡 2152 人，其中，有在生产、交通运输过程中发生的，有自杀的，也有他杀的，还有不明原因死亡的。天津是一个直辖市，流动人口比较多，人们都说天津的社会治安比较稳定，但我们绝不能满足。现在，政府不只是管理，更是要搞好服务，让老百姓满意。这些年我们这方面有很大改进。但是，有些社会事业我们还没做起来，或者投入还不够，必须要加强这方面工作。科技研发投入占 GDP 的比重也是衡量经济社会发展水平的重要指标，目前天津还不到 2%，今后要每年增加 0.1 个百分点。

（三）要努力实现人的全面发展

人的全面发展，在规划里要研究这样几个问题。

第一，充分就业问题。现在登记失业率是 3.8%，能不能下降到 2% 左右。

第二，增加居民收入。2003 年增加 10% 以上，今年上半年增加 10.2%，今后 5 年应该增长 11% 以上。过去，天津市居民收入增长较慢，今后应该加快。

第三，建立完善的社会保障体系。包括加强教育和提高期望寿命。现在，天津人口期望寿命为 77 岁，仅次于上海，"十一五"期间在这方面还要有所提高。现在，新参加工作的人，平均受教育年限达到 14 年，今后应该是个什么指标？我看要根据天津市经济社会发展要求、就业水平等，来相应提出教育发展的目标。

总之，"十一五"规划要研究经济发展速度和效益问题；在经济发展的同时，要研究怎样改善社会事业问题；经济发展了，社会发展了，人的发展在哪些方面，有哪些指标要提高的问题。这些都要在这次编制发展规划中加以明确。要根据天津市1100万人民的需要，包括就业的需要、住房的需要、生活环境改善的需要，来研究我们的发展、财力、分配。这就是以人的发展、人的需要为本，来研究我们的规划，研究和确定规划各方面的关系，并能够动员大家来执行，这才是一个科学的、鼓舞人心的规划。

二、关于城市空间发展战略规划问题

编制城市空间发展战略规划是编制城市总体规划和土地利用规划的重要基础。从2003年8月开始，天津市政府就组织有关部门开展这项工作，我主持过两次规划委员会研究，也讨论过吴良镛院士等编制的规划。在两次规划委员会研究的基础上，我们吸收了三个规划设计院的意见，市长办公会又进行研究，围绕编制城市空间发展战略规划，确定了天津市今后发展的一些重大问题。天津市委常委会又听了我们规划部门的意见，基本肯定了几个重大问题的提法。

（一）关于天津城市定位问题

这次我们考虑定位问题，首先，要确定一个原则，就是一个城市定位不应是频繁变化的，它应该在一个较长时间内有效。其次，天津经济发展了，区域经济变化了，定位也要做适当修改。最后，要跳出天津看天津，又不能站在天津以外非常超脱地来做规划。比如，有的院士提出，由北京跟天津两个核心城市组成大都市。他们可以这么讲，但我们天津搞规划不能这么讲，但也不等于我们反对这个意见。天津定位是环渤海地区经济中心，意味着我们地位很重要，有了很大的空间，这个定位当然很好。随着形势和情况的变化，我们这次在做规划时建议在定位的表述上做一些修改，将"要努力建成现代化港口城市和我国北方重要的经济中心"，改为"要努力建成国际港口大都市和我国北方的经济中心"。还要加一条，就是良好的生态宜居城市。宜居城市的功能标准是环保比较好，生态比较好。

（二）关于国土利用问题

天津的土地利用，由于城乡建设步伐的加快，建设用地面积早已超出了规划数，1998年确定的到2010年的建设用地规划到2003年实际上就超过了，所以现在要修编土地利用规划。根据新的情况，到2010年建设用地调整为3500—3700平方公里，其中城镇用地面积是850—1000平方公里。规划城镇用地牵涉人口的问题，2003年天津常住人口是1011万人，原定到2010年是1100万人，这次修编定为1200万—1300万人。大家有一些不同意见，希望天津人口不要聚集太多，想人少一点，地多一点，担心流进人口太多导致人均GDP下降，对此要实事求是。天津市的开发开放，必然导致人口大量流入，我们也要吸引大批人才。要加强外来人口管理，防止人口剧增，同时要开放市场，广纳人才，在加快发展和提高经济效益中，不断提高人均经济总量的水平。

（三）关于建立现代交通体系，建设"一城两港"的问题

"一城"，是天津中心城区；"两港"就是一个"海港"，一个"空港"。第一，要立足于发挥天津的优势和天津、华北、西北的需要，把港口做大做强，但也不要盲目竞争，更不要说上海有多大，我们也要搞多大，宣传的时候特别要注意。第二，要规划100平方公里的港区，现在是30多平方公里。初步计划，港区内建设投资400多亿元，港区以外的横向交通等建设投资300亿元。另外，要实现港口与保税区一体化发展，国家定了七个地方，其中包括天津。要把天津港集团公司做大做强，到2010年港口吞吐量

突破 3 亿吨，集装箱运量突破 1000 万标箱。第三，要改造现有的
滨海机场。先建 6 万平方米候机楼，今年年底开工，达到年接待
600 万人次。这次规划写了一条，就是天津滨海国际机场为国内干
线机场、国际定期航班机场、中国北方航空货运中心、东北亚货
运集散地。同时，在京津城镇发展主轴线上的武清区太子务一带
预留京津国际枢纽机场用地。除此之外，还要解决天津到北京以
及唐山、黄骅一带的大交通问题。第四，解决工业基地建设和布
局问题。

（四）关于城市建设和管理布局

原来规划的汇报稿是"三轴三区"，在市委讨论的时候，很多
同志反映三轴有点平行，应该突出"一轴两带"。"一轴"就是从
武清到中心城区再到塘沽，主轴和北京连在一起。这个主轴线，
过去叫"一条扁担挑两头"，这条扁担应跟北京联系更密切，这是
新时期的新特点。"两带"，一个是东部沿海发展带，包括宁河、
汉沽、塘沽、大港；另一个就是西部城镇发展带，也就是蓟县、
宝坻、中心城区到静海。作为一个城市，不但讲中心城市，还讲
城市之间的关系，形成一个主轴、两个发展带的特点。这个发展
带不仅仅是自然地貌，而是由若干小城镇组成。在城市规划发展
中，要注意加强生态环境建设，建成一个宜居的城市。原来讲天
津中部有河，北边是山，南面是湖，东面是海，西边是林，从规
划上都要很好地研究。下一步要发展三个"生态建设与保护区"，
即北部蓟县山地自然保护区，中部大黄堡湿地、七里海湿地保护
区，南部团泊洼水库湿地保护区。还有一个大港水库问题，既是
一个保护区，也是一个水库。我们认为这三个地方主要以湿地为
主，如何保护是将来规划的重点。我专门到七里海看了一下，核
心区有 60—70 平方公里，总面积大概 100 多平方公里。大港水库
150 多平方公里，如果改造一下，水库的建设和生态保护的面积更

大。天津的湿地较多，和很多城市比，这是我们的优势，对其保护和运用要在"十一五"规划中加以明确。

总之，在城市规划问题上，要把建设用地适当扩大。我们是直辖市，适当扩大建设用地是需要的，也是有效益的。同时，要保护好其他用地。基本农业用地和生态用地极为重要，不但确保上述两项用地达到全部土地三分之二，而且要使耕地产量更高，使生态用地真正有生态作用。

提高规划的编制和执行水平

（2005 年 2 月 17 日）

在城市建设和管理中，规划是前提，是基本依据。从 2003 年到 2010 年的七年，天津的投资按照较低水平年均 15% 的速度增长，总量也会超过 15000 亿元。如果三分之一是投在城市建设上的，那就是 5000 亿元。这些道路、桥梁、地铁等公共交通、污水垃圾处理设施，还有房地产项目，建在哪里，怎么建，先建什么，后建什么，做好规划十分重要。规划做好了，我们投资就有了依据，项目审批也较容易，投资商也愿意投资，也可以增加工程的连续性，减少浪费。总之，要把规划做细做深，提高规划的科学性和严肃性。

从 20 世纪 80 年代以来，天津市委、市政府先后多次就天津城市发展规划进行研究，得到了中央的充分肯定，也受到了国内外有关人士的好评。特别是天津市委八届三次全会提出了"三步走"发展战略和"五大战略举措"后，我们认真抓了各类专项规划的制定。比如，对海河综合开发进行了多次论证，现在在海河开发上我们有了规划、有了钱，施工总的来说就比较快。比如，对城市快速路也做了很好的规划，我本人到规划局就听了三次，对现行规划，大家认识了，开发银行认可了，老百姓也拥护了。再比

注：本文摘自戴相龙同志在天津市规划建设和管理工作会议上的讲话前半部分。

如，我们正在规划改善北京到天津的交通，这个规划一提出来，国务院有关部门很支持，消息一传出去，全国各地都愿意投资。其中，京津城际铁路项目已获国务院批准，正月初二铁道部还在研究如何搞试验段的问题。对京津塘高速公路二线的环保评估，国家环保总局是在大年三十批准的。可见我们的规划一旦提出来，国务院领导认为合理，就会支持我们。另外，规划做好了，合理了，有权威了，投资商就愿意投资。

城市规划的严肃性和细致性是十分重要的。我们做了这方面工作，就有了预想不到的成效，相反哪些方面做得不够，就明显影响到城市建设。如果我们下一步要加大投资，加快投资，使投资效益更好，使投资有连贯性，规划的水平还要提高。搞建设投入很大，但只要把规划搞好了，不愁没人投资。总之，凡城市的重大项目建设，规划要先行，规划要特别细致，规划要有权威，一旦定了不能违反，这在城市建设管理中极为重要，我们在这方面都有经验和教训。

应该说，去年的城市规划工作有进步，发挥了规划部门的作用，也发挥了专家的作用。为搞好《天津市城市总体规划（2004—2020年）》的修编，请吴良镛同志来了三次，上海、北京城市设计院的也来了人，我也开过三次城市规划委员会会议，更多地听取了专家意见。另外，我们的规划是按照规定的程序修编的，2004年12月上报了国务院。但总体来讲，我们的规划工作还要进一步提高水平。一是天津市的城市地位提高了，标准更高了；二是重大投资项目更多、投资总量更大了；三是老百姓的要求更高了。要按照以人为本，落实科学发展观的要求，促进经济、社会、人的协调发展，人们对居住环境的要求越来越高，所以规划的水平还应该提高。另外，开发商对我们规划的要求更高了，你不能只说要在这一片土地干什么，而是要说出在具体地点干什么，要讲三年、五年、十年以后这地方要干什么。不能今天说要在这里建商店、酒店，明天却在酒店门口建造高架桥。

根据以往的经验，编制和实施好城市规划，要注意做好以下工作。

首先，要建立人员数量足够、职业水平达到标准的规划队伍。我认为，我们的规划队伍还是不够的，迫切需要充实一定数量的规划人员。要有一定的专业队伍，天天琢磨这个事情，有足够的专家和工作人员，依法履行职责。

其次，要有正确的、科学的规划思路。瑞环同志多次讲过，城市建设规划应处理好几个关系。我们搞规划的同志不能只懂专业，也应该懂得经济学，懂得社会学，懂得城市管理，还要知道历史风貌建筑的管理。我们天津不乏这样的人才。有的城市规划、建设和管理人员毕业于天津大学建筑系，一直在天津从事住房建设、管理，已积累很多经验。要把从事规划工作的人才很好地集中起来，思考城市规划、建设和管理的总体思路。现在，我们做城市规划，必须要考虑北京对天津的影响，不能离开北京的影响关起门研究我们的规划，特别是北京的城市总体规划已经国务院批准，对国务院的批示和北京市的规划，我们要很好地学习，使天津规划适应上述变化。国务院已批复天津城市总体规划，要求我们规划好、发展好滨海新区，这对我们城市规划建设提出了新的要求。要清楚地看到，区域经济、北京的影响，还有我们天津市发展水平的提高，都对规划提出了更高的要求。要把我们的城市定位、城市布局、"一轴、两带、三区"具体化，所有区县的规划也要细化，比如说滨海新区、塘沽、武清、蓟县、宝坻等规划更要搞细，现在规划还是很粗。

再次，要有完整的科学的规划。要有总体规划、专项规划、区域规划、乡镇规划，要非常科学、非常完整、非常衔接。我们这方面的研究还不够。

最后，要严肃执行规划。编制规划，要让群众和专家参与，我们要建一座天津市规划展览馆，把城市规划以较大的比例展现给全社会，要让市民看到未来三年、五年天津的发展，看到市民所在社区的发展。城市建设规划，由市政府编制，经天津市委同意，由市人大定下来后，就有了法律依据，对这个规划，任何人不能私自改变，也无权改变，要改也必须按原有程序再重新论证和审定。

总之，我们一定要把规划队伍建设好，进一步完善规划的总体思路，正确处理好几个规划的关系，维护规划的严肃性。现在，摆在我们面前的主要问题是，天津市城市总体规划虽已报到国务院，但建设部要等土地总体利用规划通过后，才能审批。所以，我们要抓紧向国土资源部上报我们的土地总体利用规划，土地总体利用规划定了，我们立即请建设部推进城市总体规划的审批工作。我要求各部门、各方面工作人员竭尽全力、各负其责，做好自己的工作。如有重大问题，各部门务必及时报告，市政府将随时研究解决。

把天津建成生态城市

（2006 年 3 月 31 日）

爱我祖国，爱我家乡，全市动员，推进"三创"，努力把天津市建设成为生态城市。

一、认真总结创建环保模范城市工作，坚定做好"三创一建"工作的信心

从 2001 年底开始，天津开展创建国家环境保护模范城市活动，经过全市各方面的共同的努力，于 2005 年底 27 项考核指标全部通过国家环保总局验收。今年 1 月 16 日，国家环保总局批准天津为国家环境保护模范城市。这是我国四个直辖市中第一个环保模范城市，也是超大城市中的第一个。天津是一个老工业城市，环境容量有限，污染比较严重，但是经过三年多的努力，创建成了国家环保模范城市。我们要从贯彻落实科学发展观这个高度，总结我们的"创模"经验，进一步加以巩固和提高。

回顾天津环保模范城市的创建过程，我们做了大量工作。

注：本文根据戴相龙同志在天津市创建国家环境保护模范城市总结表彰大会暨创建国家卫生城市、国家园林城市和生态城市动员大会上的讲话整理。

第一，通过实施"六大工程"，使环境质量显著改善。一是实施了以水源保护和河道治理为重点的碧水工程。投资24亿元，基本完成了引滦水源保护工程，饮用水达标率保持100%；相继对津河等14条191公里河道实施综合治理，城市水环境质量得到明显改善，2005年城市水域功能区水质达标率达到100%。二是实施了以改燃和控制扬尘为重点的蓝天工程。2002年以来，全市共有11344台（眼）燃煤茶炉、大灶及2吨以下燃煤设备改用电、气等清洁能源，6208台2—10吨燃煤设备实现改燃清洁能源或拆除并网，施工、道路扬尘、机动车尾气污染得到有效控制。2005年，环境空气二级良好及以上天数达到298天，占全年天数的81.6%。三是实施了以控制噪声为重点的安静工程。对各类噪声进行专项治理，建成97个安静居住小区。2005年，城市区域环境噪声、道路交通噪声平均声级分别比2001年下降0.3分贝和0.4分贝，城市环境噪声达标区覆盖率达到80%。四是实施了以综合治理小化工为重点的工业污染防治工程。2003年以来，全市立案查处环境违法行为1160件，依法取缔、关闭、停产治理515家环境违法企业，否决不符合环保要求的建设项目757个。五是实施了以改善城市面貌为重点的环境综合整治工程。三年多来，综合整治了170条主干道路、19条放射线、15个重点地区和360多条次支道路，乱摆滥卖、马路餐桌和占路作业等违章行为得到遏制。在全面完成市区危陋平房改造的基础上，又投资20亿元，整修旧楼区640片、建筑面积3117万平方米，使62.7万户、201万人受益。旧楼区环境整治和五大道历史风貌保护被评为2004年度全国人居环境范例奖。六是实施了以绿色创建为重点的创模细胞工程。截至目前，共建成1个国家级、2个市级环境保护模范城区和70个市级环境保护模范社区，创建"绿色社区"411个、"绿色家庭"94750个、"绿色学校"620所、环境教育基地4个。西青区杨柳青镇等4个镇被命名为全国环境优美乡镇，全市共创建市级生态村 27 个。

第二，通过加大基础设施建设力度，使城市载体功能得到全面提升。一是强化了交通体系。改造旧路 88 条，加大了快速路、地铁、轻轨和高速公路等路网建设力度，市区道路通行能力提高一倍以上，机动车平均车速提高四分之一。二是建立了污水处理体系。建成 12 座污水处理厂，2 座中水处理厂，污水处理能力达到 157.3 万吨/日，生活污水处理率由 2001 年的 53% 提高到 71%。三是完善了垃圾处理体系。关闭 221 处垃圾临时卸地，建设了 7 个大型垃圾处理设施，生活垃圾无害化处理率由 2001 年的 60% 提高到 81%。四是建成年处理能力 3.7 万吨的危险废物处理中心，保障了医疗废物和各类废弃危险化学品的应收尽收及安全处置。这在全国大城市中是领先的。五是新增绿地 7926 万平方米，形成了以风景区和外环线绿化带、道路绿化带、河流两侧绿化带、文化广场和建筑群内部绿化相结合的城市绿地体系，绿化覆盖率由 26% 提高到 36.4%。六是实施了地下管网体系建设。2001—2005 年，全市新增供水管道 1951 公里，新增供气管道 2609 公里，新增排水管道 3857 公里，管网服务能力明显增强。

第三，通过全面优化产业结构和区域布局，使企业污染问题得到有效控制。天津市委、市政府多年来实行工业东移的政策，相继关闭了一批小造纸、小化工企业，对天钢等生产工艺落后的大型企业进行了异地改造。同时在海河下游工业区建立了现代化工厂，使迁入企业实现了产业升级、产品升级、技术升级。天津是老工业城市，过去小作坊式的工业企业很多，所以国家环保总局有一些专家最初怀疑天津能否建成环保模范城。当他们检查后才发现，原先的小化工、小水泥、小造纸等企业早就关闭了。可以说，产业结构的调整，改变了过去那种工业、商业、民居混杂的状况，使区域环境污染问题得到有效控制。

　　第四，通过试点示范，加快了循环经济发展。创模以来，我们以点带面、逐步推进，加快了循环经济发展和节约型社会建设。天津经济技术开发区国家级生态工业示范园区建设扎实推进，基本形成了电子、汽车、生物制药、食品加工四大产业链，以及工业废物回收加工为主的补链产业，园区的循环共生体系开始显现；新技术产业园区华苑产业区，被命名为 ISO 14000 国家级示范区；天津子牙环保产业园，已逐步成为天津集中拆解和深加工综合利用进口第七类废物的基地。天津东洋油墨有限公司等近 300 家企业建立了 ISO 14000 环境管理体系，振兴水泥厂等 21 家企业被评为天津市环境友好企业，天津爱普生有限公司等 4 家企业成为国家环境友好企业。我们下大力气综合治理工业废料和废弃物，继钢渣、粉煤灰全部得到综合利用后，将近百年堆存的 2400 万立方米碱渣，建成了占地 33 万平方米的紫云公园，成为国内唯一利用工业废料建设的环保型公园；利用建筑工程土、清河淤泥，以及电厂粉煤灰和挖湖盐碱黏土，分别建成了堆山造景公园和大港区望海山公园。完成了纪庄子 5 万吨和开发区 3 万吨再生水工程，铺设再生水管网 140 公里；在塘沽盐场、大港电厂建成了海水淡化示范工程，年海水淡化能力达到 500 万吨。2000 年以来，天津 GDP 总量以 10%—15% 的速度增长，每年城市水资源消耗总量却基本保持在 8.6 亿立方米左右；2005 年，天津工业万元产值综合能耗 0.39 吨标煤，实现了经济增长所需能源一半靠节约的目标；工业万元产值取水 7.4 立方米，工业用水重复利用率 91%，工业循环水浓缩倍数平均达 3.5，均处于国内领先水平。2005 年初，天津被国家命名为节水型城市。

　　总结创模经验，我们有五条体会。一是天津市委、市政府高度重视。天津市委书记张立昌对创模工作非常重视，多次作出重要批示，并在关键时刻亲自检查指导。人大、政协，包括一些老同志、社会工作者、机关学校，也都全力以赴积极参与。市政府成立了创模领导小组，多次召开会议研究部署创模工作，解决创模中的问题。二是各区县政府、各部门通力协作。各区县政府和各委办局都成立了由主要负责同志任组长的创模领导小组，加大了投入和管理力度。天津市政府有关委局制定并实施了"绿色家园计划"和支持环保的相关配套政策。各地区、各部门各司其职，各负其责，通力协作，有力地保障了创模目标的如期实现。三是完善法规、严格执法。创模以来，先后颁布和修订了《天津市大气污染防治条例》、《天津市市容卫生管理条例》等26个地方法规和行政规章。连续开展了环保执法一号、二号、三号行动，查处了一批环境违法行为，对违法企业分别进行取缔、关闭和停产治理，成效显著。四是集中力量解决重点、难点问题。创模工作有几个环境"老大难"问题，一直影响着创模目标的顺利实现。为了尽快解决这些问题，天津市委、市政府下定决心，加大工作和投入力度，不惜牺牲眼前利益。比如，针对西堤头镇化工污染问题，天津市政府专门下发治理决定；对于市场前景好、效益好但污染严重的天津钢厂，市政府果断决定停产搬迁；对于治理难度大、投入大的同生化工厂的铬渣，市政府责成市经委专门成立领导小组制订方案，限期治理；对于群众反映最多的市容环境问题，市政府领导同志亲自抓，提出和完成了三个阶段的治理任务，使市容环境面貌有了明显改变。五是发动群众广泛参与。全市有2000多所学校、百万名学生开展"随手做环保，天津更美好"系列活动。工青妇等组织以"创建环保模范城市，争当环保模范市民"为主题，开展形式多样的活动。南开区213个社区创建了ISO 14001环境管理体系。国家环保总局创模验收组在天津随机调查群众对创模认知率和对城市环境的满意率，均达到90%以上。创模的艰苦实践和成功经验，不仅为全国特大城市创建国家环境保护模范城市工作提供了借鉴，也为天津创建国家卫生城市、园林城市和生态城市奠定了坚实基础。

二、积极推进"三创"，努力建设生态城市

今天的会议提出"三创"，就是巩固提高创建国家环保模范城市成果，创建国家卫生城市，创建国家园林城市。在这个基础上，把天津市逐步建成生态城市。

开展"三创"工作总的指导思想是，坚持用科学发展观统揽全局，以推动天津经济社会环境全面、协调、可持续发展为目标，以加强城市管理、改善城市环境、提高人民群众生活质量为重点，牢牢把握滨海新区开发开放和海河综合开发的历史性机遇，按照加强领导、科学规划、属地管理、专业服务、全市动员、全民参与、各负其责、分步达标的原则，坚持高标准，追求高水平，为建设资源节约型、环境友好型社会和宜居生态城市奠定坚实的基础。

"三创"工作的目标任务是：

再用 3 年时间进一步巩固提高创模成果。国家环保总局将天津命名为环保模范城市，这不是最终的，不是一劳永逸的，需要三年评审一次。因此，我认为创建国家环保模范城市的口号要继续保留，而且要更高标准地创建。根据国家创模考核指标要求，我们对 27 项创模指标分为两大类开展工作：一类是巩固强化的指标，即确定今后三年的目标，与国家考核指标一致。这类指标共 13 个。如全年空气污染指数小于 100 的天数占全年天数大于 80%，集中式饮用水水源地水质达标率大于 96%，城市水环境功能区水质达标率达到 100%，市区内无劣五类水体等。另一类是巩固提高的指标，即确定今后三年的目标，与国家考核指标相比有一定的提高。这是我们从天津的实际出发，自行提高标准，自我加压，使环境

质量进一步得到改善的重要措施。这类指标共 14 个。如环境保护投资指数，国家标准为 1.5%，天津今后三年目标将大于 2%；城市生活污水集中处理率，国家标准为 70%，天津目标将大于 80%；生活垃圾无害化处理率，国家标准为 80%，天津目标将大于 85%；工业固体废物综合利用率，国家标准为 70%，天津目标将大于 90%。

深入开展创建国家卫生城市工作。国家卫生城市标准共设定 10 大项、65 个子项和 515 个小项指标。同时还必须达到申报的十个基本条件：（1）建成区内的成片危陋和老旧平房基本拆除；（2）建城区内基本无违法、违章建筑；（3）在道路拓宽改造的同时，完成架空线缆入地工程；（4）外环线内（含外环线）及其各区穿越建成区的公路清扫保洁达到市区道路标准要求；（5）占路停存车场规划设置符合本市规定的标准，达到环境清洁、无堆物；（6）主次干路两侧的居民住房无非法经营；（7）无非法设置和过期的户外广告；（8）无非法占路经营；（9）城区内无旱厕；（10）餐饮和"五小行业"管理规范，没有无证照经营。依据上述标准和条件，我们的目标是：到 2007 年底，塘沽、大港区继续巩固国家卫生区成果，其他 13 个区全部达到市级卫生区标准，其中 6 个区实现国家卫生区的申报；到 2008 年底，全部实现国家卫生区申报；2009 年底前，实现国家卫生城市的申报。天津创卫工作分三个阶段实施：2006 年 4 月底前为动员部署阶段；2006 年 1 月至 2008 年 12 月为创建卫生区阶段；2008 年 1 月至 2009 年 12 月为创建卫生城市阶段。通过量变到质变，为 2009 年申报国家卫生城市创造坚实基础。

全面启动创建国家园林城市工作。创建国家园林城市工作，从今天开始正式启动。在实施创建工作的三年内，每年全市规划新增各类绿地 2000 万平方米以上，建成区绿地率、城市绿化覆盖率、人均公共绿地面积指标，全面达到国家园林城市要求。为此，要建成绿色家园规划中的 30 个大型公园和绿地；建设天津植物园和侯台、柳林、卫南洼等八大风景区；消除 500 米服务半径盲区。到 2008 年底，城市绿化建设、生态环境、市政建设、景观保护及园林建设的各项指标，都要达到国家园林城市标准。

在上述"三创"的基础上，我们的更高目标是，到 2010 年使中心城区和滨海新区达到生态城市标准，到 2015 年力争把天津建设成生态城市。这些工作和目标，概括起来讲就是"三创一建"。今后，要把这个口号叫响，把工作做实。

三、集中力量解决"三创"中的突出问题

关于如何开展"三创"工作，天津市容委、市环保局和市园林局分别制订了实施方案，提出了具体的工作措施，各区县和各相关部门要认真贯彻落实，特别要下力量解决一些突出问题。

第一，解决中心城区非法占道经营问题。我看，这个范围将来还可以扩大一点，不但是中心城区、滨海新区核心区，而且还要逐步扩大到蓟县、静海、武清、西青等城中心。当然，目前我们还要从实际出发，首先解决好中心城区和滨海新区核心区的非法占道经营的问题。目前，天津中心城区有非法占路摆卖、加工、修理等经营活动的散摊游贩 6 万多个，还有 400 多处非法占路经营聚集点，造成交通不畅、环境脏乱，绝大多数市民要求政府整治。解决这个问题，要有疏有导。一是要加大退路进厅力度。我们准备建 70 多个菜市场，为占路经营摊贩提供经营场所。同时，要把农村的蔬菜生产基地化，最好能通过合作社的办法，集中生产，集中收购，经过小包装，然后送到城里销售。农民组织的农副产品生产销售合作社也可以到城里经营农副产品，如果是城里人经营，可跟农民订立合同，使农村的副食品生产、加工、交换一直

到零售成为一条龙，在此基础上，政府拿点钱出来建设和维护菜市场，不把菜市场的投资加到蔬菜销售人身上，降低销售成本。退路进厅，政府可以少收费，菜场多了、方便了，群众就不会到散摊去买东西了。这样做，既可以减少占路经营，还可以降低销售成本，增加经营者收入。二是要规范市场管理。推进300条主要道路和菜市场周边500米地区非法占路经营的综合治理，全面清理所有非法占路经营。三是要进一步完善就业、再就业机制。对下岗职工、残疾人和因家庭生活困难而从事非法占路经营的人员，要千方百计进行安置。我相信，只要做到有疏有导，就可以把这个事情搞好。

第二，解决白色污染问题。这已经成为影响天津城市形象的一个突出问题。目前，在生活垃圾收集和处理问题上，天津市区好于近郊，近郊好于农村。我多次强调要解决废旧塑料袋乱扔滥放的问题。大家可能注意到，在有些地方，一遇到刮风天气，塑料袋到处飘，严重危害市民健康。科学分析表明，塑料袋的自然分解需要很长时间，最长要600年才行。有的城市、有些国家已经立法，禁止用白塑料袋包装。治理白色污染重点和难点是在城乡接合部。有些村庄没有垃圾场，很多垃圾倒在路面上，倒在河道里，随风飞到城里。可见，这个问题已经到了非解决不可的程度了。解决白色污染问题要从源头抓起。要按照城乡统筹的要求，坚持属地管理的原则，制定农村环境卫生标准和垃圾管理办法。市容管理部门要尽快研究，拿出行之有效的治理办法。现在我考虑能不能采取这样一些办法，一是明令规定各个单位不能在露天堆放垃圾。这并不需要投资，关键是思想不重视，监督不力。二是各自雇专人负责清理垃圾。三是发动社会上的一部分失业人员捡拾垃圾，按照捡拾垃圾量给予经济报酬。另外，提倡公务员、学生等各方面人员，都行动起来，治理白色污染。

第三，加大清理非法建设和违章建筑的力度。近年来，我们下力气治理了违法建设、违章建筑、户外广告非法违规设置和违法停车场、占路存车场等问题，收到了初步成效。但与"三创"工作的要求相比，还有很大差距。特别是局部地区非法建设问题还非常突出。据了解，仅外环线周围非法建设就有上百万平方米。我们必须从长远的、全局的高度来认识这个问题，采取综合措施，全面加大清整力度。一是坚决清理非法建设。对正在发生的非法建设，必须立即制止；对以前已发生的非法建设，要经协调限期解决。特别是对外环线周围的非法建设，市里正在组织力量调查，逐片进行核实，要按照有关法律规章严肃查处。二是坚决清理单位、居民区内的违章建筑。重点是解决个别街道办事处、居民委员会、村委会和单位内部的私搭乱建。各相关部门和单位要服从大局，率先拆除本部门、本单位及所属单位和部门的违法违章建设。三是加强户外广告设施设置的归口管理和专项治理。要制订户外广告设施设置详细规划，坚决拆除擅自设置的违法户外广告和外环线以内设置的大型占地立柱式户外广告，规范在楼体、楼顶、交通工具和公共设施上的户外广告设施设置。同时，积极引导企业运用新材料、新技术、新光源、新工艺，使户外依法设立的广告设施达到造型美观、装饰新颖、技术先进、节能环保的要求。四是加强违法停车场、占路存车场的治理。抓好停存车楼（场）的规划建设，科学规划非机动车停车区，最大限度地满足广大市民停车存车的需求，维护道路静态交通秩序。

第四，抓好剩余散落平房的拆迁改造。目前，市内六区还有散落在各处的破旧平房近300万平方米，其中占地5000平方米以上住宅平房132片，零散住宅平房1200多处，涉及近15万户。这些住宅平房片，房屋密度大，住房面积小，居住条件差，有近40万群众居住在这样的环境中，群众对拆迁改造的呼声很高。要充分运用天津危改的成功经验和近年来拆迁工作积累的一些新方法，通过市政基础设施建设项目带动，土地整理项目倾斜，优惠政策扶持等有力措施，集中人力财力，力争在 2007 年底前把这些平房改造完毕。同时，继续做好旧楼区综合整治工作。

第五，解决城乡接合部和"城中村"的综合治理问题。在国家环保总局下发的创建国家环境保护模范城市新标准和全国爱卫会下发的创建国家卫生城市新标准中，都增加了城乡接合部和周边地区环境治理问题，说明这个问题的重要性。城乡接合部和"城中村"的综合治理是天津的一个老问题，已做过多次调研，大家的思想是统一的，解决的方案也逐步成熟，现在是到了下决心解决的时候了。我觉得，关于城乡接合部和"城中村"的环境治理、卫生治理，应坚持属地管理原则不动摇。明确地讲，我们现在没有调整行政区划的意向，即使把城区扩大了，城区和郊区也还是会产生新的接合部。可见，这不是调整行政区划所能解决的。"城中村"主要是解决环境脏乱差的问题。解决好这两个问题，责任在区县，监督在部门。一是各区县政府要严格按照行政区划落实管理责任，协调管理体制，下大力气解决接合部地区管理责任不清、相互扯皮的问题。二是抓紧进行城乡一体化建设。认真研究和制定土地整理、地块开发、廉价安居房建设及引导"城中村"治理的优惠政策，把"城中村"综合治理纳入快速路、地铁建设，河道改造，旧楼区改造和平房拆迁等项目，通过建设项目促进"城中村"的综合整治。三是落实长效管理措施。强化日常管理，提升管理标准，充实城管执法人员，搞好管理与执法的衔接。到 2007 年底，要基本解决城乡接合部的管理和"城中村"的环境脏乱差问题。

第六，解决城区成片绿化问题，提高绿地率。经过多年的努力，天津城市绿化工作取得明显成效，但与《国家园林城市标准》

相比，在 54 项指标中仍有 21 项尚未达标，这其中难度最大的是绿地率达标问题。绿地率就是成片绿地占城市建成区面积的比例。完成这一指标，既要解决规划问题，又要解决土地问题、投入问题和机制问题，要统筹考虑，通盘解决。现在，我们国家很多的行政管理还是按照城乡分开的，天津建成区的绿化是园林局负责，区县农村的绿化是林业局负责。创建园林城市，虽然是建城区，但农村绿化也不能放松。在这个问题上，我们一定要对绿地、树木严格管理，绿地不能轻易占用，树木也不能轻易砍伐，对树木要一棵一棵地登记。一是要解决绿化用地。二是必须要有足够的苗圃和工人。天津市要搞成生态城市，没有相应的苗木，没有一批绿化队伍怎么行？三是要解决一个观念问题。有的人认为栽树是一种消费行为，其实它是一种生产行为。搞公路建设，旁边必须有树，必须将此纳入基本建设预算。港区有关地点必须植树，也应将此支出纳入港口建设预算。植树是基本建设的一个组成部分，植树可以使土地升值。我调查过，在滨海新区征用一亩地，过去要 8 万元到 10 万元，种了树之后，征用同一土地每亩就要 20 万元。所以，种树绝对不是消费支出，而是生产支出，是对土地和建设项目的保值增值。另外，我要求园林局、林业局组织各自的林业研究所，培育和选定在天津适宜生长的树种。

第七，下力量巩固提高创模成果。从目前的情况看，应着力抓好六个方面工作。一是大力发展循环经济。加大产业结构调整的力度，淘汰高能耗、高污染的工艺和设备，发展生态产业，推行清洁生产，提高资源和能源的利用效率，提升资源再生水平，减少污染物的产生。二是进一步强化环境基础设施建设。继续建设一批污水、垃圾处理设施，加快污水处理厂污泥处理，完成垃圾填埋场渗滤液处理设施建设。三是抓好水环境治理。继续加强城市景观河道的综合治理和雨污分流系统建设，完善长效管理机制。加大再生水回用力度，努力提高污水资源化水平。完善城市污水管网建设，进一步削减入海污染负荷。四是下力量控制大气污染。认真落实扬尘污染控制执法责任制。推动电厂脱硫治理工程，对在用燃煤设备加快进行高效脱硫除尘技术改造，严格控制机动车尾气污染。五是严格控制噪声污染。大力推进"安静居住小区"建设，减少生活噪声、交通噪声和建筑施工噪声。六是大力开展"生态示范区"、"环境优美乡镇"、"环境友好企业"、"绿色社区"、"绿色学校"创建活动，扩展创模成果。

依法加强土地管理

（2003 年 6 月 2 日）

这次会议的任务是，在提高认识的基础上，全面加强对土地的依法管理，对经营性土地一律通过招标、拍卖和挂牌方式出让，各级政府要加强领导，保证这项改革顺利进行。

一、站在天津战略发展的高度，充分认识加强土地管理的重要性

土地是人类赖以生存和发展的基础，做好土地管理工作对经济社会发展具有重要的意义。

一是做好土地管理工作是国家的基本国策。党中央、国务院对土地管理一直非常重视，每年全国人代会期间都要专门召开人口资源环境工作座谈会，总书记和总理每次都要在会上作重要讲话，反复强调加强国土资源保护和利用，规范土地市场的重要意义。在今年的会议上，胡锦涛总书记再次指出，国土资源工作要坚持开发和节约并举，把节约放在首位，在保护中开发，在开发中保护，最大限度地发挥资源的经济效益、社会效益和环境效益，为全面建设小康社会提供资源保障。他在讲话中，特别强调要深化国土资源有偿使用制度改革，充分发挥市场对国土资源优化配

注：本文根据戴相龙同志在天津市土地市场管理工作会议上的讲话整理。

置的基础性作用。天津市委、市政府对加强全市的土地市场管理，规范土地市场工作一直非常重视。几年来，天津对土地管理进行了一系列循序渐进的改革，具备了进一步做好土地管理工作的基础。我们要认真学习党和国家有关加强土地管理的法规和文件，学习中央领导有关加强土地市场管理的重要讲话，借鉴一些城市的成功做法，下决心由政府集中统一收购、整理、供应土地，节约城市土地，增加财政收入。

二是土地是城市可持续发展的重要资源。实现城市的可持续发展，必须首先实现土地的可持续利用。天津作为一个有上千万人口的直辖市，土地资源是非常有限的，而建设用地随着城市的发展，需求量将越来越大。如果我们不采取有计划的调控措施，用不了多少年，天津就可能没有发展的空间，甚至将来要高价向开发商买地。2002年，天津人均耕地只有0.7亩，是全国人均水平的一半，也低于联合国公布的人均用地警戒线。因此，我们必须以对子孙后代高度负责的态度，珍惜土地资源，保护土地资源，最有效地利用土地资源，实现城市的可持续发展。

三是土地是政府实施城市基础设施建设的主要财源。土地出让金和税收一样，都是政府的财源。前些年，天津为了支持历史上最大规模的危陋平房改造和工业东移战略的实施，住宅用地、经营性用地大多采用行政划拨方式和协议方式供地，最大限度地让利于民，让利于企业，这在当时是一个正确的选择，为今后的跨越式发展打下了很好的基础。随着"三五八十"四大奋斗目标的基本完成，天津经济社会发展已经进入一个新的阶段。为了抓好天津市委提出的"三步走"和五大战略举措的实施，今后几年城市基础设施建设将有一个很大的发展，我们不仅要搞好海河两岸的综合开发改造，还要加快建设城市轨道交通、市区快速路系统、高速公路，完成港口的改扩建。测算下来，要投入资金几千亿元，其中，市政府自筹的资本金需要几百亿元。靠扩大财政支出，一年新增预算内投资几亿元，十分有限；靠财政担保，政府举债，既不符合法规，也会给后人留下包袱，也不是办法。因此，除了扩大财政收入，也要在土地收益上做文章。这次国家开发银行能够给我们 500 亿元的贷款授信额度，就是以天津土地预期收入作抵押才谈成的。这说明，只要坚持经营城市资源的理念，由市政府统一组织对土地进行规划、整理与开发，将生地做成熟地，以土地增值还贷款，才能有效地解决城市建设过程中资金不足的问题，才能将更多的财政收入用于教育卫生事业，用于增加群众收入。这也是外地许多城市推进城市经济和社会协调发展的一条重要的经验。

四是对土地市场规范管理是优化投资环境的需要。过去为招商引资，天津各部门、各区县都出台了一些土地优惠政策，对天津的发展起到了一定的积极作用。但是，也存在着标准不统一、管理不到位的问题。少数开发商钻政策的空子，违规获得土地，在一定程度上干扰了土地市场的正常秩序。土地价格太低，也违背了价值规律，破坏了市场秩序。外商能否投资，一般有三种情况，第一种是看眼前有没有优惠政策，能否减免各种税费；第二种是看经营开发的市场前景如何，能否获得最大利润；第三种就是看投资环境适合不适合长远发展，能不能吸引和发展它的技术，开发它的产品。从根本上讲，我们还是应该为投资商创造长远的发展机会。实施《天津市国有土地有偿使用办法》，对土地实行集中统一管理，从短期看，可能会影响少数开发商投资的积极性，但从长远看，建设公平规范的土地市场环境，必将吸引更多的开发商来投资。上海、深圳等城市多年前就实行了土地集中管理，开发商投资的积极性一直很高，原因就在于土地市场运作是规范的，机会是均等的。即使天津统一规范了土地市场管理，土地价格水平整体上仍然低于北京、上海等城市，对来天津的投资者也是非常有吸引力的。各区县要以大局为重，算大账、看长远，进一步规范土地市场，严厉查处那些打着加快发展的旗号，巧立名目，圈占土地，越权批地等违法行为，实现土地管理的全市一盘棋。

二、严格依法行政，全面实施土地有偿使用

市场经济是法制经济，土地管理工作必须依法行政，依法办事。要进一步健全和完善有关土地管理的法规政策，建立和完善经营土地的市场管理体系。要严格执行《中华人民共和国土地管理法》、《中华人民共和国城市房地产管理法》和这次公布的《天津市国有土地有偿使用办法》，抓紧修订出台《天津市土地管理条例》，依法按照市场经济规律对城市土地实行集中统一管理。一是集中整理。由市政府成立土地整理中心，按照规划对土地进行集中整理。今后各类开发土地，均要由政府进行统一收购、整理、储备，坚决杜绝开发商变相圈地现象。二是调节总量。由政府通过调节土地价格，对土地市场实行调控。由市土地管理委员会控制建设用地供应总量，维护土地市场基本稳定。三是有偿转让。目前，天津土地实行有偿转让的比例比较低，2002年只占40%。今后要严格限制协议出让，未纳入国家划拨用地目录的土地，都要实行有偿使用，对在原划拨土地上从事经营性用途的新建、改建、扩建的，必须按照城市规划要求办理土地使用权有偿使用手续。四是实行招标、拍卖和挂牌交易。1993年《中央关于建立社会主义市场经济体制若干问题的决定》明确"对商业性用地使用权的出让，要改变协议批租方式，实行招标、拍卖。"从现在起，对天津经营性土地，一律通过招标、拍卖和挂牌方式出让。2002年，全市供地总量是4.66平方公里，真正实行拍卖的只有0.4平

方公里，比例非常低。今后，所有经营性土地进入市场，都要到土地交易中心进行登记，按照规定程序，以公平、公正、公开的方式进行招标、拍卖、挂牌出让。五是管理好土地价格。要成立土地价格评估机构，建立土地使用权出让价格评估确认制度，调节好土地市场价格。六是合理分配土地收益。要严格执行政府净收益不得低于土地出让金总额的20%的规定，保证政府财政收入。七是限期做好过渡工作。为了使《土地有偿使用办法》的实施与过去的工作顺利衔接，这次我们对历史遗留问题制定了一个过渡期的政策。有关部门要严格按照过渡期的有关政策要求制订实施方案，调整工作流程，既要严格把关，不乱开口子，又要注意搞好服务，提高工作效率，确保平稳过渡。八是做好土地市场监督工作。严格监督土地市场管理，不仅是土地行政主管部门的重要工作，也是各区县政府和各有关部门的重要职责。各级政府特别是领导干部，要模范遵守有关土地管理的法律法规，认真落实党风廉政建设的各项规定，从土地市场管理的决策、审批、执行等各个环节，建立和完善结构合理、配置科学、程序严密、制约有效的权力运行机制，从制度上加强监督。各级土地管理部门要切实履行好土地市场管理职责，对土地市场出现的各类违法违规行为，要坚决查处，绝不手软。市监察部门要加强对土地资产管理工作的监察与检查，对各种违反土地管理的违法行为，尤其是进行私下交易的，要依法给予惩处。

三、加强组织领导，保证顺利实施

各级政府要加强对土地管理工作的统一领导，确保管理办法的顺利实施。一是健全管理机构，落实工作责任。市土地资产管理委员会要依法履行职责，切实担负起管理全市土地资产的重任，搞好对国有土地资产管理重大事项的审议和决策。土地整理中心要做好全市土地开发整理工作。土地交易中心要搞好土地有形市场建设和土地交易工作。二是加强对《天津市国有土地有偿使用办法》的宣传工作。国土规划部门要尽快编制宣传提纲，向社会发放。三是各区县也要成立土地整理中心和交易中心。加强领导，规范职能，完善运行机制，形成全市管理一盘棋。四是要做好过渡项目的检查工作。对过去审批过的土地，要检查落实情况，绝不能使一些项目"搭车"，享受过渡政策。对"烂尾楼"项目要逐个进行分析，依法尽快予以彻底解决。

保护历史风貌建筑

（2004 年 10 月 21 日）

　　天津现存的各类历史风貌建筑，是在城市形成过程中保留下来的宝贵财富和资源，其中不仅饱含着天津的人文历史，而且凝缩了中国历史，特别是中国近现代史的重要篇章；不仅汇集了世界各国的建筑风格和艺术，是一座难得的建筑艺术宝库，而且蕴涵着极大的财富和商机。对天津风貌建筑资源及其潜在价值的合理开发、保护和利用，是加强城市建设和管理的迫切任务，是落实科学发展观的重要措施，是党中央、国务院交给我们的历史重任，是提高天津城市竞争能力和影响力的有效途径，也是全市人民的共同愿望。如果做不好这件事，那就是失职。今天市政府几位领导都来了，就是要对天津风貌建筑及保护工作的历史和现状以及下一步的打算进行研究，听一听大家的意见，把这项工作作为推进天津经济和社会发展的一项重大措施认真抓好。

　　市政府房管局和津南区的汇报资料翔实，准备充分，大家听了以后很受鼓舞，我还是很满意的。说明天津历届市委、市政府对保护历史风貌建筑工作非常重视，在这方面已经做了大量工作，成绩是很大的，天津历史风貌建筑能保护到现在这样是很不容易的。现在，需要研究的是怎样把这项工作做得更好。从这个角度

————————

　　注：本文根据戴相龙同志在天津市风貌建筑保护工作座谈会上的讲话整理。

上讲，目前提出的对历史风貌建筑保护的规划、建设和开发应用等，都还是不够的，尤其是聚集效应还比较差。要肯定成绩，找出差距，提高水平，作出新成绩。

天津的风貌建筑资源是丰富的。解放路金融街仅 1.8 公里长，就有 30 家银行，上海也没有这么集中。你们要提供一个资料，哪个银行是哪一年建的，对天津乃至中国北方经济金融发展起过什么作用，现在是由哪个银行使用。天津市早年有个市民银行，类似现在的天津市商业银行，市民银行的行长还健在，今年 100 岁，是中国人民银行咨询室的主任，对天津很有感情，对天津银行的发展过程非常清楚。现在，特色最鲜明、最值得开发的是五大道。五大道占地两千亩，应作为一个整体开发，将现存特色建筑保护好，该复建的要建一些，该拆掉的就要拆掉，真正恢复原来以英国建筑为主的多国风貌建筑群。一定要把它的特色恢复起来，绿地是重要的，建筑是重要的，特色更是重要的。

风貌建筑资源也是旅游资源，要大力开发，合理应用。袁世凯、冯国璋旧宅恢复得不错。侯德榜的住处在天津吗？找到侯德榜的旧居，值得看一看。庆王府就是小德张住的那个地方吧？以后可以作为接待外宾用，供人参观。这座房子要保存下去还要修缮，不然就坏了。将来旅游要设若干项目，可以搞风貌建筑旅游，主要看建筑，吸引对建筑感兴趣的游客；搞人物历史旅游，主要讲近现代史，吸引对这方面感兴趣的游客。旅游也是商品，要搞好品牌，搞好推介，可以打包推销，一日游、两日游有不同的路线，不同的价格，专门有汽车接送，按着不同的历史、文化脉络，把各个景点串联起来。可以搞一般游览，也可以吃住在某一景点，在张学良家住一宿，在段祺瑞家吃一顿饭。

开发要突出特色，叫响名称。我同意有重点地开发点、带、区的思路。不要以地名、街名、区名为风貌建筑的景点、景带、景区取名，要起有特色的名称，一定要把九国风貌区叫响，要显示它的特色主旋律和建筑风格。搞几个景区是对的，既然叫区，就要有这个区的特色，景带和景点也要考虑特色。比如解放北路，就是国际金融街，要把历史的、文化的底蕴展现在地名上。对于风貌建筑的开发，我们不仅要讲建筑面积，而且要看占地面积。要看五个保护区一共占地多少，其中风貌建筑面积多少，所占的比例要成片，至少沿街，才好开发，才有看头。156万平方米的风貌建筑，按每平方米1万元计算，价值156亿元，是一笔很大的资产。

根据天津风貌建筑保护工作的现状和今天大家讨论的意见，我就进一步做好风貌建筑的保护工作，谈几点看法：

第一，要加强领导。风貌建筑开发保护工作不是一个部门可以承担的，必须要有高度统一的领导。所以，我建议成立一个天津市历史文化风貌建筑保护委员会，全面负责保护、管理、开发、利用工作。我来任主任，日常工作由陈质枫副市长来管，这样有利于协调，有利于使涉及这项工作的各方面形成合力。还要成立专家咨询机构，集中各方面才智，倾听他们的意见，请他们提出建议。

第二，要统一规划。我现在有一个想法，就是规划必须非常严格，包括建筑风格也必须非常严格。开发建设可以由政府来做，也可以拍卖给开发商去做，但有一条，就是必须严格按照规划地点、规划风格去进行开发。这个规划不光是在空间上的规划，而且要对建筑风格提出严格要求。地点在哪儿，风格是什么样的，都必须非常明确。什么人都可以来建，但是在哪儿建，建什么样的，都必须按规划办事，而且不能随便改动。不光是这个房子外表不能动，即使你住在那儿，里面的构造、设施也不能随便改动。原来各区做的规划有一定的基础，现在必须统一起来搞，不仅包括市中心区的，还要包括其他区的。统一规划工作由市规划局承担。

第三，要突出重点。是不是叫"558 工程"（5 区 5 带 8 点）？还可以再研究，但这个思路是对的。我们必须把历史风貌区建筑整合出来，要有点，有线，还有面。点要重点建设，线要有一些条，比如说解放路的金融街就是一条线。"558 工程"里面没有考虑津南的小站，但天津的发展史离不开小站练兵，当事人后来有的当了总统，有的当了总理，影响很大，不可忽视。因此，要考虑恢复小站练兵旧址。大沽炮台、小站练兵旧址，不是一个宗教场所恢复的问题，它是一个人文历史场所，是个历史军事单位，恢复应该没有什么问题，也要纳入全市规划。在规划建设时，还要考虑旧址与周围环境的协调，要与河流改造、小站镇环境的改善同步进行。

第四，要合理运用。我们现在还没有力量在短时间内拿出财政资金来把这些风貌建筑保护好，要保护开发，关键一条是什么呢？就是要根据不同的风貌建筑进行运作，发挥它的作用。有的是公益性的文史建筑，可供免费旅游参观，有的可以出租，有的可以用来经营。再好的历史风貌建筑，没有使用就没有价值，就没有财源，没有财源就无法开发。有些风貌建筑，只要保留它的风貌，只要保留好产权，也可暂缓开发。还有，对于相对不重要的建筑，也可以出卖，这也是合理运用。

第五，要市场运作。我主张市场运作，就是说统一规划以后要成立经营性公司。政府出资设立公司也可以，但必须在经营上和政府机构脱钩。最好设立股份制公司。要重视吸引港商、外商入股，比如说香港特别行政区、新加坡商人入股，他们从事这类投资比较有经验。不仅仅是引进外资入股问题，而且还有一个获得管理经验、管理方式和品牌问题，对外一讲是哪家管理的，它的品牌就上去了，带来市场效应，带来人流。

第六，必须依法管理，依法经营。天津市保护历史文化风貌区和优秀历史建筑的法律、规定，必须抓紧制定。要抓紧调查研究，越难解决的问题越要下工夫，不要含糊，要真正推动这项工作。爱新觉罗·溥仪是中国末代皇帝，中国历朝历代有几百个皇帝，但末代皇帝只有一个。溥仪在静园住了几年，至今在静园还保留几十户防震棚。作为市长，我很惭愧，我来天津一年多了，静园这么重要的历史文化建筑，为什么至今得不到开发？静园弄不动，别的地方更弄不动了。天津就缺这点钱？我不相信。拆迁工作要依法，腾迁保护历史风貌建筑更要依法。你们给我弄个材料，我要解剖这个事情。我们要给居民讲道理，可以向他们提供更好的居住条件，我相信他们会支持我们的。在立法过程中，必要时可以召开听证会，请居民参加听证。历史风貌、历史古迹的腾迁应该比一般建设拆迁更重要，在立法上一定要明确这一点。对《天津市历史风貌建筑保护管理条例》，争取十月修改完毕，十一月报市人大审定，审定公布后立即执行。

市政府规划局要在今天房管局汇报的基础上搞一个规划，我们再组织论证一次，还要请天津的专家、北京的专家、全国的专家、国外专家在我们自己论证的基础上再好好帮助我们论证。此外，再召开一次天津旅游开发论证会，听取天津市民代表的意见。到那次会上，我们各个部门发言可以更充分一些。我要求各部门尽职尽力，共同把这件事情做好。

城市基础设施投融资体制的重要改革

（2005 年 6 月）

　　天津成立了天津城市基础设施投资集团公司（以下简称城投集团公司），其中有一项重要任务，就是负责对国家开发银行 500 亿元贷款的借用和归还，这是城市基础设施建设投融资体制的一项重要改革。天津市委、市政府对城市基础建设投融资体制改革及城投集团公司的成立很重视。天津市委专门听取了城投集团公司组建报告以及管好用好 500 亿元大额贷款的汇报，研究决定成立城投集团公司。围绕用好这笔巨额贷款，包括如何组建城投集团，市政府从 2003 年 3 月以来召开的会议就有十多次。我们深深感到，国家开发银行对我们的支持，是天津发展的一个难得的机会；我们深深感到，用好这笔贷款责任重大，丝毫不能懈怠，要对社会

　　注：2003 年 3 月，国家开发银行给予天津市 500 亿元的基础设施贷款的授信额度，贷款期限为 15 年。为了管好用好这笔长期大额贷款。天津市政府成立了天津城市基础设施建设投资集团公司（以下简称城投集团公司）。城投集团公司是采取母子公司模式运作的国有控股公司，其主要职能是利用国家开发银行大额贷款对城市基础设施进行投资建设；同时，根据市政府授权，通过对市中心区和外环线周围部分国有土地进行统一收购、整理和拍卖，用土地增值收益和财政资金作为还款的担保。该公司按照城市规划和市政府的要求依法营运，对大额贷款的借、用、还实行统一管理，这是我国深化城市基础设施建设投融资管理体制改革的一项重大创新。本文根据戴相龙同志在天津城投集团公司成立大会上的讲话和接受新华社记者采访时的谈话整理。

负责，对国家开发银行负责，对天津市人民负责。城投集团公司的成立，标志着天津市城市基础设施建设投融资体制的进一步完善，标志着我们使用这笔贷款有了一个依法成立的规范化的承贷主体。

一、城投集团公司的成立，是城市基础设施建设投融资体制的一项重要改革

我国城市基础设施建设的投融资经历了几个阶段。开始是人民城市人民建。财政出小钱，有关企业出大钱，动员市民出力建设。以后发展到以财政为主出本金，主要依靠贷款搞建设。今后，除了上述方式外，还可能投资者建路造桥，政府付租金，让市民无偿使用。

多年来，天津城市基础设施建设基本上靠财政和企业共同投资。市财政投入不足，往往加大企业负担，影响企业的发展后劲。1999—2003 年，天津用于城市维护和建设的财政性资金为 316 亿元，平均每年为 63 亿元。其中市财政安排不到 40 亿元，而且大量用于城市基础设施的维护，用于建设资金十分有限，导致天津城市基础设施建设比较落后，与直辖市地位很不相称。经过双方商谈，2003 年 4 月，国家开发银行决定给予天津 500 亿元贷款授信额度，用于基础设施建设。使用期限 15 年，前 5 年只还息，后 10 年偿还本息。天津以外环线以内可出让的 96 平方公里土地和外环线以外可出让的 100 平方公里土地 15 年的出让收益权作质押和还贷资金来源。4 月 17 日，我和国家开发银行陈元行长在天津签订了合作协议，这在当时，是我国金融史上最大的一笔贷款额度。这是国家开发银行看到天津发展的潜在实力，在严格评审后作出的决定。借用这笔贷款，对天津来说，是为天津振兴获得一笔巨大财力；对国家开发银行来说，是发展开发性金融的有效创新；

对全国城市基础设施建设来说，也是城市基础设施建设投融资体制改革的重大突破。

成立国有独资的城投集团公司，去借用国家开发银行的长期大额贷款，对城市基础建设进行投资建设，用土地增值收益和财政资金作为偿还保证，形成了一个新的投融资体制。顺利推进这项投融资体制改革，要具备几个条件。一是要有一个这样的银行，这个银行支持的不是一个工业和生活消费品项目，而是开发一个地区，由于加大基础设施建设，使这个地区提高经济功能，获得更多财力；二是要有一个具有现代企业制度、有实力的城市基础设施投资公司；三是依法明确银行、公司和政府双方权责利关系。今天，城投集团公司的建立，标志着这几个方面的条件都齐全了，从而形成了一个有贷款银行，有还贷企业，有运行机制，有偿还保证的一个完整的城市基础建设的投融资体制。

天津市作为直辖市，要适当加快城市基础设施建设，基础设施建设的钱从哪里来？大家知道，过去我们银行贷款主要是发放流动资金贷款，后来发放固定资产贷款，至于城市修马路、修高速公路，过去是不贷款的，后来也贷款了。京津塘高速公路用的就是世界银行贷款，还有些基础建设用的是亚行贷款。这些银行都是很讲效益的，不会轻易放贷的，它为什么敢给我们基础设施进行贷款，就说明它是有收益的，有保障的。我认为，国家开发银行对国家基础建设、对重点支柱产业建设、对城市的基础设施建设开辟专项长期贷款是一个创举。国家开发银行在广州等地发放的基础建设贷款，至今还没有听到有还不起的，这就说明这类贷款是应运而生的。应运而生的一个重要条件，就是土地是商品，土地使用权可以有偿转让，转让是有价格的。只要把路桥建好了，地价上去了，不仅政府增加了收入，投资者和市民也得利。基础设施完善，各方面投资多了，也增加了就业，增加了税收。如果没有这个机制，国家开发银行也不会轻易贷款。我认为国家开发银行设立这类贷款是一个创新，发放这类贷款，不是支持某一个产品，而是开发一个城市或城市的一个功能区。对商业银行来讲，长期贷款风险比较大，因为它是老百姓的储蓄，随时要支付的，只能主要发放流动资金贷款。这怎么办呢？国家开发银行作为政策性银行，承担了这个责任。所谓"政策性"贷款，不是说可以不还，只是说在使用期上可以更长一些，而且还可提供一部分资本金贷款，这是商业银行做不了的。这类贷款的特性，一是期限长，二是数额大，不是支持一个产品，而是开发一个具有明显前途的地区。但是，国家开发银行发放这笔贷款也是经过深思熟虑的。它为什么看中天津呢？就是看准了这里的区域优势，看到了这里的地价比较便宜，可用于工业建设的滩涂、盐碱地是很多的，这里有国际港口，又是环渤海中心。从环渤海地区发展看，北京是政治中心，天津是一个工业基地，正在发展为北方经济中心，这两个地方科技人员多，和东北经济发展结合起来，和西部开发结合起来，将是我国经济发展最具活力的城市群和经济圈。国家开发银行选择天津，开发城市功能，加强城市基础建设，是为城市的发展创造条件，为天津吸引外资和外地资金创造条件，为工商企业发展创造条件。如果没有这些基础建设，怎么能吸引更多外资、内资？所以，国家开发银行发放这类大额基础设施建设贷款，是随我国城市化建设不断扩大应运而生，符合信贷基本原则，对推进我国区域经济发展和城市化建设具有重要意义。

二、建立资金运行和监管机制，确保信用贷款的偿还

在银行愿意发放这类大额贷款同时，天津市还必须成立有政府背景的有实力的国有城投集团公司来承接这笔贷款，而且很重要的是，天津市还要成立一个城市土地收购整理公司，建立土地

有偿转让和土地增值还贷机制。土地收购储备公司按照城市规划，把市区将来有发展前景的土地收购整理，由城投集团公司改善基础设施条件，然后再由土地收购整理公司按照城市规划，一块一块地拍卖，增值中的一部分，作为政府收益拿回来，专项存入银行，用于分期归还国家开发银行的贷款。

为此，2003 年天津出台了经营性土地有偿使用管理办法，成立土地收购、整理和土地交易中心，规定从当年 6 月 1 日起，所有的经营性土地必须通过招标、拍卖、挂牌交易。对过去协议划拨土地进行全部审查清理，仅此一项追回欠款 10 亿多元。据土地收购整理中心统计，到 2005 年 5 月，该中心共签订的收购整理土地协议面积 1081 公顷，协议总金额 108 亿元。城投集团公司用于还贷的收益到年底预计可达 90 亿元。基础设施的建设，将土地潜在收益显现出来；土地有偿使用制度的改革，使收益部分收归国有。天津两年的实践表明，不光地价的上升带来了收益，而且地铁的修建、道路的改造也带来效益。另外，城市基础设施建设增值还转移到百姓身上。仅 110 公里河道改善、水体维护，就使沿线的房价每平方米平均增值 500 元以上。国家开发银行贷款最重要的成效，不仅仅是做了几个项目，而且是通过融资推动了天津相关制度建设，使天津土地市场规范化。

为了确保巨额信贷资金不被滥用，我们建立了一套较完善的监督机制。首先，对资金实行封闭运作。国家开发银行的信贷资金投放后，全部在国家开发银行内部封闭运行。承贷方城投集团公司的账户设在国家开发银行，承建、施工单位的账户也必须设在国家开发银行，开发银行全程监控资金的运行过程。资金必须用于规划项目，而且要按合同按进度划拨。开发银行有专人负责逐笔审计，原材料的购买都要有合同。借款人实际上见不到钱，避免了拖欠的发生。同时，开发银行派人进入土地交易中心，监督土地收益进入专门的账户，确保一部分作为还贷利息，一部分补充城投集团公司的资本金。到目前为止，尚未发现一笔贷款被挪用。其次，引入审计与监察部门，对贷款使用实行全程实时监督。市审计局派人对项目全程跟踪审计，从一开始就介入。以资金的流动为主线，资金流到哪里，审计就跟到哪里。从城投集团公司下属的四个子公司，到土地收购整理交易中心，然后延伸到管理部门和财政部门。比如对地铁和轻轨两个项目，市审计部门实行全程跟踪，定期检查，要求借款人对审计人员提出的意见及时整改，到期再看整改结果。

以土地质押的方式进行融资，作为开发性金融的一个试点，也在天津市承受能力之内。据国家开发银行测算，开发银行贷款500亿元，天津最终要偿还本息716亿元，按天津市土地出让收益年均递增10%测算，15年内的土地出让收益将达到740亿元左右，归还贷款本金和利息是有保障的。两年运行表明，其收益增速大大超出预想。另外，市财政拨给城投集团公司专项资金12亿元，每年以15%的速率递增，也可作为偿贷的资金来源。可以说，信贷资金的运用是安全的。

与供地模式的改变相配套，天津市政府从土地出让金政府收益中拿出一部分资金专项用于建设社会保障房，解决中低收入者住房困难。对拆迁的双困户提供廉租房，对拆迁补偿金低于10万元（楼房低于18万元）的中低收入居民提供经济适用房，对基础设施项目楼房拆迁的居民实行实物还迁，同时向拆迁居民提供经济租赁房。今年内计划提供廉租房2000套，经济适用房2.1万套，实物还迁房7000套，经济租赁房4000套，四种房源共计251万平方米。

总之，从目前看，天津市在城市基础设施建设投融资体制方面的政策，实践证明是成功的。一是建立了天津市城市土地整理和经营性土地出让实行"招、拍、挂"的管理制度；二是推动了城市基础建设投融资体制的改革，走出了一条以开发城市资源为依托，以城投集团为实施主体、以城市资源有限增值为重要偿债来源的城市建设整体发展的新路子。

三、一定要把天津城投集团公司办成一流的城建投资公司

成立城投集团公司，确定它的性质和业务范围，目的是要让该公司对这笔贷款全面承担"借、用、管、还"的责任。办好城投集团公司要努力做好四个方面的工作。

一是要明确公司的性质是国有独资。这是因为城投集团公司投资的路桥等项目期限长、风险大，公益性强、社会效益大。这些重大基础设施很难由纯商业组织来做，成立国有独资的公司，表示了政府的支持和承担的责任。国有独资的城投集团公司要着重投资城市基础建设的重大项目，不要跟民营企业和其他一般国有企业抢生意，短时间内能见效的，让民营企业去做，让其他国有企业去做。城投集团公司主要做一些投资长，收效大，风险可以预防和克服，民营企业和一般国有企业承担不了的项目。城投集团公司与其他企业是分工合作的关系，不是相互排斥，也不是由城投集团公司实行垄断。

二是要明确城投集团公司的出资人是政府，具体来说是国资委。由于城投集团公司刚刚建立，它和城市的建设十分密切，所以研究决定，由市国资委委托市建委监管城投集团公司。

三是既要坚持政企分开，又要坚持城投集团公司开展基础设施建设服从城市总体规划。一方面，由于基础设施建设贷款数额大，还款压力大，政府必须把公司的用款和人员管起来。政府不能什么项目都管，主要是通过审定城投集团公司投资计划和重大投资项目来进行管理。城投集团公司实行自主经营，要制订五年、

一年投资经营规划，半年、季度投资经营计划，明确五年干什么，一年干什么。在这个计划内，企业自主负责贷款的使用和项目的招标。政府不干涉城投集团公司具体业务，只是审定五年、一年的投资经营计划是否符合城市基础建设规划，只是审定投资数额大、投资期长的投资项目。另一方面，由于城投集团公司承担的任务比较艰巨，其组织模式不宜采用单元制，应该采用母子公司方式。城投集团公司负责编制集团的投资计划，负责资本运作，负责对子公司的领导管理；现在的四个子公司，将来如果需要，这些公司还可成立为其配套的附属公司，这些公司负责投资某一类基础设施。控股公司是国有独资，将来各子公司可以吸收一些其他的股份，至于第三层次的公司更可以吸收一些民营的股份。所以，城投集团公司是一个国有控股的，同时能够控制更多资本、控制更多资产的现代企业。可以讲，500亿元贷款，再加上原来的一些资产，不需要几年，其资产就可以超过一千亿元，或者会更大，这是一个很大的现代企业。这个企业就是在市政府领导下，有国家政策性银行给贷款，按照城市总体建设规划进行城市基础设施建设的、由地方政府独资或控股的专业投资公司。该公司采取母子公司的模式，把政府的职能和企业职能，把财政资金和信贷资金结合起来运作，而且可以吸收更多的其他社会资金来参与投资的企业。我希望城投集团公司要充分认识公司的性质和特色，既具有一般的企业性质，也有特殊的企业性质，要努力造就一个符合城市基础设施建设需要的现代企业制度。

四是要严格管理，提高城投集团公司资金的使用效率，努力办成一流的企业。首先，要建立法人治理结构，完善现代企业制度。重大决策，不能靠自己的经验，必须靠机制，靠程序，靠人才。在依靠现有职工的同时，要聘选天津市、天津市以外的优秀人才来管好这个企业。其次，要严格按程序、制度运作。选择投资单位，要公开竞投标；购买物资材料，要公开竞争采集。最后，要有严格的资金使用和管理制度。要定期分析公司的资产负债表，要对重大项目进行单项经济活动分析。这些都要有一套管理制度和报告制度。还要有一个称职敬业的财务总监，大家一致赞成请国家开发银行派一个财务总监来。这个财务总监，不仅管贷款，也要管与贷款使用相关的投资活动和资金运用。审计部门也要对包括原来的资产和现在划到城投集团公司来的资产进行审计，以后城投集团公司不只是每年接受审计，平常也要随时接受审计，要完全放在政府和有关专业组织和群众的监督之下。

加快建设节约型社会

（2005 年 7 月 25 日）

问：建设节约型社会，对作为直辖市的天津有什么重要的独特意义？

答：党中央、国务院高度重视节约型社会建设。6 月 28 日，胡锦涛总书记就全面做好能源资源工作，优先抓好节约能源资源，组织中央政治局委员进行专题学习，并作重要讲话。6 月 30 日，国务院专题召开了全国电视电话会议，温家宝总理就加快建设节约型社会发表重要讲话。我理解，这是从我国的基本国情出发，加快社会主义现代化建设，实现全面建设小康社会宏伟目标的战略选择。

天津作为中央直辖市，建设节约型社会具有更加重要的战略意义。一是天津市的能源资源消耗量很大。天津有1000多万人口，大小企业几万家，工业总产值已达5800亿元，港口吞吐量超过两亿吨，2004 年全市能源消费量为3696万吨标准煤，比上年增长 15％。在这么大的能源资源消耗量中，如果各有关部门和单位在相关环节都节约一点，就是个很大的数字。二是天津市能源资源供需缺口大。天津是一个加工工业城市，原材料和市场基本上是两头在外，大量资源需要购进。比如，煤和铁矿石 100％ 需要买进。60％的用水量需要从外地调入。同时，电力、天然气供应偏紧，预计

———————————

注：这是戴相龙同志在接受中央电视台《对话》栏目记者采访时的谈话提纲。

今年夏季电力缺口在 100 万千瓦左右。面对市场经济的激烈竞争，我们必须最大限度地节约资源、能源，产品销售才有竞争力，经济增长才有后劲，才能做到全面、协调、可持续发展。天津这种特有的市情，决定我们必须在降低资源消耗上下工夫，走节约型的发展道路。三是天津市今后的大发展更需要大力节约能源资源。现在，天津正在实施"三步走"战略，实现"三步走"目标，经济增速年均必须保持在 10% 以上。其中，固定资产投资要年均增长 20%，到 2010 年累计将超过 1.5 万亿元，加上流动资产，新增总资产将超过 2 万亿元。保证这样的增长速度和投资力度，必须有足够的能源和资源作支撑，这在当前能源资源日益紧缺的情况下，实行节约的意义相当深远。四是实施国家发展战略对节约能源资源提出新标准。中央把规划和建设好天津滨海新区纳入全国整体发展战略布局，要求发挥服务、辐射和带动作用，这给天津发展带来了难得的历史性机遇，也给我们建设节约型社会提出了更高的标准和要求。

多年来，天津市委、市政府高度重视能源资源的节约工作，采取多种措施开源节流，取得了明显成效。2004 年，全市电力弹性系数 0.77，不足全国平均水平的二分之一；工业万元产值能耗为 0.56 吨标准煤，是全国的 2/3；工业万元产值取新水 26 立方米，是全国的三分之一；工业水重复利用率达到 87%，比全国平均水平高 32 个百分点；工业固体废弃物利用率达到 96.5%，其中燃煤电厂排放的粉煤灰综合利用率达到 100%，这些指标在全国均居领先地位。我们一定要在已有的基础上继续努力，不断把建设节约型社会的各项工作提高到新的水平。

问：加快建设节约型社会，为天津经济社会发展带来哪些机遇和挑战？

答：从机遇上讲，至少可以归纳为四个方面。一是有利于促进天津经济结构调整，构建节约型、高层次的产业结构。天津作为一个直辖市，必须实行有利于资源节约的产业政策，大力发展节约型工业、节约型农业，使经济工作的着力点真正转到追求高水平、低成本上来，努力构建集约型、节约型、生态型的发展模式。比如，天津水资源比较短缺，而城市用水中80%是用于工业。这就迫使我们必须加快产业结构调整，严格限制高耗能、高污染和严重浪费水资源的产业盲目发展，大力发展节能节水型产业。二是为天津加速科技创新拓展了空间。7月21日，我和国家科技部徐冠华部长签署了《科学技术部、天津市人民政府工作会商制度议定书》，其中很重要的一个内容，就是把依靠科技节约能源、资源放在优先发展的战略位置。建设节约型社会，就必须下决心淘汰高耗能、高污染的落后工艺和装备，发展高新技术产业，加快资源节约型新技术、新产品和新材料的推广应用，这就为加快科技创新提供了新的导向和发展空间。三是有利于天津走好新型工业化道路，发展循环经济。当前和今后一个时期，工业仍将是天津经济的主体和重要拉动力量。这就要求天津必须加快企业重组步伐，尤其要按照"减量化、再利用、资源化"的原则，鼓励企业开展循环式生产，提高产业集中度和规模效益。四是有利于健全天津资源能源的支撑保障体系。包括建立健全有利于节约型社会建设的法规制度体系、财税体系、规范的再生资源回收利用体系以及能源安全体系，为长期有效建设节约型社会提供依据和保障。

从挑战来看，随着天津经济社会的快速发展，天津的土地、水、能源、原材料短缺的矛盾将更加突出。目前，天津经济正处于新一轮经济周期的上升阶段，支撑经济社会快速发展的资源能源需求量将显著增加，破解资源能源短缺的任务将更加繁重。一是与国内外经济发达城市相比，天津的一些耗能指标仍然偏高，比如万元 GDP 耗煤，天津为 1.35 吨，相当于全国平均水平的 85%，但高于上海和北京。二是天津原煤完全靠外省市调入，目前通过发电、供热参与加工转换的原煤比重不足 70%，大量原煤被终端消费，不仅利用率低，而且对环境污染严重。三是电力相对紧张，夏季用电高峰时要对用电大户拉闸限电。四是能源市场风险问题长期存在，并会不断增加。目前天津的能源供应在很大程度上依赖市场调节，一旦国内外市场供应趋紧，必将增加天津的能源成本。针对上述问题，我们正在采取积极的应对措施。

问：天津的水资源并不丰富，贵市采取了哪些措施保证水资源的充分利用？

答：的确如此，天津市是我国缺水严重的城市之一。这些年，我们在充分利用自有水源的同时，主要依靠引滦入津和引黄济津外调水源，并采取多种措施努力做好节水工作，基本满足了生产和生活用水需要。城市自来水日供应量，1999 年是 220 万立方米，2004 年降至 151.7 万立方米。我们重点抓了以下几个方面的工作。

第一，加强政府调控和组织推动。一是坚持用规划统筹节水工作。制订了建设节水型社会规划，提出到 2010 年基本建成节水型社会，把总用水量控制在 43 亿立方米。二是坚持节水管理与产业结构调整同步实施，优化配置全市水资源。2004 年节水型工业产值已占全市工业总产值的 71%，用水量仅占 40%；农业总产值比上年增长 5.3%，用水量没有增加。三是坚持依靠政策法规规范节水工作，颁布实施了一系列节水法规和节水器具市场准入制度。

第二，运用市场手段促进水资源优化配置。建立宏观调控和用户用水定额指标体系，明确全市总用水量和各地区、各行业用水指标；颁布了居民生活、工业和农业用水三个地方标准共 404 项用水定额。发挥水价的经济杠杆作用，自 1997 年以来六次调高自来水价格，对超计划用水实行累进加价收费，通过差价管理使有限的水资源发挥了最大的效益。同时，尝试对节约下来的用水指标进行有偿转让，把工业节约的5000万立方米用水指标转给居民生活，把6000万立方米农业用水指标置换成城市用水。

第三，把科技进步贯穿于节水全过程。"十五"期间，天津投入工业节水专项资金2.1亿元，取得节水科技成果200多项。2001年以后新建居民小区节水器具普及率达到100%。积极开发利用非常规水资源，2004年直接利用海水量14亿吨，海水淡化能力达到500万吨，日处理污水能力115万吨，600多万平方米住宅实现中水入户。农业节水灌溉面积达到60%以上，年节水能力7亿立方米。

第四，动员全社会做好节水工作。一是建设节水型企业。对高耗水行业进行技术改造，建成一批节水型企业，带动并促进所属行业的节水工作。二是建设节水型校园。在大专院校、中等专业学校安装节水型设备，推广中水技术，实行一水多用。三是建设节水型社区。按照《天津市建设节水型居民生活小区标准》，通过政府引导，积极实施旧居民区节水型器具改造工程。四是积极开展节水宣传活动，促进全社会科学用水、文明用水和节约用水。

当然，天津在节水工作方面还有许多不足，还需要做大量的工作。今后，我们将进一步协调好生活、生产和生态用水的关系，优化配置水资源，提高水资源利用效率和效益，力争到2020年基本建成节水型社会。

问：天津开发区万元GDP能耗已达到世界先进水平，有哪些具体做法和成效？

答：天津经济技术开发区是天津滨海新区的功能区之一，这些年在保持经济社会持续快速健康发展的同时，坚持走新型工业化的路子，千方百计节约能源，单位产值能耗达到世界先进水平。归纳他们的做法和成效，主要有这样三个特点：

一是大力发展节水型工业，实现水资源高效利用。开发区通过政策导向，大力发展电子信息等高新技术产业，积极推进节水型工业发展，构建节约型的产业结构，收到明显成效。2004年，工业企业消耗新水3753.6万吨，万元工业增加值消耗新水8.5吨，远低于美国13.5吨和日本16.3吨的水平；万元工业总产值消耗新水2.06吨，分别只有日本和美国的34.0%和22.7%。

二是坚持节约优先的方针，提高能源利用率。开发区工业产值及产品产量占全市的比重很大，他们坚持把节约能源放在突出位置，引导企业降低消耗，减少损失浪费，大大提高了能源利用效率。2004年，工业消耗能源171.35万吨标准煤，其中消耗电力29亿千瓦时，原煤14.58万吨，天然气1.32万立方米。万元工业增加值耗能0.39吨标准煤，万元工业总产值耗能0.94吨标准煤，不仅低于全市万元工业总产值耗能0.52吨标准煤的水平，而且达到了世界先进行列。

三是加强产业衔接，大力发展循环经济。开发区注重循环经济产业的引进，引导企业之间的衔接，形成相互依附的产业链，力求使一个企业的废料成为另外企业的原材料，使工业废弃物、废气、废热消化在企业生产循环中，减少了工业垃圾的排放和污染的产生。再生水利用是开发区发展循环经济的一大特色。2004年，全区再生水销售量105.3万吨，比上年增长了84.1%。截至2004年，再生水申请用量已达到2万吨/天。

问：天津是我国重要的港口城市，如何利用好得天独厚的海洋资源？下一步贵市有什么打算？

答：天津市委、市政府对海洋资源的开发和持续利用非常重视，把大力发展海洋经济列为天津实现"三步走"奋斗目标的五大战略举措之一。发展海洋经济的主要思路是：充分利用天津临海的区位优势，抓住国家进一步规划和建设好滨海新区的历史性机遇，坚持陆海经济、产业一体化，做到开发与保护并重，科学合理地配置海洋资源。特别要以天津港建设为龙头，全面推进滨海新区建设，加快国家级石化产业基地、海洋油气开采储备基地、海水综合利用示范城市的建设，逐步建成具有天津特色的海洋经济强市。

在下一步工作措施上，天津要充分利用现有的海洋资源。在总体布局上，一是要为天津港建设留有充分的发展空间。目前，天津港实际利用海域约 160 平方公里，岸线 39 公里。规划利用海域 683 平方公里，港口岸线 45 公里，重点开发建设以专业化集装箱码头为主的北疆港区；以散货和油料运输为主的南疆港区；以发展大型石油化工、海洋化工、临港加工业为主的临港工业区。二是利用环渤海湾深水航道的特点，开辟深水码头。三是结合永定新河河口、独流减河河口的改造，形成各具特色的河口港区。四是规划建设现代化渔港。最终形成"一港多区"的发展布局。同时，在港口南北两侧，分别规划建设旅游生活岸线，发展生态和滨海旅游项目，发展海洋第三产业，把海洋经济的文章做大做足。

问：建设节约型社会是一项长期任务，天津将采取哪些措施保障工作的持续开展，取得新的成效？

答：节约资源，不仅仅是减少对资源的浪费，更在于用同样的资源消耗争取更大的产出，就是要在推进经济社会发展进程中，着力构建新的增长模式和消费模式，并持之以恒地抓下去。今年，天津的万元生产总值能耗要力争下降 3.8%，工业万元产值能耗下降 5.8%，工业万元产值取新水下降 2%。结合天津实际，今后要着重采取以下几项措施。

第一，加强组织领导。按国务院要求，市政府对建设节约型社会工作负总责，我亲自抓。各部门按照职责分工，制定各自的具体工作措施。再由市发展改革委牵头，建立有关部门参加的部门协调机制，指导、协调和督促检查全市的建设节约型社会工作。要把节约能源资源作为各部门、各行业政绩考核的一项重要内容。通过加强组织领导，确保节约型社会的各项任务落到实处。

第二，搞好规划指导。当前，天津正在编制国民经济和社会发展"十一五"规划，我们正在把建设节约型社会和发展循环经济作为重要内容纳入规划中。比如，在滨海新区发展规划中，明确要建设两个生态工业园区，发展循环经济。发展海水淡化，到2010年使天津海水淡化能力达到日产50万吨以上。同时，加快制订有关资源综合利用等专项规划。通过规划指导，鼓励资源能源节约型项目发展，限制淘汰技术水平低、消耗大、污染严重的企业，逐步形成"低投入、低消耗、低排放、高效率"的经济增长方式。

第三，依靠科技进步节约资源能源。充分发挥天津人才和科研院所密集的优势，加大对资源节约和循环利用关键技术的攻关力度，加快新技术、新产品、新能源、新材料的推广应用，积极支持资源节约和发展循环经济的重大项目建设。改善能源使用方式，减少直接燃烧用煤，推进清洁能源的使用。天津在滨海新区进行了"发电—海水淡化—制盐—节约土地资源"的循环经济试点，目前进展顺利。下一步，我们要抓好这一试点工作，加速产业化进程。同时，利用高新技术把节能和开源结合起来，实施海水淡化工程，抓好垃圾发电、风能发电等新技术的产业化。

第四，健全促进节约的政策法规。倡导节约、制止浪费，很大程度上要靠制度、靠严格管理。天津要在已有基础上，抓紧制定和修订促进资源能源有效利用的政策法规，完善资源能源节约标准，研究制定循环经济评价指标体系及相关统计制度。建立对重点耗能行业和企业的监控制度。通过科学管理和严格管理，促进资源能源的合理开发及综合利用。加大资源保护和节约的执法力度，严格查处各种破坏和浪费资源的违规行为。

第五，健全节约型社会的体制机制。实行能源资源效率和最低技术水平准入标准，促进建立市场化的能源资源节约体制机制。加快资源性产品价格的市场化进程，建立能够反映资源稀缺程度的价格形成机制。比如，逐步调整水价，对自来水和中水实行更大的价格差，鼓励使用中水，节约自来水。

第六，增强全民节约意识。通过广泛宣传，在全社会形成崇尚节俭、合理消费、适度消费的理念，用节约资源的消费理念引导消费方式的变革。积极组织开展创建节约型城市、节约型政府、节约型企业、节约型社区活动。政府机构要带头节约。前不久，天津制定了《关于开展创建节约型机关活动的通知》，要求各级政府机关当好建设节约型社会的表率。通过全市上下的共同努力，推动建设节约型社会工作的深入开展，并争取走在全国的前列。

抓好节能减排工作

（2007 年 9 月 16 日）

党中央、国务院高度重视节能减排工作，胡锦涛总书记、温家宝总理多次就节能减排工作作出重要指示。近日，中央决定把节能减排工作作为省级领导换届综合考核评价的重要内容。天津作为我国北方最大的工商业城市，节能减排工作任务十分艰巨，我们一定要按照中央的要求，千方百计把这项工作做好，努力实现经济社会又好又快发展。

一、节能减排是天津实现可持续发展的重要途径

节能减排关系经济社会可持续发展，关系我国的国际形象，关系中华民族的伟大复兴。我们要从深入贯彻落实科学发展观，构建社会主义和谐社会的战略高度，充分认识抓好节能减排工作的重要意义，在思想上高度重视，在工作上摆在突出位置，在措施上落实到位。

节能减排水平是衡量科学发展的重要标志，也是检验人与自然是否和谐发展的重要标志。从全国看，改革开放以来，我国经

注：本文根据戴相龙同志在天津市节能减排工作推动会上的讲话整理。经过全市各方面的共同努力，节能减排工作成效达到或超过了预期目标。到2007 年底，万元生产总值能耗下降 4.4%，化学需氧量和二氧化硫排放量分别下降 4.03% 和 4%。节能降耗主要指标保持全国领先水平。

济发展取得了举世瞩目的成就。但由于经济增长基本是建立在高消耗、高污染的传统发展模式上的，一些地区出现了严重的环境污染和生态破坏，制约了经济社会的可持续发展。现在，越来越多的人已经意识到了这一点，正在采取措施加以改进。但是，2006年全国没有实现年初确定的节能减耗和污染减排目标。这个教训很值得我们深思。从天津看，天津作为工业城市，能源对外依存度高，环境容量十分有限，节能减耗和污染减排的压力高于其他省市。长期以来，天津属于典型的"两头在外"，煤炭100%需要外购解决，电、油、气等重要能源也需要国家统一调配输入，土地资源、水资源供应也非常紧张。经济结构不合理，耗能低的服务业比重偏低，工业能耗占全市的70%以上。滨海新区纳入国家整体发展战略后，我们规划了一大批重点项目，有的已经建成投产，有的还在建设当中，扩大了能源资源的消耗量。目前已落实的3000万元以上的工业项目就有1147项，总投资5680亿元。仅正在建设的20个重点工业项目，投资就达1560亿元。按投入与产出1∶1.7的比例，这1000多个项目形成的工业总产值在1万亿元左右，加上现在已形成的1万亿元的工业总产值，全部建成达产后可实现2万亿元的工业总产值。按照目前天津万元工业增加值能耗1.3吨标准煤计算，实现2万亿元的工业总产值需要耗费的资源能源和污染排放迅速增加。今年上半年，全市单位GDP能耗同比下降4.3%，形势仍很严峻。这里要特别指出的是，如果我们不能按期完成国家核定的节能减排目标，国家有可能限制我们的项目建设规模和数量，我们会更被动。在这个问题上，我们没有别的选择，只有坚持节约发展、清洁发展、安全发展，只有坚定不移地完成节能减排目标。

这些年，节能减排已成为社会各方面关注的重点和影响群众健康安全的重要因素。随着人民生活水平的不断提高，群众的环境意识越来越强，对节能减排的要求越来越高。减少污染物排放量，控制城市空气污染，是改善人居环境、提高生活质量的重要保障，是政府的重要职责。现在，天津市 1000 多万人生活在 1 万多平方公里的空间里，特别是中心城区，200 多平方公里的区域内容纳着 400 万人口，密度达到每平方公里有 2 万多人，平均每天要消耗自来水 79 万吨，排出生活污水 57.1 万吨，产出生活垃圾 2506 吨，公交车运营 5 万辆次，运送客流量 286 万人次。这些，对生态造成的潜移默化破坏，给环境造成的无形压力都非常大。近几年，天津对能源的需求呈现快速增长态势。以家用空调负荷为例，全市每年都增加 50 万千瓦以上。近年来，一些地方空气质量下降，水源受到污染，工业和建筑噪声等也直接影响到人民群众的生活，有关环境问题的投诉和纠纷明显增多。我们要以对国家、对民族、对子孙后代高度负责的精神，认真对待节能减排，千方百计抓好节能减排，保证人们对生活居住环境的合理要求，保证人们生产生活对资源、能源的需求，坚决制止靠过量消耗资源和牺牲环境来维持经济的增长做法。总之，要通过我们的努力，让人民群众喝上干净的水，呼吸清洁的空气，吃上放心的食物，在良好的环境中生产生活。

二、"十一五"期间天津节能减排的具体任务

"十一五"时期，是天津科学发展、和谐发展、率先发展的关键时期，也是节约资源、降低能耗、减少污染物排放的关键时期。天津节能减排的总体目标是：到 2010 年，全市万元地区生产总值能耗下降到 0.89 吨标准煤，比"十五"末降低 20%；全市规模以上工业万元增加值能耗下降到 1.12 吨标准煤，降低 23% 以上；二氧化硫和化学需氧量排放总量减少 10%。按照这个目标，今年全市万元生产总值能耗要降低 4.4% 以上，规模以上工业万元增加值

能耗要下降 6% 以上，二氧化硫和化学需氧量排放总量要减少 2.1%。这个目标是约束性的，是硬指标，必须千方百计确保完成。当前和今后一个时期，需要着力做好以下工作：

一是突出抓好重点领域。要着力抓好冶金、电力、石化、化工、建材等重点行业和 21 户"千家企业"（全国节能降耗重点企业 1000 家，其中包括天津市 21 家）、300 户重点用能单位的节能工作，对重点行业和重点企业实行动态跟踪监管。可以说，这些行业和企业是我们抓好节能降耗工作，实现已确定目标的主战场。市经委要着重抓好 21 户"千家企业"总投资 12.4 亿元、共 50 个节能技改项目建设，确保形成 53 万吨标准煤/年的节能能力。市建委要严格落实建筑节能标准，从设计、施工、验收等各环节严格控制，确保新建居住建筑达到节能 65% 的标准，公共建筑达到节能 50% 的标准。结合旧楼区综合整修，抓好既有住宅节能改造，继续实施热力管网改造。加快城市快速公交和轨道交通建设，提高运输组织管理水平，控制高耗油、高污染机动车发展。市农委要结合小城镇建设，继续推广生物质能为主的沼气利用技术和太阳能热水器的普及，改善农村用能结构。

二是加强源头控制。要把节能减排作为市场准入的强制条件，严格落实节能减排一票否决制度。要强化节能减排规划管理，严格执行规划环评和区域环评，凡国家要求环评而未进行环评的规划，各级政府部门一律不予批准。对节能减排有重大影响而又不能落实有效防治措施的规划，必须进行调整。严格建设项目环境影响评价，环境影响评价文件未经批准的建设项目，一律不得开工建设，不予发放施工许可证。对于擅自开工建设的，各相关部门要采取综合措施，依法查处。对超过节能减排总量控制指标，生态和各类保护区破坏严重或者尚未完成生态恢复任务的地区，暂停审批新增污染物排放总量和对生态有较大影响的建设项目。

对不符合国家和天津环保法律法规及产业政策的企业，不予办理工商登记或者依法取缔，形成项目审批、"三同时"管理与日常环境监管的联动机制。

三是加大技术改造力度。加快推进节约和替代石油、燃煤锅炉改造、电机节能、余热利用、能量系统优化、绿色照明等十大重点节能工程。市科委要加大对节能新技术的研发力度。市经委要会同各有关部门，加快推广高炉炉顶压差发电等十项新技术，富氧喷煤等十项新工艺，变频调速等十项新设备。要结合工业东移，抓好东移企业的节能减排技术改造，做到边东移边改造，绝不能出现企业东移污染也东移的现象。要严格执行节能减排刚性标准，加快淘汰落后生产能力，加大对电力、钢铁、建材等行业落后生产能力的淘汰工作力度，明确淘汰时限，对不按期淘汰的企业，市和区县政府必须坚决依法予以关停。要集中力量对涉铅和造纸行业、饮用水水源地和工业园区整治情况进行行政监察。对未完成节能减排任务的区县，要在新上项目上实行"区域限批"。

四是加强城市生态环境保护。继续巩固提高创建环保模范城市的成果，针对环境空气质量和水环境功能区水质达标率、城市污水集中处理率和再生利用率等重点难点指标，深入实施蓝天、碧水、工业污染防治等六大工程。加强饮用水源保护，以引滦沿线为重点，清除饮用水水源地二级保护区内的所有直排口，市环保局要抓紧编制《饮用水源地环境保护规划》。强化城市河道特别是海河水质的监督管理，做好地下水污染调查，加强对入河入海排污企业的监控，核定污染物排放总量。要加快城市污水处理厂和配套管网建设，积极推进污水处理厂出水再生利用，强化对已运营的污水处理厂和中水厂的监督管理，确保完成工业园区污水集中处理厂建设。最近，市政府批转了《天津市"十一五"水污染防治实施方案》，各地区、各部门要认真贯彻落实。要进一步优化城市能源结构，提高天然气在能源结构中的比例，大力发展太阳能、地热能、生物质能和风能等可再生能源的利用。全面推动燃煤电厂和10吨/时以上燃煤锅炉二氧化硫治理，确保在"十一五"期间，完成大港、军粮城、杨柳青、盘山电厂等49项燃煤电厂和448项10吨以上工业及供热燃煤锅炉烟气脱硫工程，实现二氧化硫排放等主要污染物总量削减目标。

三、深化落实节能减排工作

党和国家关于污染减排的大政方针已经明确，天津市委、市政府关于污染减排的目标任务已经确定，现在的关键是抓好落实。

各区县政府、各有关部门要建立健全节能减排工作责任制和问责制，完善考核监督机制。区县政府、有关部门的主要负责同志要对本辖区、本部门节能减排工作负总责。要在科学测算的基础上，把节能减排各项工作目标和任务逐级分解到各区、县和重点企业；与区县政府签订减排目标责任书的企业必须确保项目落实，对未完成减排任务的企业将追究领导及直接责任人的责任。要把节能减排指标完成情况纳入各地经济社会发展综合评价体系，作为领导干部综合考核评价和企业负责人业绩考核的重要内容。市政府将加强对节能减排工作进展情况的考核监督，定期公布各区县节能减排指标完成情况。

要多渠道筹措节能减排资金。市财政局和区县政府要把节能减排工作作为公共财政支出的重点，加大对节能技术研发、应用及减排监测、统计和考核体系建设的投入。建立节能减排投入机制，确保经费支出，基本建设投资进一步向节能减排倾斜。运用市场机制广泛吸纳社会资金，区县政府安排必要的引导资金予以支持，逐步形成政府、企业和社会多元化的投融资机制。同时，要坚决压缩城市形象工程和党政机关办公楼等建设规模，切实保证节能减排、保障民生等工作所需资金投入。

要切实强化执法监督。市、区县政府和有关部门都要组织开展节能减排专项检查和监察行动，严肃查处各类违法违规行为。加强对重点耗能企业和污染源的日常监督检查，对没有完成节能减排任务的企业，强制实行能源审计和清洁生产审核。强化上市公司节能环保核查工作。开设节能环保违法行为和事件举报电话及网站，充分发挥社会公众监督作用。要加大执法和处罚力度，对未按规定建设和运行污染减排设施的企业和单位，公开通报，限期整改。公开严肃查处严重违反国家节能管理和环境保护法律法规的典型案件，对恶意排污的行为实行重罚，追究领导和直接责任人员的责任，构成犯罪的依法移送司法机关。

要不断提高全体市民的节能减排意识。将节能减排宣传纳入重大主题宣传活动中。有关部门要组织好每年一度的全国节能宣传周、世界环境日等宣传活动，组织企事业单位、机关、学校、社区等开展经常性的节能环保宣传。主要新闻媒体在重要版面、重要时段进行系列报道，刊播节能减排公益性广告。通过深入持久的节能减排宣传活动，使企业严格遵守节能和环保法律法规及标准，自觉节能减排，使公民自觉履行节能和环保义务，形成以政府为主导、企业为主体、全社会共同推进的节能减排工作良好格局。

建设和管理好国际海港

（2004 年 8 月 6 日）

天津市历来是因港而立，港兴城兴，港口对于天津的发展在很大程度上起决定性的作用。在新世纪、新阶段，我们要加快实施"三步走"战略，率先基本实现现代化的宏伟目标，必须充分认识港口这个最大的比较优势，进一步加快天津港发展步伐。

一、加快港口建设是实现国家对天津城市定位的战略举措

港口是全市的核心战略资源，港口的功能和等级影响乃至决定城市定位。天津是我国北方最大的沿海开放城市，也是因航运而兴的老工商业城市，城市的性质和地位在很大程度上是围绕港口确定的。早在天津建城设卫之前，天津港作为京杭大运河的一个内河港口，就已经发挥重要作用。1860 年，天津被辟为五大通商口岸之一，这在客观上促进了当时的经济发展。有资料表明，

注：港口既是天津的核心战略资源，也是综合交通体系建设的重点。为此，2003—2007 年，市政府三次召开港口建设工作会议，全力推进港口规划、建设和管理工作。本文根据戴相龙同志 2004 年 8 月 6 日在第二次港口建设工作会议上的讲话整理。

1868—1938 年，天津对外贸易总值平均占全国对外贸易总值的 10% 以上，占华北地区对外贸易总值的 60% 左右。新中国成立后，中央对天津城市的地位和作用非常重视。自 20 世纪 80 年代以来，先后三次对天津进行城市定位。1984 年提出，要把天津建成国际性的贸易港口城市。1986 年提出，天津应当成为现代化的港口城市。1997 年进一步明确，天津是环渤海地区的经济中心，要努力建设成为现代化港口城市和我国北方重要的经济中心。很明显，中央对天津的每次定位都突出了港口的重要位置。正是因为有港口，天津才有繁荣发达的工商业，才可以发展开发区、保税区，建设临港工业区。目前，有许多世界大公司、大集团落户天津，大乙烯、大炼油等一批重点项目选址在天津，很重要的原因就是看重天津港口的作用。正是因为有港口，天津城市的辐射力和影响力才得以不断增强，才能在环渤海地区发挥重要的作用。目前，天津港货物的 76% 以上是外省市提供的。北京出口总值的 42%，河北的 59%，山西的 50%，内蒙古的 38%，其货物都是从天津港下水的。京、冀、晋、内蒙古、陕、甘、宁、新疆、青海等都是天津港的直接腹地。港口是天津最大的比较优势，提升港口的功能和等级，就是提高天津的地位和作用。充分发挥港口的优势，不仅关系到天津的发展，而且关系到环渤海地区的经济联合与协作，关系到我国中西部地区的开发和建设。

从发展进程和现实基础看，天津港具备诸多有利条件，已进入大发展的阶段。多年来，天津港的建设一直得到中央的关心和支持，是最早进行体制改革，下放给地方管理的港口。天津历届市委、市政府始终把天津港发展放在重要位置。近十年来，我们采取一系列政策措施，加大港口建设力度，取得了显著成绩。天津港货物吞吐量每年以千万吨的速度快速增长，1993 年是 3000 万吨，到 2001 年突破 1 亿吨，成为我国北方第一个亿吨大港。2003

年第一次港口建设工作会议后，发展速度进一步加快。会议确定的 30 个重点建设项目进展顺利。全年港口货物吞吐量达到 1.62 亿吨，净增 3000 多万吨，集装箱跃上 300 万标准箱的台阶。今年上半年，港口货物吞吐量完成 9766 万吨，同比增长 23.8%，预计全年可接近或达到 2 亿吨；集装箱吞吐量完成 182.3 万标准箱，同比增长 25.5%，预计全年可达到 380 万标准箱。这些成绩来之不易，得益于天津市委、市政府的战略决策和各有关方面的大力支持，饱含着港口战线广大职工的辛劳和汗水。我们要倍加珍惜所取得的成果，充分利用天津港多年来形成的良好基础和条件，不断把港口建设推向新的阶段。

准确把握形势，客观分析问题，增强加快发展的紧迫感。我们既要充分肯定港口建设已经取得的显著成绩，也要实事求是地分析存在的问题和差距，既增强信心，又激发斗志。虽然这些年天津港变化很大，发展活力和综合实力明显增强，但总起来看，与全市经济快速发展、与区域经济整体发展和全球港口经济迅速发展的要求都还不够适应。从天津港自身条件看，现有的通航能力尚未达到 15 万吨级，而根据国际航运业的发展趋势，都在加快船舶大型化，要求航运吨位都要在 20 万吨以上，要达到这个标准，还需要付出很大努力。另外，天津港对外交通相对滞后的问题还没有从根本上解决。天津港的腹地主要是煤炭等能源运输和大宗散货运输。而天津港的长距离、大容量的对外交通运输体系尚未完善，集装箱的远程运输体系也未建立起来。从环渤海地区三个过亿吨大港的腹地情况看，天津港的腹地主要是京津冀地区，2003年 GDP 合计约为 1.2 万亿元，进出口额约为 1066 亿美元。青岛港的腹地主要是山东，2003 年 GDP 超过 1.2 万亿元，进出口额为446 亿美元，从天津港出口的货物仅有 1% 多一点。大连港的腹地主要是黑龙江、吉林、辽宁三省，2003 年 GDP 接近 1.3 万亿元，进出口额约为379亿美元，它和天津港的腹地有交叉，但仅有2%的出口货源从天津港出海。这些尽管都是变量，但足可以说明天津港今后竞争面临的严峻形势。从全国沿海港口发展的现状看，我们的货物吞吐量规模还不够大，按2003年底排序居第四位，但与排在第一位的上海比，相差近一倍。集装箱吞吐量也是第四位，与排在第三位的青岛比，相差121万标准箱。货物结构需要进一步优化，效益也有待提高。所有这些都说明，天津港发展既面临难得的历史机遇，也面临严峻的挑战。在这种情况下，能不能争得主动，关键在工作、看水平。

二、进一步明确天津港发展的功能定位和目标任务

天津港作为中国北方最大的综合性贸易港口，应该具备什么功能，向什么方向发展，在区域经济发展中发挥什么样的作用，我们必须深入研究，进一步明确。

确定天津港功能定位的指导思想，要着眼于三个方面的因素。一是要考虑港口自身的特点和优势。天津港历来就是中国北方最大的人工港，是以集散贸易为主要功能的进出口通道，这就决定了天津港必须走深水大港的路子。二是要考虑天津港腹地的经济发展和市场需求。华北地区主要是进出口贸易，西北地区主要是资源的集散和进出，这就要求天津港必须同时具备散货主干港和集装箱枢纽港的功能。三是要考虑国内外先进港口的发展趋势，必须突出天津港的特色，建设综合性的世界一流大港。基于这些考虑，经过深入调研，反复论证，广泛征求各方面意见，我们把天津港的功能定位进一步明确为：天津港是我国北方最大的综合性贸易口岸，要努力建设成为设施先进、功能完善、管理科学、运行高效、文明环保的现代化国际深水港，成为面向东北亚、辐射中西亚的集装箱枢纽港，中国北方最大的散货主干港，环渤海

地区规模最大的综合性港口，力争成为世界一流大港。

为了实现天津港的功能定位，市政府制定下发了《关于进一步加快天津港发展的若干意见》（以下简称《若干意见》），提出了加快港口建设应遵循的指导原则，概括起来就是，要坚持以人为本，牢固树立和落实科学发展观，把经济和社会、速度和效益、结构和质量、经济增长和生态保护有机统一起来，努力实现全面、协调、可持续发展。具体来说，就是做到五个坚持：坚持统一规划，分步实施；坚持开放带动战略；坚持科技兴港；坚持市场运作，优化资源配置；坚持客户至上，完善服务功能。这五条原则各有侧重，又相互统一，相辅相成的，关键是要结合实际创造性地贯彻运用。

根据天津港的功能定位和上述指导原则，我们确定了今后一个时期的发展目标。这些目标是在 2003 年第一次港口建设工作会议提出目标的基础上确定的，根据形势的发展，又做了一些调整和补充，除了港口货物吞吐量和集装箱吞吐量之外，还对港口等级、客运、旅游等功能和效益指标提出了明确的要求。在工作进程上，主要分两个阶段推进。第一阶段是从现在到 2007 年，也就是我们这届政府期满，港口货物吞吐量要完成 2.5 亿吨，集装箱吞吐量要力争完成 650 万标准箱。第二阶段是从 2008 年到 2010 年，也就是到"十一五"末期，从原来确定的港口货物吞吐量 2.6 亿吨，调整为力争完成 3 亿吨，集装箱吞吐量力争完成 1000 万标准箱。

围绕这个目标，各有关方面做了大量预测和论证。总的来讲，实现上述目标，任务是相当艰巨的，但整体分析，经过努力也是可以实现的。从经济发展趋势看，天津港的广大腹地正在成为经济增长的热点地区，相关省市开放型经济迅速发展，内陆资源运输逐步扩大。天津港的集装箱、原油、煤炭、矿石等主要货源将不断增加。从天津港吞吐量占全国的比重来看，2003 年天津港吞吐量 1.62 亿吨，占全国沿海港口吞吐总量 20.6 亿吨的 8%。据测算，到 2010 年，全国沿海港口吞吐总量将达到 35 亿吨，如果天津港仍保持 8% 的市场份额，吞吐量应达到 2.8 亿吨，按照高标准的要求，我们把目标确定为 3 亿吨。要完成 3 亿吨的吞吐量，每年的增速应为 9% 以上；集装箱要完成 1000 万标准箱，每年的增速应为 20%。根据这几年的发展趋势，经过努力是可以达到的。

三、加快港口发展的主要措施

实现天津港今后一个时期的奋斗目标，任务非常繁重，必须采取有力措施，从多方面加大工作推动力度。

（一）天津港基本规划用地为 100 平方公里

目前，天津正在修编和制订天津城市总体规划、"十一五"规划、滨海新区规划和土地利用规划等。在修编和制订这些规划的过程中，要统筹考虑港口在天津和区域经济发展中的地位、作用，合理布局，协调发展。滨海地区的一些专项规划，更要紧紧围绕港口做文章。特别是产业布局、土地利用、交通设施等专项规划，都要充分考虑到港口当前和今后的发展需要。当某些分区规划和专项规划与港口规划发生矛盾时，原则上应服从和服务于港口规划。

制订港口发展规划，很重要的就是要在土地、用海等方面为港口发展提供充足的空间。从目前情况看，天津港与青岛港、大连港相比，海岸线比较短，可开发利用的空间较小。青岛港海岸线为 730 公里，大连港为 1906 公里，天津港仅为 153 公里，并且可开发利用的海岸不足 30%。港口现有用地差距更大，弥补用地不足的办法只能靠吹填造陆，成本很高。在这种情况下，必须千方百计保证港口发展的用地和用海。经初步规划，天津港基本规划用地为 100 平方公里左右。主要包括：现有用地 30 平方公里，由新港港区和海河港区两部分组成；至 2010 年南疆散货物流中心扩展到 26.8 平方公里，主要用于为南疆煤炭、矿石运输提供配套的仓储加工交易区以及为大乙烯、大炼油和国家战略原油储备基地配套的大型原油和成品油罐区；北疆集装箱物流中心 5.4 平方公里，建设中国北方最大的集装箱物流区；吹填造陆形成的东疆人工港岛 33.5 平方公里，建设大型集装箱码头群和具有金融、商贸、物流、旅游、生活服务等港口服务功能区。南疆港区新吹填造陆形成的区域，为原油、液化天然气码头和配套仓储区。港口规划范围内的土地和海域，原则上不能挪为他用。今后，规划和国土资源管理部门要加强港区范围内项目用地的审批和管理，依法把好审批关。严格控制用地规模，提高单位土地的使用效益。关于海域使用问题，主管部门也要按照国家法律规定和《天津市海洋功能区划》的要求，为港口的发展留出空间，提供方便，给予支持。

（二）拓宽融资渠道，加快港口基础设施建设

加快港口建设，提升整体功能，需要大量投入，这就需要进一步拓宽视野，多方筹措资金。一方面，要继续用好银行贷款。努力开发市场潜力大、发展前景好的贷款项目，提高资金使用效益。积极探索和采取集合信托等方式，吸引居民储蓄存款转化为建设投资。这方面的潜力很大，相关金融部门要积极配合，争取有较大突破。另一方面，继续加大对国内外大公司、大财团的引资力度，重点吸引大型船舶公司参与码头等基础设施建设，开辟新的航线，招揽更多的货源，并引进先进的技术和管理。同时，天津港集团要实行跨地区、跨行业的资产重组与兼并，扩大在境内外资本市场的融资规模，增强发展潜力。

对于第一次港口会议确定的建设项目，各承担部门和单位要

严格按照进度要求，加快组织实施，力争提前完成。在 2003 年确定的 30 个项目中，根据大乙烯、大炼油等重点项目建设情况，提前启动了 4 个项目，对 5 个项目增加了 93 亿元投资。同时，又投资 125 亿元，新增了南疆专业煤码头、液化天然气码头等 4 个项目。到目前，港内外建设项目已达到 34 个，到 2010 年预计总投资 491 亿元。到 2007 年，预计完成投资 331 亿元，占总投资的 67%。港口建设领导小组办公室要把这些项目的负责单位、启动时间、资金来源和任务进度逐一落实。对于需要争取的项目，各有关部门要抓紧做好工作。

（三）努力构筑对外大交通体系

这是增强港口辐射力和带动作用的关键环节。计划从现在到 2010 年，建设与港口相连接的"三横两纵"公路网络、两大铁路通道和以货运为主的航空枢纽。具体来讲，就是要以高速公路直接进港为核心，加快津晋、京沪高速公路天津段等道路建设，尽快启动建设京津高速公路北通道，形成天津港南、北、中三大横向通道，打通港内外两条纵向通道，构建与腹地高速公路相衔接的集疏运网络。抓紧建设直通南疆港区两大铁路通道，计划 2005 年底前后建成北塘西至咸水沽的蓟港铁路复线，新建咸水沽直通东大沽的铁路专线，形成国铁主通道；2006 年建成黄万铁路，改造地方铁路，形成神华煤运主通道。提前启动建设北疆港区铁路进港三线，形成集装箱海铁联运系统。同时，抓紧建设京津城际铁路客运专线，使北京到天津的单程运时不超过半小时。加快天津机场扩建工程，增强客货运输能力。通过几年的努力，形成以港口为中心四通八达、内外通畅的现代立体交通体系。

（四）实行港区联动，增强港口的影响力和辐射力

应该说，天津经济技术开发区、天津港保税区乃至整个滨海新区，在很大程度上都是依托港口展开的。当前，需要我们深入

思考和大做文章的是，要把这些功能区域和内在优势进行集聚组合，使之延伸放大，形成整体综合优势。这其中既有观念问题，也有体制和机制问题，关键是要统一思想，着眼大局，加快港区联动步伐。今年《天津市政府工作报告》特别强调，滨海新区要充分发挥和利用综合优势，增强辐射力和带动作用，就是这个意思。港区联动就其内涵而言，主要是"政策叠加、优势互补、资源整合、功能集成"。具体来讲，就是利用港口货物装卸、分拨等优势，与保税区免征关税和海关特殊监管的优势相结合，实现货物在境内外自由快速流动，形成国际中转、国际配送、国际采购和国际转口贸易四大功能。现在，国务院已经同意天津、大连、青岛、张家港、宁波、厦门、深圳七家港口进行港区联动的试点工作。我们要紧紧抓住这一有利时机，积极推进港口与保税区联合发展。要对港区联动实施方案进行更加深入的研究，制定具体的政策措施，使港区物流功能和国际贸易功能更加完善，尽快成为中国北方的国际物流集散中心，为建设自由贸易区打下良好的基础。

（五）办好天津港集团公司，全面提高服务水平

2003 年底，天津港务局所属企业总资产 134 亿元，净资产 75.4 亿元，净资产利润率 5.8%，资产负债率 43.7%。今年 6 月 3 日，天津港务局实行政企分开，正式组建为天津港集团公司，成为自主经营的港口企业。天津港集团公司要抓住全市支持港口，大力发展港口的有利时机，加快建立现代企业制度，推进体制和机制创新。要尽快完善法人治理结构，形成高效运转的内部运营机制；充分运用经济手段，建立奖惩分明的货源市场开发机制；不断拓展港口功能，形成港区联动机制；改进服务质量，提高运营效率，形成挖潜增效的创新机制；加快各类人才的培养和引进，形成灵活的选人用人机制，不断增强企业发展活力和港口综合竞

争力。预测到 2007 年，天津港集团公司总资产将达到 210 亿元，净资产 115 亿元，净资产利润率 5.91%，资产负债率 45.2%。

提高港口的辐射力和吸引力，在很大程度上取决于服务质量和水平，主要体现在通关效率、通关成本和口岸环境上。提高通关效率，就是要按照国际通行惯例，积极推进大通关运作，简化办事程序。最近，天津海关制定了一系列措施，实现 24 小时通关，这一做法深受广大用户的欢迎。要扩大信息技术在各个环节的应用，整合现有信息资源，不断提高港口通关速度。同时，要千方百计降低通关成本。从我们现在的通关成本看，港内货运费用比大连港高，比青岛港低。以同样运输一个集装箱为例，青岛比我们多 200 元，大连比我们低 100 元。港外货运费用，主要是中介服务费，比大连、青岛高。港内港外综合成本，我们比大连、青岛都要高。对此，要进一步分析货运成本构成和具体原因，采取有效措施，千方百计把成本降下来。对那些规模大、信誉好的公司尽可能减少检验次数，降低通关费用。各有关部门和企业都要不断增强服务意识，完善服务措施，制定和兑现服务承诺，开展多种形式的服务活动，真心实意地为客户解难题、让方便，最大限度地满足客户需求，真正把天津口岸建设成为工作效率高、通关成本低、服务质量好、卫生环境优、最具吸引力的一流口岸。

四、加强组织领导，形成全社会建港兴港的合力

加快港口发展是一项系统工程，涉及方方面面，必须加强组织领导，动员各方面力量，形成促进港口建设的合力。

第一，切实加强对港口建设的组织领导。一是充分发挥港口建设领导小组的作用。港口建设领导小组由天津市委副书记、常务副市长黄兴国任组长，相关综合部门的负责同志是小组成员。应当说，规格是比较高的。这次我们又根据需要，增加天津市海

洋局、天津市海事局和水利部海委为领导小组成员单位，更加说明市政府对港口工作的重视。港口建设领导小组的主要职责是，负责确定天津港发展及外部配套设施建设总体实施方案、投资规模、重大工程决策；决定报请国家有关部门审批的事项和跨区域项目合作事宜；决定有关工程资金筹措和落实问题；协调决定需由市有关部门支持和协调的重大事项。今后，除特别重大事项需要报天津市委、市政府批准以外，凡在《若干意见》中涉及的事项均由港口建设领导小组决定并组织实施。在这里，我想突出强调的就是港口的发展规划问题。今年4月2日，交通部和市政府联合批转了天津港总体规划，我们不仅要把这个规划纳入天津城市总体规划，而且还要修改、补充、完善这个规划。港口建设领导小组就是要坚持用规划来指导安排工作。要抓紧时间对港口建设的目标和任务进行层层分解，落实到具体单位、部门和个人，并研究制定具体措施，使各项工作任务和每个环节都有人抓，有人管。二是建立例会制度。港口建设领导小组及其办公室要定期召开会议，原则上每月一次。专门协调解决港口发展中的各种问题，检查各相关政策的落实情况。重大问题可提交市长办公会讨论，必要时可召开市政府常务会议研究解决。三是建立有效的监督机制。港口建设领导小组及其办公室、港口主管部门、政府督察部门等都要对《若干意见》的落实情况，定期进行检查和监督，并将相关意见反馈给有关部门。对认真落实扶持政策、为港口发展作出突出贡献的部门和单位，予以表彰和奖励；对贯彻落实不到位、工作不力的部门和单位，予以通报批评。

第二，落实各项政策措施，加大扶持力度。市政府出台的《若干意见》，从财税、用海、用地等多方面提出了一系列支持港口建设的优惠政策，各有关部门和单位要认真贯彻落实。比如，在散货物流中心用地问题上，决定调整津沽二线以北、海防路以西、散货物流中心以南的 10 平方公里盐田，作为天津港规划建设用地。关于天津碱厂搬迁问题，已决定在临港工业区渤海化工园划出 2 平方公里用地供天津碱厂新址使用。在海域使用政策上，提出海域使用金除部分上缴国家外，其余全部返还给天津港集团。在财税政策方面，把目前港口享受的政策，从时间上延长五年，享受政策的范围进一步扩大。对于这些政策措施，各有关部门和单位一定要从大局出发，认真贯彻落实。

第三，动员社会各方面力量支持港口建设。加快天津港发展，是全市各部门的共同职责。各相关地区、部门和单位都要站在全局的高度，认真落实市政府《若干意见》提出的各项任务，注重发挥各自的功能和优势，切实履行各自职责，积极主动地支持港口建设。要加强对天津港的宣传，不断扩大天津港在国内外的知名度和影响力。

第四，处理好港口与各相关区域的关系。港口与周边经济区和行政区的联系密切，港口发展离不开方方面面的支持。一方面，港口要依靠自身的优势，主动为相关区域和企业服务；另一方面，各地区、各部门要积极为港口发展创造条件，提供方便。凡属于本地区、本部门职能范围内的事，要各负其责，主动干好；涉及几个部门和单位的事，要相互协调，密切配合。比如，港口对服务业的需求比较大，港口所在的塘沽区完全可以集中力量加快现代服务业的发展，为"一港两区"搞好服务。又比如，港口要扩大功能优势，实行港区联动，就要与保税区进行密切合作，共同搞好试点工作。这样才有利于形成整体合力。

发挥东疆保税港区作用

（2007 年 12 月 11 日）

我们正在举行仪式的这片土地，三年前还是一片汪洋，经过建港造陆，现在已经成为一个中外瞩目的现代化港区。今天，我们在这里隆重举行天津东疆保税港区首期封关运作暨开港仪式，邀请诸位中外嘉宾，共同见证这一具有历史意义的时刻，感到十分高兴。

国务院批准设立东疆保税港区，是进一步促进我国对外开放的重大举措，对于推进天津滨海新区开发开放、建设北方国际航运中心和国际物流中心，对于促进环渤海区域经济协调发展，有效地参与国际竞争和合作，具有十分重要的意义。天津东疆港区，

注：天津东疆保税港区的建设和运行，是天津滨海新区涉外管理体制改革的重要标志。东疆保税港区从开始建设到正式运行，大体经历三个时段：一是 2002 年 6 月决定，规划建设面积 30 平方公里东疆港岛；二是 2006 年 8 月 31 日，国务院正式批准设立天津东疆保税港区；三是 2007 年 12 月 11 日，实现首期 4 平方公里封关运作。2006 年 8 月 31 日，国务院以国函〔2006〕81 号文件批准设立天津东疆保税港区，明确东疆保税港区的功能和税收、外汇政策按照《国务院关于设立洋山保税港区的批复》（国函〔2005〕54 号）的有关规定执行。此外，可根据全国综合配套改革试验区建设的相关要求，在机制、体制创新等方面先行试验一些重大的改革开放措施，并借鉴国际通行做法，积极探索海关特殊监管区域管理制度创新，为推进天津滨海新区的开发开放作出贡献。本文根据戴相龙同志在天津东疆保税港区首期 4 平方公里封关运作暨开港仪式上的致辞整理。

位于天津港的东北部，为浅海滩涂人工造陆形成的三面环海的半岛式港区，规划面积 30 平方公里，包括码头作业、物流加工、综合配套服务三大区域，具有码头装卸、集装箱物流、商务贸易、生活居住、休闲旅游五大功能。目前已成陆 16 平方公里，2010 年前将整体成陆。规划面积 10 平方公里的东疆保税港区，就坐落在东疆港区内，由码头作业区和物流加工区两部分组成，是目前我国面积最大的保税港区。首期封关运作的 4 平方公里范围内，已建成 6 个 10 万吨级集装箱码头、3 万平方米联检服务中心、20 万平方米保税物流仓库，已通过国务院联合验收小组的验收。实现封关运作以后，东疆保税港区将集港口、保税区、出口加工区、保税物流园区等优势于一体，成为享受国家经济贸易优惠政策的海关特殊监管区域。国外货物进入港区保税，国内货物入港区视同出口、实行退税，港区内货物交易不再征收增值税，具有多方面的政策和功能优势。

东疆保税港区实现首期封关运作，是天津滨海新区开发开放的重要成果。围绕提升滨海新区的航运和物流功能，我们正在建设现代化综合交通体系。天津港 25 万吨级深水航道将于今年底建成，届时可以接卸所有进入渤海湾的船舶。30 万吨级原油码头将于明年 4 月建成。半小时即可通达的京津城际快速铁路、京津塘高速公路二线、天津滨海国际机场改扩建工程，都将于明年北京奥运会前投入使用。同时，我们还在构建区域性"大通关"服务平台，建成了国际贸易与航运服务中心，开通了天津电子口岸与物流信息平台，试行"属地申报、口岸验放"的区域通关模式；开辟内陆"无水港"，与 12 省区市签订了北方地区大通关建设协议，为区域发展发挥了应有的作用。

东疆保税港区实现首期封关运作，也是滨海新区综合配套改革试验取得的重要突破。按照中央的要求，我们在国家有关部门的指导下，制定了《天津东疆保税港区管理规定》，出台了物流企业税收减免返还、贷款贴息、设备折旧等12条优惠政策，正在全力组织实施。我们将借鉴国际通行规则，进一步探索和实践特殊的监管、税收、外汇、贸易、投资和航运等方面的政策措施，开展国际中转、国际配送、国际采购、国际转口贸易、出口加工等业务，发展金融、保险、代理等配套服务。力争用十年左右的时间，把东疆保税港区建设成为我国规模最大、条件最好、政策最优、效率最高、功能最齐全的保税港区，成为具有国际竞争力的高度开放的综合贸易港区。

东疆保税港区的开发建设，始终得到了中央领导的亲切关怀，得到了国家有关部委的大力支持，得到了社会各界的热情帮助，凝聚了方方面面的心血和汗水。我们衷心希望大家能够一如既往地关心和支持东疆保税港区的建设，也衷心希望国内外企业能够更多地参与到滨海新区的开发建设中来，实现互惠互利、共赢发展。

加快天津滨海国际机场的改扩建进程

（2005 年 5 月 2 日）

天津位于京津冀和环渤海湾城市群的交汇点，依托"三北"的广阔腹地，具有联系南北方、沟通东西部的交通枢纽功能。随着推进滨海新区开发开放纳入国家总体发展战略布局，天津作为环渤海地区经济中心的地位日趋突出，这就要求我们必须进一步提升天津的综合交通枢纽功能，更好地为区域经济振兴服务。为此，我们确定的发展目标是，完善各种交通方式紧密衔接、快速转换、通达腹地的区域一体化的现代交通网络，促进区域大型交通基础设施共享。在大力建设海港、铁路、公路的同时，加快对天津滨海国际机场进行改扩建。经过几年的努力，力争把天津滨海国际机场建设成为北方航空货运基地和客运干线机场。

天津滨海国际机场是国内干线机场、国际定期航班机场和首都机场的主备降机场。目前，有航线 56 条，飞行航班 623 次/周，其中国际航线 18 条，飞行航班 91 班次/周。机场跑道长 3200 米，候机楼面积 2.57 万平方米，年旅客吞吐量 200 万人次。2005 年机场预计旅客吞吐量 230 万人次。

注：原天津滨海国际机场设备简陋，航班过少，2002 年以前旅客吞吐量徘徊在 100 万人次。2004 年 3 月，戴相龙同志带领有关人员到国家民航总局商议天津机场扩建工程，和原民航总局局长杨元元同志共同签署改造天津机场的会议纪要，投资 30 亿元，将候机楼从 2.5 万平方米扩大到 10 万平方米。此项工程于 2008 年 6 月竣工，设计旅客吞吐量 1000 万人次。本文根据戴相龙同志在加快对外交通建设新闻发布会上的讲话整理。

为整合京津航空资源，满足快速增长的航空运输业务发展需要，迎接北京奥运会，天津市政府与国家民航总局签署了《关于天津机场建设与发展问题会谈纪要》，决定对天津机场实施改扩建。民航总局、天津市政府、首都机场集团公司共同组成天津机场建设与发展协调小组，民航总局杨国庆副局长和天津市政府黄兴国常务副市长担任组长。天津机场改扩建工程被列为民航总局和天津市重点工程。

2004 年 10 月，首都机场集团公司批准成立了天津滨海机场扩建工程项目部，负责天津机场改扩建工程建设实施工作。10 月 21 日，天津机场改扩建工程项目建议书由民航总局和天津市政府联合上报国家发改委。28—29 日，国家发改委委托中国民航工程咨询公司对改扩建工程预可研报告进行了评估。2005 年 2 月 1 日，国家发改委对项目建议书进行了批复，批准天津滨海国际机场新建 6 万平方米航站楼，将现有跑道延长 400 米，使长度达到 3600 米，新建一条平行滑行道，并建设停机坪、停车场及相应配套设施。项目总投资 18.6 亿元。

中国民航机场建设总公司于 2005 年 3 月 15 日完成《天津机场改扩建工程可行性研究报告》编制工作，上报国家发改委。天津市负责机场扩建外围配套工程建设，近期拟实施的工程项目投资约 10 亿元。由天津市建委牵头，组织市有关部门已初步完成机场外部交通配套、市政能源供应与机场扩建对接方案，力争 6 月底开工，2008 年建成投入使用，届时天津滨海国际机场旅客吞吐能力可达到 1000 万人次。

加快建设京津塘高速公路二线工程

（2005 年 6 月 16 日）

今天，天津市政府在这里隆重召开京津塘高速公路二线（天津段）工程开工动员大会，这标志着天津拓展对外交通、构建现代交通体系的又一项新战役正式拉开。

一、京津塘高速公路二线工程建设对构建天津现代交通体系、带动环渤海区域经济发展具有重要的战略和现实意义

在党中央、国务院的重视和关怀下，环渤海及京津冀区域经济发展的势头很猛，在我国经济发展中的地位越来越突出。今年 3 月以来，国务院常务会议专题研究了《环渤海湾港口发展规划（2004—2010 年）》和《环渤海京津冀轨道交通网建设规划（2004—2010 年）》，并批复下发了正式文件。在国家发改委的帮助下，京津冀都市圈的长远发展规划正在抓紧编制。4 月 17 日国家

注：京津塘高速公路二线现定名为京津高速公路。该工程天津段由主线和京沪、京津、津汉三条联络线组成，全长 144 公里，6—8 车道，设计交通量为每天 8 万—10 万辆。该项目由北京首创集团、天津高速公路投资发展公司、天津世纪高速公路建设发展公司、天津雍阳公路工程公司等共同出资组建的天津京津高速公路有限公司出资修建，并承担上述路段的收费运营管理，总投资额为 105 亿元。该工程于 2005 年下半年开工，2008 年 7 月全线建成通车，极大地缓解了京津之间的交通压力。本文根据戴相龙同志在京津塘高速公路二线（天津段）工程开工动员大会上的讲话整理。

有关部门在天津召开了环渤海区域经济振兴与发展座谈会，会上形成了很多共识，其中很重要的一点，就是发展区域经济必须以构建区域间现代化交通体系为突破口。只有改善交通状况，拉近区域内各城市间的距离，才能密切区域的经济联系，促进区域间优势互补，共同发展。

近些年，随着天津经济社会的快速发展，京津之间往来的人流物流大幅增长，既有交通设施已经不能适应实际需求，在一定程度上阻碍了经济社会的快速发展。为此，天津市委、市政府在加强对现有道路管理的同时，决定对既有道路进行维修改造，新建一批重大交通项目。力争经过三年努力，使交通状况有根本性改善。交通部部长张春贤同志今年"五一"期间来津调研时指出，交通部通过调研得出的结论是，加快交通建设特别是高速公路通道的建设，对区域经济发展至关重要。北京和天津作为空间距离很近的两座特大城市，交通需求不断增长，高速公路通道建设有必要进一步加快。

京津塘高速公路二线不仅是连接京津两市之间的一条重要的快速通道，也是沟通环渤海区域公路网的一条便捷的经济走廊。因此，搞好这条高速公路建设，不仅有利于天津的经济社会发展，而且对于促进京津冀都市圈和环渤海区域经济发展具有重要的战略和现实意义。

二、各方面要密切配合，通力协作，形成合力，全力支持工程建设

京津塘高速公路二线（天津段）工程，沿线涉及武清、宁河、北辰、东丽、塘沽等区县。其拆迁范围之大、征地面积之多、工程量之大、施工之艰巨、涉及部门和区县之广，都是历年来所没有的。能不能够迅速掀起施工建设高潮，确保在 2008 年奥运会之

前建成通车，征地拆迁和土方工程既是关键，也是重点，又是难点。这就要求各有关委、办、局和有关区、县政府，都要从加快天津经济社会发展、服务环渤海区域经济的大局出发，统一思想认识，为工程的顺利实施做好各项工作。

沿线各区、县政府要依法加大征地拆迁工作力度，积极组织好路基上土，切实按照工程总体计划确定的时间来完成，为尽快形成施工高潮创造条件。要加强舆论宣传工作，向各级干部和沿线群众讲清工程建设的重要意义，特别是要结合本地区的发展远景讲清高速公路建设对区域经济发展的重要作用，用大道理管小道理。要从大局出发，从全局出发，认真协调好各方利益关系，耐心细致地做好群众工作，积极化解各种矛盾，确保一方社会稳定。一方面要充分考虑到农民群众的切身利益，妥善处理好沿线受影响的农民群众的生产生活问题，落实好征地拆迁和安置等相关政策；另一方面也绝不允许任何人、任何单位或部门借工程建设之机捞取好处，不能因个人利益或部门利益为工程建设设置障碍。要形成方方面面支持高速公路建设的良好氛围，努力实现全线无障碍施工。各部门、各区县政府、相关管线切改配套单位要进一步落实重点工程责任制，哪个环节出了问题，哪个环节误了事，哪个部门和单位就要承担责任。

三、加强领导，精心组织，优质高效地完成建设任务

要充分发挥市高速公路建设领导小组和市高速公路工程建设指挥部的指挥、协调和组织作用。各有关部门要大力支持、密切配合，对涉及工程建设的有关事项要特事特办，特事快办。沿线各区、县政府也要成立工程分指挥部，主要领导要亲自挂帅，加强对工程的领导和指挥，要发扬"一天也不耽误"的精神，制订周密的征地拆迁实施方案，增强落实计划的严肃性，尽快形成路

基上土施工高潮。铁路、电力、水利及各管线切改配套单位要积极配合，通力协作，加快施工进度，优质高效地完成好各项配套工程。

参加京津塘高速公路二线（天津段）工程的建设和施工单位，要进一步发扬勇于拼搏、连续奋战、精益求精、敢打硬仗的好传统、好作风，周密组织，精心施工，确保工程建设进度。要一丝不苟地抓好工程质量。"百年大计，质量第一。"参建单位一定要确立"质量责任重于泰山"的观念，从对国家对人民高度负责的角度出发，把工程质量当做头等大事来抓，正确处理好进度与质量的关系，既要确保工程进度，更要确保工程质量，真正为国家和人民修出一条高质量的高速公路。要扎扎实实抓好安全生产，坚持预防为主，认真落实各项安全生产责任制，并坚持进行严格的监督检查，防患于未然。要切实搞好文明施工，把工程建设给沿线群众带来的不利影响降到最低限度，把好事办好。

中国城际交通建设史上的新篇章

（2005 年 7 月 4 日）

今天，承载着京津两市人民的热切期盼、蕴藏着无限商机的京津城际轨道交通工程正式开工了。这是京津两市人民的一件大喜事，也是城际交通建设史上的新篇章。

京津两市户籍人口有 2400 万人，加上流动人口约有 3000 万人。现有一条普通铁路和一条双向 4 车道的高速公路，远远不适应京津两地交通的需要。京津城际轨道交通工程的开工建设，是继

注：2003 年 4 月 12 日晚，戴相龙同志同铁道部部长刘志军同志通电话，建议共建京津城际轨道交通，双方立即达成共识。次日上午，双方在国务院第二会议室共商筹建主要事宜，旨在实现京津相通半小时目标。这个项目得到了国务院有关部门的大力支持。2005 年 7 月 4 日，举行京津城轨开工典礼，2007 年 12 月 16 日在天津举行全线轨道顺利铺通仪式。北京奥运会开幕前一周，2008 年 8 月 1 日，国务院副总理张德江率有关部门领导参加京津城际快速铁路开通仪式。京津城际快速铁路，起自北京南站，终到天津站，全长 118 公里，总投资约 215 亿元，其中资本金为 103 亿元，铁道部、京、津城市基础设施投资公司、中国海洋石油公司各占 42%、16.5%、25%、16.5%。设计能力为每 5 分钟可以双向发车。京津城际快速铁路技术国际一流，建设时间为 3 年，创造了世界轨道交通建设之最。京津城际时速达 350 公里，是目前世界上最快的列车；工程精确度以毫米计算，保证了列车运行平稳；人均百公里能耗不到 8 度电，实现了节能环保。京津城际快速铁路的建成运行，把北京和天津两个直辖市连成一体，为加快京津冀都市圈建设和加强环渤海区域合作创造了条件，也为全国高速铁路建设积累了经验。本文根据戴相龙同志在京津城际轨道交通工程开工动员大会上的讲话整理。

上一个月京津塘高速公路二线工程开工之后的又一重大交通项目，标志着京津冀地区现代交通建设合作进入了一个新阶段。这一重大交通项目的建成和运行，不仅有利于促进京津两市一体化发展，而且对于促进京津冀都市圈乃至整个环渤海区域的发展，都具有重大意义和深远影响。

十多年来，党中央、国务院就推动环渤海区域经济发展作过一系列重要决定。以胡锦涛同志为总书记的党中央提出树立和落实科学发展观，京津冀及环渤海区域经济得到迅速发展。最近，温家宝总理在视察天津滨海新区时又指出，现在应该继续推进环渤海地区改革开放和发展，以形成在我国继珠江三角洲、长江三角洲之后又一个大的经济增长极。并且强调，通过加快滨海新区建设，有力地促进京津冀地区的经济合作，进一步形成以京津冀为经济核心区、以辽东半岛和山东半岛为两翼的环渤海区域经济共同发展的大格局。在党中央、国务院领导下，以建设现代交通体系为突破口的规划和建设京津冀及环渤海经济区的战略已顺利实施。今年以来，国务院常务会议专题研究和审定了《环渤海湾港口发展规划（2004—2010 年)》和《环渤海京津冀轨道交通网建设规划（2004—2010 年)》。国务院及国家发改委又核准了京津城际铁路客运专线和京津塘高速公路二线等重点交通建设项目。

京津城际铁路客运专线，是京津冀地区城际铁路客运网的重要组成部分，也是沟通北京和天津两大直辖市的便捷通道。国家铁道部、交通部等部委对加快建设这条铁路干线给予了大力支持，京津两市建设这一工程的热情很高。自 2003 年 6 月 8 日铁道部与天津市签署《关于京津城际铁路客运专线建设问题的会议纪要》以来，京津两市与铁道部共同组成了轨道交通建设领导小组，并于 6 月 28 日成立了京津城际铁路公司，最终促成了京津城际轨道交通工程的开工建设。建设京津城际轨道交通工程，符合国家发展环渤海区域交通网络建设的部署，符合国家发展区域经济的总体战略，是富有远见、得民心、顺民意的重要工程。这一工程建成后，将实现京津两市之间 30 分钟通达的目标，届时不仅会进一步扩大京津间铁路运输能力，满足城际客流对时间、速度和舒适度的要求，而且必将加强两城市间的经济交流与合作，带动环渤海经济圈的振兴与发展。

为了认真落实温家宝总理关于规划和建设好滨海新区的重要讲话，加快实施国务院有关京津冀及环渤海交通发展规划，天津市委、市政府一定认真规划和建设好天津对外重大交通项目。首先，我们将尽全力积极参与和配合搞好京津城际轨道交通建设任务。凡是该天津做的工作，我们一定千方百计地做好，绝不影响工程进度。我们将按照铁道部的部署和工程进度要求，努力做好征地拆迁、工程配套、天津站扩建改造等项工作。我们相信，经过铁道部和京津两市及各有关方面的共同努力，京津城际轨道交通工程，一定可以建成精品工程、高效工程、廉洁工程、人民满意的工程。同时，我们要加快京津塘高速公路二线天津段建设，加快京沪高速公路天津段建设，确保京津公路天津段扩建工程今年国庆节前竣工，为加快构建京津冀区域现代交通体系，振兴环渤海区域经济，作出新的更大贡献！

加快经济结构调整

（2006 年 1 月 16 日）

以改革开放和科技创新为动力，转变发展方式，加快经济结构调整，促进三次产业全面优化升级，实现经济增长速度与结构、质量、效益相统一，实现天津市"十一五"国民经济发展目标。

一、统筹城乡发展，建设社会主义新农村

按照生产发展、生活宽裕、乡风文明、村容整洁、管理民主的要求，根据直辖市的特点和优势，以产业化提升农业，以城市化带动农村，以工业化富裕农民，高标准推进社会主义新农村建设。统一编制城乡中长期发展规划，统筹基础设施建设和产业布局，协调发展城乡社会事业，实现城乡一体化发展。

规划和构建与中心城市功能互补、产业合理分工、人口合理分布的农村城镇体系。重点建设区县政府所在地等 11 个新城和 30 个中心镇，推进一般建制镇和行政村建设，引导人口向城镇集中、工业向园区聚集、耕地实行集约化经营。改善农村供气、供热、

注：本文根据戴相龙同志在天津市第十四届人民代表大会第四次会议上所作《政府工作报告》第四部分内容整理。

供电状况，普及自来水入户。新建和改造农村公路 5000 公里，建成覆盖城乡的公共交通运营网络。农村城市化率达到 60%。

不断壮大农村经济实力。发展沿海都市型农业，建设四大农产品基地和三大畜产品基地。农业产业化龙头企业超过 500 家。搞好区县经济开发区、工业园区的规划整合，提高土地利用率和投入产出效益，形成若干个有特色的产业聚集区和示范区。

坚持工业反哺农业、城市支持农村的方针。继续执行扶持"三农"的各项政策。增加对新型合作医疗、乡村公路和文明生态村建设的财政补贴，把土地出让金收益的一部分用于农村。深化农村金融体制改革，扩大信贷支持。探索集约使用农村建设用地的新机制，保护农民合法权益。

二、加快新型工业化步伐，建设具有更多自主知识产权和品牌的现代制造业基地

坚持国内领先、世界一流，高水平推进新一轮嫁接改造调整，建设现代制造业基地。力争工业增加值年均增长 14% 以上。

调整优化工业布局。建设国内一流的电子信息产业基地，重点发展无线通信、新型元器件，壮大软件等生产规模；建设国家级石化产业基地，重点发展石油、海洋和精细化工，形成 3000 万吨炼油、120 万吨乙烯生产能力；建设国家重要的汽车制造业基地，发展高档轿车和具有自主品牌的环保经济型轿车，形成 100 万辆生产能力；建设国际领先的石油钢管和优质钢材制造基地，保持石油专用管材生产在世界上的领先水平；建设我国重要的现代医药产业基地；建设国家重要的绿色能源和环保产业基地；建设装备制造业基地。建设具有高新技术的纺织工业园。

提高工业整体素质和竞争能力。围绕做大做强优势产业，打造一批主业突出、具有核心竞争力、在国内外同行业中位居前列

的大型企业集团。2010 年，销售收入超 100 亿元的大型企业集团达到 30 个以上。大力发展高新技术产业，实施 50 个重大高新技术产业化项目，培育壮大力神电池、子午轮胎机械等 20 个具有自主知识产权的知名品牌。高新技术产业增加值占全市的比重达到 15%。

三、围绕提升城市功能，加快发展现代服务业

多年来，天津采取一系列措施支持服务业发展，取得明显成效。但由于制造业发展速度更快，服务业所占比重略有下降。要坚持从天津实际出发，促进各个产业协调发展，力争服务业增加值年均增长 13%。

大力发展与制造业相互促进的服务业。按照专业分工和市场需求，鼓励有条件的大型制造企业将供销业务从生产环节独立出来，组建大型物流集团和综合商社，促进第二、第三产业共同发展。加快构建快速货运集散网和海陆空立体联运体系，发展过境运输。加快九大物流园区建设，培育更多的物流企业进入全国"百强"。规划建设国际会展中心，办好国际物流博览会。

全面提升满足居民生活需求的服务业。加快推进连锁经营、电子商务等现代流通方式，提升零售商业档次，规范发展便民商业。建设海河开发四大商贸功能区，建成一批中心商业区和特色商业街、区县商业街。健全农村商业网络，改善和扩大社区服务。

建立和完善与北方经济中心相适应的现代金融服务体系。办好商业银行、保险公司、证券公司等各类金融企业，增建新的金融企业。培育和发展区域性金融市场。发挥渤海银行在促进区域经济合作中的作用。扩大直接融资，通过投资公司、集合资金信托、产业基金、企业上市等多种渠道，把一部分社会资金转化为产业资本。开办非上市公司股权交易业务。探索金融业的综合经

营。积极推进外汇管理和开发性金融改革试点。利用邻近国家级金融机构的优势，发展金融培训等各种服务。改善金融生态环境，把天津办成金融安全区。

以北京举办奥运会为契机，发展旅游经济，向国内外展示飞速发展中的天津。整合旅游资源，打造"近代中国看天津"核心旅游品牌。加快建设海河旅游观光带，着力开发十二大旅游主题板块，建成一批标志性旅游景点。

四、增强自主创新能力，建设创新型城市

确定自主创新战略重点。着眼天津经济社会发展的紧迫需求，围绕电子信息、生物与现代医药、装备制造等 10 个重点领域及其46 项优先发展技术，进行重点突破，全面提升科技支撑能力。组织实施海水淡化及综合利用、半导体照明、重大疾病防治等 12 个重大科技专项，通过集成创新，抢占技术制高点。重点围绕信息技术、生命科学与生物技术、环境科学与技术等 6 个领域及其 24个重要方向，超前部署应用基础研究和前沿技术开发，争创国际一流水平，增强科技发展后劲和持续创新能力。

加快科技创新体系建设。重点建设以企业为主体、市场为导向、产学研相结合的技术创新体系，重点支持优势产业的大企业提高自主创新能力，激发中小科技企业创新活力；加快建设以南开大学、天津大学等高校和科研院所有机结合的知识创新体系；建立支持自主研发、促进科技成果转化的科技服务体系。进一步增强新技术产业园区的孵化功能，规划建设国家级滨海高新技术产业园区。加强与科技部、中科院、工程院、民航总局等部门的合作，建设一批国家级研发基地和产业化基地。扩大与北京中关村及周边省市的科技交流与合作。2010 年，建成 300 个市级以上企业技术中心，100 个市级以上企业孵化器与生产力促进中心，45

个工程研究中心，60个市级以上重点实验室。

优化科技创新环境。制定科技投入、税收奖励、金融支持、创造和保护知识产权、科技创新基地与平台等政策规定，保障中长期科技发展规划的落实。自主创新，人才为本。加快培养一批科技拔尖人才和研发团队。长期以来，科技人员在加快天津科技进步和经济社会发展中作出了突出贡献，赢得了全社会的赞誉。我们要全力支持广大科技工作者在建设创新型城市的实践中建立新的业绩。

五、节约资源能源，发展循环经济

天津尽管受到能源和水资源的约束，但由于我们合理组织和配置资源，仍保证了经济和社会的快速发展。"十一五"期间，要实现经济增长12%、万元生产总值能耗降低15%以上的目标，能源消耗增长必须控制在8%左右，水资源消耗增长必须控制在10%左右。我们必须坚持开发节约并重、节约优先的原则，使水源、能源等供给基本适应经济社会发展需求。工业用水重复利用率达到90%以上，工业万元增加值取水量降低到25立方米，电力能耗弹性系数控制在1以下，重点行业原材料消耗大幅度降低。

加强节水节能节地三大体系建设。合理配置水资源，推动节水和再生水回用设施建设，改进农业用水管理，加快南水北调项目天津段建设。积极发展海水淡化和海水直接利用，2010年海水淡化生产能力达到1.5亿吨以上，海水直接利用量达到20亿立方米以上。积极推广节能降耗技术，实施电机系统节能、燃气工业锅炉改造等十大重点节能工程。提高清洁能源使用比例，在一次能源消费结构中，煤炭比重下降到60%以下。开发太阳能、风能、生物质能等新能源和可再生能源。科学开发地热资源。严格土地管理，强化土地收购整理储备，合理利用地上地下空间，提高土地利用综合效益。大力发展循环经济，规划建设大港石化循环经济示范区、静海国家级再生资源综合利用示范区等 5 个循环经济示范区。

六、深化经济体制改革，提高对外开放水平

深化行政管理体制改革，推进政企、政资、政事分开，政府与市场中介组织分开。依法全面履行政府职能，降低行政成本。发挥行政许可服务中心的作用。稳步推进事业单位改革。进一步理顺国有资产监管体制，重组和做实国有及国有控股企业集团，与所属企业建立明晰的资本纽带关系。加快推进国有和集体企业投资主体多元化。引导难以生存的劣势企业有序退出市场，妥善分流安置职工。鼓励支持非公有制经济进入金融服务、公用事业、基础设施等领域，参与国有企业改组改造，提高个体私营经济的比重。加强现代市场体系建设，大力发展资本、技术、人才、产权交易等要素市场，积极发展各类独立公正的市场中介组织，在项目承建、物资采购、经营性土地出让等方面建立公开公平公正的招标竞争机制。加快社会信用体系建设。按照城乡一体化的要求，深化农村改革。

进一步改善投资环境，优化引资结构，提高引资质量。重点引进先进技术、管理和人才，提高消化吸收和转化能力。积极引进优势产业的龙头项目和配套项目。鼓励大公司、大财团在天津设立研发中心和地区总部，鼓励技术水平高的中小企业到天津投资。实际直接利用外资年均增长 15%。鼓励优势产业、重点商品和服务贸易扩大出口，培育软件、医药等产品出口基地，扶持民营企业增加出口。建立国际贸易服务和保障体系，完善公平贸易预警协调机制。外贸进出口年均增长 15%。实施"走出去"战略，鼓励有条件的企业到境外发展。

开创区县经济工作新局面

（2003 年 4 月 10 日）

发展区县经济，是天津市战略重点，与发展海河经济、海洋经济、优势产业、中小企业和民营经济并称为五大战略举措。针对天津市是中央直辖市和京津两市正在融为一体的优势，在总结过去工作的基础上，这次会议要讨论和明确"三化一提高"的区县工作方针，努力促进农业产业化、郊区工业化、农村城镇化和城乡一体化步伐，不断提高农民收入水平。

一、区县经济发展的地位和作用

区县经济主要包括全市 18 个区县辖区内的非公有制经济、集体经济和区县所属的国有经济。区县经济，在全市经济发展中具有极为重要的地位和作用。

第一，区县经济是全市经济发展的重要力量。从整体经济发展看，近些年，区县经济年均增长速度比全市快 2—3 个百分点，经济总量占全市的比重不断扩大。2002 年 18 个区县国内生产总值

注：本文根据戴相龙同志在天津市区县经济工作会议上的讲话整理。发展区县经济，是天津市的战略重点，与发展海河经济、海洋经济、优势产业及中小企业和民营经济并称为五大战略举措。这次会议，明确了区县工作"三化一提高"的总体思路，即促进农业产业化、农村工业化、农村城镇化和提高农民收入；提出了今后几年区县发展目标和若干重大措施。这次会议对区县工作产生了重大作用和影响。

已占全市国内生产总值的 53.5%。天津能不能实现跨越式发展，在很大程度上取决于区县经济发展。

第二，区县经济是保证全市社会稳定的重要基础。天津是我国老工业基地，老企业多，下岗职工多，就业和再就业的压力相当大，区县承担着重要的任务。今后，必须依靠各区县积极发展各类服务业、都市型工业、中小企业以及个体私营经济，创造新的就业岗位，吸纳更多的就业人员。

第三，区县经济是实施"三步走"战略的重要条件。从实施五大战略举措看，发展海河经济、海洋经济、优势产业以及中小企业和民营经济，主要阵地和空间基本都在区县。发展海河经济，对海河两岸进行综合开发改造，涉及中心城区和部分郊区；发展优势产业，扶持壮大六大支柱产业，建设十二个产品制造和加工基地，必须加快工业战略东移，中心城区一大批工业企业要进行改造和搬迁，滨海三区就成为主要空间和运行载体；发展中小企业和民营经济，其加快发展的责任更主要体现在区县。

二、区县经济发展的指导思想和工作目标

从天津市是中央直辖市和京津两市经济发展一体化趋势，提出天津市发展区县经济的指导思想，即充分发挥区县的区位和资源优势，通过完善和创新，加快农业产业化、郊区工业化、农村城镇化和城乡一体化步伐，不断提高区县经济实力和城乡居民收入水平。

工作的预期目标是：到 2003 年底，郊区国内生产总值要超过1000 亿元，比 2002 年增长 15%，农民人均纯收入达到 5858 元，增长 10% 以上；市区确保国内生产总值增长 20%，在实际工作中力争更快一些。到 2007 年，郊区国内生产总值和财政收入在 2002年基础上实现翻番，国内生产总值达到 1750 亿元、年均增长

15%，财政收入达到 200 亿元、增长 19.2%，农民人均收入达到 8740 亿元；市区国内生产总值和财政收入比 2002 年翻一番，分别突破 600 亿元和 60 亿元。完成上述工作目标，难度很大，压力很大。但从区县经济发展的基础和条件看，经过努力上述目标是完全可以实现的。

三、农业产业化

农业产业化经营是农民增收的重要途径，也是农业现代化的必由之路。总的发展思路是，用现代经营理念和市场运作方式来进行农业生产和经营；按照区域化布局、规模化生产的要求，大力发展有市场、有特色、有潜力的主导产业；积极培育壮大一批股份合作制的农产品加工龙头企业，加强农产品营销网络建设和物流体系建设，更好地实现农户与市场的对接，形成更加完整和牢固的农业产业链，加快农业现代化步伐。经过这些年的努力，天津农业产业化已经具备了一定基础，应当进一步提高农业产业化水平。当前，需要重视抓好两个问题。

一是建立健全农业产业化利益联结机制。完善龙头企业与农户利益连接机制，是保障农业产业化经营顺利发展的重要环节。现在的问题是，天津的龙头企业与农户的关系还主要是口头协议和买卖关系。从调查情况看，现在郊区进入农业产业化体系的农户有 57.5 万户，约占总数的 80%，其中多数是口头协议，有合同契约关系的仅有 12.2 万户，占 21%。这就很难把龙头企业和农户的利益更紧密地联结起来，共担风险。基本构想是，一方面鼓励和支持龙头企业做大做强，发挥辐射带动作用；另一方面调节企业与农户的利益关系，建立利益共享、风险共担的机制。根据兄弟省市的成功做法，龙头企业与农户之间，都要采取合同契约形式，面向市场，紧密联结起来。他们之间既可以是产品买卖关系，也可以是股份投资关系，还可以是合作经营关系。农民可以出售的农产品作价入股，龙头企业可先按最低保护价收购农产品，后期如有利润，再将大部分利润按实售农产品质量和数量向农民返还。

二是按照现代企业制度的要求，对农产品加工龙头企业和企业集团进行改造改制。天津有些龙头企业和企业集团政企不分的问题比较突出，严重影响着企业的发展，必须尽快采取措施，按照市场经济规律进行改制改造。从目前的情况看，市农垦集团的改制条件已经成熟。要抓紧进行资产评估，对所属企业进行股份制改造，使之真正按照现代企业制度运行。

四、郊区工业化

基本思路是，充分利用国际制造业转移和全市工业结构调整向郊区转移的机遇，发挥郊区地域空间、劳动力等资源优势，加大开放和招商引资力度，突出专业特色，形成适合自身特点的发展路子。下一步，要集中力量抓好四项工作。

一是规范运作。目前，全市共有 12 个开发区、123 个乡镇工业园，开发土地 215 平方公里，吸引资金 600 多亿元。这些开发区和乡镇工业园，大部分集中在市郊区或县城镇，有条件按全市工业布局大力发展各种有特色的工业项目。今后发展的重点是，通过规范管理上等级、上水平。开发区和工业园区建设必须规范，要按照国际惯例和市场经济规律的要求建章建制，使建设和管理以及各项服务都纳入科学化、规范化轨道，保持政策的连续性。市农委要总结各区县经验，尽快研究制定区县经济开发区和工业园区管理办法、区县开发区和工业园投资公司示范章程。招商引资、基础设施建设等项工作，都要照章办事。通过对市级工业园区进行评级，引导和推动园区建设规范运作的办法较好，要坚持搞下去。

二是突出专业特色。发展专业化生产，是市场经济的必然趋势，也是增强竞争力的重要措施。目前，特别要解决好区县经济普遍存在着企业规模小、产品分散、结构不合理的问题。如天津自行车每年生产达到 2000 万辆，占全国产量的三分之一，但生产企业有 800 多家，而且电动自行车少、出口少，这些都影响着产品竞争力的提高。各区县的区位优势及自然条件不同，发展路子也必须各具特色，防止雷同。各区县要从本地区的实际出发，注意发挥优势，扬长避短，把具有专业化特点的行业和产品做大，形成规模效益。市经委和市农委要协助各区县，确定各自的经济特色、主导产业和重点产品。对那些专业化水平高、规模效益好的，市政府在政策上要给予支持。力争经过几年努力，使每个区县经济开发区和工业园区都能形成具有自身特色的产品体系和产业群。

三是适当增加规模。这几年，随着郊区工业化的发展，区县普遍感到用地不足是制约发展的突出问题。要在办好开发区、巩固工业园的前提下，组织一次普查，对各开发区和工业园引资和效益等情况进行考核统计，对市场前景好、经济效益好的开发区和工业园区，根据需要适当扩大用地规模，反之，要削减用地规模。

四是支持进一步简政放权。为推进区县经济加快发展，提高办事效率，要将国家授权天津审批的，符合国家产业政策和环保要求的，总投资在 3000 万美元以下的投资项目审批权，下放到区县政府对口部门审批，审批后报市发改委备案。对其他的审批项目，成熟一个，下放一个。

五、农村城镇化

农村城镇化是天津率先基本实现农村现代化的必然选择。要以建设环渤海地区现代化城市集群为目标，按照精心规划、政府调控、市场运作、讲求实效的要求，有步骤分阶段地加快城镇建设。在这方面，市农委提出一个想法，就是沿外环线周边规划建设 8 个人口规模达到 10 万人以上的现代化新城区；规划建设以 5 个远郊区、县政府所在地为主的 7 个人口达到 20 万—30 万人的卫星城；发展 12 个人口达到 5 万人以上的中心镇；建设 300 个人口达到 3000 人以上的中心村，形成现代化城市集群的基本框架。

关于小城镇建设，一是精心规划。要注重听取和吸纳专家意见，根据各城镇所处区位、功能等不同特点，因地制宜，突出特色，做好城镇规划。要统筹城乡道路、供水、供气、污水和垃圾处理等基础设施建设，实现城市基础设施向郊区的延伸。要把郊区基础设施纳入市行业管理范围，市建设、规划部门要给予大力支持和指导。二是政府调控。区县政府要综合运用土地批租、税费、户籍管理等政策手段，对城镇建设进行调控，促使城镇建设规划实施。三是市场运作。有条件的区县要成立小城镇建设投资开发公司，由区县财政投入部分资本金，以开发的土地转让权或收益作抵押，向银行贷款，进行基础设施建设，在土地升值后，再出售给开发商；或在开发的土地上建设商品房，出售给企业和个人，银行对购买商品房的企业和个人提供按揭贷款。金融部门要主动帮助有关方面，规划符合信贷条件的项目。四是讲求实效。借钱进行小城镇建设，要充分考虑长期和近期效益，考虑房地产开发成本和市场对房地产的购买力和还贷能力。对小城镇的房地产投资，要考核开工面积、竣工面积、销售面积和盈利水平。对小城镇建设，要合理安排进度，既不能保守观望，也不要盲目冒进。

六、发展临海三区经济，促进滨海新区发展

塘沽、汉沽、大港三区是滨海新区的重要组成部分，具有很

多发展优势。要依托港口、开发区、保税区和大港油田，发展服务业和配套加工业。要按照大力发展海洋经济的思路，以海岸带和近海综合开发为重点，做好临海产业的文章。要积极推进海洋高新技术开发区和海洋石油化工产业园区建设，搞好海水资源的综合利用，形成海洋产业聚集效应。当前，要抓紧海水淡化项目的研究与论证。要加快海洋旅游资源的开发，建成一批海岸休闲度假、海上观光等重点旅游项目，特别要加紧兴建天津舰船游乐港，进一步完善海滨旅游度假区，吸引更多的人流。要进一步发展现代化海水养殖业，搞好海产品的深加工。同时，要大力改进塘沽、汉沽、大港三区的交通条件。到 2007 年，临海三区要基本形成具有良好发展前景的海洋经济带。

七、发展市区经济，增强城市功能

市中心区担负着建设管理城市和发展区域经济的双重任务。发展市区经济要坚持扬长避短，"强三兴二"，内外并举。

一是要立足市区，做大做强服务业。抓住海河综合开发的机遇，重点发展商贸、餐饮、旅游、房地产业，形成以海河经济服务带连通各功能区、功能区支撑主导产业的发展格局。重视发展"特色经济"，充分利用天津的历史文化景观资源，吸引外资对"五大道"、意式风情区等风貌区进行整体综合开发和资产置换，使其成为集商贸旅游、休闲娱乐于一体，具有天津特色和很高知名度的高档消费区。按照政策扶持、市场化运作的方式发展社区服务业，调动社会各方面的积极性，扩大服务范围，提高服务质量，完善服务网络，使社区服务业成为市区经济新的增长点。

二是要以振兴加工制造业为重点，走内外并举的发展路子。在市区，以发展都市型工业为主。依托科技、人才、资金等要素聚集的优势，培育扶持一批高技术含量、高附加值的科技型企业；

以扩大就业为导向，兴办一批劳动密集型企业，为下岗失业人员提供更多的就业岗位。同时，积极探索走出市区，与郊区县实行联合与协作的多种有效形式，拓展发展空间。最近市内六区提出了与静海县及有关企业在郊区创办工业园区的方案，这个思路是好的，体现了优势互补、一体化发展。近期可考虑先开发6平方公里。新建的工业园，应当比现有的区县工业园办得更好，使工业园区成为市区经济发展的新的重要支撑。

三是要加强城市建设与管理，打牢发展的基础。市区不仅要完成自身经济发展的任务，而且还担负着建设管理城市、组织好人民生活、维护社会稳定、保证城市正常运转的重要使命。尤其在市场经济条件下，城市管理的任务不断加重，市内各区必须把加强社区建设作为一项基础性的工作来抓。这次市政府决定整修改造成片旧楼区和适当提高居委会待遇两项工作，就是从全市发展和稳定的大局来考虑的。目前，天津有1200多个旧楼小区，住有300多万居民，这些旧楼区违章建筑多，设施比较简陋，环境条件较差，群众迫切要求改造和治理。我们计划用三年时间把旧楼区整修改造一遍，总的要求是，统一规划，分步实施，以区为主，各方参与，先易后难，先建后管。今年计划完成具备条件的336个小区的整修和改造，改造资金约为1亿多元，由市、区两级和产权单位共同筹集。

八、规范土地市场秩序，加强区县土地管理

土地是城市可持续发展的重要资源，也是城市最大的存量资产，市政府必须加强对土地的统一管理，特别要统筹好土地的一级市场，使土地资源得到最有效利用，发展更大的效益。一是完善法规。尽快颁布并实施《天津市国有土地使用权有偿使用办法》，抓紧修改土地管理条例，对存在的问题进行规范，使其成为符合国家法律和政策要求，适合天津发展形势和特点的城市建设用地管理的基础性法规。二是统一领导。为加强土地市场的管理，应成立天津市土地资产管理委员会，集中统一管理全市各类建设用地。各区县也要成立相应的管理机构，按照市里的统一要求，负责对本区县各类土地有偿使用的管理。三是集中整理。为实现政府对土地供应的垄断性控制，防止土地私下交易，今后均由政府对各类开发土地实行统一收购，统一供应，确保政府获得土地增值的最大收益。四是市场运作。要严格控制土地征用方面的优惠政策，提高土地有偿使用在土地供应中的比例，扩大土地招标拍卖或挂牌出让的比例。五是加强监督管理。根据国家治理整顿土地市场秩序的要求，对天津土地市场进行一次全面的清理，针对存在问题，制定出整改措施。对各种违反土地管理的行为，尤其是进行私下交易的，要从严给予处罚。

九、改进对区县经济发展的金融服务

推进农业产业化、郊区工业化、农村城镇化和城乡一体化，需要多渠道筹集资金，其中最重要的一条是改善金融服务环境，增加信贷资金。市政府即将成立金融服务办公室，为金融机构支持全市经济发展提供更好的服务。各区县要促进辖区内工商企业改进经营管理，创造融资条件，扩大贷款。同时，要通过多种办法，将更多社会资金转化成资本金。

农村信用社要增加对农户的小额信用贷款。同时，落实好工商企业的农业小额贷款贴息政策。请农业银行深入农产品加工企业，改进贷款营销，扩大对农业龙头企业的贷款规模，加强对农产品加工企业的指导和服务，扶持他们做大做强。希望有关金融机构进一步支持郊区工业化建设，改进对中小企业特别是小型企业的服务，适当增加贷款。同时，市政府要抓紧中小企业信用担

保体系建设，完善对贷款担保实行再担保办法。有关金融机构要进一步支持小城镇建设投资公司，推进郊区城镇化建设。

十、搞好服务，为区县经济发展创造良好环境

加快区县经济发展，离不开全市各有关方面的大力支持，需要有一个良好的发展环境，必须进一步加强领导，搞好服务，发挥好典型的示范引导作用。

一是要抓规划。发展区县经济领导小组已经成立，要加强对市区经济工作的组织领导和综合协调工作。当前，主要是抓紧完成《区县经济发展规划》的编制，制订出切合自身实际的发展规划和具体落实措施。

二是要定政策。市政府要抓紧制定支持区县经济发展的实施意见。各级政府都要积极适应新形势，加快由管理型政府向服务型政府的转变，健全法规，完善政策，搭建服务经济建设的平台。要切实转变职能，对那些不该管又管不了的事情，分别情况，坚决放给区县，放给基层，放给工商企业。要进一步精简审批事项，公开办事程序，完善"一站式"服务，提高办事效率。要转变工作作风，多深入实际，多了解情况，找准制约区县经济发展的主要问题，主动帮助解决。

三是要树典型。认真总结发展区县经济的成功经验，及时予以宣传和推广。尤其要推出和宣传一批成功的企业和企业家典型，听取他们的建议，支持他们的工作，鼓励他们大胆创业，发挥他们的示范、引导和带动作用，让他们成为推动区县经济发展的主角。

建设面向世界的现代化工业基地

（2003 年 8 月 19 日）

天津市的改革开放和现代化建设已经进入一个新阶段。新阶段要有新思路，走出加快老工业基地振兴的新路子，大力发展优势产业，建设面向世界的现代化工业基地，是我们的奋斗目标。

一、抓紧实施《天津市优势工业发展实施方案》

在我国建设若干个面向世界的现代化工业基地，是贯彻党的十六大精神，发展先进生产力，全面建设小康社会的战略措施，也是实践"三个代表"重要思想的客观要求。温家宝总理最近在振兴东北老工业基地座谈会上指出："老工业基地具有重要的战略地位，要把老工业基地调整改造和振兴摆到更加突出的位置，用新思路、新体制、新机制、新方式，走出加快老工业基地振兴的新路子。"这个指示精神非常重要，也要作为我们振兴天津工业，建设现代制造业基地的指导思想和根本要求。

我理解，现代化工业基地，应该是具有先进技术和优势产业群，其产品产量和增加值在全国同行业占有较大份额，对周边地区乃至全国工业经济产生重大影响的工业聚集区。基地如何产生呢？我认为，重要的一条是要改造老基地，发展新基地。

天津属于老工业基地。我们一定要借此机遇，把老工业基地

————————————

注：本文根据戴相龙同志在天津市工业经济工作会议上的讲话整理。

的优势发挥出来。改革开放二十年，我们现在已不完全是老工业基地，如电子信息产业就不是原来老工业基地所有的，是近七八年发展起来的，是新兴产业。我们现在既有老工业基地的基础，也有新的支柱产业，新的活力。我们完全可以把天津建设成为一个现代化工业基地。

最近，国务院领导同志很注意这么几件事，一件是老工业基地的改造，一件是个体私营经济发展，一件是继续对外开放。对环渤海经济发展，党中央、国务院领导很关心。中国经济要在二十年后翻两番，增长点在哪里？加快老工业基地的改造，利用原有基础发展生产力，就是一个重要的增长点。我们要抓紧研究和推进建设现代化工业基地，天津市也有基础有条件建设现代化工业基地。2002 年全国 34 个大中城市中，规模以上企业增加值，上海 2197 亿元，第一位；深圳 1019 亿元，第二位；广州 902 亿元，苏州 892 亿元，天津 843 亿元，北京 840 亿元。按销售收入来讲，上海 7977 亿元，天津 3437 亿元，深圳 3434 亿元，苏州 3430 亿元，广州 3215 亿元，北京 3183 亿元。从上述排列可以看出，天津市工业销售收入排第二位，增加值排第五位，在全国工业基地中具有名列前茅的地位。党中央、国务院多年来要求我们要大力发展现代工业。1986 年 8 月，国务院在对天津城市总体规划的批复中就明确指出：“天津应当成为具有先进技术的综合性工业基地，开放型、多功能的经济中心和现代化的港口城市”。这既是国家对天津城市的科学定位，也是对天津工业地位和发展方向的明确要求。

根据天津市委“三步走”发展战略的要求，最近市政府制定了《天津市优势工业发展规划》，明确提出了今后的发展目标：全市工业总产值，2007 年达到 8000 亿元，2010 年达到 11000 亿元，年均递增 15% 以上；工业增加值，2007 年达到 1700 亿元，2010

年达到 2400 亿元，年均递增 13% 以上；工业固定资产投入，2007
年达到 2400 亿元，2010 年达到 4100 亿元以上。力争用 5—7 年时
间，把天津建成全国重要的电子信息产业基地、面向世界的加工
制造基地、轿车整车和零部件生产基地，钢管公司跻身世界钢管
制造业四强。

这个目标，是各个方面在做了充分调查研究的基础上提出来
的，符合十六大精神，符合国务院对天津市定位要求，符合天津
市委八届三次全会提出的五大战略举措，经过努力是可以实现的。
现在，我们不单是发展一个一个的工业品，而是要让全体党政干
部、全市人民都明确把天津建设成具有先进技术的现代化工业基
地这个目标。

二、运用高新技术，大力发展支柱产业和主导产品

运用高新技术发展支柱产业和主导产品，走新型工业化的路
子。党的十六大报告明确提出："坚持以信息化带动工业化，以工
业化促进信息化，走出一条科技含量高、经济效益好、资源消耗
低、环境污染少、人力资源优势得到充分发挥的新型工业路子。"
天津市建设现代化工业基地，必须按照十六大精神来进行，用高
新技术大力发展支柱产业和主导产品。支柱产业和主导产品不是
一个概念，支柱产业是指现在已经形成的一批骨干企业，主导产
品是指今后中长期最具发展前途的一些产品。建设现代化工业基
地，应该有能够在世界、在全国有竞争力的支柱产业和主导产品。
20 年前，江苏的一批乡镇企业在产品开发上就提出这样的发展思
路：要有"吃在嘴里"的，"拿在手里"的，"看在眼里"的。吃
在嘴里的，就是做好现在的产品，靠现在的产品吃饭；拿在手里
的，就是要开发新产品，再过两三年用更新的产品逐步替代现在
的产品；看在眼里的，就是把握经济和科技的发展周期，要考虑

中长期新产品开发。我们建设现代化工业基地，也应该有这样的思路，也就是要立足当前，放眼长远，实现可持续发展。

今年1—7月，电子信息、汽车、化工、冶金、医药、新能源六大支柱产业增长40％，占全市工业的比重达到67.32％，对全市工业增长的贡献率接近80％；十二个产品基地的22种重点产品增长38％。可以看出，六大支柱产业在全市工业经济中具有举足轻重的重要地位，也是最具有活力和发展潜力的产业。我们把六大支柱产业和十二个产品基地作为发展重点是完全正确的。我们要把领导力量、各种财力、科技人才和各种服务，向六大支柱、十二个产品基地倾斜，使天津工业的开放度更大，技术水平更高，集聚效应更强，资源配置更合理，更好地发挥支柱产业的主导、支撑和带动作用，基本形成以高新技术产业为先导，支柱产业为支撑，都市型工业和特色工业为补充的现代化工业体系。

三、合理调整优化工业经济布局，为建设现代化工业基地拓展空间

建设现代化工业基地，有一个科学、合理的布局非常重要。在这方面，要注意处理好三个关系。

一是正确处理滨海新区和中心城区的关系。要逐步将位于外环线以内的800多户工业企业实施东移，腾出更多的城区空间，用来发展具有比较优势的都市型工业和服务业。滨海新区要充分利用港口、开发区、保税区的优势，集中力量发展技术含量高、有相当规模和市场竞争力的支柱产业和主导产品，体现聚集效益，形成产业优势明显、行业分布集中、工艺装备先进、生产流程衔接、公共服务设施统一配套的现代工业基地。

二是正确处理市区工业和区县工业的关系。现在，天津每个区县也有一个开发区，乡镇建设的工业园就有170多个。要把区县工业作为全市工业不可分割的重要组成部分，统筹规划，合理分工。区县工业要突出区域特点、资源优势，着力发展特色经济，并积极承接市区工业的转移，为大工业配套，把"小船"绑在"大船"上。这样，对大工业和区县工业都有好处，可以形成整体效应。现代工业没有规模、没有专业分工是不行的。市经委要把区县工业发展的特色排一排，作出详细规划。

三是正确处理天津工业发展与环渤海地区经济的关系。工业经济不是封闭的，不是小而全的。我们要发挥沿海和港口优势，加强同北京、河北甚至上海等省市的联系。东面和日本、韩国联系，北面和沈阳等东北老工业基地联系。我们的产品是它们的资源，它们的产品也是我们的资源。天铁集团在河北省发展得就很好。因此，从执行当前计划和长远规划上讲，我们建设工业基地，要站在市场经济大局中，站在面向东北亚的角度。要加强区域间的协作，确定各自的职能定位，避免低水平重复建设，做到优势互补，共同发展。同时，积极向国家有关部门建议，使环渤海地区的分工更加合理。

四、面向国内外市场，加速培育综合性大型企业集团

继续调整国有经济布局，积极有效地实施抓大放小的方针，走以大带小、大小结合、相互促进、共同发展的路子。建设现代化工业基地，要有一批大型企业集团。众多大型企业集团是国民经济的支柱，代表着一个国家、一个地区的生产力总体水平。如果一个城市或地区拥有几个乃至一批具有较强竞争力的大型企业集团，就可以在国际国内经济发展中保持一定的市场份额，具有一定的地位和知名度。我们要全面深入掌握现有企业集团的组织构成、资本状况、经营状况，拟订中长期企业集团规划，通过资产重组和新投资，培育一批大型企业集团。

从天津工业情况看，我们的经济实力正在向大公司、大集团聚集，一批具有技术创新能力和核心竞争力的大型企业和企业集团，如中环电子集团、汽车集团、钢管公司、天铁集团、天钢集团、隆庆集团、金耀集团、渤海石油公司、实发集团等正在形成。今后，要明确发展战略，继续通过市场导向和政策引导，推动资本向优势行业和优势企业集中，努力培育壮大一批在国内外叫得响、成气候的大公司、大集团，创建一批著名品牌。

要大力发展中小企业，引导中小企业发挥自身优势，为大公司、大集团搞好配套，形成以大企业带动、以中小企业为基础的产品配套体系和配套产业群。目前，天津已建立了完善的电子产业配套环境，在移动通信、显示器等领域形成了国内最佳的配套供应链，摩托罗拉公司国内采购额 133 亿元，天津占了 50%。汽车、冶金等领域的配套优势也很明显，要抓紧尽快形成配套规模。

五、深化国有企业改革改造，推动多元化投资

要实现对国有企业的多元化投资，必须广开思路，多方融资。要加大吸引外资、吸引民间资本的工作力度，欢迎它们来投资办厂，更欢迎它们来兼并重组国有企业。现在，国际资本在国家与国家之间的流动，尤其是发达国家向发展中国家流动，发达国家与发达国家之间的流动，都在加剧。我们鼓励外资、民间资本对天津的企业实施兼并。不单是兼并国有企业，也可以兼并三资企业、个体私营企业。目前来看，规模以上工业企业净资产占全市工业净资产的 92% 左右，国有及国有控股企业的净资产占全市工业净资产的三分之一。今后，国有资本将集中在基础设施、银行和具有高新技术的现代化大型企业中，在一般加工业中的比例可能会逐步下降。

加快建设现代化工业基地，需要资本的聚集。预计 2003 年到

2010 年，全市工业投资要达到 3500 亿—4000 亿元。如果投资中有
40% 是自有资金，就必须在 8 年中增加 1600 亿元的净资本。而现
在国有及国有控股工业企业的净资产是 900 多亿元，除去 300 亿元
的亏损，净资产只有 600 多亿元。如果不能筹集到 1600 亿元的资
本，就很难贷到款。能不能筹集到这些资本，关键在于提高国有
资本的利润率。2002 年，天津工业总资产 4216 亿元，净资产是
1770 亿元，净利润 177 亿元，净资产利润率为 10%。国有及国有
控股企业净资产 985 亿元，净利润 50 亿元，净资产利润率为 5%。
天津开发区的净资产利润率为 15%。经过我们的努力，如果企业
净资产利润率能实实在在达到 7%—8%，就可以很好地吸引投资，
就可以放手改革，获得更大的发展。

我认为，过去天津国有企业的改革成绩是很大的。当前，要
加速国有企业改革，发挥国有工业资本金的作用。国有企业改革
要按照"政企分开，面向市场，分类指导，限期推进"的原则，
重点抓好四项工作：一是成立国资委。成立后，国有资产管理体
系由三个层次组成：第一个层次，天津市国资委，管人、管事、
管资产。第二个层次，国资委把资产授权给若干个集团或控股公
司。第三个层次，集团或控股公司把资产投资到若干个股份制企
业。到时，股份制企业和三资企业享受一样的国民待遇。下一步，
要坚定不移地推进天津市的国有资产管理体制改革，重点规范现
有的 19 家控股公司和集团公司，使控股集团公司掌握足够资本金，
真正成为市场竞争的主体。二是促使各委办局与所属国有企业真
正实行政企分开、所有权和经营权分离。三是进一步深化国有控
股上市公司，提高上市公司经营管理水平。现在，全国 1000 多个
上市公司，天津市仅占 2% 多一点，还有一些上市公司已经 ST
了。对已上市的 22 家企业要进行规范和重组，尽快提高业绩，扩大再
融资能力。2003 年到 2010 年，全市工业要争取完成 40 户企业上

市，融资 200 亿元。四是对长期停产、销售收入为零、资不抵债的中小企业，实行破产和兼并重组。凡有条件的，要实行少破产，多重组，提高资本积累能力。要发挥金融杠杆作用，促进城市资源和城乡居民的资金转化为工业资本。同时，要积极吸引外资和个体私营资本参与国有企业股份制改革。

六、完善现代市场服务体系，推动资本流动和产权交易

天津市要建成现代化工业基地，聚集足够的资金，就必须真正发挥市场的资源配置作用，大力发展和健全市场中介服务体系。截至 2002 年底，天津市有会计师事务所 56 家，从业人员 1027 人，业务收入不到 2 亿元。而北京市有会计师事务所 233 家，从业人员 5800 人，业务收入 16 亿元；上海市有会计师事务所 80 家，从业人员 2390 人，业务收入 13 亿元。天津市现有资产评估所 44 家，其中兼营的 43 家，专业的只有 1 家，从业人员只有 600 人；有律师事务所 202 家，从业人员 1700 人，业务收入 2.51 亿元。天津产权交易中心建设很有成绩，现有 90 家会员，2002 年完成产权交易额 64.5 亿元，比 2001 年增长 115%，为深化国有企业改革和扩大对外开放作出了贡献。

从整体来看，天津现代市场服务体系建设有一定基础。下一步，要加快研究和制定加快中介服务机构发展的有关鼓励政策，汇集更多的中介服务人才，促进中介服务机构上规格、上档次、上水平，更好地服务于企业，服务于经济。要大力吸引境外的会计师事务所，与我们的会计师事务所实施重组。把法律事务所、资产评估所尽快壮大起来，把产权交易经纪人公司建立起来，进一步增强产权交易中心的功能。只有健全市场，资本才能更好地流动。

七、更好地发挥科技和人才的作用

天津要建设现代化工业基地，没有先进的技术是不行的。要搞企业管理，没有企业家也是不行的。提高工业增长的质量和效益，最根本的要以技术创新为支撑。只有建立在科学技术进步基础上的经济增长，才是符合新型工业化的要求，体现高素质、高水平的增长。近些年来，天津科技综合实力一直排在全国第三、第四位。截至 2002 年底，天津共有中央和地方大专院校 37 所，在校生将近 20 万人，其中理工科近 9 万人。2002 年高校毕业生 2 万人，其中理工科将近 9000 人。另有 107 所技工学校，每年毕业人数 17000 人。此外，天津还拥有各类科研院所 159 个，高级以上技术职称 3700 人，其中中科院院士 12 名，工程院院士 11 名。各类专业技术人员 52.3 万人，每万人中技术人员为 525 人。研究开发费用占 GDP 的比重为 1.61%，地方财政科技拨款占财政支出的比重为 2.82%。这些都是天津建设现代化工业基地的重要基础和依托。

要加快研究如何运用天津市的科技力量为建设现代化工业基地服务的问题。搞好科技与工业经济的结合，过去做得很好，现在应该结合得更好。我们一定要牢固树立科学技术是第一生产力的意识，加强科技、人才与工业的紧密结合，以科学技术的跨越带动工业经济的跨越。要深化教育科研体制改革，实行多种形式的产学研结合，加快技术成果的转化和利用，构建以企业为行为主体和投入主体的技术创新体系。工业部门应与天津大学、南开大学、天津理工大学等高校加强合作，拿出资金支持高校科研建设。各高校也要把天津作为自己的教学科研基地。我们的企业，特别是大企业集团，不研究技术，没有技术储备是不行的。同时，要大力引进外国专家。要加快发展以信息技术为代表的高新技术产业，抓紧实施一批有重大带动作用的高新技术产业化项目。加大用高新技术和先进适用技术改造传统行业、产品和生产工艺的力度。尤其要加快实施企业信息化工程，促进企业运用数字化、网络技术进行生产经营，使工业化和信息化相互融合促进，不断提升天津工业的管理水平和竞争力。要加强对各类人才需求的预测和定向培养，特别要下力气培养高层次专业人才和学术带头人。

八、改进对工业的领导，调动、保护和发挥企业发展的积极性

温家宝总理最近强调，"振兴老工业基地，要坚持主要依靠市场机制，正确发挥政府的作用"。今后，结构调整、技术改造、企业重组、资金筹划，都应主要依靠市场来决定，政府主要是制订规划和政策，营造投资、创业和发展的良好环境。

当前要抓好五个方面的工作：一是制订发展规划，促进工业快速发展。这是政府应当履行，也必须履行好的行政职责。规划的浪费是最大的浪费，规划的节约是最大的节约。完整的、有权威的、有连续性的规划是最好的投资环境。要下决心，把天津市现代化工业基地建设规划做好，并维护规划的权威性。二是完善法规，制定政策。这是政府依法行政的一个重要方面。在一定意义上讲，法律就是政策的固定化。凡是经济和企业发展急需的法律规章，都要抓紧研究和制定。哪些行为应当鼓励，哪些应当引导，哪些应当限制，哪些应当禁止，除了要严格按法律规定办之外，也应当由政府用政策的形式给予明确，并落实到企业发展中。三是整顿和规范市场经济秩序，创造公平有序的市场竞争环境。当前，要集中抓好打击假冒伪劣，打击走私，制止无序和不正当竞争，建立企业信用体系等方面的工作。四是支持企业和经营者改革创新。建设现代化工业基地需要大批人才，要培育更多的企业家。要关心爱护企业家，正确看待他们的本质和主流，不要拘

泥于小节。体制、机制不改，没有高素质的企业家，资产流失会更大。要尊重企业家，把他们放在重要的岗位，支持他们改革创新，使企业获得更大的发展。五是深入调查研究，协调解决天津工业改革发展中的急难问题。

依靠科技进步加快经济发展

（2003 年 8 月 21 日）

科学技术是第一生产力。天津多年的实践表明，科技进步已经成为天津加快发展的决定性力量。今后仍要坚持科教兴市的发展战略，促进经济发展和社会进步。

一、认真贯彻党中央、国务院有关科技工作的方针政策，深入实施科教兴市战略

新中国成立以来，特别是改革开放以来，党中央、国务院非常重视科学技术工作。早在 1978 年 3 月的全国科技大会开幕式上，小平同志就指出："四个现代化，关键是科学技术的现代化。没有现代科学技术，就不可能建设现代农业、现代工业、现代国防。没有科学技术的高速度发展，也就不可能有国民经济的高速度发展。"而后，他又提出了"科学技术是第一生产力"的著名论断。在 2002 年 11 月召开的党的十六大上，江泽民同志指出："必须尊重劳动、尊重知识、尊重人才、尊重创造，这要作为党和国家的一项重大方针在全社会认真贯彻，"并强调："走新兴工业化道路，必须发挥科学技术作为第一生产力的重要作用，注重依靠科技进步和提高劳动者素质，改善经济增长质量和效益。"在科教兴国战略的实施上，国务院专门设立了领导小组，制定了鼓励科技进步

注：本文根据戴相龙同志在天津市科学技术奖励大会上的讲话整理。

的一系列政策措施，为推动我国国民经济持续快速健康发展发挥了重要作用。

从天津情况看，历届天津市委、市人大、市政府、市政协都非常重视科技进步工作。1992年，天津市委、市政府召开科技工作会议，颁布了《关于依靠科技进步加快经济发展的若干意见》，并在全国比较早地提出了实施科技兴市战略的思路和六项具体政策规定。1995年，又制定了《关于贯彻全国科技大会精神，加速科学技术进步的实施意见》。1998年，天津市政府颁布了《天津市高新技术产业发展规划》。1999年，天津市委、市政府制定了《关于加速科技进步和技术创新的若干意见》、《关于聚集人才充分发挥专业技术人员作用的意见》。2000年，天津市政府颁布《天津市科学技术奖励办法》。在天津市委、市政府领导下，经过广大科技工作者的努力，天津科技综合实力不断增强。1993年经科技部评价，天津科技综合实力在全国31个省市中位居第七，1995—2002年，连续七年位居第四，其中1998年上升为第三位。2002年全国科技进步检测结果显示，天津科技产出指标排名由上年的第四位上升到第二位，表明科技对经济发展的带动能力有了显著提高，科技进步已经成为天津加快发展的决定性力量。

虽然天津科技综合实力连续七年在全国位居第四，一年位居第三，但是，我们与前三位的北京、上海、广东相比差距较大，虽优于第五位的江苏省，但差距较小。具体分析起来，天津科技投入比重较低，企业还没有真正成为技术创新的主体，高新技术产业规模不够大，具有自主知识产权的产品和项目较少。对这些问题，我们一定要深入分析研究，采取有效措施，认真加以解决。全市上下要进一步增强加快科技进步的责任感和紧迫感，建立和完善推动技术进步的机制和管理体制，落实鼓励科技进步的各项政策措施，使科技进步对实现天津"三步走"发展战略和促进社会进步作出更大贡献。

二、培养和造就德才兼备的科技人才，加紧建设高层次的科技人才队伍

要十分重视科技人才。当今世界各国、各地区的综合实力竞争，说到底是人才的竞争，特别是高科技人才的竞争。天津要实现"三步走"发展战略，促进社会进步，必须培养和吸引大批掌握先进科技知识和具有开拓创新能力的科技人才，特别是学术技术带头人。要充分认识到，加快培养和造就科技人才特别是拔尖人才，对加快经济社会发展具有非常重要的作用。一是在一定意义上讲，科技人才集中反映先进生产力的发展水平，是促进生产力发展的中坚力量。二是加快改革开放和现代化建设，必须优化资源配置，而人才是第一资源，是最宝贵的财富。三是拥有一批高素质的科技人才，是我们参与国内外竞争与合作，把握发展主动权的关键所在。对于这一点，各级领导干部一定要有足够的认识，要有紧迫感。要根据新的形势，制定和完善培养、留住、用好、吸引更多人才的政策，建设好有利于人才脱颖而出、人尽其才的良好环境，努力把天津建成科技人才的聚集地。

要加速培养优秀的科技人才。这直接关系到天津经济发展的后劲和竞争力。一是市有关部门，要抓紧制订科技人才需求及培养的规划。二是发挥天津自然科学基金的作用，为具有创新精神和发展潜力的"小人物"、年轻人，提供到国内外培训、进修的机会。三是市有关部门要主动与中央和地方大专院校加强联系，请各院校根据天津经济发展的急需，有针对性地调整和发展重点学科。四是对在实践中涌现出来的科技新人，要给他们出题目、压担子，对成绩突出的，要不拘一格，提拔任用。

要加快建立科技人才激励机制。要在全社会进一步营造尊重

人才、鼓励创业的社会环境。进一步深化分配制度和奖励制度改革，对作出突出贡献的人才，要给予尊重重用，要给予高酬重奖。要积极创造条件，加快人才引进的步伐。在这方面，要广开思路，多方聚才。可面向海内外公开招聘高层次人才，参与天津科技创新体系建设、重点学科建设、重大科技工程建设、重大科技项目攻关等。继续鼓励海外留学归国人员来天津创业。要有计划地建立一批在国内外处于领先水平的科学研究中心、工程中心、国家级重点实验室、博士后流动站和企业博士后工作站，为引进人才、留住人才提供一流的工作条件和生活环境。

要全面提高科技人才的素质，注重德才兼备。广大科技工作者肩负着科教兴市的伟大历史使命，要大力弘扬爱国主义精神、求实创新精神、拼搏奉献精神、团结协作精神、与时俱进精神。这五种精神是我国数代科技工作者崇高品质的结晶，也是科技事业繁荣的重要保证，要作为科技界精神文明建设的重要内容，不断发扬光大。

要宣传学习优秀科技人才。今天表彰的优秀科技人员，代表了天津53万各类专业技术人员的整体形象，他们的创业精神和伟大实践，是我们加快发展的宝贵财富，一定要在全社会大力宣传和弘扬。比如，这次获得市科技重大成就奖的张芝泉同志，多年来致力于化工机械技术成果的研发和推广，为我国子午线轮胎行业和子午线轮胎装备制造业的发展作出了突出的贡献。"八五"期间，他主持完成的"六角形钢丝圈挤出生产线"等国家重点科技攻关项目，至今在国内还是独家生产。"九五"期间，他主持完成了"轮胎胎面复合挤出联动生产线"等5个国家攻关项目。"十五"期间，国家将"载重子午胎成套设备及工程子午胎关键设备研制"列入国家重大技术装备研制项目计划，在全部36个子项中，张芝泉同志领衔承担了13个。近十年来，张芝泉同志获国家科技进步奖 3 项，多次获得天津市科学技术奖，取得专利 25 项。张芝泉同志曾经受到江泽民、胡锦涛等党和国家领导人的亲切接见。像类似这样的典型，各新闻媒体和出版发行部门要及时总结，在全社会广泛宣传，用他们的先进事迹和精神，激励各条战线的干部和职工，为实现"三步走"战略多作贡献。

三、进一步发挥科技对天津经济社会发展的重要支撑作用

科技工作要始终把经济建设作为主战场，为实施天津"三步走"战略提供技术支撑，为促进天津社会进步提供理论支持。要坚持从天津经济建设的实际出发，努力促进科技与经济的紧密结合。2002 年，在全国 34 个大中城市中，按规模以上企业增加值划分，天津排第五位，按销售收入排列，天津工业排第二位。可以看出，天津工业在全国是名列前茅的。到 2010 年，天津要建成技术先进的现代化工业基地，要大力发展六大支柱产业，建设十二大产品基地。今年 1—7 月，六大支柱产业产值增长 40%，占全市工业的比重达到 68%，对全市工业增长的贡献率接近 80%；十二个产品基地的 22 种重点产品增长 38%。可以看出，六大支柱产业在全市工业经济中最具发展潜力和活力，具有举足轻重的战略地位。全市要集中领导力量、各种财力、科技人才等，向六大支柱产业倾斜，把六大支柱产业和十二个产品基地做优、做大、做强。据预测，到 2010 年全市工业总资产将超过 1 万亿元，工业增加值超过 2400 亿元，分别比 2000 年翻两番。天津广大科技工作者担负着重要任务，要在高新技术产业化项目、重大科技攻关等方面，为六大支柱产业提供技术支持，为进一步提高天津工业的科技含量，提高产品的附加值和市场的竞争力作出新的贡献。

要重视基础性研究和高技术研究。科技工作要针对影响天津国民经济和社会发展的重大问题，加强基础性研究和高技术研究

开发，为未来发展提供科技动力和成果储备。基础研究和高技术研究，要确定有限目标，突出重点，有所为有所不为。今天，表彰了自然科学奖 16 项、技术发明奖 5 项，表明天津原始性创新成果正在逐步增多，但这还不够。要采取更有力的措施，加大支持力度，促进形成一批具有自主知识产权的科技成果，产生一批主流产品。比如，要把半导体芯片设计、数字电子产品开发、生物芯片、生物药品研制、电动汽车、纳米等新技术新材料列为科技专项，从应用基础研究入手，加大科技攻关和产业化力度，将开发出的成果尽快转化为现实生产力。

科技进步是一个创新过程。在科学技术的发现和发明中，需要艰苦奋斗。我们追求科技进步，不仅要鼓励创新，奖励成功，也要宽容失败，允许不为人所理解的探索和标新立异。鼓励科技创新，应注重"小人物"和"小项目"，不以成败论英雄。更多的宽容，更加宽松的环境，必将孕育和催生出更多的创新成果。

目前，虽然天津每年有 1000 多项市级成果登记，但是真正转化为现实生产力，形成规模生产能力的比较少。今后，一定要把科技成果转化工作，摆在科技和经济发展的突出位置。在这方面，要健全高新技术成果的认定制度，落实完善天津已有的科技成果转化的鼓励政策。比如，企业技术开发费年增幅在 10% 以上的，以实际发生额的 50% 抵扣应税所得额；列入市级试制新产品计划的新产品所实现的利润，第一年免征所得税，第二年减半征收所得税；科研机构（含已转为企业的）在技术开发、技术转让、技术咨询、技术服务过程中取得的收入，免征营业税；高等院校、科研院所将高新技术成果转让给坐落在本市的企业，经财税部门认定，一次性转让的收益免征所得税地方部分。对这些优惠政策，各企业和有关部门一定要确保落实到位。

四、切实加强领导，为科技进步营造更好的环境

第一，各级党委、政府要切实把科技进步列入重要议事日程，及时解决科技工作中的重大问题。国家科技部为加强地方科技进步工作，在全国开展了市、县、区科技进步考核暨科技进步示范市（县、区）建设活动。希望各区县党政"一把手"要高度重视，亲自抓科技工作，对本部门、本地区、本单位的科技进步负有首要责任。各级政府每年至少要召开两次会议，专门研究科技工作，协调解决科技发展中的重大问题。各级领导干部，要加强对现代科学文化知识的学习，及时了解和掌握国内外科学技术发展的最新动态，不断提高自身科学文化素养。

第二，要建立适应社会主义市场经济体制的科技投入机制。这是发展科技事业的重要保证。天津市历来重视科技投入，市财政在非常紧张的情况下，每年都按一定比例增加科技投入，确保科技投入的增长幅度高于财政收入的增长幅度。随着天津财力的扩大，应逐步增加科技投入的比例。同时要鼓励企业增加科技投入，增强自我积累和自我发展的能力，建立依靠技术进步的内在机制，真正成为科技投入的主体。要积极吸纳社会各类资金用于科技事业，包括通过股份合作、发行债券、合资合作等方式，大力吸纳海内外资金，支持科技发展。

第三，要努力改善科技人员的工作和生活条件。对从事科技成果转化的科技人员，继续实行工资收入与经济效益挂钩，有突出贡献的科技人员，应该得到较高的报酬。要继续改善科技人员的住房条件，关心在天津"两院"院士的工作和生活，切实保证他们全身心地投入到科技工作中去。各级政府在改善科技人员的工作条件和生活待遇方面，要多做实事。

第四，要进一步加强科技法制建设。国家颁布的《科技进步

法》、《专利法》、《促进科技成果转化法》等已实施多年。为贯彻这些法律,天津市也制定了相应的法规和政策措施。我们要在此基础上,进一步健全科技法规体系。要严肃科技法制纪律,严格科技执法监督,强化执法力度。继续抓好知识产权保护工作,严厉打击侵犯知识产权的违法行为。

第五,要进一步深化科技体制改革。已经转制为企业的开发类科研院所,要按照现代企业制度和国务院关于转制院所产权制度改革的精神加快改制。公益类科研院所的改革工作也应加快进度。

第六,要扩大国际科技交流与合作。要利用经济全球化带来的机遇,加快技术、人才和创业资本的引进,大力吸引国外知名研发机构落户天津,鼓励境外企业通过合资、合作、独资等形式,来天津创办高技术企业。要尊重国际惯例,多渠道、多层次地开展国际科技合作与交流。要扩大国际学术交流,不断拓宽合作研究的领域。支持更多的科技工作者,特别是优秀中青年科学家以多种形式参与国际学术活动,提高学术水平,为发展科技事业贡献聪明才智。

做强"近代中国看天津"旅游品牌

（2005 年 3 月 2 日）

如何认识和开发天津的旅游资源，开创天津旅游工作新局面？如何做强"近代中国看天津"这个旅游品牌？这是一个大的课题。在这方面，我们应该进一步统一思想，提出明确的工作目标和相应措施。

一、开创天津旅游工作新局面，必须在认识上有一个飞跃

天津旅游业要加快发展，很重要的一条就是要在认识上有一个新的飞跃。长期以来，天津旅游业有了长足发展，各有关部门和单位做了很多工作，旅游系统的干部职工也做了很大努力。但也应该看到，目前天津旅游业的发展还不适应经济社会发展的要求，与我们拥有的资源不相称。总的来看，没有将旅游资源很好地变成旅游产品，而已有的旅游产品又没有真正地创造出优秀的旅游品牌，旅游企业的活力不够，旅游交通环境还不适应。不论从旅游业的规模，还是从旅游收入来讲，我们在全国所占份额都

注：本文根据戴相龙同志在天津市旅游工作会议上的讲话整理。天津是国家历史文化名城，近百年来形成了九片外国风貌建筑区域，还有一些与中国近代史有关的单体建筑，如大沽炮台、望海楼、小站练兵旧址、孙中山居住过的张园、末代皇帝的行宫静园等。近年来，天津对保护较好的五大道地区和意大利风情区进行保护性开发，收到了很好的效果。本文就如何利用这些资源，开发旅游新品牌进行了论述和部署。

还不够大。

现在，天津旅游业的发展迎来了历史性的机遇。天津是历史文化名城，中国近代 100 年的历史都可以展现出来，这是独特的优势。国务院领导提出要规划和建设好滨海新区，服务环渤海区域经济振兴。要充分利用这些有利条件，提高认识，促进旅游业的大发展。

第一，充分认识旅游业是展示天津历史和活力的重要产业。假如每年有 4500 万人次来津旅游，通过这些人看了天津，就能更加直观地了解中国近代史，了解天津，这比单纯的文章、广告宣传作用大得多。让更多的人通过旅游业，中国近代史了解天津、认识天津，这是一个非常好的途径。不仅要看饭店的旅游收入，还要看可以吸引多少人，特别是多少外国人。一般来说，能外出旅游的人群，经济条件相对来说比较富裕，有一定的知识和资金，这些人在社会上比较活跃。他们到天津来，对于了解中国近代史、了解天津的投资环境，了解天津今后的社会和经济发展目标，是十分有意义的。现在，有许多人还不太了解天津，如果把旅游业发展起来，就可以展示天津的历史文化名城形象，展示我们经济发展的潜在动力，展示我们的经济社会发展方向，这样会吸引更多的投资，进一步扩大天津和国内外其他城市的交流和合作。

第二，充分认识旅游业是增加财政收入和劳动就业的重要产业。发展旅游业就要搞交通，要搞基础设施建设，加强建设就需要钢筋水泥，需要整修房屋、道路，就能带动固定资产投资的合理增长，带动财政税收的增加，综合作用非常广泛。另外，发展旅游业有利于扩大就业。所以，旅游业是增加财政收入、增加劳动就业的一个重要产业。

第三，充分认识旅游业是促进经济、社会和人的全面发展的重要产业。现在讲科学发展观，指的是不但要发展经济，还要发展社会事业。经济、社会发展的最终目的是促进人的全面发展。人的全面发展绝不只是有工作干、有房子住、有衣服穿，还要了解历史、了解文化、了解中国的文明。胡锦涛同志的报告在讲到构建和谐社会的时候，从孔子讲"和为贵"、孟子讲"兼相爱"，一直讲到中国共产党构建和谐社会的能力。建设有中国特色社会主义，不但要加强政治建设、经济建设、文化建设，还要加上一个社会建设。所以人的发展不完全是从书本上得到知识，还要通过旅游，通过各方面去了解历史。不但了解天津历史，还要了解中国历史、世界历史。旅游启发人们的智慧，我们的"红色旅游"也有利于发扬光大革命传统，在这次保持共产党员先进性教育活动中，北京很多单位都组织到周邓纪念馆来参观，这很说明问题。

第四，充分认识旅游业是加强与国际交往的重要产业。经济全球化，天津更要加快走向世界。我们开发九国风情区，扩大了和九个国家的交流与合作。意大利总统给我授一级骑士勋章，而且他到北京来第一个就安排见我，为什么？就是因为我们保护了意大利风情区。这项成绩应归功于天津历届市委、市政府，归功于广大市民。今年10月，我们还要到意大利搞天津周，有效地促进天津市和罗马市的交流。所以，旅游业的发展，也促进了国际交往，增进了国际上对我们国家、我们城市的了解。

旅游业是我们的一个名片，是推动经济发展的重要产业，是丰富人们文化生活、提高大家的文化消费水平的重要途径，发展旅游业是我们的共同责任。

二、制订和实施旅游发展规划，开发和经营"近代中国看天津"文化旅游品牌

首先，要搞好旅游发展规划。规划的核心是开发和经营旅游产品。旅游业本质上是生产和经营旅游产品以供人们来观赏的一种产业。我们现在最大的问题是资源很多，产品不足，品牌不精，营销落后。我到天津两年多了，经常向外国友人、朋友、同学宣传天津的文化历史。有些人真来了，但不知道带他们到哪里去看。到这看关着门，到那看正在修理，有的地方还被国家机关占用着，被居民占用着，根本不是一个旅游产品。如静园，我跟他们说末代皇帝溥仪曾经在那里居住，一去看才知道，静园也没有开发出来，门口挂着单位的牌子。一进去，还有几十户居民住在里面。不要认为溥仪是末代皇帝影响就不大。中国历朝历代有几百个皇帝啊，但是末代皇帝在中国历史上就只有这一个，太重要了。今年我才知道，孙中山先生在张园住过。现在，没有变成资源的旅游产品还很多。比如小站练兵，我去看过，什么都看不到，原址已经是粮库了，占地40多亩，粮库里面没有粮食，四面都建了房子。这段历史太重要了。从1875年袁世凯组织小站练兵开始，培养了许多北洋政府军政人员，其中有几位还成了北洋政府的总统、总理，仅省级政府的督军就有近30人。如果不把小站练兵这个原址开发出来，天津这段历史都讲不清楚。再有，解放路有一条1.8公里长的金融街，现在仍保留着二十多家外国银行的房子，这是个很大的奇迹，充分说明天津曾经是中国北方金融中心。其实，对这条金融街的开发比较容易，现在原址都是被银行用着的，稍微清理一下就展现原貌，不用花很多钱。我们要下决心开发和经营"近代中国看天津"旅游精品，在天津、北京、上海、广州、香港特别行政区乃至日本、韩国和欧美国家打响。十二个旅游主题板块的开发已经写到《天津市政府工作报告》里了，不是说做不做的问题，而是说一经人代会通过，必须坚决落实。

其次，要组建历史风貌整理中心。这个机构确实需要，名称叫什么可以再研究。把有些风貌建筑通过评估，到财政局办一个手续，再把这个财产置换给整理中心，就有几亿元、几十亿元的价值，然后再用这笔资产作抵押，去贷款，再对风貌建筑不断地整理，再用于旅游，或将管理权有偿转让旅游。

三、继续深化改革，提高经营管理旅游产品的活力和能力

只有旅游产品还不行，还要有人来经营这个产品。坦率地讲，我认为旅游企业的发展活力不够。"海阔凭鱼跃，天高任鸟飞。"无论是国营的，还是股份制的企业，现在政策都出来了，要大胆地去经营。首先，要有开发和营销旅游产品的企业，就像天津城市基础设施投资公司一样。其次，旅游景点的企事业单位必须规范一致。现在的旅游景点既有企业性质的，也有事业性质的，周邓纪念馆、平津战役纪念馆就是事业性质。要改变开发风貌建筑就要拿钱的旧观念。财政要安排一些资金，扶持公益性旅游项目，但更多旅游项目可按市场化开发。对静园，要保留国家产权，保留原貌，但可通过市场竞争，有偿转让有条件的开发商经营。再次，旅游公司、旅游中介组织要广泛有效推销旅游产品，介绍的内容不要太多、太散、太碎，还是突出最响、最亮、最有特色的"近代中国看天津"品牌。有些宣传介绍可以把景点连贯起来，善于组合资源，编成故事。例如，可以把距离盘山 25 公里的东陵和盘山组合起来，串成盘山—东陵一日游线路。最后，旅游交通、旅游饭店都要配套。现在整个经营旅游事业单位的活力不够，协作也不够。所以，一定要给这些企业单位放权，增强活力。只要保证国有资产不流失，只要是依法经营，就可以放开一点。还有很重要的一条，就是培养和发挥经营管理人才的作用。打破旅游业的"大锅饭"，给企事业单位放权增压，我想就会出现管理人才，不足可以外地招聘。没有管理人才，没有优秀的企业，再好的产品也形不成品牌。

四、多渠道筹集资金，提高旅游资源的开发能力

开发旅游资源，不可能完全靠财政。应该运用市场机制，运用国家给的政策，多渠道筹集资金。一是对部分事业单位，如周邓纪念馆、平津战役纪念馆等红色旅游景点，需要财政拿出来点钱来给予支持。二是可以把有些景点产权划拨给有关的企事业单位。特别是那些历史风貌建筑，办好手续，由资产评估公司来评估，评估时由财政局、房管局办个手续。通过法律手段把建筑资产划拨给它们，以这些资产作抵押，向银行贷款。只要按照法律办完全可以操作。例如，天津宾馆占地面积很大，地价就值 4 亿元，以地抵押贷款，就可以很快改造更新现有宾馆。三是可以委托代修，以出租的租金来弥补修理费用。仅靠市、区财政也拿不出太多钱来。四是成立股份公司。市、区财政拨一点资本金给公司，借一些贷款，把那些原来入住的居民置换出去。五是有些历史文物建筑被政府机关占着办公，必要的话也可置换出来到新建办公楼办公。上海市政府原来在汇丰银行办公，后来腾迁出来了。听说那个地方以 8 亿元的价格给了上海浦东发展银行，这是市场行为。总而言之，要多渠道融资，搞好搞活。

五、要千方百计创造条件，为旅游业的发展提供保证

第一，抓紧改进天津和外部的交通，促进旅游业的发展。现在，天津到上海有 8 个航班，天津到香港只有 1 个航班，北京和天津之间只有 1 条高速公路。要加快推进天津与外地的交通。国务院已经批准京津城际铁路 4 月份开工，2007 年底实现全程铺轨。第二条京津塘高速公路也要开工。机场候机楼将扩建成 10 万平方米的规模。开辟和扩大水上轮船航运，天津到仁川慢船需要一天一夜，快船需要 14 个小时。我还有一个观点，就是发展天津旅游要

区域化、国际化。中日韩一周游这个项目搞好了，还可以进一步加强中日韩的经济文化交流。

第二，改变市容市貌。一年走三步，三年大变样。要建立长效机制，基础设施要搞，环卫体制要改，责任制要明确。

第三，出台扶持政策。财政方面已经有九条意见，要明确，要兑现。

旅游发展了，天津兴旺了，这是个综合性的效果。现在机会到了，不能放过。

关于加快现代服务业发展的几个问题

（2005 年 4 月 8 日）

发展现代服务业，一定要以科学发展观为指导，要坚持以人为本，体现"五个统筹"；要坚持以体制创新和科技创新为动力，不断增强发展活力；要坚持优化经济结构，转变经济增长方式，增加经济效益，全面提高现代服务业的素质和水平。

一、发展现代服务业，必须着眼于增强区域服务功能

当今世界经济发展的一大趋势，就是经济全球化带动区域一体化，区域一体化促进经济全球化。加快现代服务业的发展，必须紧紧把握这个趋势，积极适应这个趋势。也就是要善于跳出天津，跳出服务业本身，从更大的范围和领域去谋划和推进服务业的发展。这就要更多地考虑如何增强城市的服务功能，考虑如何把天津服务业的发展融入京津冀、融入环渤海，在实现更大范围的联合与合作中加快发展步伐。

从当前的工作看，至少有这样几个方面的工作要着力抓好。一是着力建设为区域经济发展服务的大交通体系。今年内，备受关注的京津城际客运铁路专线，长达 146 公里双向八车道的京津高速公路二线，滨海国际机场的扩容改造等都将相继开工。其他路

注：本文根据戴相龙同志在天津市加快发展现代服务业工作会议上的讲话整理。

桥建设也都将加快进度。这些，将大大拉近整个区域城市之间的距离，为加快现代服务业发展提供更大的空间。二是着力建设为区域经济发展的信息化体系。主要是加快信息化网络建设，努力提高信息技术在整个区域的普及程度和应用水平，创建具有天津特点、国内领先的信息服务品牌，打造自主知识产权与国际先进技术融合的信息服务业技术支撑体系，形成为区域发展服务的信息互动、资源共享的信息通道。三是发挥自身优势，提高为区域经济发展的服务水平。天津在历史上就是一个重要的商埠重镇，具有多方面的服务优势。在新的形势下，要更加主动地服务区域，服务全国。建设行政许可服务中心，建设航运服务中心都是重要的服务形式。搞"近代中国看天津"十二大旅游主题板块，就是为了集聚更多的人流、物流、资金流，建立统一的区域旅游大市场。提升城市的金融服务功能，加快组建渤海银行，打造现代金融集聚区，等等，这些都是为了全面提升面向区域经济发展的服务功能。四是着力建设为区域经济发展的合作平台。环渤海地区同各省区市在产业、资金、人才、技术、信息、市场等方面有很强的互补性，合作的前景十分广阔。要通过建立联席会议制度，开展经常性的论坛、联合商品展览会、学术交流等活动，为加快区域间现代服务业发展搭建交流与合作的平台。

二、发展现代服务业，必须着眼于提升服务水平

国际经验表明，经济发展由中低水平向中等以上水平转变的时期，一般是服务业加速发展时期。2004 年天津人均 GDP 已达到 3810 美元，说明已进入服务业快速发展的阶段。在这个阶段，发展现代服务业面临的一个紧要任务，就是要体现高起点，体现国际视野，体现建设和谐天津，努力在提升服务能级和水平上下工夫。

天津传统服务业所占比重大，而且许多行业仍然沿袭多年不

变的传统经营方式和技术手段，致使服务业整体水平落后，附加值低，这是一个亟待解决的问题。从商业领域看，连锁经营销售额占社会消费品零售额的比重，天津为23%，而上海已达到60%。在全国百强连锁企业评比中，上海有9家，北京有8家，天津仅有3家。因此，运用现代科技手段和管理技术，改造提升天津传统服务业的任务很重。这既是提高服务业自身竞争力的需要，也是提升天津城市功能的需要。近年来，零售商业出现了许多新型业态和营销方式，特别是连锁经营，显示出强大的生命力。我们就是要把握这些规律，积极发展这些现代化的流通方式，提高零售业的整体竞争力。要通过改造提升传统经营方式，提高天津的商品集散功能。要加快培育大型连锁龙头企业，支持各类连锁企业开展跨行业、跨地区的资本和业务重组，充分发挥天津市多年形成的大进大出集散辐射功能。要大力发展新型批发组织，培育形成一批大商社，实行网络化经营。同时，鼓励经营方式灵活、服务品种多样、各具特色的专业批发企业发展。

新兴服务业发展速度慢、规模小，也是一个突出问题。以会计师事务所为例，在2004年全国百强注册会计师事务所中，北京和上海各有20家入围，而天津只有1家，仅排在第23名。从2003年律师事务所、注册会计师和广告业的营业额看，北京、上海的营业额都在几十亿元、上百亿元，而天津仅为它们的零头。天津的中介机构资质等级也比较低，缺乏在全国知名、有影响力和权威性的大企业。新兴服务业的发达程度，是一个地区经济活跃程度、市场发达程度的重要标志。因此，必须加大推进力度，加快规范化、专业化，通过多种途径和形式，努力提高整体水平。

三、发展现代服务业，必须不断深化改革商贸流通体制

当前，经济界有三种理论很值得我们关注。一种是"战略决定成败"，强调要善于谋势，从战略和全局的高度来观察和处理问题。一种是"细节决定成败"，重视以细取胜，于细微之处见精神，体现感染力、渗透性。一种是"人才决定成败"，注重人才的决定作用。这三种理论都有道理，但深入一层考虑，其中最关键、最根本的是，都要通过改革发挥作用，靠先进的体制和机制激发活力。今年以来，胡锦涛总书记、温家宝总理围绕改革作了一系列重要指示，明确今年是改革年，是改革攻坚年。在3月30日的国务院常务会议上，温家宝总理又提出要通过深化改革，进一步消除经济运行中不健康、不稳定因素，巩固和发展宏观调控成果；通过深化改革，解决经济生活中的深层次矛盾和问题，推进经济结构调整和经济增长方式转变；通过深化改革，促进各项社会事业发展，构建和谐社会。这些都充分表明了中央推进改革的决心。我们要加快服务业发展，必须深入贯彻中央的指示和要求，把深化改革作为重要措施来抓，通过改革增强动力，激发活力，提高整体效率。

天津的商贸流通业在近代曾经是全国最发达的，但由于受计划经济体制的影响，许多行业至今没有摆脱困境。现在天津的国有商贸企业共有991家，其中有33.5%处于亏损状态。改变这种面貌，需要从多方面入手，很重要的一个方面就是要加快体制、机制的改革与创新，帮助企业尽快建立现代企业制度，更多地靠市场的力量焕发企业活力。天津的中介机构现在大约有1万家，从业人员有10多万。但规模小、层次低、不规范，必须通过与国际、国内知名的中介机构合资合作，吸收先进经营理念、组织方式和管理技术，全面改造提升。2004年，我到香港出访，从现代服务业当中选出金融、物流、房地产等八个行业的100多个项目向香港客商推介，收到很好的效果。各有关方面要继续利用这些成果，主动做好工作。自来水、公交、燃气、环卫、园林等部门和单位，都要努力打破垄断，引入竞争机制，进行企业化运作，提高市场化程度。同时，要积极创造条件，大力鼓励民营经济参与发展现代服务业，参与现代服务业企业的资产重组和股份制改造。要在投资、财政、税收、金融、工商等方面，加大对个体私营服务业企业的扶持力度，营造多种经济成分、多种类型企业共同发展的服务业体系。

四、发展现代服务业，要注意处理好各个产业之间的关系，努力形成统筹协调多点支撑的发展格局

当前，天津经济发展势头很好，生产总值连续 12 年保持年均增长 12.7% 的发展速度，一直处于协调发展的态势。到 2004 年，天津三个产业的比例为 3.5∶53.2∶43.3，三个产业对经济增长的贡献率分别是 1.2%、66.3% 和 32.5%。这表明，制造业仍是拉动全市经济增长的主要力量。应当说，天津作为老工业基地，经过多年的努力，实现制造业的快速发展，是符合发展规律的。在今后相当长一段时间内，天津"二、三、一"的产业发展格局不会有更大的变化。但从整体上讲，要实现经济社会持续快速协调健康发展，必须充分发掘各个产业的潜力，形成以先进制造业和现代服务业为主体，多点支撑、多轮驱动的格局。按照经济发展规律，制造业发展到一定阶段，产业链就会向两端延长，它的一部分功能就要向服务业转移。服务业也以自身的功能优势，向制造业渗透。目前，在我们国家的服务业结构中，为生产服务的比重只占 28%，而美国为 54.8%，欧盟为 52.3%，日本为 54%。这表明，随着现代经济的发展，多次产业相互融合发展将成为重要趋势。目前，天津三个产业各具特色，发展态势都不错。我看只要符合市场规律，能够创造经济效益，哪方面发展快就要支持哪个方面，这是总的原则。但在发展过程中，要突出重点，注意集中力量突破制约因素，克服薄弱环节。我们强调要把现代服务业放在更加突出的战略位置，加快发展步伐，就是这个道理。

五、发展现代服务业，要着眼于满足居民需求，加快社区服务业发展

这些年，城市居民收入和生活水平不断提高，人们消费观念日益更新，消费需求呈现出多样化的趋势。城乡居民对家政服务、物业管理、便民商业、养老托幼、医疗保健、休闲娱乐、体育健身、日常维修等社区服务业的需求越来越迫切。特别是在大中城市，越来越多的家庭要求社会提供内容广泛、质量优良的生活服务。据中国社会调查所对全国 21 个城市进行的调查，有 64% 的城市居民家庭表示需要家政服务。花钱买服务、花钱买时间已逐渐成为趋势和时尚。

随着经济的发展和社会的进步，天津城乡居民收入大幅提高，带来了消费层次的明显升级。2004 年城市居民人均消费性支出达到 8802 元，比 1993 年增长 2.8 倍；农民人均消费支出 3297 元，比 1993 年增长 2.3 倍。居民消费能力的增强，突出表现为服务性消费支出的快速增长。据调查资料显示，2004 年城市人均服务性消费支出达到 2500 元，占总消费性支出的 28.4%，比上年增长 17.6%；农村居民人均服务性消费支出达到 815 元，占生活消费支出的 24.7%，比上年增长 6.3%。

城乡居民消费需求的增加和生活质量的提高，要求我们必须大力发展社区服务业。从目前情况看，天津社区服务业发展是很快的，已经有了一个很好的基础，面向居民和家庭的服务项目已达 100 多项。各区、街普遍建立了社区服务中心，初步形成了区、街道、居委会三级社区服务网络。我们一定要利用现有的基础，进一步提高社区服务的层次和水平。总的应当是，居民需要什么，我们就发展什么；居民的需求在哪里，我们的服务就到哪里，这样才能适应居民消费需求的变化。同时，要注意引导消费，引导需求，扩大市场。当前，重点是积极发展家政服务，规范发展物业管理，完善发展便民商业，大力发展社区医疗、休闲娱乐、体育健身服务。在这方面，各区、街要舍得花点钱，统一进行筹划，重新整合社区服务资源，该完善设施的完善设施，该健全组织的健全组织。要进一步拓宽服务领域，增强服务功能，开发就业岗位，让居民不出社区就可以获得各种服务。努力把城市社区建设成为管理有序、服务完善、环境优美、文明祥和的新型社区，为构建社会主义和谐社会奠定坚实基础。

六、发展现代服务业，必须形成合力

加快天津现代服务业发展，必须切实加强组织领导，调动一切积极因素，形成加快发展的合力。一要切实加强领导，落实责任。立足发展全局，加强各区县、各部门之间的相互协调。二要坚持规划引导，市场运作。各级政府主要是加强规划引导，实施政策聚焦，增强服务意识，搭建发展平台，营造良好环境，引导土地、基础设施、技术、财税、人才、资金等各类资源向现代服务业集聚。在确定发展目标、主要任务和制定相关政策措施等方面，认真与全市规划进行衔接，通过专项实施方案，把各项任务和措施落到实处。在实施的过程中，要引入市场机制，充分发挥市场配置资源的基础性作用，以企业为主体，组织推动实施。三要拓宽投融资渠道，加大投入。加快现代服务业发展，需要一定的投资作保证。要努力拓宽现代服务业的投融资渠道，千方百计增加资金投入。由原来主要靠政府投入、银行贷款筹资转变为通过资本市场融资、存量资产置换、对内对外招商引资、引导民间资本投入等多渠道筹措建设资金。要加强与日韩、东南亚、香港

特别行政区等周边国家和地区的联系，广泛开辟现代服务业交流与合作的渠道。筹划现代服务业招商团赴欧、美等一些较发达的国家招商引资，吸引一批跨国服务企业来天津落户。本市的服务企业要通过提足折旧、增加利润、招商扩股、盘活土地等方式，多渠道筹集固定资产投资的自有资本金。支持有条件的服务企业发行债券和上市，促使更多的社会闲置资金转化为企业资本。要积极争取银行贷款和国债资金，引导金融机构支持符合国家产业政策和市场准入条件的现代服务业重点项目建设。鼓励和引导中小金融机构参与重大项目融资。

规划建设渤海化工园

（2005 年 12 月 18 日）

　　渤海化工园暨天津碱厂搬迁改造工程的正式开工，是天津工业发展史上新的篇章。天津碱厂具有悠久而辉煌的历史。它于 1917 年由我国著名爱国实业家范旭东先生和科学家侯德榜博士创建，至今已有近九十年的历史。经过几代人的努力，"红三角"品牌享誉海内外，天津碱厂不愧为中国制碱工业的摇篮和近代化学工业的发源地。

　　天津碱厂现有厂址地处塘沽区中心位置，进一步发展受到各方面因素的限制。天津市委、市政府决定对天津碱厂实施整体搬迁改造，在临港工业区规划建设的渤海化工园内建设新的天津碱厂，这样更有利于形成科学布局、合理分工、衔接紧密、高科技

　　注：渤海化工园是渤海化工集团公司根据滨海新区建设国家级石化产业基地的发展规划，于"十一五"期间在临港工业区开发建设的化工园区，计划总投资 400 多亿元，占地面积 10 平方公里，将实现海洋化工与石油化工、煤化工发展优势的聚集，形成产品上下游衔接紧密、产品结构合理、技术领先的产业群。天津碱厂搬迁改造工程是渤海化工园建设的启动项目，是推动传统化学工业结构调整和优化升级的标志性工程。天津碱厂原址在塘沽城区内，既影响环境，也限制了自身的发展。市政府通过土地置换，拓展了天津碱厂的发展空间。天津碱厂搬迁改造计划投资 53 亿元，将建设 13 套大型化工装置，形成海洋化工、碳一化工和石油化工有机结合的十大产品系列。项目建成后，年销售收入将达到 70 亿元，利税 19.8 亿元。本文根据戴相龙同志在渤海化工园暨天津碱厂搬迁改造工程开工仪式上的致辞整理。

引领的化工产业群，进而建成海洋化工与石油化工、煤化工有机结合的现代化大型化工基地。渤海化工园和天津碱厂搬迁工程的启动建设，是加快推进滨海新区开发开放，规划建设海滨新城及现代制造和研发转化基地的重要内容。这个项目的启动建设，意义非常重大，天津碱厂将会有更加美好的未来。

全市各个部门要认真贯彻党的十六届五中全会和八届八次全会精神，坚决落实天津市委、市政府战略部署，顾全大局、通力配合，全力支持天津碱厂搬迁改造工作。渤海化工集团和天津碱厂要坚持科学规划，科学施工，精心组织，周密安排，千方百计克服一切困难，确保天津碱厂搬迁改造工程按期建成，为加快滨海新区新一轮开发建设作出更大的贡献。

建设国家级石化产业基地的龙头项目

（2006 年 6 月 26 日）

今天，是个值得纪念的日子。一年前的今天，温家宝总理带领国务院十六个部委主要负责同志，来滨海新区考察，并就推进滨海新区开发开放发表了重要讲话。一年后的今天，我们在这里隆重举行我国历史上最大的单套装置 100 万吨乙烯工程奠基仪式，具有重大的意义。

中石化是我国特大型石油石化企业集团。2005 年，主营业务收入高达8230亿元，实现利税 1100 亿元，在《财富》杂志 2004 年度全球 500 强企业中排名第 31 位，为我国现代化建设和改革开放作出了很大贡献。中石化旗下的天津石化起步较早，经过不断扩建，已经成为天津举足轻重的特大型工业企业，有力地促进了天津经济和社会的发展。借这个机会，我代表天津市委、市政府向中石化系统的广大干部和职工表示衷心的感谢！

目前，天津正面临难得的历史性发展机遇。党中央、国务院

注：中石化天津分公司 100 万吨/年乙烯及配套项目，是天津市建设国家级石化产业基地的龙头项目。总投资 260 亿元，计划于 2009 年建成。工程建成后，中石化天津分公司的乙烯总规模将达到 120 万吨/年，炼油综合加工能力将达到 1250 万吨/年，成为我国千万吨级炼油和百万吨级乙烯一体化生产基地之一，每年可生产高质量、高规格、宽覆盖面的石油、石化和化纤产品 1200 万吨。本文根据戴相龙同志在中石化天津分公司 100 万吨乙烯项目奠基仪式上的致辞整理。

已经把推进天津滨海新区开发开放纳入国家发展战略布局。2005
年10月召开的党的十六届五中全会和今年3月召开的全国十届人
大四次会议都明确提出，"继续发挥经济特区、上海浦东新区的作
用，推进天津滨海新区开发开放，带动区域经济发展"。今年3月
至5月，国务院先后召开三次常务会议，审议同意天津市城市发展
规划，原则通过了关于推进天津滨海新区开发开放有关问题的意
见，并决定把空客A320总装线项目选定在滨海新区。5月26日，
国务院以国发20号文件正式公开发布了《国务院关于推进天津滨
海新区开发开放有关问题的意见》（以下简称《意见》），明确指
出，推进滨海新区开发开放，是在新世纪、新阶段，党中央、国
务院从我国经济社会发展全局出发作出的重要战略部署，是贯彻
落实党的十六届五中全会精神和国家"十一五"规划的重大举措，
是实施国家区域协调发展战略的重要步骤。我们一定要认真学习
贯彻国务院的《意见》，努力把滨海新区建设成为我国北方对外开
放的门户、高水平的现代制造业和研发转化基地、北方国际航运
中心和国际物流中心，逐步成为经济繁荣、社会和谐、环境优美
的宜居生态型新城区。同时要充分发挥天津滨海新区作为全国综
合配套改革试验区的作用，为国家进一步深化改革、扩大开放发
挥带动和示范作用。目前，推进滨海新区开发开放的各项工作已
经全面展开，开发开放的高潮正在兴起。

　　国务院的《意见》明确，推进滨海新区开发开放，有六项任
务，其中很重要的一条就是：走新型工业化道路，把增强自主创
新能力作为中心环节，进一步完善研发转化体系，提升整体技术
水平和综合竞争力。我们一定要认真落实国务院的《意见》，努力
把新区建成高水平的现代制造业和研发转化基地。中石化天津分
公司100万吨乙烯炼化一体化项目，是滨海新区纳入国家总体发展
战略后，国家批准在滨海新区启动建设的第一个特大型项目。这

个项目投资将达到 260 亿元，建成投产后，销售收入超过 500 亿元，如果加上下游产品，可形成 1000 多亿元产业链，同时将带动天津传统化学工业实现整体升级换代，形成对周边地区具有强大带动力和聚集效益的国家级石化产业基地。

这个项目是中石化和天津市双方多年真诚友好合作的结晶，是加快滨海新区开发开放的标志性工程，国务院领导非常重视，国家有关部委也非常支持。希望天津市的相关部门要全力支持该项目建设，做好协调服务，同时，做好下游深加工、精加工这篇大文章。各参建单位要精心组织和管理，真正建成一个精品工程、创新工程，为落实国家区域协调发展战略，推进滨海新区开发开放作出新的贡献。

空客飞机总装线项目落户天津

（2007 年 5 月 15 日）

对于空客 A320 系列飞机天津总装线项目，中国政府和法国、德国、英国政府都很重视。2006 年 10 月 26 日，在中法两国元首的见证下，中方联合体和空客公司正式签署了合资公司框架协议。今年 5 月 9 日，中国政府正式核准了这个项目。在国家发改委等有关部委的大力支持和具体指导下，中方联合体和空客公司精诚合作，做了大量卓有成效的工作。今天，我们举行开工仪式，就是向全世界宣告空客 A320 系列飞机天津总装线项目正式施工，这是投资各方真诚友好合作的结晶，对于加强中欧战略合作具有非常重要的意义。

继 20 世纪 80 年代我国兴办经济特区、90 年代开发浦东新区

注：欧洲空中客车工业公司由法国、德国、英国、西班牙四国投资。当欧洲空中客车公司决定在中国建设飞机总装厂后，天津市积极组织争取。空客公司高层认为，天津有国际深水港，特别是有符合条件的试飞空域，拟将项目选址在天津。最后，经中方专家论证，2007 年 5 月 9 日经中国政府批准，该项目落户天津。空客 A320 系列飞机天津总装线是欧洲以外的第一条空中客车飞机总装线，也是目前我国航空制造业与世界先进民航制造商之间最大的工业合作项目。2007 年 6 月，在法国总统希拉克和中国国家主席胡锦涛见证下，双方签订投资协议，该项目运营期限为 30 年。2007 年 5 月 15 日举行开工典礼，2008 年 9 月 28 日举行投产典礼。2009 年上半年交付第一架飞机，2011 年实现月产 4 架 A320 飞机的达产目标。本文根据戴相龙同志在空客 A320 系列飞机天津总装线开工仪式上的致辞整理。

之后，党中央、国务院从全国发展的大局出发，作出了进一步加快天津滨海新区开发开放的重大决策。目前，开发开放的热潮正在兴起。天津滨海新区有国际深水港口，有满足试飞要求的空域，一年以后，京津相通仅需半个小时，这些都为空客 A320 系列飞机组装提供了良好条件。中欧联合投资的空客 A320 系列飞机总装线落户天津，进一步推动了由中国民航大学、天津滨海国际机场、空港物流加工区、空港保税区、空港物流区和中国民航科技产业化基地所组成的 102 平方公里天津临空产业区的建设。

天津市委、市政府将全力支持该项目的建设和发展，切实维护投资者的合法权益，为项目投产创造良好的外部环境。我相信，经过我们的共同奋斗，该项目一定会高标准、高质量地按计划建成投产并发挥效益，成为中欧成功合作、互利共赢的典范。

建设社会主义新农村的主要目标和重点工作

（2007 年 8 月 6 日）

天津市第九次党代会明确提出，要统筹区域发展，在滨海新区、中心城区、各区县三个层面上全面推进，形成三个层面各具特色、良性互动、协调发展的新格局。在这个格局中，把郊（区）、县经济作为一个重要层面突出出来，这是在新形势下加快天津发展的战略措施，对实现天津的发展定位具有深远的意义。

一、明确发展郊区、县经济的指导思想和主要目标

今后五年，郊（区）、县经济发展的指导思想是：深入贯彻落实科学发展观，紧紧抓住天津滨海新区开发开放的历史性机遇，加快推进城乡一体化战略，按照生产发展、生活宽裕、乡风文明、村容整洁、管理民主的要求，加强现代农业建设，加快非农产业发展，加速卫星城建设，改善民计民生，促进农村经济和社会在更多领域取得突破，努力使农业强起来、农民富起来、农村繁荣起来，使天津社会主义新农村建设走在全国前列。

主要发展目标是：到 2011 年，有农业的 12 个区县和农业委局生产总值年均增长 16%，占全市的比重提高到 32.5%；区县财政

注：本文根据戴相龙同志在天津市加快社会主义新农村建设工作会议上的讲话整理。

收入年均增长 25%，占全市的比重提高到 40% 以上，力争有 6 个区县超百亿元；农村城市化率达到 65%；农民人均纯收入年均增长 10% 以上，达到 13000 元；万元生产总值能耗降低 16 个百分点；农村林木覆盖率达到 22%。把天津农村建成全市可持续发展的战略支撑区，人与自然和谐相处的宜居区和全国城乡一体化发展的示范区。

二、集中力量抓好主要任务和重点工作

（一）加强现代农业建设

发展现代农业，既是以科学发展观指导农业工作的客观要求，也是推进社会主义新农村建设的重要内容。在这方面，主要做好三项工作。

1. 优化农业结构。到 2011 年，形成优质粮、蔬菜、果品花卉、优质饲料、经济作物各 100 万亩的高效农业格局，设施化农业达到 100 万亩，农机化综合作业率达到 85%，农业节水灌溉率达到 80% 以上，基本实现无公害化生产。养殖业占农业产值比重达到 65%。

2. 强化科技支撑。到 2011 年，建成 10 个市级以上农业研究中心和工程中心，在动植物育种、农产品保鲜与加工、克隆技术、盐碱地绿化等领域，保持国内领先地位。强化农业科技成果转化与推广项目引导机制，农业科技进步贡献率提高到 60%。

3. 推进产业化经营。到 2011 年，使农产品加工转化率达到 85%，进入农业产业化体系的农户占全市总农户的 90% 以上。当前，农副产品生产、加工和销售中的一个突出矛盾是，农产品生产分散，规模小，难以适应大市场的需求。为此，我们一定要认真学习和运用今年 7 月 1 日施行的《农民专业合作社法》，扶持鼓励发展大宗农产品的加工合作社，使农民在获得农产品收入的同

时，参与加工利润分配，获得更多的收益。此项工作，要在生猪加工环节先进行试点。

（二）加快非农产业发展

1. 大力发展区县工业。到 2011 年，第二产业增加值达到 1400 亿元，占区县经济总量的比重提高到 54%。各区县要充分发挥各自优势，依据全市工业发展布局，确定本区县的主导产业。全市要统筹投资和项目建设，鼓励引导大企业、好项目向区县转移。要积极发展科技含量高、经济效益好、节约资源能源的产业和产品，大力发展循环经济。

2. 促进区县工业适当集中。到 2011 年，规模以上企业 80% 要进入园区。截至 2006 年底，有农业区县共有 14 个开发区，规划建设面积 157 平方公里，出让面积 71.6 平方公里，营业收入 1138 亿元，税收 70 亿元。还有国家核准通过的工业园区 11 个，审定规划面积 38 平方公里，销售收入 124 亿元，利税 11 亿元。开发区和工业园区规划面积近 200 平方公里，实际利用面积不到 100 平方公里。各区县要完善区县工业布局规划，突出特色，扩大优势，充分发挥现有开发区和工业园区的作用，提高开发区和工业小区的投资强度，并对产出效率情况进行严格考核，对办得好的开发区、工业园加大支持力度。

3. 大力发展服务业。到 2011 年，有农业区县第三产业增加值达到 1050 亿元，占区县经济总量的比重提高到 40% 以上。重点是加快建设农村现代流通体系，积极发展为农民生活服务的产业和行业。

4. 推进科技强企。到 2011 年，大型骨干企业普遍建立技术中心，完成新一轮技术改造；力争市级以上名牌产品达到 130 个，10 个产品获中国驰名商标。科技进步对区县工业的贡献率达到 60% 以上。

（三）推进农村城镇化

1. 构建现代化城镇体系。到 2011 年，11 个新城大部分初步建成，形成 11 个新城、30 个中心镇、100 个一般镇和各个中心村、基层村五个层次紧密关联的现代化城镇体系。在这里要特别强调，新城的规划要体现科学发展观的要求，确定城市的功能定位，要综合考虑新城在区县、在全市和在京津冀都市圈中的地位和主要产业特色；要控制新城的建设规模和人口规模；要加强与中心城区、滨海新区和跨市域周边城市的交通联系；要充分考虑生态建设的要求，认真解决水系循环和绿化问题，清除各种污染；要多渠道筹集建设资金，合理安排建设进度；要加强对规划工作的领导，发挥专家的作用，听取市民及其代表的意见。11 个新城的规划，要经市政府常务会审定。经过各方面的努力，把 11 个新城建设成为发展优势明显、产业功能突出、生态环境良好的中等城市。

2. 加快区县基础设施建设。到 2011 年，基本实现中心城区与新城之间，新城、中心镇与一般镇之间的高等级公路连通，全面推进公交、供水、供气和宽带网络向农村覆盖，基本建成农村垃圾、污水的无害化处理和再利用系统。

3. 引导农民向城镇集中。按照"统一规划、政策引导、尊重群众、市场运作"的原则，稳步推进迁村并点和撤村建居，引导农民向小城镇和中心村集中。要认真总结华明镇等示范小城镇在集约使用土地、有效节约资源、实施制度创新等方面的经验，并在全市逐步推广。建设小城镇要循序渐进，要有统一规划，要具备农民向城镇集中的经济条件，开发资金要能自求平衡。2008 年，滨海三区力争基本实现城市化；2010 年，环城四区力争基本实现城市化；2011 年，远郊两区三县力争完成新城和有条件中心镇规划范围内村庄迁并工作。

4. 创建文明生态村。到 2011 年，基本完成村庄路面硬化、安全饮水、垃圾污水无害化处理和新能源入户工作，高标准完成农村亮化，村庄绿化等六大工程，把规划保留的村庄建成各具特色的文明生态村。天津从 2005 年开始实施文明生态村创建工程，市财政每年安排 8000 万元专项资金，用于引导扶持文明生态村创建。到 2006 年底，已建成文明生态村 484 个，今明两年计划再建成 244 个。

5. 加强生态环境建设。到 2011 年，以加强绿化和陆域、近岸海域水生态环境建设为重点，基本建成以北部、中部、南部三大生态环境保护区为主体，以海河生态廊道、沿海生态廊道、西北边界防风阻沙林带、外环线绿化带为骨架，以主要河流、各级公路、铁路沿线绿色通道为脉络的绿色生态体系。

（四）改善民计民生

1. 加快农村劳动力转移。2005 年（2006 年由于农业普查，数据还没出来）天津农村劳动力就业为 178.5 万人，其中，从事非农产业的 99 万人，非农就业率为 55.4%。现在全市每年固定资产投资达 2000 多亿元，这可以创造若干个就业岗位。我们要通过实施"351 工程"等各级各类培训，提高农村富余劳动力的专业技能，使更多的农民适应新的岗位，到城市从事各种工作。到 2011 年，完成累计向非农产业转移农村劳动力 30 万人，非农就业率达到 72%的任务。

2. 增加农民收入。到 2011 年，天津农民人均纯收入要达到 13000 元，年均增长 10%以上。这是个硬指标，也是我们做好"三农"工作的出发点和落脚点。从目前来看，增加农民收入，主要是靠发展农、工、商各业。随着市场经济的完善，要千方百计拓宽农民增收渠道。到 2006 年底，天津各类金融机构储蓄存款余额为 2900 多亿元。其中，12 个区县的城乡居民储蓄为 1300 多亿元。可引导农民投资，增加分红收入。要举办各种合作事业，使农民增收减支。

3. 完善社会保障制度。到 2011 年，基本建立城乡一体的社会保障体系，建立农村社会基本养老保险制度和保险制度。

4. 提高公共服务水平。到 2011 年，基本实现城乡教育、卫生、文化、体育等公共服务的一体化发展。继续实施农村义务教育教学装备建设项目和农村骨干教师培训工程；加快区县级医院、预防保健机构和乡镇卫生院的标准化建设；建设一批标准较高的农村文化、体育设施。

三、采取有效措施，确保各项任务圆满完成

1. 要坚持规划先行。高起点抓好城乡规划，做到统筹区县空间布局、统筹经济发展与生态环境建设、统筹社会事业发展，为城乡一体化发展提供空间保障。完善城乡规划编制、实施及监督管理机制，构建城乡一体化的规划管理模式。要尽快完成覆盖全市所有镇村的建设规划，引导和调控经济发展和城乡建设。

2. 要坚持用市场的办法筹集建设资金。第一，引导农民以自有资金、土地承包经营权入股分红。第二，要引导城区企业集团、市外和国外企业到区县投资。第三，促进金融机构在改进服务，增加农村信贷资金，扩大农村直接融资。第四，市和区县财政用于"三农"的资金要有较大幅度增长。为了使《实施意见》的贯彻在年内有一个好的开局，年内市和区县财政要安排一定数额的资金，支持发展一些收效快的农业项目。

3. 要完善统筹城乡发展的政策机制。坚持工业反哺农业、城市支持农村和"多予、少取、放活"的方针，加大对农村的扶持力度。市各有关部门要把农村重大基础设施建设和公共服务体系建设纳入全市总体规划和财政预算，新增教育、文化、卫生等事

业经费和基础设施建设投资重点转向农村。市财政局要围绕建立财政和事权相匹配、相统一的财政体制，抓紧制定具体的落实办法，加大对财政困难区县转移支付力度，将部分市级固定收入划分给区县，逐步形成财力向农村地区和基层倾斜的财政分配体系。

积极推进滨海新区综合配套改革

（2006 年 9 月 7 日）

推进天津滨海新区开发开放，是党中央、国务院从我国经济社会发展全局出发作出的重要战略部署。2006 年 5 月 26 日，国务院发布了《国务院关于推进天津滨海新区开发开放有关问题的意见》（国发〔2006〕20 号）（以下简称《意见》），明确了推进天津滨海新区开发开放的重大意义、指导思想、功能定位和主要任务，同时批准天津滨海新区为全国综合配套改革试验区。根据党中央、国务院的部署和天津滨海新区的实际，我们拟定了《天津滨海新区综合配套改革试验总体方案》（以下简称《方案》）。

一、《方案》形成过程

国务院《意见》下发后，天津市委、市政府高度重视，多次组织学习。6 月 9 日，天津市委召开常委扩大会议学习国务院《意见》，对全市贯彻落实《意见》提出要求。6 月 12 日，天津市政府召开全市干部动员大会就贯彻落实《意见》作出部署。我们要认真学习党的十四届三中全会以来关于经济体制改革的一系列文件，

注：本文根据戴相龙同志主持起草的《天津市滨海新区综合配套改革试验总体方案》的说明整理。

深刻领会党中央、国务院决定推进滨海新区开发开放的重大意义，增强战略意识、责任意识和创新意识；认真把握批准滨海新区为全国综合配套改革试验区的基本要求和改革重点，把思想统一到党中央、国务院的要求上来，努力做好推进综合配套改革试验的各项工作。《方案》起草组在认真学习中央文件和国务院《意见》的基础上，力求使《方案》充分体现科学发展观和构建和谐社会的要求，体现国家实施区域协调发展总体战略的要求。在《方案》起草和修改完善的过程中，始终得到了国务院有关部门的支持、指导和帮助。

二、综合配套改革的指导思想、目标和任务

在起草《方案》过程中，我们认真学习党中央和国务院有关深化改革的部署，新世纪、新阶段改革的目标和重点，并把这些要求贯彻在整个《方案》中。党的十一届三中全会开始改革开放，党的十四大确定社会主义市场经济体制改革目标，党的十四届三中全会和十六届三中全会对体制改革作出相关决定。经过二十多年努力，我国经济体制改革在理论和实践上取得重大进展，社会主义市场经济体制初步建立。改革的不断深化，极大地促进我国经济和社会的迅速发展，但同时存在资源浪费，地区、城乡差别扩大，环境污染严重等问题。党的十六大及十六届三中全会提出贯彻落实科学发展观和构建社会主义和谐社会的战略思想，我国的改革也随之进入了加快完善社会主义市场经济体制，促进全面协调可持续发展的阶段。在改革攻坚阶段，国务院批准天津滨海新区为全国综合改革试验区，有利于促进经济体制向现代市场经济体制转变，有利于提高京津冀及环渤海区域参与经济全球化和区域经济一体化的竞争力，有利于探索新时期区域发展的新模式。这是我国在新的历史阶段、实施新的发展战略、进行改革攻坚突

破的重大举措，是推进滨海新区开发开放最重要任务，也是国家给予滨海新区的最大政策。

国务院批准天津滨海新区为全国综合配套改革试验区。滨海新区的综合配套改革工作，要在党中央、国务院领导和国家有关部门的指导下，由天津市委、市政府具体负责，要吸收国内外优秀企业和优秀人才参与，要围绕建立更好落实科学发展观的体制和机制，实现改革攻坚的新突破。

综合配套改革试验的指导思想，应讲明改革的依据、改革的重点和改革的目的。《方案》把改革指导思想具体表述为：坚持邓小平理论和"三个代表"重要思想，落实科学发展观和构建社会主义和谐社会的战略思想，以转变政府职能和深化企业、科技、金融、土地、涉外经济体制等改革为重点，加快完善社会主义市场经济体制，形成有利于转变经济增长方式、促进经济社会全面协调可持续发展的机制，为加快滨海新区开发开放，创新区域发展模式，带动区域经济发展，提高参与全球化的竞争力。

根据十六届三中全会决定和国务院《意见》，《方案》明确了改革的原则，即"四个坚持"：坚持重点突破与整体创新相结合，坚持经济体制改革与其他方面改革相结合，坚持解决本地实际问题与攻克面上共性难题相结合，坚持统筹兼顾、协调好改革进程中的各种利益关系。

《方案》把滨海新区综合配套改革的目标，定为率先基本建立比较完善的社会主义市场经济体制。确定这样的目标，主要考虑天津市作为我国东部比较发达地区的一个直辖市，作为中国北方的经济中心，通过滨海新区进行较长时间的综合配套改革试验，可以率先基本建立比较完善的社会主义市场经济体制。因此，方案中把综合配套改革试验的目标定为：用5年到10年的时间，在市场主体、市场体系、行政体制、调控机制、社会保障和法制环境等方面实现改革的新突破，形成与国际通行做法相衔接的、基本建立比较完善的社会主义市场经济体制，为实现滨海新区的功能定位提供强大动力和体制保障，为全国改革与发展积累经验。提出 5 年到 10 年的跨度，主要是考虑尽可能与天津及滨海新区"十一五"规划相衔接，有些改革任务可以在短时期内完成，有些则是长期的。

《方案》提出的改革重点内容，是针对社会主义市场经济体系的重要环节，按综合配套改革的重点归纳而成。

三、综合配套改革的重点内容

根据综合配套改革的指导思想、目标和任务，我们确定九个专题作为综合配套改革的重点内容。一是深化企业改革，创造良好环境，夯实建立完善社会主义市场经济的微观基础；二是深化科技体制改革，增强自主创新能力，建设高水平的研发转化基地；三是深化涉外经济体制改革，加快国际航运和物流中心建设，建成我国北方对外开放的门户；四是推进金融改革创新，创建与完善的社会主义市场经济相适应的现代金融服务体系；五是改革土地管理制度，管好用好土地，增强政府对土地管理的调控能力；六是深化农村体制改革，建设社会主义新农村，推进城乡一体化发展；七是推进社会事业和社会保障改革，促进人的全面发展，构建社会主义和谐社会；八是改革资源节约和环境保护等管理制度，发展循环经济，建设资源节约型和环境友好型社会；九是推进行政管理体制改革，转变政府职能，建立能够充分发挥新区整体优势的行政管理体制。其中，第一至第六个专题主要是有关经济体制的改革，第七个专题是有关构建社会主义和谐社会的改革，第八个专题是有关人与自然生态环境相和谐方面的改革，第九个专题是有关行政管理体制改革。现对有关重点内容说明如下。

（一）深化科技体制改革

提高科技水平，是转变经济增长方式、走新型工业化道路、增强我国参与经济全球化、提高竞争力的战略措施。滨海新区工业总产值中高新技术产值的比例现为42%，有待迅速提高。为了从体制和制度上促进滨海新区建成我国高水平的现代制造业和研发转化基地，我们把深化科技体制改革作为改革的重点。滨海新区科技体制改革的总的思路是：以加速科技成果转化和技术商品化为重点，完善以企业为主体、市场为导向、产学研相结合的自主创新的体制架构，使新区成为创新型城市的先导区。

1. 关于创新高新区开发与管理新模式，建设具有国际水平的研发转化基地的问题。现有天津新技术产业园区（含所属区）规划面积55平方公里，2005年实现生产总值约200亿元，高新技术产值占全部工业总产值的75%。目前园区工业用地已经很少，技术总水平与原先设立高新区的目标差距较大。为此，我们把建立滨海高新区和创新高新区开发管理模式作为科技体制改革重点。滨海高新区位于天津市东丽区，规划面积36平方公里。其改革重点是：一是由科技部部长、天津市市长为组长，成立部市结合的共建领导小组。二是由天津市与中央企业集团联合开发。中国海洋石油总公司以24平方公里的原副食品基地作价入股，与天津有关园区共同成立投资公司，负责基础设施开发和提供公共服务。三是天津市与科技部、中国科学院、军事医学科学院、民航总局、清华大学等单位共建国家级的电子信息、生物医药、纳米技术、新型材料、海水淡化等重大科技研发转化平台。四是建立灵活的财税分配机制，实行税收反哺研发制度。五是建立聚集高级人才，激励自主创新创业的新型园区考核评价体系。

2. 关于创新科技投融资体系，完善创业投资退出机制问题。当前，科技创新的一个难点是缺乏有力的科技融资能力，其重要原因又是投资退出通道不畅。针对这一问题，提出了加快改革和建立与高技术产业发展相适应的创业投资体系。2005—2009 年，天津市拟投入财政资金和银行软贷款共 100 亿元。其中，财政部支持新区 50 亿元的 60% 用于高新区，市区财政拟安排 20 亿元，国家开发银行软贷款 50 亿元。引导社会投资，发展创业基金。天津产权交易中心从 2002 年开始进行技术产权交易，2005 年技术产权交易额为 42 亿元。《方案》提出依托天津产权交易中心，设立非上市高科技企业股权及风险投资基金交易市场，开辟创业投资退出通道。

（二）深化涉外经济体制改革

我国作为全世界最大的发展中国家，参与全球化将经历几个阶段。首先，从不开放到初步开放。其次，加入 WTO。在此基础上，将更多地参加双边、多边和区域性的没有数量及关税限制的自由贸易区。涉外经济体制改革要适应上述发展形势。涉外体制改革的基本思路是：以建设东疆保税港区为重点，加快建设北方国际航运中心和国际物流中心，加强与东北亚国家地区的经贸合作，积极参与经济全球化和区域经济一体化，建立符合市场经济和 WTO 规则要求的涉外经济管理体制和运行机制。

1. 关于加快建设东疆保税港区的问题。在港口建设中，我们主要用清挖出来的泥沙填造宽 3 公里、长 10 公里三面临海的人工半岛，并在岛上建设一个 10 平方公里的东疆保税港区，这将是我国目前最大的保税港区。国务院《意见》明确提出"按照统筹规划、合理布局、创新体制、分步实施的原则，借鉴国际通行做法，在天津港东疆港区设立保税港区，重点发展国际中转、国际配送、国际采购、国际转口贸易和出口加工等业务，积极探索海关特殊监管区域管理制度的创新，以点带面，推进区域整合。"根据国务院《意见》确定的原则，东疆保税港区的发展方向和目标是，扩大国际中转功能，发展国际配送、国际采购、国际转口贸易和出口加工等业务，逐步建成符合国际惯例的自由贸易港。首先实行对国外货物入港保税，对国内货物实行退税，建立具有"境内关外"海关监管特点的保税港区。在此基础上，参照国外自由港的发展模式，积极探索货物、人员、税收、外汇等方面更加开放的管理政策，逐步把天津东疆保税港区建设成为全国第一个综合性自由贸易区。

2. 关于促进东北亚经济合作的问题。目前全世界的自由贸易区正在迅速发展，北美自由贸易区内部贸易已占全区的 55.7%，欧盟区内部贸易已占全区的 67.6%。2005 年中日韩外贸进出口总额达 3 万亿美元，其中，中日韩之间的进出口贸易为 4000 亿美元，虽比 2000 年增长 1.16 倍，但只占三国总贸易量的 13%，而且是一般贸易关系，不利于共同参与全球贸易的竞争。中日韩之间，特别中日之间，建立自由贸易区要经历一个较长时间。但是，积极谋划推进，符合东北亚各国利益。目前，天津市与日韩两国经济合作十分密切。天津具有与日韩等国加强区域合作的地缘、资源、设施、市场以及人才等方面的优势。国务院对滨海新区的发展定位要求"面向东北亚"。滨海新区开发开放，应在推进东北亚区域合作方面有所作为。2004 年，唐家璇同志率国务院有关部门负责同志在天津召开过有关这方面内容的座谈会，并形成会议纪要。我们希望国务院及有关部门继续帮助推进。《方案》提出，推进东北亚经济合作可先从三方面努力：一是推进滨海新区与日本、韩国等东北亚各国享有对外开放特殊政策的地区（如韩国釜山自由贸易港、济州岛自由贸易区等）建立更加紧密的经贸合作机制，探索建立东北亚自由贸易先行区。二是以现在的中日韩十城市市长会议、环渤海省市长会议为基础，设立以天津滨海新区为主办地、联系环渤海港口城市的国家级统一的东北亚经济论坛，改变现在东北亚论坛级别低、过于分散的局面。三是发起设立由中日韩等国政策性金融机构为主，吸收民间资本共同投资的东北亚银行。这个问题，天津市和日韩有关方面已讨论了十多年，现在条件已基本具备，希望国务院有关部门帮助促进。

（三）推进金融改革创新

1997 年和 2002 年，中央先后召开全国金融工作会议，分别以防范化解金融风险和推进国有商业银行改革为主要议题，对深化金融改革、完善金融制度起到了决定性作用。但目前还存在几个突出问题。一是直接融资比重低，投资渠道狭窄；二是国内金融企业实行"分业经营"，与客户需求和金融市场的竞争形势不适应；三是人民币升值的压力越来越大；四是根据落实科学发展观的需要，尚需新设一些金融机构。天津市金融业总量较小，比重偏低。金融业增加值占 GDP 的比重仅为 4.38%（上海为 7.5%，深圳为 6.2%，北京为 11.6%）。国务院《意见》把金融改革列为综合配套改革之首。在国务院领导及有关部门帮助下，欢迎各方共同参加滨海新区的金融改革创新，并尽快有所突破。金融改革总的思路是：按照科学审慎和风险可控的原则，以扩大直接融资和增强金融企业综合服务功能为重点，积极推进金融综合配套改革，建设与北方经济中心和滨海新区开发开放相适应的现代金融服务体系和全国金融改革创新基地，为建立与完善的社会主义市场经济体系相适应的金融体制，更好地促进经济增长方式转变，参与经济全球化提供经验。

1. 关于拓宽直接融资渠道问题。党的十四届三中全会指出，要积极稳妥地发展债券、股票融资等，扩大直接融资的比例。这方面工作已有很大进步，但总体讲还不够理想。直接融资比例不仅没有上升，还在不断下降。"十五"期间，我国企业债券和股票等直接融资占社会融资总量的比重一直徘徊在 10% 以下，90% 的融资靠银行贷款，企业债券市场余额仅占债券市场总余额的2.75％。直接融资比例过低，间接融资比例过高，造成社会资金结构失调，反映为资本紧缺、信贷资金过多。其结果是，既妨碍企业优化产业、技术、组织结构，也增加了银行信贷压力和风险，降低了全社会资金使用效率，成为我国宏观经济调控一个突出问题，也是当前金融改革创新的最为重要的突破口。

《方案》提出拓宽直接融资的三个渠道。一是搞好渤海产业投资基金试点。该基金总额为200亿元，目前已有6家企业发起，第一期为60亿元。同时，积极发展各类产业基金，发展创业风险投资基金，进行房地产投资信托（REITs）试点，发展集合资金信托业务，把天津逐步建成我国产业基金发行、管理和交易中心。二是在完善市场运作手段和控制风险条件下，进行企业债券和短期融资券发行制度改革试点。三是开展房地产、工业企业固定资产等资产证券化业务。

2. 关于开展金融机构综合经营问题。1986年，国务院决定重组多功能的交通银行，在该行创新内设信贷部、保险业务部、证券部等业务部门，进行综合经营的试点。20世纪90年代初，由于全国金融系统违规严重，停止了这方面的试验，银行也与所办的信托投资公司等附属金融子公司脱钩，对银行业、证券业、保险业实行分业经营，这项措施对当时化解金融风险发挥了重要作用。随着我国经济和金融业的发展，分业经营的缺陷也越来越明显，有必要加快推进金融企业综合经营。一方面，是适应国内大型企业和企业集团迅速发展的需要。企业集团除经营主业外，正在不断扩大资本经营，增强经济保障能力，要求金融企业提供综合性服务。另一方面，也是适应与国外金融机构竞争需要。到2006年6月，已有21个国家和地区的71家外国银行，在我国24个城市设立了183家分行，总资产已近1000亿美元。这些国际大型银行的母公司，皆为综合经营，我国金融企业是分业经营，难以与其竞争。国家"十一五"规划和国务院《意见》明确提出要"稳步推进金融业综合经营试点"。结合天津实际，《方案》提出：一是允许有条件的商业银行，首选已上市的全国大型商业银行和渤海银行、天津商业银行，在天津设立投资银行部或证券、保险、金融租赁公司。二是允许保险企业集团或以保险业为核心的金融控股公司到天津成立商业银行、证券公司。三是整合天津现有各类地方金融企业的股权，设立金融控股公司，控股和参股银行、保险、证券等金融企业。

3. 关于创新和完善金融机构体系问题。经过二十多年的改革，我国已基本建立由多种金融机构组成的金融服务体系。天津进行金融改革创新，立足于对现有金融企业进行改革，增强服务功能和竞争力，而不是多建新的金融机构。同时，为了更好地落实科学发展观和建设和谐社会的战略思想，《方案》提出，适当发展新的金融机构。一是利用天津现有金融机构和有些金融企业转轨之机，组建主要为低收入者提供贷款购买 90 平方米以下住房的住房信贷银行及其他金融机构。在国家建立住房公积金制度和商业银行提供按揭贷款同时，创建居民先存后贷、以存定贷的住房信贷制度，形成由住房公积金、居民先存后贷和商业银行贷款三结合的住房信贷体系。组建为先进制造加工业和交通运输业服务的金融租赁公司，组建为中小企业服务的金融服务公司。以上金融企业的业务，先在京津冀城市群开展，逐步延伸到全国大中城市。二是把滨海新区现有 3 家农村合作银行重组为滨海农村商业银行。三是选择天津滨海新区进行中国人民保险公司分设农业保险、第三责任险公司的试点。四是设立国际保理公司等。

4. 关于外汇管理改革问题。目前我国外汇储备已达到 9000 多亿美元，成为世界最大的外汇储备国，加上商业银行境外净资产，已超过 1 万亿美元。外汇储备增加，增强了我国综合实力和抗风险能力。但同时也带来一些问题，增加了中央银行货币政策调控难度，增加了人民币汇率风险和外汇储备资产经营管理风险。滨海新区可在解决国家外汇储备过多带来的问题，促进国际收支大体平衡，完善有管理的浮动汇率制度，逐步实现人民币资本项目可兑换方面进行探索。改革的主要内容，一是改进外汇经常项目监管方式，改变强制结售汇制度，逐步取消核销制度，实行居民和企业意愿结汇和自由购汇。二是放松资本项目下外汇管制，探索资本项下人民币可兑换。通过合格投资机构，将人民币换成外币，扩大对外投资。三是扩大外汇使用。放宽用人民币购汇的条件。由国家外汇管理局在天津成立类似"汇金公司"的投资机构，适当增加有利于国计民生长远利益的股权投资。四是开办离岸金融业务。

5. 关于在天津滨海新区设立全国性非上市公众公司股权交易市场问题。为了贯彻党中央、国务院关于多渠道扩大直接融资比例的决定，落实国务院最近提出的建立多层次资本市场的精神，《方案》提出在天津建立一个非上市公众公司股权交易市场。这有利于产权转让，优化企业股权结构、产业结构和组织结构，也有利于为上海、深圳发展股票市场打基础，培育更多符合条件的上市企业。美国等许多国家早已建立这种市场，也有管理经验可供借鉴。参照国际经验，该市场采用柜台交易方式，由合格投资者参与交易。交易品种主要是，暂不符合上市标准但又公开发行的股份公司股票、交易所退市公司的股票、符合上市标准但尚未上市的股份公司股票等。该市场由中国证监会垂直领导，统一监管，与深圳、上海错位经营，共同构成全国多层次资本市场体系。

（四）改革土地管理制度

目前，滨海新区土地开发利用和管理中还存在一些矛盾。一是建设用地规模和空间布局与新区功能定位的矛盾。按照国务院批复的天津市城市总体规划，到 2020 年滨海新区新增城镇建设用地 150 平方公里。近两年，滨海新区每年实际用地达 30 平方公里，照此速度，只能满足"十一五"期间用地需求。二是现行征地补偿安置方式和土地收益分配制度不适应由市场配置重要资源的发展方向。为此，确定土地管理制度改革的思路是，按照国务院《关于加强土地调控有关问题的通知》精神和"统一规划、依法管理、市场配置、政府调控"的原则，加大土地管理改革力度，优化土地利用结构，创新土地管理方式，形成耕地资源得到切实保护，各类用地得到切实保障，土地资产效益得到切实发挥的节约集约用地新格局。

1. 关于创新土地利用规划管理模式问题。现行以三级行政区划为单元的规划编制和管理体系，不适应滨海新区统筹协调发展的需要，建设与规划的矛盾日益突出。因此，在天津市现有三级土地利用总体规划结构的基础上，将滨海新区作为特殊经济区，单独编制土地利用总体规划，以利于统筹安排各类用地，协调新区内行政区和功能区的建设，促进土地节约集约利用。改革土地利用计划管理办法，将能源、交通、基础设施等重点建设项目用地列入国家计划指标单列，并与城、镇、村建设用地分类下达。在不突破城市总体规划确定的城镇建设用地总规模的前提下，由滨海新区根据不同发展阶段的需要，自行安排土地利用年度计划，随时接受国家土地管理部门的监督和检查。

2. 关于开展集体建设用地流转问题。天津滨海新区开发开放以及新区城市化、工业化进程加快，必然增加对建设用地的需求，单靠新增建设用地难以满足滨海新区发展的需要。目前，滨海新区集体建设用地约 168 平方公里，要通过改革，建立农村集体建设用地流转的有效机制，盘活集体土地资产，如进行农民宅基地换住房的试点，拓展建设用地空间，提高土地利用效率，节约集约用地。同时，通过制度创新，实现农村集体建设用地的有序流转，促进农村集体经济组织规模经营，增加农民收入，有利于建立统一、平等、有序的土地市场环境，保障城乡统筹发展。

3. 关于改革土地征用和房屋拆迁价格形成机制和收益分配问题。现行土地征用价格，只包括土地补偿费、安置补助费以及地上附着物和青苗的补偿费，没有充分考虑土地供求关系和失地农民生活保障等因素。随着社会主义市场经济逐步完善，原有征地补偿及安置办法已不能满足保障农民"生活水平不因征地而降低"和"长远生计有保障"的要求。因此，要对土地价格形成和收益分配进行改革。对农村土地实行区片综合地价，实行先行定价，同地用价，用地时通过市场招标拍卖，形成土地征用和房屋拆迁价格，改变征地拆迁中的讨价还价，因人（企业）要价的被动局面。

（五）推进行政管理体制改革

滨海新区规划面积有 2270 平方公里，比深圳面积（1954 平方公里）大 300 多平方公里，是香港面积的两倍、浦东面积的四倍。滨海新区区内单位多，既有功能区，又有行政区，建立富有新区特点的管理体制非常重要，也非常复杂。滨海新区行政管理体制改革有两个方面，一是政企分开，转变职能。二是行政区的设置，在新区构建一个行政区，还是保留现有行政区。《方案》从实际出发，当前着重进行第一方面的改革，这是最基本的改革，是行政管理体制改革的基础，必须抓紧进行。

《方案》提出滨海新区行政管理体制改革的思路是：以建立统一、协调、精简、高效、廉洁的管理体制为目标，分阶段完善富有新区特点的管理体制。第一阶段，在市政府派出机构、行政区认真实行政企等"四分开"的基础上，按照"一个加强，两个延伸，一个建立"的思路，合理界定新区管委会、各行政区和经济功能区的职责范围。"一个加强"，即加强新区管委会的统一规划的组织、协调、服务职能。"两个延伸",即促进经济功能区的经济开发职能向行政区延伸,促进行政区的行政管理与公共服务职能向经济功能区延伸。"一个建立",即建立与实现滨海新区共同发展相适应的公共财政体制和新区开发资金,建立各个行政区、经济功能区的利益协调机制和制度。第二阶段,在深入调查研究的基础上,制定《滨海新区条例》,进一步完善滨海新区行政管理体制。

四、认真组织实施方案

推进天津滨海新区开发开放和综合配套改革试验,要依靠天津自身的力量和加强区域合作,也需要国务院有关部门的大力支持。国务院《意见》提出,"要加强对推进天津滨海新区开发开放工作的宏观指导和协调,研究建立必要的协调和协作机制"。推进滨海新区开发开放是一项国家战略布局,天津滨海新区综合配套改革试验区是国家级试验区,开发开放和改革的任务十分艰巨,时间较长,涉及部门多,问题十分复杂。为了更好地完成国务院提出的推动滨海新区开发开放和进行综合配套改革的任务,建议请国务院一位领导同志或秘书长任组长,成立由国务院有关部门参加的滨海新区综合配套改革试验指导协调小组。协调小组的主要职能是,审定滨海新区综合配套改革试验总体方案;协调国务院各部门,将拟出台的改革措施在滨海新区先行先试;对滨海新区综合配套改革试验情况定期进行评估和检查。相应成立天津滨海新区综合配套改革试验领导小组,在天津市委、市政府的领导下,抓好试点过程中重大问题的决策及重大事项的协调,落实改革方案的实施主体,建立责任制,明确时间、进度要求。

滨海新区综合配套改革要与全市改革统筹安排,协调推进。滨海新区综合配套改革内容,除涉及新区独享的财税等特殊政策外,如金融等方面的其他政策,原则上可在全市其他地区施行。

把渤海银行办成改革创新的银行

（2005 年 12 月 31 日、2006 年 7 月 26 日）

　　渤海银行的成立是天津酝酿已久、期盼多年的，也是全国各方面十分关注的。大家知道，天津曾是中国北方最大的金融中心。早在 20 世纪 30 年代，金融界驰名的"四大行"，就有金城银行、盐业银行、大陆银行 3 家总行设在天津。到 40 年代，总部设在天津的银行已经发展到 12 家。从 80 年代中期开始，天津曾提出恢复金城银行或设立滨海银行。经过不懈努力，2003 年 10 月，国务院第 26 次常务会议同意天津筹建渤海银行。渤海银行的成立，是落实党的十六届五中全会精神，深化我国金融改革，加快推进滨海新区开发开放的重大举措，必将在促进环渤海区域经济振兴中发挥重要作用。

　　渤海银行是一家创新型的商业银行，是一家采用国际先进商业银行管理模式和操作流程的全国性股份制商业银行。渤海银行是在时隔九年后，由国务院批准设立的第一家全国性股份制商业银行，这说明国务院对设立这个银行的重视，也表明了渤海银行的历史责任。

　　国务院批准天津滨海新区为全国综合配套改革试验区，金融改革与创新被列为进行综合配套改革的首要任务。在金融企业、

―――――――――――

　　注：本文根据戴相龙同志 2005 年 12 月 31 日在渤海银行股份有限公司成立大会上的致辞和 2006 年 7 月 26 日到渤海银行调研时的讲话整理。

金融业务、金融市场和金融开放等方面的重大改革，原则上可安排在天津滨海新区先行先试。所谓"先行"就是国家打算做还没有做的事情，让你先做；所谓"先试"就是应该做、做了对国家有好处，但目前规章制度还有限制的事情，让你来做。天津的金融改革和创新，要立足于建立与北方经济中心相适应的金融服务体系，为全国深化金融改革提供借鉴；立足于增强现有金融机构的服务功能，提高参与国内外竞争能力；立足于为实现滨海新区的定位提供金融环境，更好地服务区域经济发展。渤海银行本来就是改革创新的产物，正常的业务当然应该做好，重点要在金融改革的难点、重点方面进行探索，取得突破。

一、始终突出管理体制和机制的改革创新，办好既有活力又有自我约束力的股份制商业银行

渤海银行是在改革创新中产生，也要在改革创新中发展，在改革创新中走向全国乃至全球。渤海银行的成立，不是因为我国缺少一家银行，而是为了适应落实科学发展观和建立和谐社会战略思想的需要，推进滨海新区开发开放的一项重大举措，是建设综合配套改革试验区在金融改革方面的第一项措施。渤海银行创建的股权结构就体现了创新。渤海银行股东坚持多元化，除由各类国有企业投资外，一开始就引进了国外战略投资者——渣打银行，通过私营企业商会吸收私营企业入股，通过集合信托资金的方式，向自然人吸收5亿元的资本金。渤海银行还要在公司治理结构、发展模式和服务方式上体现创新。渤海银行没有历史包袱，一切从头开始，可以完全按照国际上先进的做法，结合国内情况进行全方位的改革创新。渤海银行的高级管理层和全行上下，都要有坚持改革创新的理念，这是立（银）行兴业的灵魂。渤海银行的工作人员，除了要有基本的业务素质外，一定还要有改革创新精神。今后衡量渤海银行的工作，除完成董事会批准的经营方面的目标之外，还应有更高的目标，就是要看渤海银行在同类银行中发展的势头是否强劲，渤海银行在促进我国银行业改革中的影响是否在扩大。这个势头和影响主要体现在丰富银行业改革创新的理论，采用银行业改革创新的措施。渤海银行一定要在改革中建立一流的银行，建立国内有影响、国外有知名度的银行，作为本行发展的目标，作为员工的理念，作为动员和组织员工创业的精神支柱。要搞改革创新，关键在领导，员工要参与，人人有责任献计献策。特别是银行的董事长、总裁，一定要深入了解工商企业对金融服务新要求，一定要在学习同行基础上创设新产品，一定要在改革创新上作出实际成效。为此，应该主动地去争取有关方面的支持。当然，改革创新也不容易。我非常赞成把国外的银行引进来，学习国外做法，特别像渣打银行，在亚洲有一定的影响，要把渣打银行等世界先进银行的经验介绍过来，同时要结合中国实际不断创新。在国有银行工作过的人员，要学习国外的先进经验；在国外银行工作过的人员，也要了解和学习中国的银行。外国银行的发展模式和服务方式比较定型，虽然也在不断改进，但总体上难以改变。渤海银行的改革创新，不能简单地照搬外国的做法，要结合中国实际再创新。

二、始终坚持服务功能的改革创新，办好综合性银行

1986 年国务院决定重新组建交通银行，该行内部设有证券业务部、保险业务部，为的是探索成立办理综合性业务的全能银行。后来，针对当时形势，国家对银行业、证券业、保险业实行分业经营、分业监管，交通银行与其所办的中国太平洋保险公司、海通证券公司脱钩。在国家"十一五"发展规划中，金融改革方面提出要搞综合经营；这次国务院有关滨海新区金融改革内容方面，

除了突出直接融资以外，也提到进行金融业综合经营的试点。渤海银行一定要强调综合经营。为什么要强调综合经营？第一，客户需要综合服务。现在的大企业集团，除了发展电、煤和炼钢等企业外，也有证券投资和资产管理业务，它们需要银行不但提供传统的商业银行的服务，也需要提供一部分投资银行的服务。第二，同业竞争需要综合服务。我国加入了WTO，并进入后过渡期，外国的银行进入中国，多数提供综合金融业务。外国银行的董事长、总裁找我们，没有一个谈存贷款业务，全是谈投资银行业务。但是，现在我们的商业银行找国内外企业，只讲存贷款业务，不讲投资银行业务。市政府把渤海银行试办综合性金融业务写入天津市综合改革配套方案中的金融改革部分，希望渤海银行抓住这次改革的机会，先行先试综合性金融服务，办成综合性的银行，全面提高竞争能力。

三、尽快研究制订和实施渤海银行综合经营的改革方案

我们不能停下传统业务研究新业务，也不能只办传统业务而不研究新业务，对办好传统业务和创办新业务要同时兼顾。要抽选一批业务骨干，也要从社会上找些专家进行咨询，了解国际上银行集团是如果进行综合经营的。在目前经济全球化、电子信息技术高速发展的形势下，我们办综合性的银行，也就是除了办传统的商业银行业务以外，还要办保险、证券等业务。究竟怎样做，要搞一些理论研究、政策研究，要深入研究综合经营的组织构架，能做什么，不能做什么，风险怎样去防范。我认为渤海银行高层要集中力量研究综合经营问题，如果我们的综合经营方案能得到国家批准，渤海银行能够先行先试商业银行综合金融服务，即使成立投资银行部，就是金融改革的新突破。

四、改革创新要与机构发展相结合

渤海银行进行改革创新是非常必要的，但没有一定的机构数量和经营规模，改革也是没有基础的。要抓紧分支机构建设工作，明年在天津市以外至少应该成立 3 家分行，2007 年底前要选择北京、上海、深圳等地建分行，环渤海地区包括青岛、大连都可以考虑建立分行。我认为，国务院批准我们设立渤海银行，就是一个全国性的商业银行，应有一定数量的分行，你们应该创造条件理直气壮地去争取。渤海银行北京分行今年下半年就要启动筹建，明年上半年设立，上海分行争取明年下半年设立。在分行未得到批准前，可考虑先成立几个代表处，把筹建工作先开展起来。

总之，通过大家的努力，一定要逐步把渤海银行办成一个既与国际接轨，也具有中国特点的，既是综合经营的，也能够防范风险的全新银行。

积极探索和发展产业投资基金

（2006 年 12 月 30 日）

经过二十多年的改革，我国已基本建立与社会主义市场经济相适应的金融体系，这个体系对促进我国改革开放和经济社会健康快速发展发挥了巨大作用。但是，这个体系还有许多不完善之处，与我国参与经济全球化的要求还不适应。其中最不适应的一个地方，是间接融资比例过高，直接融资比例过低，社会资金形成资本的渠道狭窄，银行流动性资金过剩，社会资本形成与信贷资金供给不匹配。一方面信贷资金过剩，另一方面社会资本紧缺，造成社会资金的浪费，工商企业和城乡居民存款的运用也没有得到应有的回报，这是当前我国宏观经济管理中的一个突出问题。在党中央、国务院制定的一系列重要文件中，一直强调发展直接融资，扩大直接融资比例。经过一段曲折，我国股票市场日趋规范，股民信心普遍增强。但是，直接融资的另外两个重要渠道，一是债券，发行量过小；二是产业投资基金，尚未真正推出。抓紧制定有关法规，依法设立产业投资基金，扩大直接融资比例，完善金融服务体系，已成为我们共同的历史任务。

渤海产业投资基金由天津泰达集团、全国社会保障基金、中国人寿保险集团、中国远洋航运集团、中银投资公司等 6 家发起设

注：本文根据戴相龙同志在渤海产业投资基金设立和渤海产业投资管理公司揭牌仪式上的致辞整理。

立，总额为 200 亿元，第一期已募集 60.8 亿元。同时，由上述 6 家和中银国际入股成立了由中银国际控股的渤海产业基金管理公司。这是我国第一只依法设立的大型产业投资基金，必将对我国产业投资基金发展发挥示范和引导作用。这只基金的设立具有四个方面的意义。一是有利于促进全国产业投资基金管理办法的完善和尽快出台，为发展产业投资基金创造条件。二是有利于增加直接融资的渠道。产业投资基金和管理公司的增加，可以将更多社会资金形成社会资本，对改善我国社会资金结构，提高社会资金使用效率会产生积极影响。三是有利于股票市场健康发展。产业投资基金用于对成长型非上市公司的股权投资，对企业加强监督，有利于促进更多有条件的企业上市或发行债券，有利于整个资本市场发展。四是有利于滨海新区的开发开放，促进区域经济发展。渤海产业投资基金用于滨海新区和其他环渤海地区，重点投资具有自主创新能力的现代制造业、有自主知识产权的高新技术企业以及交通、能源等基础设施项目，有利于实现国家对天津滨海新区的定位，促进京津冀都市圈发展，从而带动环渤海区域经济发展，更好地参与经济全球化。

发展产业投资基金，是天津滨海新区综合配套改革的一项重要内容，我们要把这项改革坚持下去。今年，对天津来说是历史发展中极不平凡的一年。党中央、国务院决定把天津滨海新区开发开放纳入国家发展战略布局，天津滨海新区成为继深圳经济特区、上海浦东经济新区之后又一个国家级新区；批准天津城市发展规划，提升天津的城市定位，要把天津建设成为国际港口城市、中国北方经济中心和宜居生态城市；批准天津滨海新区为我国综合配套改革试验区。进行金融改革和创新，是天津滨海新区综合配套改革的首要任务。金融企业、金融业务、金融市场和金融开放等方面的重大改革，原则上可安排在天津滨海新区先行先试。

渤海银行的筹建和设立，渤海产业基金及其管理公司的成立，是作为全国金融改革试验区的滨海新区已经出台的标志性改革，对深化我国金融体制改革有很大的促进作用，我们一定要把这两项改革高标准地进行下去。要把天津办成全国产业基金发展试验基地，一是要在办好渤海产业投资基金的基础上，逐步增设一些新的产业投资基金，更好地发挥产业投资基金创设新公司、投资已有公司、收购兼并其他公司等职能。二是申请设立未上市公众公司股权柜台交易市场，使产业投资基金投资的企业股权能够及时规范转让。三是大力培养更多产业投资基金管理人才。四是举办基金论坛，研究解决产业投资基金发展理论的制度设计，促进基金管理法规完善。

建设现代金融服务体系和
金融改革创新基地

（2007 年 5 月 22 日）

当前和今后一段时期，天津市金融工作的主要任务是，深入贯彻落实全国第三次金融工作会议精神，总结近几年天津市金融工作，进一步明确金融改革发展的指导思想、目标任务和主要措施，加快建设金融改革创新基地，完善现代金融服务体系，促进金融业持续健康安全发展，更好地支持滨海新区开发开放，把天津建成北方经济中心。

一、天津市金融业改革和发展取得突出成绩，为天津经济和社会发展作出了重大贡献

这五年，是天津金融业发展最好、最快的时期之一。在这期间，我们基本建成了与经济社会发展相适应的多层次、多元化金融机构体系、市场体系和服务体系；全市金融规模迅速壮大，运行质量和水平显著提高；金融生态环境不断改善，服务功能全面增强；金融改革创新迈出重大步伐，呈现出巨大的发展活力和强劲的发展势头。金融业以其突出的发展业绩，为全市经济社会持续健康快速发展作出了重大贡献。

注：本文根据戴相龙同志在天津市金融工作会议上的讲话整理。

（一）金融业务总量迅速增长

和 2002 年相比，2006 年末全市金融业增加值达到 179 亿元，增长 1.3 倍，年均增长 23%；金融机构本外币各项存款、贷款余额分别为 6839 亿元和 5416 亿元，增长 1 倍和 0.9 倍，年均增长 19.4% 和 18%；金融业从业人员由 4.3 万人增加到 4.7 万人；全市保费总收入由 65 亿元增加到 105 亿元，保险业总资产由 105 亿元增加到 306 亿元。全市通过上市和再融资共募集资金 220 亿元。上市公司股权分置改革基本完成。天津产权交易市场交易额由 64.5 亿元增加到 306 亿元。

（二）金融机构大幅度增加

天津市法人金融机构由不足 10 家增加到 20 家。银行方面，内资银行总行及分行由 2002 年底的 15 家增加到 20 家，外资银行增加到 13 家，其中 8 家开办了人民币业务。保险公司及分公司由 13 家增加到 23 家。光大永明人寿保险公司、恒安人寿保险公司、渤海财产保险公司 3 家法人保险机构相继落户天津。另外，现有信托公司 2 家，证券公司 1 家，基金管理公司 1 家，期货经纪公司 5 家，设立了天津港、渤海化工 2 家财务公司。民生银行投资银行部和贸易金融部、长江租赁公司、一德期货公司等机构也迁址到天津。基本形成了以商业银行为主体，证券、保险、信托、期货、财务等相互配套门类较为齐全的现代金融机构体系。

（三）金融改革创新迈出坚实步伐

我们按照国家的要求，积极推进金融改革，加快体制机制创新，不断增强金融业发展的动力和活力。有几项重点改革在国内外产生较大影响。一是深化投融资体制改革，成立了天津城市基础设施建设投资集团有限公司和市土地收购整理公司。运用国家开发银行等银行的大额贷款进行路桥、绿化、管网等城市基础建设，其中建设快速路 160 公里，同时收回土地出让金 110 多亿元，并储备了 3 万多亩土地。这项改革促进了土地管理制度改革，形成了建设资金"借、偿、还"的良性循环，为全国城市基础设施建设投融资体制的改革提供了借鉴。二是成立了具有丰富创新内涵的渤海银行股份有限公司。渤海银行是 1996 年以来国家批准设立的第一家全国性股份制商业银行，是第一家在发起设立阶段就引进境外战略投资者、第一家以集合资金信托方式吸收自然人参股的股份制商业银行，也是第一家总行设在天津市的全国性股份制商业银行。渤海银行从一开始，就实行国际化的经营管理模式和治理标准，通过一年多的运行，已取得较好成绩，为今后更好更快发展创造了基本条件。2007 年 3 月 18 日，经国家外汇管理局批准，渤海银行成为全国第一家实行结售汇综合头寸正负区间管理模式的机构。三是按照国际通行模式建立了中德住房储蓄银行。国际上住房融资有三条渠道：第一是住房公积金；第二是政府调控下的住房储蓄银行；第三是商业贷款。这是我国首家中外合资运作的住房储蓄银行，填补了我国金融业在住房储蓄银行业务方面的空白，是我国住房信贷体系建设和业务经营的重大创新。天津银行积极引进澳新银行作为战略投资者，并获准跨区域经营，是全国为数不多获批跨省设立分行的城市商业银行，这也标志着天津银行已从地方性银行转变为全国性股份制银行。四是设立了我国第一只总规模 200 亿元、首期募集 60.8 亿元人民币的大型产业投资基金——渤海产业投资基金及其基金管理有限公司。有关媒体报道，"这是我国产业投资基金发展史上重要的里程碑"，是我国金融改革创新的又一重大突破，对于扩大我国直接融资规模，制定和完善产业投资基金的相关法律法规都具有十分重要的意义。

滨海新区金融改革创新全面启动。《滨海新区综合配套改革试验总体方案》和新区金融改革创新专项方案于 2006 年 7 月 7 日上报国务院，国务院有关部委对该方案给予了充分的肯定，并提出了若干修改意见。修改后的总体方案和金融专项方案于 2007 年 4 月 28 日上报国务院。目前,各项工作正在抓紧与国务院各部门沟通协调,进展顺利。滨海新区的金融改革创新的各项工作正在积极有序展开。

(四)金融业对外开放不断扩大

天津成功举办了第六届亚欧财长会议、第三次中美金融研讨会和金融高峰会等一系列高规格、高水平会议;增进了与英国伦敦金融城等国际知名金融中心,以及花旗银行、汇丰银行等国际知名金融机构的交流与合作,吸引一批国内外高层次金融管理人才来天津创业;加强与环渤海各省市的人才、技术、资本等方面的合作,初步形成了功能互补、错位发展、资源共享、互动并进的金融发展格局。

(五)金融资产质量明显提高,金融秩序稳定

这几年,天津加强与各商业银行的协调与沟通,采取政策剥离、整体处置和组织清收等各种形式,加大不良贷款处置力度,实现了工商企业和银行的共赢。2003—2005 年三年处置不良贷款 516 亿元,到 2006 年底全市不良贷款率下降到 5.5%,低于全国平均不良贷款率 7.09% 的水平,比 2002 年初下降 19.7 个百分点。全市金融机构总资产 7599 亿元,比 2002 年增长近 1 倍,实现利润由 4.6 亿元增加到 87 亿元。同时,加强了金融市场的整顿和规范。成立了由监管部门和相关单位参加的市金融稳定协调小组,建立了金融监管体系和金融稳定协调机制,严格依法监管,支持金融企业深化改革。完善公司治理和内控制度,强化风险控制,及时有效地处置了汽车贷款和保险、各证券公司天津营业部个人债等风险,上市公司大股东及关联方归还了所占用的上市公司资金。我们加强金融基础设施的建设,制定出台了《天津市金融业加快发展财税优惠政策》等一系列政策措施,加快推进社会信用体系

建设，发展了一批为中小企业服务的担保机构，使天津金融业发展的环境得到进一步改善。

在充分肯定成绩的同时，我们也要清醒地看到，天津金融业发展中存在的问题和不足。一是金融规模小。2006 年，天津金融业增加值占国内生产总值的比重为 4.1%，低于北京的 12.5%、上海的 7.8% 和深圳的 6.6%。二是法人金融机构少、规模小，很多机构都处于设立不久的发展初期，依法治理和规范经营的任务还很重。三是中介服务业不发达，从事高端业务的机构少，高级管理人才和专业人才不多。四是金融业结构过度依赖银行业，证券和保险业发展严重不足。在 2006 年金融业增加值中，银行业占 95.3%，证券、保险等行业所占比重不足 5%。与北京、上海、深圳相比，上市公司少，直接融资比例低，企业单一依靠间接融资的问题还很突出。五是创新能力不够强。中资银行中间业务收入占营业收入比重只有 2.8%。产品和服务同质化严重，缺乏有特色和高质量的金融服务产品和品牌，竞争意识和创新能力弱，既难以满足自身发展的要求，也不适应日趋竞争激烈市场发展的需要。六是支持金融业发展的政策制度和基础设施还不完善，一些金融部门的服务意识还要加强。这些问题和不足，要尽快加以解决。

承前启后，继往开来，天津金融业担负着重大责任和艰巨任务。面对新的形势，要更多地着眼全局，从战略上考虑问题，不仅要进一步做好存贷业务，也要研究和支持经济社会发展；不仅要着眼于本市发展，还要着眼于推进区域发展。当前，全国各地发展势头都很强劲，随着区域经济一体化发展，金融的作用日益突出。天津滨海新区开发开放上升为国家战略，为金融业发展提供了广阔空间。今后一个时期，天津金融业发展的基本思路是，深入贯彻落实科学发展观，紧紧把握推进天津滨海新区开发开放的历史机遇，加快完善现代金融服务体系，建设全国金融改革创新基地，促进天津科学发展、和谐发展、率先发展，把天津建成国际港口城市、北方经济中心和生态城市，服务和带动区域经济发展。主要目标是，到 2010 年，金融业增加值占全市生产总值预计达到 6% 以上，金融机构存贷款规模超过 1 万亿元，不良贷款率降到 4% 以下，上市公司数量大规模增加，直接融资占融资总量比例显著提高，完善与北方经济中心相适应的现代金融服务体系，初步建成全国金融改革创新试验基地。

二、办好全国金融改革创新试验基地

2006 年 5 月 26 日，国务院发布了《国务院关于推进天津滨海新区开发开放有关问题的意见》（国发〔2006〕20 号）（以下简称《意见》），批准天津滨海新区为全国综合配套改革试验区，其中很重要的一个方面就是大力进行金融改革和创新，办好全国金融改革创新试验基地。具体来讲，就是要针对我国金融业发展中存在体制机制性障碍，在金融企业、金融业务、金融市场和金融开放等方面先行先试一系列重大改革，为全国金融改革提供经验和示范。当前和今后一个时期的工作重点是：

（一）拓宽直接融资渠道

直接融资比例过低，间接融资比例过高，资本金紧缺，信贷资金过多，社会资金结构不合理，导致社会资金利用率不高，这是我国金融体系较长时期存在的问题。"十五"期间，我国股票和企业债券等直接融资占社会融资总量的比重一直徘徊在 10% 以下，2005 年为 4%。在比较成熟的金融市场，这个比例一般为 50% 左右。2002 年底，美国的这个指标为 80%。据经济普查统计，我国第二、第三产业总资产（不含金融资产）为 56 万亿元，资产负债率为 58%，按审慎会计原则计算则超过 58%。这样，既妨碍产业、技术和企业组织结构的优化，也增加了银行信贷风险，降低了全社会资金利用效率，成为我国宏观经济调控一个亟待解决的问题。直接融资主要是三条渠道：一是股票上市，二是发行债券，三是基金。滨海新区拓宽直接融资渠道主要从三方面进行：一是在搞好渤海产业投资基金试点基础上，鼓励发展各类功能的产业基金，发展创业风险投资基金，进行房地产投资信托试点，发展集合资金信托业务，把天津逐步建成我国产业基金发行、管理、交易、培训、理论研讨中心。二是在完善市场运作手段和控制风险条件下，加快天津企业集团的发展。到 2010 年培育一批销售收入超过百亿元、千亿元的大型企业集团，帮助更多企业股票上市。三是进行企业债券和短期融资券发行制度改革试点。开展房地产、工业企业固定资产等资产证券化业务。

（二）开展金融机构的综合经营

1986 年，国务院决定重组交通银行，并进行全面综合经营的试点。20 世纪 90 年代初，由于存在金融违规问题，国家对银行业、证券业、保险业实行分业经营。这项措施对防范金融风险发挥了重要作用。随着我国经济和金融业的发展，分业经营的缺陷也越来越明显，促使金融企业要加快开展综合经营改革。一方面，是适应国内大型企业和企业集团迅速发展的需要。企业集团除经营主业外，正在不断扩大资本经营，增强经济保障能力，要求金融企业提供综合性服务。另一方面，也是适应与国外金融机构竞争的需要。到 2006 年底，已有 22 个国家和地区的 74 家外国银行，在我国 25 个城市设立了 200 家分行和 14 家法人机构，在华外资银行并表总资产已超过 1000 亿美元。这些国际大型银行的母公司，都是综合经营，而我国金融企业是分业经营，在竞争中处于不利地位。国家"十一五"规划和国务院《意见》明确提出要"稳步推进金融业综合经营试点"。天津要在中国银监会指导下，经过审批在新区逐步开展综合经营试点。一是允许有条件的商业银行在天津设立机构办理证券、保险、金融租赁业务。二是允许保险企业集团或以保险业为核心的金融控股公司到天津成立机构办理银行、证券业务。三是整合天津现有各类地方金融企业的股权，设立金融控股公司，控股参股银行、保险、证券等金融企业。

（三）适当组建新的金融机构

新区进行金融改革创新，要立足于对现有金融企业进行改革，增强服务功能和竞争力。同时，适当组建具有新服务功能的新的金融机构。论证和组建在地方政府调控和扶持下的住房信贷银行，主要提供购买 90 平方米以下住房的贷款，实行"先存后贷、存贷挂钩"，并和商业银行按揭贷款、住房公积金贷款相结合，为中低收入者提供稳定高效的住房信贷服务。组建为先进制造加工业和交通运输业服务的金融租赁公司。组建为中小企业服务的金融服务公司等。

（四）深化外汇管理改革

目前我国外汇储备已达到 1.2 万亿美元，成为世界最大的外汇储备国。外汇储备增加，增强了我国综合实力和抗风险能力。但外汇储备持续过快增长，人民币升值压力加大，中央银行被动投放大量货币，外汇储备资产的市场风险增加。解决这个问题需要采取综合措施，其中包括外汇管理制度改革。在国家外汇管理局的帮助下，天津滨海新区可以在这方面进行必要而又可能的改革。当前主要改革内容是：进一步推进经常项目外汇管理改革，简化服务贸易外汇收支的凭证和手续，积极改进进出口核销制度；推进投资便利化，便利滨海新区企业集团外汇资金集中管理和运作，支持滨海新区金融机构和企业对外投资；改进滨海新区外商投资企业外债管理方式；在天津注册并在滨海新区经营的银行、农村合作金融机构的总行（部）及外资银行分行实行结售汇综合头寸正负区间管理试点。适应外汇管理体制改革不断深化的需要，经批准可在滨海新区扩大外汇管理政策先行先试的范围和内容。另外，中国保监会为了支持滨海新区金融改革创新，把滨海新区设立为全国保险改革试验区。要按照国家保险改革创新的总体安排，加快落实《滨海新区保险改革试验区的实施意见》，探索保险改革试验的新模式。

办好全国金融改革试验基地，是国家金融改革创新的重大举措，是国家在新时期、新形势下赋予我们的光荣使命。我们一定要在党中央、国务院的领导下，在国家有关部委的直接参与指导下，以开放的姿态搞改革，既要发挥天津市企业和人才的积极性，更要吸收国内外优秀企业和人才广泛参与。我们欢迎国内外金融企业和人才积极参与到国家新一轮开发开放中来，共同改革，共同发展。

三、加快建设与北方经济中心相适应的现代金融服务体系

2006 年 7 月 27 日，国务院批准同意《天津市城市总体规划》，进一步调整和提升了天津市城市定位，明确指出，要将天津建设成为国际港口城市，北方经济中心和生态城市。在这个定位中，国际港口城市主要是指城市性质、特点和功能，生态城市主要是对可持续发展的要求，定位的核心是建设北方经济中心。在一般意义上讲，经济中心是指在特定区域范围内，承担区域金融、贸易、交通、科研等多种服务功能，对周边地区既具有强大吸引力、聚集力，又具有强大辐射力和综合服务能力的中心城市。从国内外的情况看，经济中心城市都有发达的金融业作为重要支撑。目前，伦敦和纽约金融业增加值分别占 GDP 总量的 16.5% 和 26.8%。在国内，深圳和上海是珠三角和长三角区域的经济中心城市，这两个城市金融业也比较发达，金融业增加值分别占各自城市生产总值的 6.6% 和 7.8%，占珠三角地区和长三角地区生产总

值的1.7%和2%。天津金融业的发展与北方经济中心的地位和作用要求还有很大的差距,天津金融业增加值占本市生产总值的4.1%,占京津冀城市群生产总值仅为0.8%。

根据天津的发展实际,经天津市委、市政府研究决定,天津金融业发展目标是,到2010年要建成与北方经济中心相适应的现代金融服务体系,办好全国金融改革创新基地。基本要求:一是金融机构门类齐全,结构合理,充满活力,能够提供高质量、全方位、多层次的金融服务;二是具有交易活跃、渠道畅通、辐射周边省市的金融市场;三是具有较强的金融改革发展和创新能力;四是具有公平、诚信、安全、开放的金融生态环境。下一步重点抓好五个方面工作。

（一）进一步深化商业银行改革

银行是金融业的主体,当前,国有商业银行股份制改革已经取得了很大成绩,中国工商银行、中国银行、中国建设银行、交通银行先后上市。但仍存在着公司治理不完善、内控机制不健全、基础管理比较薄弱、分支机构和基层网点改革滞后、服务水平不高等问题。天津滨海新区是国务院批准的全国金融改革试验区,市政府已和全国大型商业银行取得共识,并正在采取措施,利用国务院赋予的重大金融改革可在滨海新区先行先试的政策优势,积极稳妥推进中国工商银行、中国银行、中国建设银行、交通银行等深化分支机构改革的试点,为全国各分行改革提供借鉴。以上总行的天津分行要抓住机遇,承担责任,有所作为。支持农业银行根据国家提出的"面向'三农'、整体改制、商业运作、择机上市"的改革发展方针,在天津率先进行各项改革。支持国家开发银行全面推行商业化运作,支持其他银行和金融资产管理公司深化改革。同时,进一步发展壮大总部设在天津的金融企业,渤海银行要发挥全国性股份制银行的优势,充分发挥试点银行的作用，形成"先行先试先发展，创新创业创未来"的发展气势，尽快推进跨区、跨省市经营，加快产品和业务创新，不断提高业务规模和水平。天津银行要深化改革，完善公司治理，做优做强，择机上市。中德住房储蓄银行要加快重组步伐。农村合作银行要进一步化解历史包袱，加大资源重组力度，不断提高自我发展能力。渤海证券要深化改革，引进国际战略投资者，增强核心竞争力，力争在"十一五"期间进入全国第一方阵。

（二）积极完善农村金融体系

这次全国金融工作会议明确提出，要加快农村金融改革发展，完善农村金融体系，从多方面采取有效措施，加强对农村的金融服务，为建设社会主义新农村提供有力金融支持。在全部生产总值中天津农业的份额虽然只占到2.7%，但天津有12个涉农区县，3000多个自然村，按户籍统计的农业人口还有370多万人。农村金融要在建设社会主义新农村，促进城乡一体化发展，促进农副产品生产加工基地和小城镇建设中发挥更大作用。一是完善农村融资体系。农业银行、农业发展银行、农村合作银行和邮政储蓄银行以及各保险公司，要在农村适当增设营业网点，推进农村小型金融机构的建立，扩大农村金融网络的覆盖面。二是增加"三农"有效信贷投入。各银行要积极增加对农业综合开发、高效农业、农业产业化龙头企业的信贷投入。支持大宗农副产品合作加工企业的发展。鼓励开发新的农村金融产品和服务，增强农村贷款利率的灵活性，努力满足农户和农村小企业的贷款需求。三是积极发展农业保险业。争取设立农业保险公司，为农业发展提供可靠的保障。四是进一步完善农村融资担保体系。发展市区两级农村融资担保体系，完善担保、再担保和风险代偿机制。

（三）大力发展资本市场

积极推进国家多层次的资本市场建设，拓宽企业上市融资和发行债券的渠道，提高直接融资比重。第一，根据《国务院关于推进资本市场改革开放和稳定发展的若干意见》，在国务院有关部门帮助下，在研究和推进有关设立非上市公众公司股权交易市场方面有所作为。第二，要进一步加强对企业上市的引导、扶持和培育。积极支持符合条件的企业充分利用资本市场筹集资金，做好国有大中型企业、大型民营企业、农业产业化龙头企业、服务业骨干企业的重组与上市工作；支持科技含量高、成长性好的企业进入中小企业板市场，做到推荐一批、改制一批、储备一批。着力提高上市公司质量，鼓励上市公司通过资产重组、收购兼并和配股增发等方式做优做强，提高再融资能力。第三，要紧紧抓住国家调整债券管理体制、加快债券市场发展的机遇，引导和推动经营稳定、业绩优良、市场信誉好的大中型企业，通过发行企业债券、公司债券和短期融资券筹集资金。第四，成立天津市高新技术创业风险投资引导基金，吸引更多国内外创业风险投资基金，并建立风险投资退出机制。

（四）加快保险改革试验区建设

2006 年，国务院下发了《关于保险业改革发展的若干意见》，天津出台了《关于贯彻落实国务院〈关于保险业改革发展的若干意见〉的实施意见》，明确了加快保险业改革发展的指导思想、工作原则和总体目标及主要任务。今年，保监会又批准滨海新区为全国保险改革试验区，我们要抓住机遇，动员各方面力量支持和参与保险改革与创新。各有关单位要围绕设立和引进新机构、开发和推广新产品、制定和实施新政策，拟订天津保险业改革创新方案。要积极发展商业养老保险和健康保险，支持有条件的企业通过商业保险建立多层次的养老保险计划，继续执行企业补充养老保险的税收政策。进一步推动保险公司参与农村新型合作医疗管理试点，扩大保险业务覆盖面。大力发展责任保险，把责任保险纳入灾害事故防范救助体系，努力提高保险抵御灾害风险、参与社会管理的能力。大力推进保险服务和产品创新，规范承保和理赔服务，提高服务质量，不断满足人民群众的保险需求。

（五）扩大环渤海区域金融合作和金融对外开放

建立现代金融服务体系，必须立足于服务区域经济振兴，促进区域联合，在服务与联合中实现一体化发展。国家对环渤海区域发展非常重视，正在制订京津冀都市群的发展规划。目前，环渤海区域合作的发展势头很好。辽宁省提出了发展"五点一线"沿海经济带；山东省作为我国第二经济大省，提出实现由经济大省向经济强省转变；河北省把曹妃甸港的建设列为"一号工程"，随着冀东南堡10亿吨油田的发现和首钢的搬迁，曹妃甸能源基地的地位日益提升。可以看出，区域合作的发展潜力和空间非常广阔。促进区域合作，经济是主体，金融要先行。要充分发挥区位优势，鼓励总部设在天津的金融法人机构到环渤海地区设立分支机构，开展跨省市、跨区域经营。要进一步开放市场，搞好服务，优化环境。在环渤海地区，京津冀都市圈是核心，特别是北京在人才、资金、资本等资源以及市场运作等方面有突出的优势，我们一定要通过多种形式，加强与北京在金融方面的合作，不断增强各类金融机构的服务和辐射功能。

要继续扩大金融对外开放。坚持循序渐进、安全可控、竞争合作、互利共赢的方针，把"引进来"和"走出去"有机地结合起来，不断提高金融业对外开放的质量和水平。精心组织好今年6月份举办的首届中国企业国际融资博览会，以此为契机，聚集基金、企业和中介机构，搭建交流平台，拓展融资渠道。要采取多种形式，吸引更多的外资金融总部来天津设立法人机构和分支机构，吸引外资参与商业银行的改组改造。同时要开辟国内企业和居民对境外的投资，支持天津本地金融企业"走出去"，开展跨区域、跨国经营，树立天津金融品牌，培育我们自己的金融巨头，尽快提升天津金融业的综合实力和竞争力。支持研究和推进东北亚地区，特别是中日韩的金融合作，扩大中日韩十城市的合作领域。要继续推进与港、澳、台的金融合作。

四、切实加强对金融工作的组织领导

（一）要不断增强现代金融意识

金融是现代经济的核心，这是邓小平同志在 20 世纪 80 年代作出的著名论断，这里所说的"金融"指的是由金融企业、金融市场、金融调控、金融监管、金融开放、金融人才和技术组成的金融体系。这个体系，在市场资源配置中发挥核心作用，在宏观经济管理中发挥调控作用，在经济社会发展中发挥稳定作用。改革开放的实践充分证明了这一论断的前瞻性和正确性。从一定意义上讲，谁能把握好金融这一核心，谁就能取得经济和社会发展的主动权。全市各地区、各部门、各单位特别是各级领导干部，都要不断增强金融意识，充分认识金融在现代经济中的核心作用，自觉学习金融知识，了解所在地区金融业基本情况，帮助解决金融业改革和发展中重大问题，引导企业用好金融服务，发挥金融在经济社会发展中的核心作用。按照天津"十一五"发展规划制定的目标，全市生产总值年均增长 12%，全社会固定资产投资年均增长 15%。经济社会迅速发展，对金融服务的要求提高了，也为银行业、保险业、证券业发展提供了新机遇。2006 年，天津固定资产投资已达到 1850 亿元，增长 22%。如果按照 20% 的增长速度测算，到 2010 年，天津需增加固定资产投资近 1.4 万亿元。按自有资本和借入资金各占一半计算，需要新增资本金 7000 亿元，平均每年 1400 多亿元。各级政府和有关部门在制订产业发展规划时，也要预测和制订金融业发展计划，做好融资工作。各工商企

业，不仅要关注产品的成本，还要关注资金的成本，不能只忙于产品的生产和销售，还要做好企业的生产和经营，学会和善于运用现代金融手段，促进企业改革和发展。同时要增强全社会的金融意识，努力创造有利于改善社会资金结构和使用效率的良好环境。在这里我还想强调，与金融意识相伴的是风险意识。要在引导居民开拓投资和理财渠道，增加收入的同时，帮助提高识别风险、规避风险的能力，确保金融安全和社会稳定。

（二）要充分发挥金融服务办公室的作用

为了更好地规划协调天津金融业的发展、改革与创新，天津市委、市政府决定成立天津市金融服务办公室，负责全市的金融服务和金融管理。根据金融服务办公室的职能，下一步重点要抓好以下几个方面的工作。一是根据天津金融业发展所处的环境和条件发生的变化，尽快完善和制订天津市"十一五"金融业发展规划，并组织实施。二是全面落实支持金融业发展各项措施，及时监督检查落实情况，加强对经济金融政策的研究。三是协调金融监管部门，建立健全金融发展协调机制，加强与中央金融机构及其在天津金融机构的联系，做好配合协调和信息交流工作。四是实施对地方金融机构的综合管理，协调地方金融资源的优化配置，推动金融业的改革创新和对外开放，支持金融机构的综合改革。五是建立环渤海经济金融信息共享平台，畅通区域内的信息交流渠道，促进区域间金融合作。

（三）要搞好金融队伍建设

要实施金融人才发展战略，尽快制定和完善相关政策，深化人力资源管理制度改革。创造各种条件，引进和留住各类专业人才，特别是要积极引进国内外高层次金融管理人才和复合型人才。要加快培养金融人才，选拔一批业务能力强、综合素质高的人员到国内外学习和深造。着力提高从业人员的思想政治觉悟和职业道德修养，全面提升金融队伍的业务能力和整体素质。要建立和健全竞争激励机制，努力造就一支具有创新意识和国际视野的金融队伍，打造创新型人才高地，为金融改革创新提供充足的智力支撑。

（四）要优化金融发展环境

一是要加快规划建设解放路金融城、大沽北路新金融城和滨海新区响螺湾金融城，打造具有区域性金融中心特征的国际金融集聚区，创造有利于国内外金融企业发展和金融人才聚集的区域环境。二是要吸引国内外金融机构将数据备份中心、数据处理中心、单证处理中心等后台部门入驻天津，把本市建设成金融后台配套服务中心。三是要加强法治建设，建立健全金融立法和自律机制，严格按国际金融"游戏规则"办事。争取设立国际金融仲裁中心。要按照"政府引导、市场化运作"的原则，加强征信系统建设，提高金融市场信用水平，营造良好的信用环境。四是要大力发展律师、会计师、审计师、评级、评估、拍卖和担保等金融中介服务机构。五是要加快筹建"天津公司治理协会"。协助公司建立组织机构健全、职责划分清晰、制衡监督有效、激励约束合理的治理结构，完善信息披露制度，规范公司运作，在国际国内金融市场形成以"优良公司治理"为特征的天津板块。六是为金融业改革发展创造公平竞争的环境，支持形成较为稳定的银行和企业的关系。市发改委、市经委、市商委、市农委每半年向金融部门介绍一次重大建设项目和技改项目，为金融部门及时提供优良服务创造条件。

办好国际融资洽谈会

（2007 年 6 月 6 日）

　　中国企业国际融资洽谈会是国际金融界的一次盛会，是在中国举办的第一次私募基金和企业对接的会议。举办这次"融洽会"有四个目的。

　　一是参与全球资本流动。全球资本流动，主要通过国际证券市场和企业直接投资、私募基金进行。2006 年，世界跨国直接投资额 1.23 万亿美元，比上年增长 34.3%。私募股权基金投资总额达到 7380 亿美元，比上年增长 1 倍。中国在继续吸引外商直接投资的同时，将会更多地吸引国外私募基金对中国企业投资。随着我们国力增强和外汇储备增加，我国资本对外流出步伐也在加快。2006 年，我国对外直接投资比上年增长 56%。我国已成立中国投资有限责任公司，允许合格的境内机构投资者（QDII）帮助国内

　　注：本文根据戴相龙同志在中国企业国际融资洽谈会开幕式上的致辞整理。中国企业国际融资洽谈会是经国务院有关部门批准，由天津市人民政府、中华全国工商业联合会、美国企业成长协会共同举办。设立该会的目的是，参与全球资本流动，创新直接融资平台，服务企业健康成长，促进区域协调发展。第一届会议于 2007 年 6 月 6 日在天津召开。第二届会议于 2008 年 6 月 10 日召开。这次会议决定，将天津定为国际融资洽谈会常设地，每年召开一次国际融资洽谈会，到 2010 年已召开了四届。随着中国对外投资的扩大，这个洽谈会在吸引外资、推动我国对外投资和促进国际资本在我国有序、双向、有效流动等多个方面都将发挥重要作用。

居民对外投资。这次"融洽会"的召开，必将有利于促进国际资本的双向、便捷和高效流动。

二是创新直接融资平台。扩大直接融资，是当前我国金融改革中亟待解决的问题。扩大直接融资，除了扩大股票、债券融资外，要尽快开辟和扩大产业投资基金融资渠道。国务院批准天津滨海新区为全国综合配套改革试验区，我们把发展产业投资基金作为金融改革的重点。为此，2006 年底，天津市成立我国第一只总规模为 200 亿元的渤海产业投资基金，并成立了基金管理公司。我们还要逐步发展各类功能的产业基金，努力把天津滨海新区建成我国集发行、管理、交易、培训和理论研讨为一体的产业投资基金发展平台，这个融资平台也将帮助国内居民和企业对外投资。办好这次"融洽会"，必将为创建专业化和国际化的产业投资基金融资平台提供有利条件。

三是服务企业健康成长。召开这次"融洽会"，介绍境外大量私募基金向中国中小工商企业投资，不但方便境外散户投资者向中国企业投资，也有利于国内中小企业吸收国外资本。目前，中国的中小企业有 4000 多万户，占全国企业总数的 99.8%，上缴税收占 50.2%。召开这次"融洽会"，为投融资双方搭建了直接通达的桥梁，对于帮助企业扩大股本、改善股本结构，必将发挥多方面的积极作用。

四是促进区域协调发展。我国决定，继续发挥经济特区、上海浦东新区作用，推进天津滨海新区开发开放。天津滨海新区已成为又一带动区域发展新的经济增长极。按照一般增长幅度预测，2006—2010 年，北京、天津、河北、山东、辽宁这两市三省的全社会固定资产投资累计将达到 24 万亿元，约需增加资本金 12 万亿元，这将为环渤海地区的直接融资提供广阔空间。这次"融洽会"在天津滨海新区召开，有利于促进全球资本流动，创建直接融资平台，更好服务企业健康成长，可以为京津冀都市圈、环渤海区域经济和东北亚区域发展，创造一个国际化、专业化的资本融资环境。

依法处置不良贷款

（2003 年 10 月 3 日）

天津作为老工业基地，在计划经济向市场经济转轨过程中，部分国有企业生产经营困难，加之其他方面因素的影响，形成很多不良贷款，成为制约天津市国有企业和国有商业银行改革与发展的突出问题。截至 2002 年末，天津市中资金融机构按五级分类的不良贷款余额为 607 亿元，占全市贷款余额的 25.2%，高于全国银行不良贷款平均水平。其中，中国工商银行天津分行的不良贷款余额为 247 亿元，占全市中资金融机构不良贷款的 36.4%。

多年来，特别是 1998 年全国金融工作会议以后，中国工商银行天津市分行在积极支持经济发展的同时，努力处置不良贷款，各项工作都取得了很大进展。但由于不良贷款形成的时间长，总的数额大，又分散在 1000 多户企业，处置剩余不良贷款，难度大，耗时长，效果差。即便保持现在的清收速度，约需十年才能根本解决不良贷款问题。为有效防止不良资产"冰棍"效应，降低处

注：由于历史原因，天津市许多企业长期拖欠中国工商银行大量贷款，实际已无法归还，给企业和银行同时造成很大困难。经过天津市政府和中国工商银行协商，报国务院批准，统一测算欠债企业的偿还能力，由企业一次性按 30% 归还银行现金，银行一次性核销企业 70% 坏账，达到企业和银行"双活"与"双赢"的目的，为工业企业再融资和中国工商银行改革创造了条件。本文根据戴相龙同志会同中国工商银行领导审定上报的处置不良贷款方案整理。

置不良贷款的成本，同时为深化国有企业改革创造条件，经天津市政府和中国工商银行多次协商，拟采取措施一次性整体处置不良贷款。

1. 处置不良贷款基本原则。坚持从实际出发和对国有金融资产负责的态度，积极慎重地整体处置不良贷款，解决国有银行与国有企业的债权债务问题，促进银行与企业共同发展。报经国务院批准后，允许中国工商银行采取贷款本息豁免方式处置不良贷款并简化核销手续。

2. 整体处置银行不良贷款的范围。此类贷款仅限定在中国工商银行天津市分行截至 2003 年 6 月底已形成的可疑或损失类贷款。按照上述限定条件逐户逐笔认定，共有 1126 户企业的贷款已经或将形成损失。包括贷款本金和表内利息共计 177.8 亿元，其中贷款本金 169.5 亿元（包括国家政策性贷款 26.8 亿元和破产企业贷款 25.7 亿元），表内利息 8.3 亿元，表外利息 100 亿元。

3. 核定综合清偿率。在 169.5 亿元贷款本金中，国家政策性贷款和破产企业贷款本金为 52.5 亿元，占贷款本金的比重高达 31%，实践证明上述贷款清收的受偿率很低；一般贷款本金为 117 亿元，已经是损失类贷款，在正常情况下清收的受偿率不高。因此，宜对上列贷款本金和表内欠息合并处置，拟定综合受偿率为 30%，中国工商银行获得清偿资金 53.3 亿元。

4. 清偿资金的支付。天津市人民政府积极推进工业企业向滨海新区转移，加大对企业改组改制改造力度，组织债务企业以出让现用的土地、努力改善生产经营，以及其他方式落实还款资金。确保在 2004 年底以前，一次性偿还中国工商银行 53.3 亿元。

5. 贷款损失的核销。中国工商银行对不能偿还的贷款本金和表内利息共计 124.5 亿元予以挂账，分 5 年用提取的呆账准备金逐步消化处置损失；对表外利息 100 亿元予以免除。

6. 组织领导。由天津市政府和中国工商银行领导同志牵头，天津市政府和中国工商银行有关部门、中国工商银行天津市分行以及有关人员参加，成立联合领导小组，设立办公室，落实上述不良贷款处置办法，做好银行、企业、政府之间的协调工作，严格防范道德风险，打击逃废债行为。

通过天津市政府和中国工商银行联合整体处理中国工商银行天津市分行不良贷款，共同探索整体处置不良贷款的途径，对于促进经济社会发展，深化国企改革具有重要意义。对天津而言，一是为实现天津市委、市政府确定 2004 全市金融机构不良贷款比例下降到 10% 的目标奠定了坚实基础，可以有效改善全市的投融资环境；二是由中国工商银行实行统一法人制度，呆账核销不仅不会减少地方税收，而且通过准备金拆借可以从全国引入资金，有效支持天津发展；三是今年上半年全国贷款投放力度较大，下半年贷款规模将比较紧张，中国工商银行整体处理不良贷款减少的贷款规模可用于支持天津有市场、有效益的企业和项目，进一步增强中国工商银行支持天津经济发展的能力；四是彻底解决国有企业与国有银行的债务问题，理顺历史形成的国有企业和国有银行的债务链，降低国有企业的改革成本，优化资源配置，促进天津市经济结构的优化升级；五是防止"冰棍"效应的出现，减少国有资产流失，银行在承担部分损失后可以实现货币的时间价值，改善自身的资产结构，增强今后的发展潜力，同时避免今后解决不良贷款问题时付出更高的成本。

以资本为纽带深化国有资产管理体制改革

（2004 年 6 月 18 日）

成立天津市人民政府国有资产监督管理委员会，是天津市委、市政府深化国有企业改革的重要举措，标志着天津经济体制改革进入了一个新的阶段。

一、充分认识国有资产管理体制改革的重要意义

党的十六大、十六届三中全会以及国务院的有关文件都明确了国有企业管理体制改革的目标和国资委的任务、职责。根据党中央、国务院有关国有企业资产管理体制改革的方针政策，天津市委、市政府研究制订了国有企业资产管理体制改革方案。在天津市政府特设一个国有资产管理机构，即天津市人民政府国有资产监督管理委员会，然后在它下面逐步成立若干个国有资产经营公司，再由国有资产经营公司出资组建控股或参股的企业，最终形成这三个层次的国有企业和国有资产管理体制。建立这个管理体制的重要意义主要有三方面：

（一）有利于深化国有企业改革，建立现代企业制度，保证国有资产的保值增值

国有企业的改革带动了资本的流动，促进国有控股以及产业

注：本文根据戴相龙同志在天津市人民政府国有资产监督管理委员会成立大会上的讲话整理。

结构调整，形成企业集团，提高国有资产的控制力。1994 年，我们提出国有企业嫁改调目标，这也是"三五八十"的一个重要内容。1995 年底到 1996 年，天津市委决定撤销八个工业管理局，成立总公司，不再吃"皇粮"，这是当时天津国有企业改革的第一步，也是非常了不起的一步。到 1999 年，改革又深化了一步，把总公司改造为控股公司。在后来的发展过程中，控股公司出现了多种模式，有的是国有全资控股公司，一般不直接从事生产经营活动；有的是以大企业集团为主，设立以生产经营为主的经营型公司；还有的既从事控股又从事生产经营的混合型公司。从 1994 年到现在，我们经过了两步走，实现了把国有大中型企业嫁接改造调整一遍的目标。今天，我们在原来的基础上，把控股集团公司从政府直接领导也就是经委的直接领导转由市政府特设的管理机构——国有资产监督管理委员会来领导，实行政企分开；然后由国资委再去监督资产经营公司，实行所有权和经营权的分开。以国资委的成立为标志，天津的国企改革由量变走向了具有质变性质的改革。

（二）有利于非国有经济的发展，建立以公有制为主体的多种所有制经济共同发展的经济体制

2003 年全市的 GDP 是 2387 亿元，公有经济创造的 GDP 占 54.6%，其中国有独资的占 43.6%，集体占 11%；非公有经济创造的 GDP 占 45.4%，其中个体私营经济占 22.1%，外资占 23.3%。把混合所有制经济中的国有资本和其他各类资本分开有很大困难，如果按四六开，国有经济占 60%，私营占 40%。在天津社会总资本中，非公有资本占 47%，不到一半。这种资本结构状况说明，天津发展经济不单要发展国有经济，还要大力发展非国有经济。要大力发展非国有经济，就要改善我们的投资环境，让国有经济与非国有经济中的个体私营经济、三资经济同处一个平

等的竞争平台，对外资及非国有经济实行国民待遇，不能让国有企业依赖政府保护来发展；外资及个体私营经济来天津和国有企业洽谈投资合作，国有企业与非国有企业是平等的企业法人，国有企业只能靠技术、管理、资本与它们竞争，而不是靠政府保护。对国有企业，政府既不能干预其生产经营活动，也不能提供特别的保护，这是投资环境最为重要的内容。目前国有企业也愿意以独立的法人身份与非国有经济进行合作。成立国资委以后，实现政企分开，为国有企业与非国有企业在同一平台上进行竞争创造条件，既能发挥国有企业的能力和作用，同时也会吸引更多的非国有经济来天津发展。

（三）有利于推进行政管理体制改革

过去，政府直接领导和管理国有企业，既是出资人，又是社会管理者；既是老板，又是"婆婆"。所以企业在某种程度上不是独立法人，只是一个工厂而已，因为它的资产、人员都随时受上级调动，产品按计划生产销售，在这种情况下政府和企业无法分开。现在，我们国家实行多种经济成分并存，政府职能必须转变，转变到经济调节、市场监管、社会管理、公共服务上来。建立国有资产监督管理委员会，有利于政企分开，有利于政府依法履行政府职能，促进经济社会全面发展。

二、依法履行国有资产出资人职责

依法履行国有资产出资人职责，是做好国有资产监管工作的出发点和落脚点。国资委成立后，对国有资产的监督管理，应该在管理思想、管理方式、管理组织以及管理效果的检验等方面发生很大的变化。国资委的同志，包括政府的组成人员、国有企业的控股公司负责人，要真正认识到，国资委的成立最重要的一条，就是依法履行国有资产出资人的责任，要牢固树立出资人的意识，牢牢把握出资人的职责，以此来确定国资委的位置并开展工作。

（一）明确职责

国资委的职责主要有七项：一是根据授权，依照《公司法》等法律法规，履行出资人职责，指导推进国有企业改革和重组，推动国有经济布局和结构战略性调整；二是代表市政府向部分大型企业派出监事会；三是通过法定程序对所监管的企事业单位负责人提出任免建议，实施考核并根据其经营业绩进行奖惩；四是通过规划、预算、统计、稽核等方式对全市经营性国有资产和部分非经营性国有资产的保值增值情况进行考核，维护国有资产出资人的权益；五是对所监管企业的发展规划、重大投资决策和产权变动，履行出资人职责；六是起草国有资产管理的地方性法规、规章和制度，制定国有资产管理的规范性文件，依法对区县政府的国有资产管理进行指导和监督；七是承办市政府交办的其他事项。要牢记国资委的身份、任务、职责是出资人，要按照国务院国资委的条例、会计法、公司法、破产法等一系列法律法规，行使职权。

（二）逐步过渡

所谓逐步过渡，就是把国有经营性资产从现在由几个部门管理逐步地转到由国资委统一监管。从国家来说，除金融资产由财政部会同银监会监管以外，其余全部由国务院国资委监管。国家银行金融资产很大，它有特殊性，但地方金融资产较少，城市商业银行、渤海证券等加在一起也就二三百亿元。所以天津市委研究决定，只要是国家投资的，金融资产也都要由国资委监管，其余的国有经营性资产，包括经委管的、农委管的、商委管的、建委管的甚至文教卫生等国有资产，只要是经营性的资产，都要逐步划来。为什么不一次性划过来呢？主要是考虑到这次改革的艰巨性和复杂性。逐步过渡是动态的，暂时委托监管，绝对不是常态。暂时没有列入国资委监管的，实际上不是国资委不管，只是暂不由国资委直接监管，而是委托有关部门监管，逐步创造条件再把委托监管过渡到完全的直接监管。这次先把经委管的占全市国有及国有控股三分之一以上和 GDP 40% 以上国有资产由国资委直接监管，其他农业、商业、建设等系统的国有资产暂由国资委委托有关部门监管。各有关部门要有一个副主任，还要设一个处，在国资委的指导和委托下，对暂时没有转到国资委的国有企业进行监管。接受委托监管的部门，要按照委托人的要求管好国有资产，接受国资委的检查，以后创造条件全部转为国资委直接监管。这种既坚持改革方向，又结合天津实际的逐步过渡的做法，是一个比较稳妥的做法。

（三）处理好各方面关系

主要是处理好政企分开和所有权与经营权的分离。国资委是一个特设机构，不是政府组成部门，政府领导国资委，集中体现在对国有企业改革的规划、产业结构调整、资产保值增值等重大问题方面，至于国有资本如何保值增值以及资本的转移、调整等问题，政府并不直接监管。国资委除了要解决政府与国资委政企分开的问题外，还要坚持两权分离，即国资委所有权和国有资产经营性公司经营权分离。对此，要在思想上明确，职责上明确，工作制度上明确，形成一个新的工作机制。这次从天津实际情况出发，由主管工业的副市长兼任国资委主任，经委主任兼任国资委常务副主任，又从有关方面抽调有经验的管过国有企业的同志到国资委任职。为什么在一段时间内由市政府组成人员兼任国资委主要领导，主要是考虑到国有企业改革的艰巨性。天津是一个老工业基地，国有企业改革需要由政府解决的问题特别多，国资委成员任职条件比较严格。所以，从天津实际出发，由市政府组成人员任国资委主要领导成员，以后逐步创造条件调整。

三、统一规划，突出重点，积极推进国有资产管理体制和国有企业的改革

争取用三年左右的时间，基本建立起比较完善的国有资产监管体制。

1. 认真做好国资委的开局和起步工作，尽快做到职责到位，人员到位，工作到位。一是抓紧落实国资委"三定"方案和职责。二是确定国有资产管理体制各方面的职责，要进一步明确"国有资产管理机构—国有资产经营公司—市场经营主体""三层构架"之间的权限。国资委的职责不是孤立的，是与国有资产经营公司相联系的，资产管理公司也与企业相联系。要把三方面的权力、责任弄清楚，这是开始运作的基础。人有了，机构有了，大家积极性也很高，但如果权力没划分清楚，路子就错了。三是抓紧制定有关国有资产管理的一系列法规、办法、制度。四是在清产核资基础上，尽快建立完善国有资产经营责任制度。请中介机构把国有资产经营公司、大企业的资产、负债等重大问题弄清楚。目前，天津整个国有企业的资产负债率是65%左右，还有500多亿元不良资产，这个不良资产数量还是保守的数据。如因有500多亿元不良资产再冲销等额的资本金，国有企业资产负债率超过75%，有很多行业和企业已是资不抵债。在这种情况下建立经营责任制缺少考核的基础。要按照财政部有关文件，利用这次成立国资委的机会，一定要把国有资产家底搞清。五是做好委托监管工作。占国有资产总量三分之二的国有资产，由国资委委托有关部门监管，各有关受托监管部门一定要按天津市政府及国资委要求，做好国有资产监管工作。

2. 要认真学习党中央、国务院关于国资委改革的方针政策，

认真总结十年来天津国有企业改革的经验和成果，客观地分析出国有企业改革的难点和问题，提出国有企业改革三年的目标、任务及主要措施，编制国有企业改革发展规划。

3. 突出重点，整体推进，在国企改革的主要方面取得新的成效。一是坚持改革方向，深化股份制改造，实行投资主体多元化，发展股份制和混合所有制经济。二是加快建立现代企业制度，完善公司法人治理结构。建立股东会、董事会、监事会及有关会计制度等。三是坚持市场运作，促进资本流动，推动企业并购，加快推进国有经济布局和结构调整，培育发展具有国际竞争力的大公司、大集团。要通过资本流动，促进资本多元化。天津有一个产权交易中心，在全国很有影响，准备搞到一万平方米的交易大厅，全国的产权导报也由这个中心编辑发行，天津的国有产权交易都要在这里进行。要作出一个发展规划，让产权交易与天津六大支柱产业、十二大产品基地的发展结合起来。天津是我国现代工业基地，要有"航空母舰"式的企业集团，但必须是符合会计制度的集团，是按照现代企业制度管理的集团。四是进一步完善国有企业经营业绩考核体系，建立具有激励机制和约束机制的分配制度，实行基薪制和年薪制相结合的办法。五是创造改革的条件，加快推进主辅分离、辅业改制工作，继续做好债务重组工作。现在存在的问题是改革不规范，没有建立三层的关系，有的地方"一股独大"，最主要的是人员多，负担重。另外还有债务重、资本金很少，资产负债率高等问题。为了给国有企业的改革创造条件，市政府会同中国工商银行，并经请示国务院同意，对天津有些危困企业的不良债务实行打包处理，由负债企业按负债总额30%一次性向债权银行归还现金，债权银行一次性为企业核销70%的债务，实现企业和银行同生共赢。这对银行有好处，保留虚的债权没有用，还要缴税，最后收不回来，还要冲销资本金。

对企业来说，债务清了，花 30 块钱把 100 块钱的债核销了，负债率下来了，还可以向银行重新贷款。从去年到今年上半年，已经核销不良负债 200 多亿元，企业重新获得活力。六是要注意改革、发展、稳定的协调进行。七是加强和改进企业党的建设，为国企改革发展提供坚实的政治保证和组织保证。国资委和国有资产管理公司的各项工作，必须贯彻党中央、国务院的决定。对党员干部的教育和领导班子的选拔，要真正体现政治上强、业务上懂、会经营，要大公无私、出于公心。在廉政方面，不该说的话不要讲，不该去的地方不要去，不该得的好处不要得，心中要有"一杆秤"，处处、时时对企业、对个人实行自我约束。

培育和发展大型企业集团

（2006 年 9 月 27 日）

在现代经济发展中，大企业集团是一个国家或地区经济发展的支柱，是技术进步、产业升级、结构调整的中坚和骨干，在一定程度上代表着一个国家或地区的经济实力。没有一大批具有创新意识和能力的企业，没有一批具有自主品牌、自有核心技术和竞争能力的大企业集团，加快推进滨海新区开发开放、实现天津城市定位就无从谈起。

一、充分认识建设一批现代化大企业集团的重大作用和战略意义

（一）从滨海新区开发开放的形势看

要实现滨海新区"一个基地、两个中心"的发展定位，需要一批大型企业集团发挥骨干带动作用。大型企业集团具有技术优势、资本优势、管理优势和人才优势，是建设现代制造和研发转化基地的基础，同时也是建设国际航运中心和物流中心的主体。

注：本文根据戴相龙同志在天津市企业管理创新座谈会上的讲话整理。截至 2006 年 6 月底，天津市市属企业集团 166 家，总资产 5793 亿元，净资产 1849 亿元，资产负债率 65.5%。预计到"十一五"末期，通过鼓励优秀企业联合兼并扩张等措施，年销售收入 100 亿元的大型企业集团将达到 30 家以上，其中超过 1000 亿元的达到 3 家，市属企业集团的总资产和净资产实现翻番。

目前，在滨海新区落户的各类企业达到 20783 家，占全市企业数量的 26.4%；资产总额达到 6000 多亿元，占全市企业的 41.1%；主营业务收入达到 5017.2 亿元，占全市企业的 41.4%；生产总值达到 1609 亿元，占全市企业的 43.9%；实现利润 370.2 亿元，占全市企业的 63.5%。滨海新区有 29 户企业跻身天津百强，营业收入已占到新区全部营业收入的 48% 左右。据了解，浦东新区仅在陆家嘴 28 平方公里的土地上，就聚集了证券、期货、产权、黄金、钻石等 7 个国家级要素市场，350 多家中外金融机构，50 多家跨国公司地区总部，100 多家国内大企业集团总部，以及数千家为大企业集团配套服务的法律、会计、资产评估等中介服务机构，成为我国要素市场最完备、资本集散功能最强的地区。滨海新区的发展要充分借鉴浦东新区的经验，扩大与世界经济的接轨，与跨国公司共进，并吸引更多的国内外大企业集团在新区设立总部、研发机构和营销中心，带动相关基础产业的共同繁荣。同时要看到，滨海新区被国务院批准为综合配套改革试验区，为企业提供了难得的历史性机遇和发展空间。《国务院关于推进天津滨海新区开发开放有关问题的意见》明确了三种优惠政策，分别是把天津开发区优惠政策扩展到整个新区，延伸东北老工业基地优惠政策，承继当年浦东开发的优惠政策。这些政策可以说是我国目前最多、最优惠的政策，对企业做大做强将产生重要作用。全市各类企业应当抓住滨海新区开发开放的大好时机，积极实施调整重组，充分利用两种资源、两个市场，推动企业更好更快地发展，进一步培育和壮大企业集团。

（二）从大企业集团对整个经济发展的作用看

大型企业集团的发展，不仅推动了国家整体生产力的发展，也是一个国家、一个地区综合实力竞争的直接体现。有关资料表明：目前，跨国公司拥有世界专利技术的 70%，占世界技术贸易的 90%、货物贸易的 70%、跨国投资的 90%，对世界经济、社会和文化发挥着十分重要的影响。中国企业 500 强占国内企业总数的比例很低，但它在国民经济中却占有十分重要的地位。2001—2005 年，中国企业 500 强的营业收入占国内生产总值的比例，由 63.6% 上升到 77.6%，提高了 14 个百分点，年均增加 3.5 个百分点。但中国企业 500 强与美国 500 强、世界 500 强之间的差距仍然很大，主要表现在：中国企业 500 强的规模小，营业收入、利润规模、资产规模分别为美国企业 500 强的 19.4%、10.4%、21.5%，仅为世界企业 500 强的 9.3%、6.7%、7.1%；人均营业收入和人均利润额，仅相当于世界企业 500 强的 20.5% 和 16.7%。不仅如此，我国 500 强企业，主要是资源经营的国家垄断型企业，在国际市场竞争力比较弱。所以，从国家层面看，要实现全面建设小康社会的宏伟目标，就必须加快培育一批更具国际竞争力的大企业集团。

（三）从企业集团自身发展的需要来看

当前，经济全球化的趋势日益明显，企业并购重组风起云涌。不久前，世界钢铁业老大米塔尔公司并购欧洲钢铁业的主导企业阿赛洛公司，钢铁产量合计将达到 1.15 亿吨，成为首个全球年产量达到亿吨级的钢铁企业。从国内看，年产粗钢 500 万吨以上的企业已达到 18 家，总体上是产能过剩，整个行业大体表现为盈利、维持、亏损企业各占三分之一的局面。国内钢铁行业的兼并浪潮也日见高涨，宝钢收购八一钢铁，武钢控股昆明钢铁，包括米塔尔和阿赛洛在内的许多世界级钢铁公司也开始实施在中国的并购计划。日前，上海继分别组建上海电气集团、百联集团、锦江集团之后，又对食品行业实施了大规模整合，组建成立了光明食品（集团）有限公司，资产规模 458 亿元，主营销售收入 406 亿元，拥有大白兔、光明、冠生园、梅林、正广和等多个中国驰名商标和中国名牌。这些并购和重组使市场竞争更加剧烈。天津作为一个老的工商业城市，由于历史和现实的原因，各类企业存在问题还比较多，还存在一批停产半停产企业和困难企业，急需进一步深化改革，用改革的办法、用市场机制来解决发展中的问题，实现做大做强。

二、认真分析天津企业集团发展现状，总结成绩，找准差距，增强加快发展的紧迫感

改革开放以来，全市企业调整重组步伐加快，发展环境不断改善，基本形成了多种所有制经济共同推动天津发展的格局。2005年，天津市第一次经济普查公告显示，天津各类企业发展到78680户，资产总额达到14906.8亿元，主营业务收入达到12141.2亿元，利润总额达到583.4亿元。尤其是在激烈的市场竞争中，涌现出一批创新能力强、具有自主知识产权与核心竞争力的大型企业集团，成为促进产业升级、加快区域经济发展的主力军，为增加财政收入、形成优势产业、搞活大流通、提高区域综合实力、增加就业等作出了突出贡献。

（一）发展了一批强势企业

目前，全市营业额过百亿元的企业集团发展到了26家。其中：国有及国有控股企业集团21家，外资、合资、民营企业集团5家。在21家国有及国有控股企业集团中，有中央企业集团6家，天津地方企业集团15家。在天津进入2006中国500强的29家企业中，有国有及国有控股企业21家，外资、合资企业4家，民营企业4家；在天津进入2006中国制造业500强的27家企业中，有国有及国有控股企业17家，外资、合资企业6家，民营企业4家；在天津进入2006中国服务业500强的31家企业中，有国有及国有控股企业24家，民营企业7家。

（二）天津企业整体规模实力显著增强

2006 年，天津市百强企业共实现营业收入 7877 亿元，同比增幅接近 50%；资产总规模达到 5995 亿元，同比增幅达到 40%；盈利总额达到 290 余亿元，同比增幅超过了 26%；研发投入总额达到 90 亿元，同比增幅达到了 53%。近几年来，天津企业改革重组力度不断加大，先后组建了城投集团、交通集团和水产集团，冶金、天津钢管、一商发展、北方国际、燃气等 13 个企业集团实施了部分或整体的资产重组，一批企业正在进一步做大做强。

（三）企业集团内部的经营机制得到转换，创新发展能力明显提高

据初步统计，两年来市属国有企业共完成改制 1376 户，其中经过合资改制的 823 户，组建股份有限公司、有限责任公司的 1480 户，规范上市的股份制公司 23 户。相继完成了天药股份、津滨发展、滨海能源、泰达股份、天津港、百利电气、青海明胶、创业环保、天房发展、海泰发展、中新药业、劝业场 12 家上市公司的股权分置改革工作，磁卡、天海、天水 3 家企业正在抓紧操作。王朝公司在香港分拆上市，吸引外资 1 亿美元。天津港发展在香港上市，融资 12 亿港元。

这些都充分说明，天津大企业集团的发展是比较快的，对取得的成绩要充分肯定。但同时也要看到存在的差距和问题。一是天津大集团的规模、结构、盈利水平还有一定的差距。2006 年，天津百强企业的平均营业收入是 78.8 亿元，相当于中国 500 强企业平均营业收入的 27.8%。其中最靠前的摩托罗拉，在中国 500 强中排第 37 位，排在前 100 名的企业有 4 个，排在 200 名以后的有 19 个。天津百强企业的平均利润是 2.9 亿元，是中国 500 强企业的平均利润的 22.4%。天津百强企业的平均资产额度为 60 亿元，相当于中国 500 强企业资产平均额度的 7%。而且，进入中国

企业 500 强和天津百强企业的服务业比重偏低，产业发展不平衡。在 500 强中，天津入围企业属于第二产业的 22 户，占 76%，第三产业的 7 户，占 24%。再有，目前天津尚没有销售规模达到 1000 亿元的大企业集团，而上海有 3 户。二是核心竞争力还比较弱。主要是研发费用比较低。像格兰仕、史克必成一年的研发费用是 50 亿元，占企业销售收入的 15%。2005 年，天津骨干企业科技投入率为 2.66%，其中，市级企业技术中心的科技投入率 4% 以上，带动全市新产品产值率提高到近 30%。但就全市而言，总体投入水平还不高，有的企业甚至没有研发活动。三是企业国际化水平还不高。这些年，随着天津对外开放步伐加快，天津钢管、一汽夏利、王朝酿酒、天狮集团、物资集团等一批企业打入了国际市场。但从全市企业整体看，融入国际市场的深度和广度还不够，还有一些企业根本没有走出国门。

三、按照科学发展观的要求，加快现代化大型企业集团的发展步伐

（一）进一步搞好企业的中长期发展战略，不断创新企业的发展模式

一要做好发展战略规划。根据国家经济和产业的总体规划和国内外市场需求状况，结合本企业的特点，重点研究涉及企业发展的根本性、方向性和长远性的重大战略问题，做好企业在组织结构、市场结构、产业和产品结构及科技开发、人力资源建设等方面的近期和中期、长期规划，把企业当前发展与长远发展有机地结合起来。要按照"高水平是财富、低水平是包袱"的发展理念，提高规划目标的水平，把进入全国同行业前十名作为努力目标，把世界同行的竞争对手作为追赶目标。二要创新发展模式，提高发展质量。全市各类企业都要把加快发展的着力点，转到促

进技术进步、优化产品结构、加强内部管理、提高质量效益上来。要以提高资源利用效率为核心，坚持低投入、低消耗、低排放和高效率的集约型增长方式，坚决采取有效措施，通过加快运用高技术和先进适用技术改造企业，提升企业技术装备体系、生产工艺水平和产品质量水平。继续大力发展循环经济，不断提高能源资源的综合利用和高度利用，使集团公司单位 GDP 的年能耗水平下降4%，"十一五"期间，确保 GDP 年能耗水平下降20%，为降低全市 GDP 综合能耗作出贡献。三要集中力量做大做强主业。要以集团为单位，科学划分主业，集团主业一般不要超过三个。做强主业还要加快推进主辅分离、辅业改制和分离企业办社会职能的工作。市有关部门要从大局出发，全力支持集团公司做好这项工作。在做大做强主业的同时，适当发展相关产业，扩大企业规模，增强应变能力和可持续发展能力。

（二）进一步深化改革，有效整合资源，实现体制机制和管理创新

一要做实集团公司。我们现在的集团公司有相当一部分是由过去行政局换牌而来，与所属企业还没有真正形成资产纽带关系，还不是真正意义上的经营主体。做实集团，主要是解决集团和企业"两张皮"的问题，确立集团公司市场竞争主体的地位，成为国有资产保值增值的责任主体。做实集团公司，一定要理顺集团与企业的资产关系，建立母子公司体制。企业内部管理层次要科学合理，进一步缩短管理链条，减少管理层次，将集团的母子公司结构控制在三个层次以内。要实施管理流程再造，使集团公司真正成为决策中心、研发中心、营运中心、财务中心。国资委要下力量争取用两年左右的时间，推动全市国有控股集团公司完成做实工作。二要规范公司法人治理结构，完善运行机制。规范集团公司法人治理结构，是推进国有资产所有权与经营权分离、公

司决策层与执行层分开，确保出资人职责到位的体制机制保证，是企业真正实现政企分开、走向市场的重要前提和基础。目前，还有部分集团公司的法人治理结构还不很规范，比如，有的集团公司虽然建立了董事会，但成员全部由集团内部的高管担任，没有外部董事；有的集团公司只有董事长，没有董事会成员等。因此，集团公司要按照《公司法》的要求，完善法人治理结构。国有集团控股公司要全部建立健全股东大会、董事会、监事会。建立外部董事制度，集团董事会外部董事的比例要逐步大于内部董事比例，减少决策层与执行层的重合度。通过规范公司股东会、董事会、监事会和经营管理者的权责，形成权力机构、决策机构、监督机构和经营管理者之间的制衡机制。国有资产监管机构主要通过外派董事和监事会履行出资人职责。结合贯彻新《公司法》的要求，取消对企业及其经营管理人员的行政管理方式，积极推进企业经理人员职业化。要按照公开和竞争择优的原则，优化人才资源配置，促进人才合理流动。积极开展国有集团公司高管人员市场化选聘的试点工作。三要调整企业组织结构，加速优势资本聚集。为了适应国内外企业并购、资产重组的趋势，发展壮大天津优势产业和优势产品基地，要围绕滨海新区"一个基地、两个中心"的建设目标，加快东移搬迁改造的步伐，整合资源，盘活存量，重塑产业链，形成规模经济和集约效益，把集团公司做得更强，在整个行业、产业中形成更大的发展优势。要以发展核心竞争力强的大集团为重点，每年策划启动3—5户条件成熟、产业相近、行业相关的企业实施资产重组工作。要积极搭建国有资产经营平台，通过市场化运作，力争用五年左右时间，培育出年销售规模达到千亿元以上的企业1—2户，500亿元以上的企业3—5户，100亿元以上的企业30户，使天津国有大集团公司的数量、规模和综合实力比"十五"翻一番。四要积极吸引战略投资者，大力推进集团公司的股份制改造。除承担军工生产、重要战略物资储备的核心企业等确需保持国有独资外，其他行业和领域的集团公司都要积极实行股份制改造。要在全市范围内，甚至面向全国，吸引战略投资者，使集团公司的体制机制充满生机和竞争活力。集团公司暂时不具备改造条件的，也要积极推动所属重要的子公司实施股份制改造，转换经营机制，增强企业的市场竞争能力。

（三）提高自主创新能力，提升企业的品牌效应，增强集团公司的核心竞争力

随着国际化竞争的日趋激烈，我国企业的低要素成本优势逐渐减弱。因此，必须把提高自主创新能力作为企业发展战略的基点，并真正落实到品牌上。一要加大企业技术开发的投入。力争经过3—5年的努力，使全市企业研发投入平均水平达到3%，企业集团的研发投入达到5%以上。二要完善技术创新体系。企业应加强与科研院所、高校以及科技型中小企业的联合与合作，形成以大企业为主体和核心的"产学研"体系和技术创新联盟，发挥科研院所和高校在基础理论、前沿技术和原创技术创新方面的优势，在主导产品和关键技术、集成技术上尽快形成自主开发能力，努力掌握一批拥有自主知识产权的技术和产品。坚持自主创新与引进技术相结合的方针，加强对国外引进技术的消化、吸收，实现引进技术再创新，不断把新的产品推向市场。要坚持用高新技术和先进实用技术改造提升传统产业，高起点、高标准地制定并实施企业技术创新战略和企业知识产权战略，加快建立鼓励自主创新的激励机制。三要培育和发展一批拥有自主知识产权的名牌产品。要适应市场竞争由产品竞争向品牌竞争转变的需要，推进名牌产品资源的整合，把发展名牌经济作为转变经济增长方式、建设大集团公司的重要推力。重点做大钢管、夏利轿车、红三角

纯碱、海鸥手表、王朝葡萄酒、天士力中药、利达面粉、飞鸽自行车等一批名牌产品，发展以泰达、中环、实发、天津港、天物、一商友谊、桂发祥、中新药业等一批企业品牌，特别是培育发展一批像钢管公司 TPCO 那样能够走出"国门"的民族品牌。

（四）主动参与国际竞争，提高企业国际化水平

在企业发展中，我们既要大力吸引外资，引进国外先进技术和管理，也要实施"走出去"战略，主动参与国际竞争。要进一步推动有条件的企业集团，特别是国有及国有控股企业集团的整体或主营业务部分在境内外上市。要主动承接发达国家产业转移，积极参与海外资源开发和工程建设，加大与世界著名跨国公司技术交流与合作，更好地利用国外科技资源，采用兼并、嫁接、合作等形式，加强与国际大公司、大财团的合作。继续大力支持以钢管公司、金耀集团、天士力、天狮集团为代表的重点企业，在国际舞台上发展壮大，展示天津实力和企业的风采。在"走出去"的过程中，也要注意防范经营风险。

（五）各级政府要加快转变职能，为大集团、大公司发展创造良好的外部环境

建设具有国际竞争力的大公司、大企业集团，不仅是企业的事，也是政府的事。各级政府及政府各部门要加快转变职能，牢固树立服务意识，为大公司、大企业集团发展创造良好的各种外部环境。一要继续推进政企、政资、政社、政事分开。要按照完善社会主义市场经济体制的要求，规范政府和政府派出机构与所属企业的关系，在资产等方面实行全面分开。要加快政府职能转变，把政府职能切实转换到经济调节、市场监管、社会管理和公共服务上来，把属于企业的事情完全交给企业，使企业真正成为自主经营、自负盈亏的市场竞争主体。二要制定有利于大企业集团发展的政策措施。对有潜力、符合国家经济发展方向的大型企

业集团，要加大扶持力度。已经出台的各种鼓励政策，要确保真正落实到企业。要减少行政干预，消除企业在兼并重组和退出市场等方面的行政性体制性障碍。三要建立统一高效的国资监管体制。健全由国资监管机构、授权经营主体和控股参股企业组成的国资监管运营体系。通过国有资产授权经营，明确集团公司的责权利，落实企业的法人财产权。建立健全国有资本经营预算、收益收缴管理、经营业绩考核和薪酬管理制度，完善经营者激励约束机制。四要营造公平竞争的市场环境。在这方面要做的工作很多，比如，抓好工商行政管理、质量技术监督、发展行业协会及中介服务组织、健全市场体系、完善竞争规则等。各有关职能部门一定要在这方面履行好职责，多为企业发展做好事、办实事，真心实意地帮助企业解决各种实际问题。

鼓励和支持民营经济加快发展

（2007 年 9 月 25 日）

改革开放以来，特别是跨入新世纪，我国个体私营经济获得迅速发展。很多私营企业组成股份制企业；原有集体经济也发生深刻变化，或者改为合作经济，或者改为个体私营经济。因此，出现了比个体私营经济更广泛的概念，即民营经济，并已在社会上广泛使用。2002 年以来，已有很多省市党委、政府使用民营经济的概念，并制定和发布了一系列发展民营经济的文件。根据这种情况，9 月 19 日，天津市委常委扩大会议，听取了天津市政府的报告，大家集思广益，充分发表意见，经过认真研究，一致同意使用"民营经济"的概念，并审定下发《中共天津市委、天津市人民政府关于加快民营经济发展的意见》。

一、高标准总结成绩和差距，切实增强加快民营经济发展的紧迫感

个体私营经济，作为民营经济最重要的组成部分，随着改革

注：本文根据戴相龙同志在天津市加快民营经济发展工作会议上的讲话整理。2002 年底，天津市委八届三次全会提出，到 2010 年使个体私营经济占全市生产总值的比重从 20% 提高到三分之一。实际到 2006 年，此项比例仅达到 25.6%。为了大力发展个体私营经济，天津市和全国工商联先后 3 次在天津举办"私营经济论坛"，天津市政府制定了一系列扶持私营经济政策。2007 年 9 月 25 日，天津市委、市政府召开会议，明确把个体私营经济加上部分合作经济统一称为"民营经济"，提出到 2011 年，民营经济比重从 2006 年的 29.4% 提高到 38%。

的深化不断发展，经历了一个从"探索设立"到"有益补充"再到"重要组成部分"的历程，成为我国经济社会发展的重要力量。1979年，天津开始发展个体工商户；1988年，开始发展私营企业。特别是进入新世纪以来，天津每年都出台一个鼓励支持和引导个体私营经济发展的文件。通过这一系列文件的实施，有力地促进了个体私营经济的快速发展。近几年，天津个体私营经济发展呈现出几个特点。一是规模不断扩大。截至今年8月，全市个体私营企业总户数达到27.5万户，注册资金近2200亿元，从业人员133万人。2006年，全市注册资金在1000万元以上的私营企业达到4138户，注册资金在1亿元以上的达到182户，涌现了一批规模大、实力强、贡献突出的私营企业集团。二是作用不断增强。2002—2006年，全市个体私营经济增加值由430亿元增加到1116亿元，占全市经济的比重由20%提高到25.6%。三是贡献逐步增大。2002—2006年，全市个体私营企业吸纳劳动力由77.1万人增加到122.8万人，年均递增12.3%。个体私营企业年纳税额由24.7亿元增加到78.4亿元，年均递增33.5%，个体私营企业已经成为重要财税来源。

但是，全面分析天津个体私营经济发展，纵向比较进步较大，横向比较差距较大，总体上与天津市的地位和作用还不相适应。一是实力还不够强。天津私营企业注册资金不足100万元的有6.2万户，占总户数的72%。2006年，天津进入全国500强的民营企业只有11家，浙江有203家，江苏有112家，上海有24家。二是总量还不够大。2006年，天津个体私营经济增加值占地区生产总值的25.6%，低于浙江56%，重庆44.6%，四川44%和江苏35%的水平。天津私营企业只有8.6万户，远远低于上海50.6万户，浙江35.9万户，北京30.5万户的水平。天津个体私营企业注册资金仅相当于上海的四分之一，浙江的三分之一，北京的二分之一。

三是产业层次不够高。天津从事批发零售、餐饮服务等传统行业的私营企业有 3.7 万户，占总户数的 43%。而私营科技型企业仅 2947 户，只占总户数的 3%。多数企业属于资本投入扩张型和劳动密集型，经营管理还比较粗放。产生这些问题的原因是多方面的，最主要的是思想观念滞后，是体制机制不活，民营经济发展环境有待进一步改善。

我们必须充分认识到，个体私营经济是加快滨海新区开发开放，实现经济社会又好又快发展的重要力量，是促进社会就业提高群众生活水平的重要途径。从一定意义上讲，个体私营经济的发展速度和水平，体现着全市经济社会发展的活力，决定着天津未来发展的前景。因此，必须从战略和全局高度，重视个体私营经济发展，采取切实有力措施，尽快把天津个体私营经济发展提高到一个新的水平。对此，我们要有强烈的使命感和紧迫感。当前，加快个体私营经济发展已具备诸多有利条件。今年 6 月 25 日，胡锦涛总书记在中央党校发表的重要讲话中再次强调指出，要毫不动摇地巩固和发展公有制经济，毫不动摇地鼓励、支持、引导非公有制经济发展，形成各种所有制经济平等竞争、相互促进新格局。2005 年，国务院专门出台了《关于鼓励支持和引导个体私营等非公有制经济发展的若干意见》，这是新中国成立以来第一次以国务院名义颁布鼓励支持和引导非公有制经济发展的政策性文件。天津市第九次党代会明确提出，要鼓励支持个体私营经济、民营企业做大做强，使个体私营经济、民营企业、中小企业发展成为天津经济增长的新亮点。近几年，国家进一步明确和提升了天津的城市定位，滨海新区龙头带动、中心城区全面提升、各区县加快发展三个层面统筹协调联动发展，20 项民心工程、20 项重点工业项目、20 项新农村建设工作、20 项服务业项目等一系列重大举措正在抓紧实施，城市服务功能显著增强，天津到北京等外省市交通条件有了历史性改善，现代制造业和研发基地正在形成，金融改革创新深入进行，中央大企业、外商投资企业纷纷落户，协办北京奥运会、主办明年夏季达沃斯论坛等。这些都为天津个体私营经济创造了难得的发展机遇。只要我们进一步转变观念，增强信心，开拓进取，真抓实干，就能够实现天津加快个体私营经济发展的各项奋斗目标。

二、加快民营经济发展的总体要求和主要任务

（一）加快民营经济发展的总体要求和主要目标

总体要求是，认真贯彻中央关于鼓励、支持、引导个体私营等非公有制经济发展的一系列政策措施，保持政策的连续性、稳定性，进一步解放思想，更新观念，深化改革，创造宽松和谐的政策环境；放开领域，放宽条件，放手发展，创造公平竞争的市场环境；支持民营企业依法诚信经营，做大做优做强，增加社会财富，承担社会责任，创造全民创业的社会环境，促进民营经济持续快速健康发展，成为推动天津经济发展的重要力量。

主要目标是，经过 5 年努力，使民营经济增加值占全市生产总值的比重由 2006 年的 29.4% 提高到 2011 年的 38%①；民营企业户数由 10 万户增加到 20 万户，其中民营企业集团由 160 户发展到 350 户；注册资本金由 2077 亿元增加到 5000 亿元；从业人员由 132 万人增加到 220 万人。

（二）促进民营经济发展的政策和措施

进一步放开经营领域。鼓励民营企业参与旅游资源、文化体育、生态建设、投资办学、医疗卫生等领域的开发建设。民营企

---

① 2006 年个体私营经济生产总值为 1116 亿元，占全市的 25.6%；集体经济生产总值为 165 亿元，占全市的 3.8%。以上两项相加民营经济生产总值为 1281 亿元，占全市的 29.4%。

业参与旅游资源开发，各有关部门可将投资权、建设权和经营权一并授予符合特许经营资格的民营企业。支持民营企业投资参股兴办文化体育企业。民营企业参与生态建设，凡符合规定的，可采取行政划拨方式办理用地手续。支持民营企业投资兴办除法律法规限制以外的各类教育机构。支持民营企业和个人兴办医疗机构、中外合资合作医疗机构以及与健康相关的产业。

进一步放宽市场准入的条件。按照凡是国家法律法规和行政规章未禁止的即可准入原则，实施市场公平准入政策。放宽新型企业组织注册登记。放宽新兴产业和新兴业态组织注册登记。放宽经营范围和准入限制。支持民营企业参与国有企业改革。在资产处置、债务处理、职工安置、社会保障、土地使用、税费解缴等方面，参照执行国有企业改革的相应政策。实行平等准入和公平待遇政策。在专项资金分配和争取国家专项资金支持等方面，对民营企业与其他所有制企业，实行平等准入和公平待遇政策。对获得中国驰名商标和天津著名商标、中国名牌产品和天津名牌产品、中华老字号和津门老字号，以及发行上市的民营企业，给予一次性奖励。对进入全国企业 500 强等排序在全国前列的民营企业，按纳税额给予一次性奖励。对在天津设立总部或地区总部的民营企业实行奖励政策。

鼓励各方面人员从事民营经济。支持科技人员、留学回国人员、高校毕业生、征地农转非人员、下岗失业人员和残疾人员自主创业。鼓励机关公务员和参照公务员制度管理的事业单位工作人员创业。允许其他在职人员按照有关规定向企业投资或出资入股。

（三）加强民营企业的服务和保障

进一步拓宽民营企业的融资渠道。积极开发符合民营企业特点的信贷方式和业务品种，发展和谐银企关系，及时提供信息、咨询和中介等专业化服务。鼓励和引导商业银行发展专营民营经济业务的特色分支机构。鼓励和支持民营企业上市。支持民营企业发行企业债券和公司债。完善信用担保体系，支持银行与各类担保机构和企业加强合作。

依法提供民营企业发展用地。通过土地整理等途径获取的折抵建设用地指标，可用于支持重点民营企业用地。民营企业兴办符合国家规定的城市基础设施、科技、教育、文化、卫生设施等社会公益性项目，符合国家规定的按划拨方式供地。鼓励民营企业参与商贸设施和招商载体的建设和改造，参与大型批发市场、大型会展中心、特色商业街、商业中心和酒店等设施建设。

加强面向民营企业的服务。取消不属于国家法律法规和行政规章规定的前置审批事项，改由行业主管部门在发照后加强监督管理。各部门和各区县不得为增加税源而强拉企业注册，不得为保护税源而阻碍企业变更注册地。对不需要前置审批的企业，可凭营业执照，改在企业注册地以外的本市其他区县经营。彻底清理各类企业年检。凡法律法规规定的年检项目，不得收取任何费用。坚决禁止乱收费、乱罚款、乱检查、乱摊派。同一部门对同一企业的例行检查，原则上一年不得超过一次。

为民营企业提供人才服务。对来本市发展的民营企业各类人才在户籍管理、档案管理、职称评定、住房和子女入学入托等方面，给予同其他所有制企业一样的政策。放宽赴港澳商务签注的申请条件。努力营造各类人才在经济上有发展、在政治上有荣誉、在社会上有地位的良好环境。

（四）支持民营企业做大做优做强

支持民营企业实施品牌发展战略。支持民营高新技术企业发展，搞好民营高新技术企业认定工作。支持民营企业申报商标、域名和专利。支持有知名品牌和发展潜力的民营企业改制重组，采用高新技术和先进适用技术，提高生产效率，优化产品结构，提升产业层次。

鼓励民营企业"走出去"。支持民营企业到境外投资，建立企业、营销网络和研发机构。对符合条件的民营企业，实行便捷通关和"优检窗口"检验检疫。充分利用知识产权国际保护和国际贸易争端解决机制，建立企业知识产权保护和反倾销、反补贴、反垄断机制，帮助企业突破各种贸易壁垒。

促进民营企业管理现代化。支持民营企业加快机制创新、管理创新和科技创新。坚持科学化管理、集约化经营和市场化发展，努力实现发展方式转变。引导民营企业加强自我教育、自我管理和自我服务，严格执行国家法律法规，自觉履行企业责任，主动承担社会责任；建立和谐劳动关系，依法参加社会保险，保护职工合法权益；依法照章纳税。

（五）制定加快民营经济发展的配套实施办法

围绕贯彻落实天津市委、市政府制定的《关于加快民营经济发展的意见》（以下简称《意见》），市政府有关部门正在抓紧制定 13 个配套实施办法，对《意见》的主要内容进行细化和补充，这项工作要在 11 月底以前完成。市金融办等单位拟定《加大金融扶持力度，进一步解决民营经济融资问题的实施办法》；市商务委等单位拟定《关于鼓励商务领域民营经济发展的实施办法》和《关于促进服务外包发展的实施办法》；市教委等单位拟定《关于促进民营经济进入教育领域的实施办法》；市卫生局等单位拟定《关于促进民营经济进入卫生领域的实施办法》；市国土房管局等单位拟定《关于民营企业用地和发展场地的实施办法》；市农委等单位拟定《关于鼓励农民创业的实施办法》；市人事局等单位拟定《关于鼓励在职人员创业和参股创业的实施办法》；市工商局等单位拟定《关于进一步放宽市场准入和改革监管服务方式的实施办法》；市政府法制办等单位拟定《关于改革行政事业性收费的实施办法》；市工商局等单位拟定《关于加强民营经济统计工作的实施办法》；市国资委等单位拟定《关于加快集体企业改组改制的实施办法》；市编办等单位拟定《关于解决市和区县民营经济发展工作机构和人员编制问题的建议》。

三、认真抓好《意见》的贯彻落实，促进民营经济持续快速健康发展

一是切实加强组织领导。全市民营经济发展工作由分管副市长具体负责。要按照现行的管理体制，建立市民营经济发展工作领导小组。除市工商局外，吸收市中小企业局、市乡镇企业办等部门参加。要进一步做好组织领导和协调服务工作，研究解决民营经济发展中的重大问题，确保发展民营经济的各项政策措施落到实处。领导小组办公室，要切实发挥职能作用，加强对民营经济的统筹协调和综合管理，督促检查各项工作任务的落实。各区县也要按照《意见》的精神，建立健全相应的领导机构和办事机构，组织推动民营经济的健康发展。

二是认真落实各项政策措施。各有关部门、各地区要加大对各项促进民营经济发展政策的宣传力度，让民营企业都了解、熟悉这些政策，用足、用活、用好这些政策。要增强主动服务意识，实行"一照全市通行"制度，打造全市政策统一和整体协调的服务平台，为企业创造公平竞争的环境。要及时帮助民营企业协调和解决发展中遇到的困难和问题，为民营经济加快发展开绿灯、让方便。尤其是在项目审批、资金融通、人才流动等方面，提供及时、高效、公平的优质服务。各区县都要结合各自实际，制定相关配套政策和具体措施，全力为民营经济创造活力迸发、财富涌流的舞台。

三是建立统计分析和考核机制。要把发展民营经济纳入领导班子政绩考核体系，抓好决策目标、执行责任和综合考核指标体系建设。把目标任务层层分解，把责任落实到部门和个人。完善统计分析制度，把民营经济发展情况纳入经常性统计数据，搞好调查分析，为制定政策和宏观调控提供依据。落实工作奖惩制度，对促进民营经济发展成效显著的予以表彰奖励；对工作不力、完不成目标任务的，要通报批评。从严治理"四乱"，对民营企业的投诉和举报，做到每件必查，查必有果。

四是充分调动各方面的积极性。各级工商联要充分发挥政府在管理民营经济方面的助手作用，协助政府加强与民间商会、同业公会等机构和民营企业的联系与协调。工会、共青团、妇联等组织要充分发挥创业引导和依法维权等作用，切实维护民营经济经营者的合法权益。个体劳动者协会、私营企业协会等社会团体组织，以及各级群众团体和组织，要充分发挥桥梁、纽带作用，建立与政府部门间的日常协调与合作机制，加强对民营企业发展的指导与服务，引导民营企业依法诚信经营、创造社会财富、承担社会责任。

五是努力营造良好的社会氛围。各新闻媒体要采取多种形式，大力宣传党和政府鼓励民营经济发展的各项方针政策，宣传民营经济在经济社会发展中的重要地位和作用，宣传天津民营经济的先进典型、成功经验和突出贡献，努力营造"亲商、富商"的舆论环境。要在民营企业中积极倡导爱国、守法、诚信、敬业和回报社会的精神，提高民营经济代表人士的社会地位。在全社会努力营造创业光荣和创业者光荣，支持创业和尊重创业者的良好社会氛围。

提高依法行政能力

（2003 年 11 月 12 日）

经济社会发展、改革开放都离不开基本的行为准则。这个准则就是国家法律。学习法律、执行法律，是对政府组成人员、公务员的最基本要求。有一句老话说，"做官的不能把印丢了"。过去做官的都把大印带在身上，表示你是官儿，有行使权力的职责。现在，我们每一位公务员，是什么职务，可以做什么事，都有组织上的任命。但是，我们做官不能只记住职务，还要记住相关的法律法规，千万注意"做官不要把法给丢了"。把法丢了，忘记了按照法律办事，你就不是真正的公务员，就是失职。对于公务员来讲，至关重要的是坚持依法行政。

党的十六届三中全会决定有两条是专门讲法制建设的。第三十八条主要讲经济法制问题，要求"全面推进经济法制建设。按照依法治国的基本方略，着眼于确立制度，规范权责，保障权益，加强经济立法"。强调要做到六个完善：第一是完善市场主体和中

注：本文根据戴相龙同志在天津市政府法制工作会议上的讲话整理。在天津工作期间，戴相龙同志多次指出，处理各级政府与企业法人、自然人利益问题，不能简单套用下级服从上级，少数服从多数，群众过激上访后面必有坏人的思维方法，而是应该深入调查，分清是非，依法办事，切实维护企业法人、自然人合法权益。政府工作人员要提高依法办事的自觉性，依法处理土地征用、房屋拆迁、经济发展、环境保护、生产安全、信访上访等涉及企业和市民的十大问题。

介组织法律制度，使各类市场主体真正具有完全的行为能力和责任能力。第二是完善产权法律制度，规范和理顺产权关系，保护各类产权权益。产权是现代各类企业的核心，确定了产权是谁的，就确定了谁是投资者，谁是获利人，谁是风险承担人，这是最重要的，产权不明晰的企业不是好企业。第三是完善市场交易法律制度，保障合同自由和交易安全，维护公平竞争。既然有了自主经营、自负盈亏的企业在市场上活动，那么企业就要交换产品，这种交换必须是公平、公正的，不能靠行政去干预，也不能表面是市场的，背后是行政的，这个市场不能是人为作出的，而必须是依法建立的、符合市场经济内在规律的真正市场。第四是完善预算、税收、金融和投资等法律法规，规范经济调节和市场监管。第五是完善劳动、就业和社会保障等方面的法律法规，切实保护劳动者和公民的合法权益。第六是完善社会领域和可持续发展等方面的法律法规，促进经济发展和社会全面进步。第三十九条专门讲加强执法和监督。这些都是加强政府法制建设应解决的问题。下面，我讲三点意见。

一、充分认识政府法制建设的重大意义，努力提高依法行政的自觉性

（一）依法行政才能实现人民政府为人民的宗旨

法律是上层建筑，是经济基础的集中反映，同时法律作为上层建筑的重要部分，它保护了经济基础，也促进了经济基础发展。法律作为上层建筑，是统治阶级意志的反映，它有阶级性，是为统治阶级的政治、经济利益服务的；同时法律也具有社会性，是属于社会和人的行为规范的一种表现。在社会主义社会，我们的法律是在共产党领导下，通过人民代表大会制定的，因此每个法律都代表了人民的利益，代表了国家的根本利益。我们执行法律，

就是贯彻人民政府为人民的宗旨。人民的利益，是通过法律的形式来维护的。人民政府为人民，最根本的一条是政府要执行人民代表大会——人民的最高国家权力机关制定的法律，最重要的就是依法行政，这才是代表人民的根本利益。

（二）依法行政才能真正建立廉洁、勤政、务实、高效的法治政府

我们的政府，是通过人民代表大会按照法定程序选举产生的。政府行使职权的依据，是人民代表大会制定的法律。政府只有坚持依法行政，才能建立廉洁、勤政、务实、高效的法治政府。所以，我们今后工作的特点，就是要从权力导向型的政府转变为法律和规则导向型的政府，树立法律在政府行政中的权威，严格依照法律和规则办事；从无所不为的、权力无限的政府，转变为不该管的事情不管、该管的事情要管好的权力有限的政府。政府要依照法律规定的权限和法定程序履行行政职能，这个必须清楚。为什么？大家想一想，过去我们90%是国有经济，10%是集体经济，集体经济实际也是国有的。政府的各种管理和对国有企业管理都是合二为一的。今天，我们的经济成分不完全是全民所有制的，而是多种经济成分并存。比如，天津的国有企业的净资产是1200亿元；三资企业引进的外资是250多亿美元，但是我们从年检得到的三资企业注册资本是110亿美元，110亿美元乘以8.3，大约也就是八九百亿元人民币；我们估计私有经济注册资本接近900亿元。这样看来，三个方面的净资产分别是800多亿元、900多亿元、1200多亿元。在这种情况下，政府的管理就应该是政府的公共管理、依法管理。政府的职能是制订经济总体发展规划，为各种经济成分发展提供好的环境和服务，不能站在某一种经济成分上用传统观念来行政。所以建立高效、廉洁的政府，很重要的一条是观念要转过来，要做我们应该做的，不应该做的就不能

做，政府的公权力不得违法干预私权利。

（三）依法行政才能为全面建设小康社会创造良好法制环境

在市场经济条件下，企业法人和自然人都对自己的利益更为关心，这些利益都应受到法律保护。在处理政府与企业法人及自然人利益、企业法人之间和自然人之间利益问题时，政府工作人员不能简单采取下级服从上级、少数服从多数、上访人员过激行为后面必有坏人的思维定式，而应该深入实际，了解实情，依靠群众，依法办事，切实维护企业法人和自然人合法权益。多种经济成分在一起相互竞争、公平竞争、透明地竞争，最重要的一条就是要依法保护他们的权益，依法保护他们的交易，依法维持社会信誉。从这一点来讲，市场经济就是法治经济，而且是更完善的法治经济。所以说依法行政是全面建设小康社会的基础，全面建设小康社会需要基本的法制环境。在某种程度上讲，一个国家、一个省、一个市，甚至一个企业，谁最讲法律，谁最懂法律，谁才最能维护自己的利益。在商品交易中，守法是最好的投资环境。现在我们把投资环境往往理解为免税、减税，其实外商特别注意的是要有公平投资环境，是要有完善的法规。天津是北方沿海开放中心城市，跟北方的城市乃至全国的大城市都有联系。天津是现代化港口城市，跟国际上的港口城市都有交往。我们做每一件事，都要想到这件事是在全国做的、在全世界做的，要用世界的标准、全国的标准来衡量是非，要依据法规行事并维护双方权益。在国际交往中要懂得国际法，在国际贸易中要懂得各种国际贸易法。

依法行政是真正维护人民利益的。因为维护人民的利益不是一句空话，它是以法律的形式来体现维护人民的利益的。只有依法行政，才说明政府是法治政府，才能有好的投资环境和市场经济环境。天津市要真正成为国际大都市，各有关单位就必须清楚地了解涉及你的行为的所有法律，这也是一个真正的公务员所应具备的素质。当然我也不是说每个人都要成为法律专家，但你必须了解涉及你这个行业相关的基本法律知识，你这个单位的法制机构的工作人员就是法律顾问。要发一个通知、发一个规定，政府和企业决策，必须交由法制职能部门审核是否符合法规。如果我们天津市的公务员和企业高层管理人员法律水平能够大大地提高一步，个个都依法办事，说话都有法律根据，那就好了。适当沟通和应酬是需要的，但不能靠敬酒敬烟和称兄道弟来办事。当然大家不可能记住那么多的法规，只要记住与你职责和决策特别密切的有关法律，我看就够用了。谈到天津，国务院给我们的定位，是北方重要的经济中心、环渤海经济中心和现代化港口城市，这很有利于天津的对外交往。但是，如果人家和你交往，看你说话不懂法规，可能就不深谈了。对外宣传，不能说我们领导班子定了什么优惠政策。否则，人家害怕领导班子换了，政策优惠也就没有了。应该宣传政府行政是依据法规，行政法规有变化也要经过法定程序，不是行政领导，也不是领导班子说了算。

二、坚持依法行政，促进天津经济和社会协调发展

谈法律，不能离开我们的经济工作和社会发展，还要把两者结合起来。我们一定要坚持依法行政，促进经济和社会协调发展。对此，当前着重要把握好十个方面的问题。

第一，要依法管好用好土地，把土地资源变为资本。《土地管理法》、《天津市土地管理条例》、《天津市国有土地使用权有偿使用办法》，是管好、用好本市土地资源的基本法律依据，必须在土地运用和管理全过程中认真执行。天津市 1000 万人住在 1.2 万平方公里范围内，农民有农民的地，单位有单位的地，大家都是立地生存，就从最基本的土地讲起。最重要的是，我们要认真贯彻

国家有关土地的法律法规和天津的土地管理法规，保护我们的土地资源，用好土地资源，使我们的土地资源能够增值，我们最重要的财富也在这里。前不久省市长会议就提出，要保持粮食生产的能力，不是要求我们地方粮食自给平衡，而是要求巩固和保持全国的粮食生产能力。只要有地、有水，撒上种子，三四个月到半年，粮食就有了。但是，如果你没有地，就没有粮食，储备多少粮食也有吃完的时候。所以，对于农用地的管理必须要严格。天津市的建设一年只能用4000公顷的农用地，其中，耕地限定为2000公顷，这是很严格的，必须执行。天津还有工业用地，有很多盐碱地，只要经过批准，还是可以用于建设。我们的经济开发区只有三十多平方公里，现在已经无地可用了。对此国务院领导非常关心，建议国土资源部和建设部协助解决，对其合理要求可以帮助解决。对乡镇政府规划和建设的工业园区要很好地管理。今天，区县长都在这里，我们总的目标，是要搞农业产业化、郊区工业化、城乡一体化。郊区工业化，多数发展给大工业配套的加工业和农产品加工业，而且要与小城镇建设结合进行。对发展乡镇企业不能否定，但是，对工业园的面积要严格控制，对其产业、产品发展要引导，不要盲目发展。市政府土地管理委员会已开会规范乡镇工业园发展，对已经规划、没有开发的，一律要停下；已经开发的，可在那个面积上先建设，把已开发的土地先利用好，不要急于再扩大了。总而言之，要采取实事求是的办法，珍惜我们的土地，有步骤、按程序地扩大建设和工业用地，希望大家在这个问题上一定要有法制观念。另外，对土地使用，除了按规定控制数量外，还必须按市场化配置。三中全会讲的要完善土地、劳动力、技术等生产要素的市场化。天津的城市土地过去几年主要用于危房改造，给了居民们极大的优惠，市政府没有拿到多少土地收益的钱，但老百姓的住房改善了。开发区土地转让的收益反映在泰达公司，市财政也没有拿多少钱。过去的土地使用，大部分是行政划拨，直到去年土地有偿转让在城区也才只占30%。今年5月份，我们开了会，把三环线以内的所有的土地管起来，只有市政府的土地整理中心才能收购，收购整理以后，要在市场上通过招标、拍卖、挂牌一块一块地出售，不能悄悄地个别交易，这个效果还是很好的。刚才土地局说，上半年收益才1亿多元，从6月份开始到9月份，政府获得的出让收益就6亿多元了，到年底10多亿元，效果很明显。有了钱就好办其他事情了，今后我们也要这样做。今年还想搞一个天津市区县国有土地使用权有偿转让实施细则，在土地出让收益上给区县适当分权。但有一点，土地利用规划是统一的，你这里是搞工业或是搞旅游等，要服从全市的统一规划。政策也是统一的，交易也是统一的，将来都要到市土地交易中心统一交易。因为，只有在一个地方集中交易，交易价格才能合理实现。至于市里与区县怎么分配土地转让收益，这好办，但千万不能让它再流失。今后再也不能卖生地了，一大片生地卖给开发商，他然后找贷款开发，再卖给其他开发商，做起土地买卖。我们市政府为什么不能统一开发呢！我们必须把土地经营和管理好，按规定将征地两年以上不使用的土地收回政府。有的土地被征后多少年不用，为避免检查就搭个棚、打个围墙，再不行就建一个木板房，如此也要将这些土地收回。还有30多个烂尾楼，有些债务人都跑了，浪费了土地，又损害了我们的市容，必须限期处理。要把债务人找到，即使找不到也可以处理。债权人可以申请法院来处理他的资产，委托一个机构把烂尾楼建好，然后把变卖的钱先归还这个机构，剩下的资产再按照债权人的情况，依法有序清偿，我们可以搞一个烂尾楼处理办法。我看有的烂尾楼还不错，有20多层，简单的"衣服"也穿不起来，太难看！我们通过法律来研究处理好这个问题。各级政府一定要把土地管起来，管不好土地就是失职。

第二，依法实施房屋拆迁。房屋拆迁，既要促进城市建设，更要维护居民利益和社会稳定。国务院有拆迁条例，天津有拆迁管理办法，一定要认真执行。天津市今年拆了445万平方米旧房，发放居民119.8亿元的补偿金。在119亿元中，有的居民是买了新房，有的是买了二手房，有的居民拿去买别的了，这是对居民的补偿。但我了解有的房子并不是居民所有的，有的是企事业单位的，补偿金应该给企业。有的房子是企事业单位租赁给个人的，产权并不是个人的，现在拆了，按道理补偿金应该给产权单位，等单位建好房子，居民再去租这个房子。但是，政府从实际出发，因为居民已有长期居住权，不能因房屋拆迁而丧失居住权，为此，政府明确房屋拆迁费归房屋实际居住人。应该讲，现在的政策对房屋实际居住人是一个好政策，我们一定要把居民的拆迁工作越做越好，把好政策执行好。天津因房屋拆迁引起的上访比例还不算很高，但也发生了几件事。发生的原因，依我看不是老百姓不讲理，有些地方是因为你没有建设规划，就要进行房屋拆迁，那怎么能行，这是政府部门违法。再有就是拆迁价格，要通过市场评估，然后再加补贴。市场评估机构是否公正呢？这也是个问题。在老百姓的立场上希望评估合理，站在政府的立场上，也希望老百姓的利益能够得到维护。所以评估怎么能够更加合理，补贴怎么更加合理，什么标准是老百姓能够接受的，都要认真研究，听取市民意见，考虑各方面利益，要依法办事。有的地方是，房屋拆迁了以后，答应给老百姓的钱没有到手；有的农村是，拆迁时乡村没有开大会，只是村乡的领导人自己定的，不透明，群众不放心、有意见，当然也不一定是领导有贪污。拆房、卖地是大事，村务是要公开的。征地拆迁的钱，不是一次性给付，而且分若干年给付，那就应产生利息，不考虑利息收入就有问题了。对补偿金怎么用也要研究。外地有的做法是征用了农民的土地,把补偿金留做失地农民社会保障基金。北京就是这样做的,征地拆迁补偿金100%给你,但是,有一部分不发给个人,而是作为社会保障,养老发多少、医疗发多少,按月发放。农民失去了土地,又没有新的就业机会,5年、10年后怎么办呢?我赞成用一部分土地补偿款作为社会保险的来源。总之,征地拆迁要有规划,要公示,作价要比较合理,要为老百姓提供一个中介机构,来评估拆迁价格是否合理,不能由拆迁部门自己定价。我们在这些方面已做了好多工作,应该总结、完善。今年拆迁400万平方米,今后还会有更多的要拆迁,因为天津正处在一个大发展的阶段,关键是要把拆迁列入法制化轨道,兼顾各方面利益。

第三,依法管好用好海洋资源,发展海洋经济。我国有《中华人民共和国海域使用管理法》、《海洋环境保护法》、《全国海洋经济发展规划纲要》等一系列的有关海洋资源管理的法规。对此,我们要认真学习,坚决贯彻。天津有153公里长的海岸线,有港口和各种渔业资源。我们要发展海洋工业,要建设现代化的港口基地,还要搞临港工业园、保税区、经济开发区,许多问题涉及海洋资源的管理。开发和利用海洋资源,都要依法进行。我们还要研究开发不长但难得的海岸线。天津有海,但看不到蓝色的海。有的部门提出要搞海挡工程,逐步推进吹沙造陆,可形成200多平方公里陆地,大约1平方公里要一亿元投资。上海就搞了一个碧海工程,效果较好。我们要科学利用海洋资源,但要依法进行。不管是水利工程建设,还是滩涂的开发,都要学习和执行《海洋法》的有关内容和规定。

第四,依法改革国有企业,大力吸收国内民间和境外资本,建设现代化的工业基地。在这个问题上,我们也要学习和贯彻《企业法》、《公司法》、《破产法》等法律。工商企业的设立、登记，资产的转移、兼并、破产，发展企业集团，都离不开法律。我们如果不懂这些法律，建设现代化的工业基地是不可能的。首先，要学习和贯彻《行政许可法》，要实行政企分开，政府能做什么，不能做什么，都是有法律规定的，政府不得干预企业的生产经营活动。我们研究上市公司时，有一家上市公司给我举了一个例子，上市公司募集到的资金被母公司调走，花到其他方面去了。我就问是怎么调走的？每个公司都有自己的账户和开户银行，资金的出入都要有经理等人的同意，不可能被别人调走。他们说不给不行，上市公司的人都是母公司管的。建立现代企业制度，就要懂得和遵守《公司法》，政府与企业一定要脱钩。最近，我们在和有关银行研究，把近几年危困企业所欠银行不良贷款打包处理，政府按统一折扣比例，一次性归还银行现金，其余贷款银行一次性核销。政府对有关企业区别对待，少数破产，多数重组，搞活国有企业。所有这些工作都要依法进行。

第五，依法支持个体私营经济发展，保护私有产权不受侵犯。今年我们要增加 500 亿元个体、私企注册资本，相当于 60 亿美元，远远超过引进境外资本。明年要增加 500 亿—600 亿元民营企业投资，让我们共同努力实现。民间资本活跃了，有利于国有资本的活跃，也有利于促进外资流入。必须维护个体私有经济的经营权，必须让个体私营企业也进入到过去我们国有企业垄断的行业里去。对个体私营经济，帮助开户、登记，实行税收等优惠政策都是必要的，但有些行业不让私营企业进入，再多的优惠，私营经济也无法发展。关键是要把天津市某些行业对私营经济放开。我们的观念要改变，不要认为个体私营经济就是搞饮食服务业的，现代工业它们也可投资，只要它们有足够资本，可以借贷款，可以聘请专家来经营管理。现在，我们理解国家的政策是，如果国有经济能搞好，尽量地搞好，我相信大部分是能搞好的，可以成为若干行业领头羊，成为国际市场的竞争主力。与此同时，我们要大力发展多种非国有经济，在积极引进外资的同时，要花更多精力发展我国个体私营经济，也支持外资和我国私营经济入股或兼并原有国有企业。还有一个问题，要想办法把民间的资金转化为民营资本。如把城乡居民一部分储蓄和一部分企业闲置资金转化为资本，增加投资收入。现在，股份制企业平均资本回报率超过15%。但是，城乡居民和有条件的企业不敢对其投资，针对这种情况，可研究和探索成立一种担保公司，对其投资回报率实行有条件的有一定水平的担保，这是国内过去所没有的。总而言之，我们要学习和执行各种有关法规，做大做强民间资本，积极有效地支持个体私营经济发展。

第六，依法促进区县经济发展，促进农业产业化、郊区工业化、农村城镇化和城乡一体化。区县经济发展涉及广泛的法律问题。我认为区县也可以成立土地收购管理中心，土地要掌握在政府手里，修桥也好、修路也好，也要一块一块地有偿转让，确保土地增值，还利于政府，还利于民。区县有条件也可成立小城镇建设投资公司和土地收购管理中心联合运转，促进区县经济发展。由生产大宗农副产品的农民举办合作加工业，农副产品加工销售利润，再按收购农副产品数量返还农民，可以大大增加农民收入。这样做，也是合理合法的，这在外国很普遍。我们要研究政策用好劳力、土地、农产品，使农民增收，单靠政府参政支持是不行的。这次为农民身体健康免费检查，市财政拿3000万元，区县拿一点，经济条件好的农民自己拿一点，实在没有也可以不拿，医疗单位也降低收费。这项工作很受农民欢迎。医疗单位工作量悬殊很大，有的医院门诊病人并不多，设备不用也要折旧。这次体检，适当降低收费，全部体检费用又回到了卫生系统，而且为农民进行了健康检查，建立了农民健康档案，也为农村卫生事业发展创造了条件。总之，对发展区县经济要好好研究，市政府法制办要对每一项经济工作涉及的法律问题，进行系统研究，理出一个依法促进各种所有制经济发展的思路。

第七，依法规范劳动和社会保障管理，扶助弱势群体，救助困难群众。这项工作非常重要，建立和完善社会保障制度，不要仅仅看做是扶助弱势群体的问题，它是建设中国特色社会主义市场机制的基础性制度建设。市场经济是讲竞争、讲效率的，但是我们只讲效率，不讲公平，那社会就不稳定了。如果我们天津市不把社会保障制度建立起来，我们的市场经济就很难发展，很多政策也推不开。为什么？没有完善的社会保障制度，城乡之间、城市居民之间收入差距就拉大了，就会影响社会稳定。政府要为市民提供更多的就业机会，政府也要依法规范劳动关系，保护劳动者的权益。无论哪一类企业，都要按时发放工资，如有拖欠，也要在得到职工同意后分期抓紧偿还，即使企业破产，也要把偿还欠薪放在首位。用法律的办法增加财政收入，逐步解决企业拖欠工资的问题，还有养老基金的问题、医疗保险的问题等。建立社会保障制度，国家是有法律规定的，你不缴纳社会保障费用，是应该受到处罚的。这不是简单的财务审计问题，而是制度规定你用人就要列入成本，只追求利润，不计入成本，分红分掉了，风险变成国家的了，那就是要受处罚的。这些问题应该按照劳动法规解决。对所有不交社会保险的单位，要开出名单追缴，克扣工人的干部不能提拔。制造不稳定后，再逼政府拿钱，提拔这些人干什么。这样做不会影响投资环境。我了解到三资企业对社会保障资金多数都交了。我认为这个问题一定要依法解决、依法保障、依法审计。

第八，依法规范城市环境保护，促进经济社会可持续发展。要依据《环境保护法》、《海洋环境保护法》、《环境影响评价法》

以及水、大气、固体废物、噪声、放射性污染物防治等相关法律的规定，处理环保问题，使我们的生活环境更美好。各级政府必须严肃查处污染环境、危害社会的违法行为。我来天津市工作不久，因为二氧化硫中毒撤了几个人的职务，我也请环保局长大胆监管，为天津的老百姓管好城市环境。环境卫生好了，空气质量好了，人民会欢迎的。不要怕影响企业生产成本和投资效益，用损害城市环境和人民身体健康的办法来取得一时的经济效益，是绝对不可取的。我们要大力宣传《环境保护法》，做好环境保护工作。要花40亿元解决垃圾处理问题，除财政要拿一部分资金外，也要用市场经济的方法解决一部分。现在，天津对固体废物的处理在全国还是一流的，但还要巩固、提高。有关单位要将该收的固体废物一定要收集起来，收集废物的袋子也不要一家生产、一家专卖。现在有个问题，医院因为搞固体废物的处理，费用上去了，是否医疗费用也要上去呢，我看是不可以的，这还需要再论证一下。总而言之，对我们的城市环境也得依法管理。你看我们天津到港口的路上，本来很漂亮，路边都是树木，周围都是庄稼，从城里一出来，心情很舒畅。现在路边不是农田，而是一二层的楼房和店面，这些都不符合规定，都应该清理。在农历七月十五或办丧事时，少数人在街上烧纸钱，这样的事发展在直辖市是完全不应该的。有的说，这是搞迷信，只能教育。我看这是违反交通管理法规，要理直气壮地监督管理。我们长途汽车行驶的有些路段也是破烂不堪，铁路两侧也很乱。有人说，从北京坐火车到天津市郊以后就要把车窗关上，不知道是不是这样。如是这样，是我们工作失职，必须限期解决。我们一定要依照环保的法律，全面持久地做好我们的环境卫生和环境保护工作。

第九，依法防治突发性的公共卫生事件，维护人民生命安全，提高健康水平。今年4月下旬和5月上旬，天津集中发生"非典"

疫情，天津市委、市政府依法对传染源进行隔离，依据法规，处理抗击"非典"中的各种关系，取得抗击"非典"的胜利。国务院已经制定了《突发公共卫生事件应急条例》，市政府制定和发布了《天津市预防与控制传染性非典型肺炎管理暂行办法》和《天津市突发公共卫生事件应急办法》等，这是天津防治突发公共卫生事件的基本法律依据，希望大家认真地执行，确保人民群众的生命和健康的安全。

第十，依法处理信访事件，维护社会治安的稳定。对这项工作，我们讲了"八个认真、三个严禁"。为了维护北京的治安，动员有关人员不要去北京上访，这是必要的，但关键是要高度重视和依法解决上访人员反映的意见。上访人员反映的问题，80%是发生在基层，要在基层解决。对上访反映的问题，要把事实搞清，要耐心解释，要依法解决，不能简单地用"这是我们认真研究的"来答复上访群众。我自己直接接待过上访人员及其代表，是关于房屋拆迁问题的，我了解真实情况后，批给某区区长处理，他们很重视，马上到现场进行了调查，把问题搞清楚了，同时也把问题解决了。我认为有些事情长期没有得到解决，是因为我们没有和上访人员面对面的交谈，没有亲自听这些人的意见，少数人相互推诿，还有人是"火上浇油"。我们应该多搞一些实际调查，多尊重上访人员，从源头做起。上访问题都要记录在案，什么人上访反映什么问题、由什么人答复又是如何答复的，处理结果如何，不能敷衍了事。我知道各级政府和有关部门，在依法处理上访中已经做了大量工作，但是，还有许多明显不足，还需要加倍工作。我们也要换位思考，今天我们是当官的，明天也是老百姓，也可能会有诉求。一定要依法处理上访事件，维护社会治安。在维护社会治安方面公安局很认真，希望他们的执法行为更加规范化。我们在维护社会治安的同时，也要依法维护人权。公安部门的工作环境越来越复杂，一方面要依法处理各种矛盾，另一方面要依法维护当事人权益和尊严。我们各个行政执法部门一定要提高执法水平。这方面天津还是很重视的，没有出大的问题。

此外还有很多问题，譬如刑法的问题、社会治安综合治理的问题、在人与人的交往中维护人权的问题、金融法律在地方实施的问题等。在此，难以一一分析。总之，在经济和社会生活各个方面都要依法办事。

三、切实加强领导，扎实推进政府法制建设

第一，要把政府法制建设摆上位，要"一把手"来负责。今后对政府部门主要领导的政绩考核，不仅要有经济指标、综合治理指标、人口和计划生育指标，还要有依法行政的考核。所谓依法行政，是说你的政绩是怎么得来的？是通过依法行政合理得来的，还是搞垮了这个企业，又去搞那个企业。因为我们有行政权力，要想调动资源搞好一件事很容易。你把这件事搞好了，可能把包袱又转到别人的头上了。你今年搞好了，3年、5年后可能在下届政府又出了问题。所以，我们在考察政绩的时候，一定要看是通过依法行政获得的成绩，还是通过不正当程序取得的。

第二，要坚持依法决策，依法履行职责。市政府将制定《天津市人民政府重大决策程序规则》，要找一些非公务员身份的人员作为咨询人员，温家宝总理非常注意这个问题。我们务必依法行政，依法履行自己的职责，做一个合格的公务员。我们领导同志也要"一日三省吾身"，想一想今天我们做的这些事有法律依据吗？对违反法律的事，我们处理了吗？一定要用法律来衡量我们的工作。

第三，各级领导干部要自觉学法、用法，严格依法办事。法制办要编写以国家法律、行政法规为主要内容的公务员执法手册，

各部门和各系统要编写本部门、本行业专业性法规、规章手册，作为公务员执法人员必备的执法依据。

第四，要加强政府法制机构建设。机构改革中也要符合法规，不符合法规的要更改。区县政府都应设有法制工作部门，各级政府领导签发的有关文件，应该由法制部门对是否符合法规进行把关。

第五，要搞一点法制研究、法制调查。在市场经济中，有好多事情需要研究。比如说，这个房子租给人家，承租人对房子又进行投资，后来这个房子拆迁了，我们对出租人给予了补偿，对承租人该不该补偿呢？有的说不该补偿，有的说该补偿，法制部门要进行研究。

第六，搞好法制宣传。宣传媒体要搞一些结合天津老百姓关心问题的法制讲座，我看中央电视台这方面做得不错。希望我们的报刊杂志结合实际，加强法制宣传工作。

明大义　办实事　当公仆

（2005 年 2 月 28 日）

　　保持共产党员的先进性，是马克思主义政党的根本特征，是决定党的前途命运的根本问题，是提高党的执政能力的根本建设。失去了先进性，党的生命也就停止了。关于共产党员的先进性，党的十六大通过的《中国共产党章程》，对党员的义务列出了八条。今年 1 月 14 日，胡锦涛总书记在新时期保持共产党员先进性专题报告会上的讲话，提出要深刻理解和准确把握共产党员先进性的基本要求，强调了六条。一是坚持理想信念，坚定不移地为建设中国特色社会主义而奋斗。二是坚持勤奋学习，扎扎实实地提高实践"三个代表"重要思想的本领。三是坚持党的根本宗旨，始终不渝地做到立党为公、执政为民。四是坚持勤奋工作，兢兢业业地创造一流的工作业绩。五是坚持遵守党的纪律，身体力行地维护党的团结统一。六是坚持"两个务必"，永葆共产党人的政

　　注：1981 年 6 月，戴相龙同志担任中国农业银行江苏省分行农业拨款处副处长后，在接受《新华日报》记者采访时对自己提出"明大义、办实事、当公仆"的要求，并长期以此自勉自诫。在这次会上，戴相龙同志用上述九个字，与大家交流了保持共产党员先进性的体会。本文根据戴相龙同志在天津市红桥区干部大会上所作保持共产党员先进性专题报告整理。

治本色。通过学习胡锦涛总书记的讲话和《保持共产党员先进性教育读本》等材料，我个人体会，新时期共产党员的先进性可以主要归纳为三个方面，即明大义、办实事、当公仆。

一、明大义，学习和实践"三个代表"重要思想，坚定不移地为建设中国特色社会主义而奋斗

十六大通过的新党章在总纲中明确指出："中国共产党是中国工人阶级的先锋队，同时是中国人民和中华民族的先锋队，是中国特色社会主义事业的领导核心，代表中国先进生产力的发展要求，代表中国先进文化的前进方向，代表中国最广大人民的根本利益。党的最高理想和最终目标是实现共产主义。"这几句话，完整准确地阐述了我们党的性质和党的最高理想。一个共产党员从宣誓参加共产党的那一天开始，就应该坚定理想信念：胸怀共产主义远大理想，坚持社会主义信念，坚定不移地为建设中国特色社会主义而奋斗。

从《共产党宣言》公开发表到今年2月已157年，马克思主义在全世界传播，经历了一个曲折过程。马克思主义和中国实践相结合，产生了毛泽东思想、邓小平理论和"三个代表"重要思想，使一个贫穷落后的中国，正在和平崛起为社会主义强国。

（一）马克思列宁主义揭示了人类社会历史发展的规律，它的基本原理是正确的，具有强大的生命力

19世纪40年代，资本主义在西欧许多国家已经从工场手工业阶段跨入大机器工业阶段，社会化大生产得到迅速发展。同时，生产的社会化与生产资料的私人占有之间的矛盾已经暴露，由此带来了工人运动的兴起。在这种历史条件下，迫切要求一个崭新的、先进的思想理论的诞生和指导，马克思主义应运而生。马克

思主义的产生，既与当时的经济社会发展历史条件相联系，也继承了德国古典哲学、英国古典政治经济学和空想社会主义学说的优秀成果，在批判吸收的基础上，创造了马克思主义的崭新理论。1848 年 2 月，国际共产主义运动创始人马克思、恩格斯发表了《共产党宣言》，从此，国际共产主义运动风起云涌。特别是随着 1917 年俄国十月革命的爆发，世界上诞生了第一个社会主义国家。随后，东欧和亚洲等一些国家也相继建立了社会主义制度，形成了与资本主义世界相抗衡的两大阵营。但在 20 世纪 90 年代初，正当国际共产主义运动发展的关键时期，世界形势风云突变，列宁亲手缔造的第一个社会主义国家苏联解体，随之发生东欧剧变，社会主义阵营不复存在，国际共产主义运动发生严重曲折，进入低潮。其主要原因是，苏联和东欧一些国家，在复杂的国际环境中背离了马克思主义的基本原理，脱离了不断发展变化的国际形势和本国实际，特别是国家经济体制和党的领导体制中存在严重缺陷，片面地追求军备竞赛，导致经济发展缓慢，人民生活水平提高不快，严重脱离了人民群众，才出现了共产党执政地位的丧失、制度的改变甚至国家的分裂。与此形成鲜明对照的是，中国共产党人在毛泽东、邓小平、江泽民和胡锦涛同志领导下，把马列主义与中国实际相结合，丰富和发展了马列主义，取得了经济和社会的巨大进步。

（二）马克思列宁主义在中国的伟大胜利

马克思、恩格斯在《共产党宣言》1872 年德文版"序"中指出：《共产党宣言》提出的"这些基本原理的实际运用，正如《宣言》中所说的，随时随地以当时的历史条件为转移"。也就是说，马克思主义基本原理是普遍适用的，但在与各国具体实践的结合中，绝不是僵化的、一成不变的，而是发展的、创新的，这也正是马克思主义强大生命力所在。以毛泽东同志为主要代表的中国共产党人，把马克思列宁主义的基本原理同中国革命的具体实践结合起来，创立了毛泽东思想。在毛泽东思想指引下，建立了新中国，完成了从新民主主义到社会主义的过渡，确立了社会主义基本制度，发展了社会主义的经济、政治和文化。十一届三中全会以来，以邓小平同志为主要代表的中国共产党人，解放思想，实事求是，创立了邓小平理论。在邓小平理论指引下，我国实现全党工作中心向经济建设的转移，实行改革开放，逐步形成了建设中国特色社会主义的路线、方针、政策，使马克思主义在中国这片土地上焕发出勃勃生机。特别是党的十三大，实事求是地作出了我国正处于并将长期处于社会主义初级阶段的科学判断，提出了"一个中心，两个基本点"的基本路线，建立了与社会主义初级阶段相适应的经济政策。同时，提出了我国经济建设分三步走的伟大战略部署。党的十四届三中全会以后，以江泽民同志为核心的党的第三代中央领导集体，根据国内外形势的变化，创立了"三个代表"的重要思想，体现了马克思主义的与时俱进，成为最具时代特色的当代中国马克思主义的最新成果。此后，以胡锦涛同志为总书记的党中央，又根据国际国内形势的发展，提出了坚持以人为本，树立和落实全面、协调、可持续的科学发展观。这一切都是马克思主义在中国的创新和发展，极大地调动了人民群众的创造精神，社会生产力获得迅速发展。统计表明，1980—2000年，我国GDP从4500多亿元，增加到89500亿元，二十年来，每年增长9.7%。2003年，我国人均国内生产总值突破1000美元。2004年全国生产总值已达到1.6万亿美元，财政收入超过2.6万亿元，外贸进出口已超过1.1万亿美元，外汇储备达到6100亿美元，经济实力大大增强。这些都充分说明，理论创新和实践创新是马克思主义政党的本质特征，是保持党的先进性的基本前提条件，这也是我们建党八十多年来始终得到全国人民拥戴的重要原因。只要我们坚定信心，沿着中国特色的社会主义道路走下去，就一定能实现我国宏伟的发展目标。

（三）坚持以学习实践"三个代表"重要思想为主线，努力增强保持共产党员先进性的自觉性

近十年来，我国改革开放和现代化建设面临的国内外条件发生了巨大变化。国际上，政治上的单极化正在向多极化过渡，经济全球化的趋势越来越明显，资本、技术和人才等生产要素跨国界组合，又出现了经济区域化趋势，特别是全球科学技术迅猛发展。从国内看，改革开放更加深化，与国外经济的发展更加紧密，所有制结构和人们的生产生活方式都发生很大变化。在新的历史条件下，以江泽民同志为主要代表的当代中国共产党人，高举邓小平理论伟大旗帜，准确把握时代特征，科学判断我们党所处的历史方位，围绕建设中国特色社会主义这个主题，集中全党智慧，以马克思主义巨大理论勇气推进理论创新，创立了"三个代表"重要思想，集中体现了我们党对共产党执政规律、社会主义建设规律和人类社会发展规律的新认识，把生产力标准、社会进步标准、人民利益标准统一起来，对党的先进性进行了科学的定位，进一步明确了保持党的先进性的基本内涵和根本要求，是我们党的立党之本，执政之基，力量之源。在现阶段，保持共产党员的先进性，就是要认真学习、身体力行"三个代表"重要思想，立足本职，联系实际，把共产党人的先进性在社会主义"三大文明"建设中充分发挥出来。共产党员要树立共产主义远大理想，坚定中国特色社会主义信念，脚踏实地地为实现党在现阶段的基本纲领而奋斗；要自觉实践党的宗旨，全心全意为人民服务；要站在改革开放和现代化建设的前列，奋发拼搏，开拓创新，努力创造一流业绩；要始终保持清正廉洁，坚决抵制歪风邪气，发扬社会主义新风尚，提倡共产主义道德。努力把自己锻炼成坚定的共产

党人，为发展中国先进生产力、先进文化和维护中国最广大人民根本利益奋斗终生。

二、办实事，兢兢业业地创造一流业绩

我们党是领导 13 亿人口的执政党，也是国际政党中的大党。保持党的先进性，必须坚持立党为公、执政为民，这是"三个代表"重要思想的本质，也是对执政党最基本的要求。立党为公、执政为民集中到一点，就是要扎扎实实地为人民群众办实事、谋利益。只有这样，才能顺应民意，才是把握住了党的先进性的真谛，才能更好地完成党的执政使命。

（一）办实事，是由中国共产党的执政地位和党的基本路线决定的

中国共产党是执政党。作为执政党，就要依据宪法和人民的要求办事情，就要坚持立党为公、执政为民。要依法行政，促进经济建设、政治建设、民主建设和社会建设协调进行。在这四大建设中，经济建设是基础，立党为公、执政为民，首先要把经济建设搞上去。

发展是硬道理，是解决中国所有问题的关键，这是邓小平同志的著名论断。党的十六大报告指出，必须把发展作为党执政兴国的第一要务。离开这个第一要务，党的先进性和社会主义制度优越性都无从谈起。加快发展，首先要加快发展社会生产力。按照马克思历史唯物主义的观点，生产力是最活跃最革命的因素，是社会发展的最终决定力量。只有经济发展了，我们才有能力更好地解决前进中的问题。我国处于社会主义初级阶段，生产力不发达的情况总体上还没有改变。因此，必须坚持发扬勤奋工作办实事精神，一心一意谋发展，聚精会神搞建设。只有这样，才能增强我们党对人民群众的凝聚力，我们执政党的地位才能更加

巩固。

（二）办实事，就必须树立和落实科学发展观

党的十六大提出本世纪前二十年全面实现建设小康社会的目标，到 2020 年我国 GDP 比 2000 年翻两番，平均每年增长 7.2%。2001—2004 年，平均每年增长 8.6%。按此计算，从 2005—2020 年的 16 年，只要我国经济每年增长 6.8%，就可以实现二十年翻两番的目标。今后，发展速度仍然很重要，但更重要的是经济发展的质量和经济社会的协调发展。在经济和社会发展的新形势下，党的十六届三中全会明确提出了"坚持以人为本，树立全面、协调、可持续的发展观，促进经济社会和人的全面发展"。我们讲科学发展观，需要深入领会四点：一是坚持发展的目的，即最终是要促进人的全面发展。二是坚持协调发展，即统筹城乡发展、统筹区域发展、统筹经济社会发展、统筹人与自然和谐发展、统筹国内发展和对外开放。三是坚持科学的发展方式，从粗放型经营发展为集约经营，大力发展循环经济。现在我们的生产方式中还有不少是粗放型的，消耗资源的产业太多，万元产值耗能、耗水、耗电比重过大。2004 年电力消费增长 15%，GDP 增长 9.7%，这说明生产结构不合理，耗电耗能的产业增长过快，耗电耗能水平过高。必须加快用高新技术和先进适用技术改造传统产业，坚决淘汰落后工艺，尽快走出一条集约型发展的路子。四是坚持合理的生产布局。现在，市场竞争不是一个城市与一个城市竞争，而是城市群与城市群、地区与地区的竞争。据统计，全国 660 个城市中的前 100 个城市，GDP 占全国的 52%。要按照国家区域经济发展布局，大力推进中西部大开发战略，发展东南沿海地区的三个经济带。只要我们以"三个代表"重要思想为指导，用科学发展观统领经济社会发展的全局，就能更好地指导勤奋工作办实事。

（三）办实事，必须努力提高经济和社会发展的谋划能力、创

新能力，不断推进理论、制度、工作、技术创新

党中央、国务院通过编制和实施"五年计划"和设定几个经济发展阶段，促进经济和社会发展。党的十六大提出 2000—2020 年实现经济翻两番的目标，党的十四届六中全会又提出不断提高驾驭社会主义市场经济的能力。通过一系列改革和创新，有效地推进了经济和社会发展。

多年来，天津市委、市政府不断开拓创新，在谋划全市经济社会发展方面，采取了重大举措。1994 年初，天津市委、市政府提出并实施了"三五八十"四大奋斗目标。为了实现新世纪新跨越，2002 年底，又提出了加快天津发展的"三步走"战略和五大战略举措。经过全市人民的努力奋斗，改革开放和现代化建设取得了重大成就。2004 年以来，我们正在组织编制到 2010 年的经济和社会发展规划、城市发展和国土利用规划、滨海新区发展规划。2004 年，天津港货物吞吐量达到 2 亿吨，72% 是天津以外货物；海关进出口 670 亿美元的货值，56% 是天津以外商品。这次编制规划，我们是把天津放在京津冀、环渤海乃至东北亚发展的大格局中来谋划天津的未来发展，充分发挥天津及滨海新区在振兴环渤海区域经济中的作用。全市党员领导干部要立足本职，谋大局，干大事，办实事，振奋士气，凝聚人心，充分调动各方面的经济和社会建设的主动性、积极性，为加快实施"三步走"战略作出更大贡献。

（四）办实事，要研究解决全市及各部门经济社会发展的主要矛盾和群众反映的突出问题

天津经济和社会发展的主要矛盾，依然是经济实力和财力不适应国家对天津的定位要求。因此，一定要加快实施"三步走"战略和五大战略举措。我们都是党员领导干部，要履行好职责，就要善于抓住主要矛盾，集中力量解决本部门、本单位

影响发展的主要问题。同时，还要注意解决群众反映强烈的问题。比如，为了促进天津发展，一条重要措施是迅速改变天津与北京等地的交通，拉近相互间的距离。交通问题解决了，就可以密切经济联系，实现优势互补，促进区域经济发展。今年京津铁路客运专线、京津塘高速公路复线、天津国际机场等重大项目都要开工建设，有关部门要抓住有利时机，加快工程进度。再比如，环境脏乱问题，群众反映强烈。我在全市城市规划、建设和管理会议上要求，到3月底前，以区县为单位，把群众反映强烈的脏乱问题抓紧解决；6月底前，集中力量搞好八个方面的专项治理；下半年，抓好基础建设和制度建设，建立长效管理机制。总之，每一名共产党员特别是党员领导干部，都要加强理论学习，增强实践锻炼，切实提高统筹谋划能力，推动本部门、本单位、本岗位的工作再上新水平，以一流的工作业绩体现共产党员的先进性。

三、当公仆，坚持"两个务必"，永葆共产党人的政治本色

马克思在1871年5月30日发表的《法兰西内战》中，第一次提出了"公仆"的概念，他把巴黎公社的管理人员称为"人民公仆"。什么是公仆？公仆就是为公众服务的仆人，而不是公众的主人。这是马克思主义执政党与其他政党的重要区别之一。中国共产党把全心全意为人民服务作为自己的根本宗旨，强调全体党员无论职位高低，都是人民的勤务员，都是人民的公仆。只有我们每个党员都始终牢记这个宗旨，把立党为公、执政为民落实到各项工作中去，我们的党才能永远站在时代的前列，保持与人民群众的血肉联系，永葆旺盛的生机和活力。

（一）当公仆，首先要处理好主仆关系，牢固树立为人民服务

的思想

毛泽东同志多次讲过，群众是真正的英雄，是创造历史的真正动力，我们党同人民群众的关系，是鱼水关系。邓小平同志也曾深情地说："我是中国人民的儿子。"自己是"儿子"，人民为"父母"，这就是执政的中国共产党人在处理自己与群众的关系问题上的唯一正确理念。只有坚持这一理念，才能真正做到权为民所用、情为民所系、利为民所谋。今年春节期间，胡锦涛总书记、温家宝总理都深入到最困难的地区看望群众，给我们作出了榜样。据说原湖南、江西省委书记毛致用同志，现在还带领他弟弟、秘书、警卫员养猪种菜，我听了很感动。城市居民来自农民，党员来自群众，干部来自基层，市政府领导成员由市人大代表选举产生。每一个共产党员，每一个党员干部，都要自觉实践党的根本宗旨，全心全意为人民服务。坚持党和人民利益高于一切，个人利益服从党和人民利益，吃苦在先，享受在后，克己奉公，多作贡献。

处理好与人民群众的关系，当前一个很重要的问题，就是要摆正对人民群众负责和对上级负责的关系。我们的上级也是为人民服务的，我们执行上级指示，也是为人民服务，在这一点上是完全一致的。有时基层的要求、群众的要求与上级的要求可能不一致，我们就应该在认真传达贯彻上级指示的同时，及时真实地反映基层情况。向上级及时反映基层的情况和群众意愿，有利于上级机关和上级领导人正确决策，也是对上级领导负责的一种表现。每个党员领导干部都要做到像毛泽东同志所说的，保持对上级负责和对人民负责的一致性。

（二）当公仆，就要为人民群众解决最关心的实际困难

我们既为公仆，就要履公仆之职，尽公仆之责，急"主人"之所急，想"主人"之所想，为"主人"办实事、谋利益。

　　第一，要解决好群众最关心、最迫切需要解决的现实问题，下力量办好大多数人受益的事。比如，增加收入问题。到 2004 年底，天津城市居民人均可支配收入达到 11467 元，农民人均纯收入达到 6525 元，分别比上年增长 10% 以上。但与发达地区相比，与广大群众的愿望相比，差距还不小。在今后的工作中，我们要进一步处理好经济发展与增加群众收入的关系，坚持边发展经济、边增加收入，让天津的广大群众切实享受到改革开放和经济发展的成果。现在，我们国家城乡居民之间、地区之间、行业之间，在分配方面都存在不小的差距，基尼系数已超过国际警戒线。这个问题影响到社会公平，影响到社会的和谐与稳定，要引起高度重视。国家正在通过宏观调控和政策引导，逐步加以解决。再如，社会保障问题、子女入学问题、居民出行难问题等。这些都是与群众息息相关的事情，我们都要千方百计解决好。

　　第二，要特别关注弱势群体和困难群众。弱势群体是人民群众中的特殊群体，关心和救助这些弱势群体，是我们党和政府责无旁贷的任务，也是全社会的责任。尤其是在发展市场经济的情况下，随着市场竞争的日益激烈，弱势群体更需要得到各方面的服务。各级党组织和党员干部要怀着深厚的感情，时刻把他们的冷暖安危挂在心上，千方百计解决他们的实际困难。弱势群体的形成，原因是多种多样的，但是他们作为公民，我们在感情上要贴近他们，在机制上要创造为他们解决困难的条件。一方面，要加强对弱势群体和困难群众的培训，提高他们谋生的能力。另一方面，对他们的合理要求，一定要通过财政支持和社会关爱，加快解决。

　　第三，对侵犯群众利益的行为要反映，要批评，要抵制，要斗争。执政党最大的危险就是脱离群众，而脱离群众的一个重要表现，就是对群众疾苦不闻不问，对侵犯群众利益的行为麻木不仁。这是我们共产党员的先进性所不能容许的。作为一名共产党员，作为人民的公仆，要了解人民疾苦，为人民谋福利，同时，还要与侵犯人民利益的行为作斗争。为人民谋福利，表现在两个方面，一方面是为他们做好事，另一方面还要与做坏事的人作斗争。如果有更多的人为人民做好事，揭露、抵制、纠正各种侵犯人民利益的行为，人民群众才会全面受益。

（三）当公仆，就要严于律己，永葆共产党人的政治本色

在全国革命胜利前夕，毛泽东同志就对全党同志提出了"务必使同志们继续地保持谦虚、谨慎、不骄、不躁的作风，务必使同志们继续地保持艰苦奋斗的作风"的忠告。党的十六大召开以后，胡锦涛同志来到西柏坡，再次号召全党牢记"两个务必"。其时代价值在于：我们要实践"三个代表"重要思想，实现全面建设小康社会的奋斗目标，完成建设富强、民主、文明的社会主义国家的历史任务，必须始终谦虚谨慎，艰苦奋斗，保持共产党人的政治本色。这是我们党的优良传统，任何时候都不能丢。

新中国成立以来，党的三代中央领导集体对党内出现腐败问题的现实危险性始终保持高度警觉，并根据形势和任务的变化，锲而不舍地狠抓党风廉政建设和反腐败工作。最近，中央又颁布了《建立健全教育、制度、监督并重的惩治和预防腐败体系实施纲要》，这是一个重要的指导性文件，每一个党员领导干部都要认真学习，全面把握纲要的基本精神和主要内容，坚持教育是基础，制度是保证，监督是关键。2月16日，国务院召开第三次廉政工作会议，温家宝总理就今年重点抓好八个方面的改革和制度建设，发表重要讲话，强调从改革入手，从源头上治理腐败。作为每一个党员，都要把中央和天津市委作出的有关廉洁自律的各项规定，一条一条地对照，一条一条地落实。在执行纪律方面，党对我们既有原则要求，不同时期也有不同具体要求，其核心是坚持全心

全意为人民服务的宗旨。中国共产党党员既是中国工人阶级的有共产主义觉悟的先锋战士，又是中华人民共和国的一个公民，也是家庭的一个成员，应当严格要求自己，履行党员职责，同时要履行公民义务，承担家庭成员的责任。处处、时时、事事心中要有"一杆秤"，这就是：不该说的，不要说；不该得的，不要得；不该去的地方，不要去。第一句是讲政治纪律，第二句是讲经济纪律，第三句是讲作风纪律。只要我们坚定理想信念，牢固树立正确的世界观、人生观和价值观，就能够做到严于律己，无愧于党和人民。

保持共产党员先进性教育活动是党的政治生活中的一件大事。市政府党组成员、市政府机关和市政府各部门的党员，都要自觉学习中央和天津市委指定的文件和领导同志讲话，深入进行党性分析，制定和落实整改措施，更好地发挥先锋模范作用。我生长于农村，享受国家助学金读完高中和大学，在煤炭系统工作十年，后来长期在金融系统工作。从 2002 年 12 月 30 日到达天津那天开始，我已下定决心，为天津的经济和社会发展竭尽全力。感谢大家对市政府领导班子和我本人工作的信任和支持。我来天津工作已经两年多了，我深深感到天津人民很有创造力，全市党员干部有很强的战斗力。让我们抓住这次先进性教育活动的机会，明大义、办实事、当公仆，努力保持共产党员的先进性，在天津市委的领导下，加倍努力工作，为加快天津发展，为环渤海地区发展，为东北亚地区的发展作出新的贡献。

发挥科技在抗击"非典"中的作用

（2003 年 5 月 14 日）

在全市人民万众一心抗击非典型肺炎的关键时刻，广大科技人员以对人民健康安全极端负责的精神，组织力量，顽强攻关，在"非典"预防、快速诊断、有效治疗、防护装备等方面，迅速取得一批科技成果，有些成果已经投入使用，有些可以大批量生产。在这项工作中，广大科技人员表现出了最大的主动性和创造性。

当前，天津防治"非典"的斗争虽然取得一定成效，但是形势依然严峻。我们一定要按照党中央、国务院的要求，依靠科学、依靠群众，全市上下、同心同德，夺取防治"非典"斗争的最后胜利。在这方面，广大科技工作者担负着繁重而艰巨的任务。

一、搞好科技防治"非典"是科技工作者的崇高历史使命

战胜"非典"最终要依靠群众，依靠科学技术。无论是"非

注：2003 年初，我国发生严重的传染性疫情，即非典型性肺炎（以下简称"非典"）。4 月中旬，"非典"传入天津，4 月底 5 月初，为"非典"疫情的集中爆发期，天津市累计报告确诊病人 175 例，疑似病人 137 例，死亡 14 人。5 月 1 日，胡锦涛总书记和吴仪副总理到天津检查和指导抗击"非典"工作。经过 28 天努力，天津市全面控制疫情，受到世界卫生组织赴中国专家组的充分肯定和赞扬。本文根据戴相龙同志在天津市科技抗击"非典"现场会上的讲话整理。

典"的预防还是治疗，都必须尊重科学规律，采用科学方法，依靠科学知识和科学手段。要以科学的方法探求疾病发生的机理，传播的途径，预防的措施，诊断的方法，治疗的药物和技术。任何迷信、盲目、侥幸的心理和做法都是有害的。首例输入天津的"非典"病例，之所以能造成众多人员的感染，就在于最初我们对"非典"存在很多盲目性，缺乏科学的认识，没有充分吸取有些城市的教训，对医护人员的防护措施不到位。这一阶段传染人数之所以得到一定程度的控制，主要是我们普及了有关方面的知识，采取科学的方法进行预防和隔离治疗。

历史的经验证明，科技要发展必须与经济社会发展紧密结合。目前发生的"非典"疫情以及引起的全社会的关注，正是促进科学研究与开发，实现科研成果转化的最好时机。对防治"非典"要有长期作战的思想，不要认为到了夏季疫情就会自然减少，我们对"非典"还缺乏深入的研究和科学的诊断、防治的结论，今后"非典"疫情还会有反复，因此，科研工作一定要抓紧再抓紧。广大科技人员要进一步认识自己在防治"非典"斗争中的历史责任，充分发扬爱国奉献、顽强奋斗、团结协作的精神，为最终战胜"非典"贡献自己的聪明才智。

二、要进一步加快科技攻关步伐，拿出更多更有实效的科技成果，创造条件加快科技成果的产业化步伐

本着"治病救人、探明原因、控制扩散、标本兼治"的原则，市政府有关部门紧急启动了"非典"防治科技专项。当前，在防治"非典"的科技攻关中要着力抓好四个方面的工作：一是统一规划，集中全市的科研力量，整合已有的科技资源，调动精兵强将攻关。二是从当前控制疫情、救治病人的紧迫需要出发，突出重点，抓紧开发出一批一线急需、经过努力能够成功的科技成果，尽快投入临床应用。三是严格按科学规律办事，从实验室到临床都要从严从细，讲究科学，反复实验论证，确保产品质量和实际使用效果。四是积极扶持。政府要设立抗击"非典"专项资金，用于无偿资助有价值的科研成果开发，奖励有贡献的科技人员，或对一些研究项目实行财政贴息等。总之，我们必须充分调动全市科技人员的积极性，团结协作，集中目标，集中力量，努力攻克难关，在全国抗击"非典"的战役中作出新的贡献。

三、深入开展科普活动，用科学精神战胜"非典"

要借全国全市防治"非典"的有利时机，在全市紧急开展一场防治"非典"的科普活动。引导广大群众树立科学态度和科学精神，普及防治"非典"的科学知识和科学方法，提高全社会预防疾病的能力和科技知识水平。广大科普工作者要以科学求实的态度和对人民高度负责的精神，积极行动起来，把与"非典"有关的预防方法、传染途径和治疗手段等科学知识，通过电视、广播、报刊、网络等形式，开展宣传。还要利用发放宣传手册、制作科普挂图等形式，在全市的机关、学校、企事业单位、社会团体和广大农村，开展防治"非典"科普活动。要坚决与各种伪科学、反科学和封建迷信活动作斗争，与各种谣言及蛊惑人心的言行作斗争。要引导广大群众坚定依靠科学战胜"非典"的信心，大力弘扬和培育在防治"非典"斗争中体现出来的万众一心、众志成城、团结奉献、科学求实、战胜困难、夺取胜利的伟大民族精神。

四、认真实施科教兴市战略，以科学技术的跨越式发展带动和促进"三步走"战略目标的实现

今年是天津实施"三步走"战略的第一年，也是实现"三步

走"战略第一步的重要一年。防治"非典"是包括科技人员在内全市人民当前的首要任务，同时，全市经济建设的任务也要抓住不放，努力实现年初确定的国民经济增长 13% 的目标。1—4 月，天津经济运行状况很好，国内生产总值同比增长 14.37%，加工业、港口建设、对外开放的势头都不错。特别是几家大银行给了天津 1000 亿元的贷款授信额度，这对海河开发和城市基础设施建设将是一个很大的支持。全市各条战线也包括科技战线的同志们，要坚持一手抗"非典"，一手抓发展，把各方面的工作搞得更好。科技战线要打破常规，超前研究经济发展中的重大科技问题，攻克一批制约产业、产品发展的技术难关，为天津经济快速发展提供技术支持。要瞄准国内外科技发展趋势，采取有效措施，加快软件、新能源、环保科技、纳米技术、农业科技园等高新技术产业化基地建设，促进高新技术产业化进程。要积极推进关键技术创新和系统集成，集中力量抓好中药现代化、生物芯片及生物新药、海水淡化及综合利用等一批重大科技专项的研究与开发，开发出一批市场前景好、附加值高、具有自主知识产权的高新技术产品。要整合科技资源，建立一批公共技术平台和专业孵化平台，努力营造一个有利于高新技术产业发展的创业创新环境。

认真做好再就业工作

（2003 年 9 月 1 日）

在发展生产基础上，不断扩大就业、增加收入，是摆在各级
政府面前改善民生的最迫切任务。扩大就业要从新增劳动力就业
和下岗职工再就业两方面努力。我们要认真贯彻全国再就业工作
会议精神，提高认识，明确任务，采取切实措施，认真做好天津
市再就业工作。

**一、充分肯定 2002 年全国再就业工作会议以来天津再就业工
作的成绩**

天津市委、市政府历来高度重视就业和再就业工作。从
1994 年至今，市委、市政府每年都把解困与再就业工作作为改
善人民生活 20 件实事之一，不断加大工作力度。特别是 2002
年全国再就业工作会议以来，按照党中央、国务院的部署，市
委、市政府制定了《关于贯彻中共中央、国务院〈关于进一步
做好下岗失业人员再就业工作的通知〉的实施意见》，先后出

注：本文根据戴相龙同志在天津市再就业工作会议上的讲话整理。此次
会议提出 2003—2005 年安排城镇就业 61 万人，其中下岗再就业 37 万人，城
镇登记失业率控制在 4% 以内。上述目标到 2005 年全部超额完成。2003—
2007 年底，全市城镇就业增加 121 万人，农民进城就业和就地办厂就业人数
不断增加。2007 年，登记失业率控制在 3.7%。

台了 22 个配套文件，形成了具有天津特点的再就业政策体系。我们建立了再就业政策落实情况检查、部门协商通气、社会监督举报等制度，实行了目标责任制，形成了政府部门、企业和社会整体联动、相互促进的监督检查机制。我们坚持把经济增长点作为开发就业岗位的着力点，以实施五大战略举措作为开拓就业和再就业岗位的重要途径，千方百计创造就业岗位；我们不断强化公共就业服务体系建设，为下岗失业人员提供多方面的综合服务，大力开发公益性岗位，对困难群体实施再就业援助。今年上半年，在突如其来的"非典"疫情给就业带来严重影响的情况下，我们迎难而上，创新思路，将防治"非典"与再就业工作有机结合起来，组织万名下岗失业人员加入到防治"非典"的战斗中，为夺取防治"非典"的阶段性胜利作出了贡献。今年1—7月，全市创造就业岗位7.5万个，比上年同期增加1.5万个，同比增长24%；下岗失业人员实现再就业6.6万人（含下岗职工3.4万人，失业人员3.2万人），其中"4050"（女职工年龄大于40岁的，男职工年龄大于50岁的，以下简称"4050"）就业困难人员再就业1.5万人。三项指标均完成全年指标的68%。自1998年以来，首次出现创造就业岗位数量多于当期下岗失业人员增量，消化历史存量1.8万人。可以说，劳动和社会保障工作为加快天津经济发展和社会进步，改善人民生活，维护社会稳定作出了重要贡献。

虽然天津就业和再就业工作取得了明显成绩，但还存在一些问题，主要是：再就业工作责任制落实得还不够到位，全市再就业工作发展还不平衡，一些地区和单位在用足用好政策上力度不够，部分下岗失业人员择业观念有待改变等。对这些问题，我们要认真对待，积极解决。

二、清醒认识天津就业和再就业工作面临的形势，把思想和行动统一到中央及天津市委、市政府的决策部署上来

清醒地认识和分析天津当前和今后一个时期就业和再就业工作形势，是进一步做好就业和再就业工作的基本前提。总的来看，深入做好就业和再就业工作，天津具有良好的工作基础和诸多有利条件。同时也要看到，由于天津劳动力总量矛盾和结构性矛盾叠加，就业压力还会加大，就业和再就业形势还比较严峻。一是下岗失业人员数量较大。因企业改组改制、终止和解除劳动合同，今年1—7月新增下岗失业人员4.8万人，计划内破产和工业东移分流富余人员约5万人，还有尚未安置的现存国有和集体企业下岗职工6万人、失业人员12.4万人，全年共有下岗失业人员近30万人。二是城镇登记失业率有可能上升。今年上半年天津城镇登记失业率为3.8%。随着下岗向失业并轨和经济结构调整力度加大，特别是"4050"人员再就业难度较大，失业登记率很可能攀升。三是大中专院校毕业生数量增加较快。今明两年是大学实行扩招后的毕业高峰期。今年天津大中专毕业生近10万人，其中大学毕业生4.1万人，比2002年同期增长46%，增加2.1万人；预计明年大中专毕业生10.3万人，同比增长4%。四是农村富余劳动力进城务工人员还在不断增加。目前已达100万人，今后还会增加。

面对比较严峻的就业和再就业形势，我们要站在全局和战略的高度，充分认清做好这项工作的极端重要性、紧迫性，进一步把思想和行动统一到中央及天津的决策部署上来，采取更加切实有效的措施，不断破解难题，取得就业和再就业工作的新成效。

三、进一步明确 2003—2005 年天津就业和再就业工作的目标任务

按照天津市委提出的用 2—3 年时间将下岗失业人员控制在一个与天津经济社会发展相适应的比率的要求，市政府研究制定了《天津市 2003—2005 年再就业总体规划和工作安排》。总体目标是：2003—2005 年，预计累计新增就业岗位 61 万个。其中分流安置下岗失业人员 34 万人，安置下岗回流人员 3 万人，解决新增劳动力（含大学生）就业 20 万人，其余岗位用于城乡劳动力的统筹安排。到 2005 年末，城镇登记失业率控制在 4% 以内，使城镇失业人员保持在适应天津经济发展和维护社会稳定的较低常量。主要任务是：把发展作为促进就业和再就业的根本途径，增加就业岗位总量；通过多种政策措施引导、支持、组织再就业，消化下岗失业人员存量；继续深化国有企业改革和调整重组，分流企业改制减员增量；实施积极的劳动就业政策和宏观调控措施，保持较低登记失业人员常量。

依据上述总体目标和任务，我们还制定了年度具体工作目标。即 2003 年，预计全年新增就业岗位达到 16 万个，计划安置下岗失业人员 11 万人，安置当年新增劳动力 5 万人。城镇登记失业率控制在 3.9% 以内。2004 年，预计新增就业岗位 20 万个，安置下岗失业人员 12 万人，安置当年新增劳动力 7 万人。城镇登记失业率控制在 3.8% 以内。2005 年，预计创造就业岗位 25 万个，安置下岗失业人员 11 万人，安置下岗回流人员 2 万人，安置当年新增劳动力（含大学生）8 万人，其余岗位用于城乡劳动力的统筹安排。城镇登记失业率控制在 3.7% 以内。

四、用足用好中央和天津的各项再就业优惠政策

为促进下岗失业人员尽快实现再就业，中央和天津相继出台

了一系列行之有效的扶持政策。从执行情况看，总体上是认真的，抓得是好的。但是有些政策措施在一些地区、部门和单位，还没有很好地得到落实。对已有政策不熟悉、不研究、不充分利用，就是浪费资源，就是贻误工作，就是对人民群众利益的极端不负责任。各级领导干部和有关部门，一定要从实践"三个代表"重要思想的高度，以求真务实的态度，在认真学习政策、研究政策，充分运用政策上下工夫，更有效地做好就业和再就业工作。在这方面，要突出六个重点：

（一）用好中央出台的关于再就业的一整套政策

这次全国再就业工作座谈会上，温家宝总理明确了三条政策界限：第一，凡在 2005 年底之前从事个体私营的下岗失业人员和吸纳下岗失业人员再就业的企业，符合条件的都可以享受三年的社会保险补贴和税费减免政策优惠。第二，把对服务型企业和商贸企业吸纳下岗失业人员的税收优惠政策，适当放宽到劳动就业服务企业中的加工型企业和街道社区具有加工性质的小型企业实体。第三，各级财政原来预算安排用于下岗职工基本生活保障的补助资金规模不减，这一政策一定三年内不变。在确保下岗职工基本生活费按时足额发放的前提下，可将下岗职工基本生活保障资金的结余部分，调整用于国有困难企业与下岗职工解除劳动关系所需经济补偿金的补助，也可以用于促进再就业。目前，国家有关部门正在制定具体的实施办法。黄菊副总理还补充完善了四项政策：一是将享受再就业政策的对象范围由原来的四类下岗失业人员，即国有企业下岗职工，国有企业失业人员，国有企业关闭破产需安置的人员，享受最低生活保障并失业一年以上的其他城镇失业人员，延伸到就业困难的集体企业下岗失业人员。二是明确把小额贷款发放的对象，从下岗失业人员扩大到由下岗失业人员组织起来创办的小企业。三是对服务型企业和商贸企业吸纳下岗失业人员的社会补贴和税收减免政策，签订劳动合同的期限从必须达到三年以上调整为一年以上。四是在中央 12 号文件下发前，已实施主辅分离、辅业改制的企业，与新办辅业改制企业一样享受政策。

（二）用好天津支持工业战略东移的有关政策

一是对东移涉及的所有富余人员核发"再就业优惠证"，给予再就业优惠政策扶持。二是对东移企业组建劳务派遣组织，安置富余人员的，由市再就业资金给予开办费。三是为使东移企业分流的富余人员转业有新岗，离厂不下岗，对东移企业组建的为主业服务的经济实体，全部认定为服务型企业，及时兑现减免税费和养老、失业保险费补贴。四是对于东移企业中由富余人员组织起来再就业的，市里将以多种形式解决贷款抵押，给予群体小额担保贷款支持。五是对于东移企业职工与企业解除劳动关系自谋职业的，将其应领取的失业保险金一次性支付给本人，作为其自谋职业的启动资金。六是选择天钢试点，凡"4050"人员从事灵活就业的，比照困难企业的大龄下岗职工灵活就业的社会保险补贴办法，给予企业养老、失业、医疗保险费的补贴。

（三）用好对困难企业的"4050"灵活就业人员实行社会保险费补贴的政策

按照特困、困难、比较困难的不同情况，对企业应缴纳的养老、失业、医疗保险费，由天津市再就业资金给予补贴。补贴标准为：特困企业 100%，困难企业 70%，比较困难企业 40%。个人应缴纳的部分，仍由个人承担。目前，由市财政局、劳动和社会保障局认定的困难企业共 1120 户，涉及"4050"下岗职工 11 万人。今年，市里将安排专项资金 1.5 亿元，预计有 6 万人可享受这项政策。这项政策的实施，既有利于促进下岗职工灵活就业，使他们实现"有业可就"，又可以做到"协保到退休"，解除他们的后顾之忧。在操作上，市政府及有关部门要一方面发放补贴，另一方面加强社保基金的征缴，切实增强社会保障能力。在此，我要特别强调一点：严禁任何企业以任何理由或任何形式，将企业的缴费义务转嫁给下岗职工。

（四）用好鼓励非服务型企业和劳动就业组织吸纳下岗失业人员的有关政策

一是非服务型企业招用男45周岁、女35周岁以上的下岗失业人员，并签订2年以上劳动关系的，按照每人1200元的标准，给予用人单位一次性补贴。二是新建商贸街（市场）安置下岗失业人员达到全部从业人员70%以上，安置下岗失业人员达到50人以上的，给予5万—10万元扶持。三是新建劳务派遣组织招用下岗失业人员并签订1年以上劳动合同的，按照每人300元的标准给予资金扶持。四是新办社区就业劳动组织安置下岗失业人员的，按照每人300元的标准给予一次性资金扶持。五是新建再就业基地安置下岗失业人员的，给予10万元的资金扶持。

（五）用好建立失业保险、最低生活保障和再就业联动机制的有关政策

一是对有劳动能力且有就业愿望，准备申领失业保险和城镇低保的人员，首先进行求职登记，由就业服务机构提供职业指导、再就业培训和推荐就业等服务。二是鼓励正在享受失业保险和城镇低保的人员自谋职业，将其应领却未领的失业保险金或最低生活保障费，按规定一次性发给本人。三是为了促进"低保"人员再就业，在目前天津"低保"人员减少的情况下，市及区县财政安排的"低保"资金规模保持不变，把通过加大再就业力度减少"低保"人员结余的资金，用于再就业资金投入。

（六）加强用工管理，落实好劳动合同的有关政策

一是规范用工行为，维护劳动者享有的劳动合同签约权。各

用人单位招用职工，必须签订劳动合同，否则依法给予处罚，使下岗失业人员再就业有劳动合同这个法律凭证作保障。二是规范劳动合同的解除、终止等行为，维护劳动者的履约权。凡不能依法支付解除劳动合同的经济补偿金，并妥善解决职工债务的，不得随意裁减人员。国有企业减员增效要同促进再就业相结合，避免大规模集中裁员。凡一次性裁员 200 人以上的，需经主管部门和劳动保障部门事先审核，并向市人民政府报告。劳动保障部门要做到源头参与、全程监控。三是企业要落实资金，维护劳动者在劳动合同解除、终止时的补偿权。破产、兼并企业要把偿还拖欠职工的工资、集资款、医药费等作为第一清偿顺序。

五、坚持经济发展和扩大就业并举，最大限度地开发就业岗位

发展经济是扩大就业的基础，我们要在开发就业岗位中紧紧抓住经济发展和扩大就业的结合点，在经济发展中培育和发展新的就业增长点，不断拓宽就业空间。当前实施的五大战略举措，是天津经济发展的重点，也应该成为再就业工作的着力点。一是要围绕海河综合开发改造，加快开发就业岗位。今年市区海河开发全面启动，预计可提供就业岗位 2 万个。近 2—3 年预计吸引投资 240 亿元，创造就业岗位 10 万个。二是围绕优势产业和海洋经济发展，重点支持工业六大支柱产业和十二个产品基地建设，实现扩能增岗。今年预计安排 2 万人，三年争取增加就业岗位 6 万个。三是围绕个体私营经济发展，鼓励创业增岗。今年随着个体私营经济发展要增加城镇就业人员 5 万人，三年增加 15 万人。四是围绕中小企业和劳动密集型企业发展，吸纳更多的下岗失业人员。今年要提供就业岗位 5 万个，三年创造就业岗位 15 万个。五是围绕区县经济特别是社区服务业的发展，推动社区增岗。按照天津服务业五年发展规划，预计今年可增加 5 万个就业岗位，三年

力争创造就业岗位 15 万个以上。

为了实现这次会议确定的再就业目标，要坚持和完善天津"一联盟、二对接、三同时"的再就业工作机制。"一联盟"，是由劳动保障部门发起并动员各类企业参加，把企业提供岗位、劳动保障部门兑现政策和提供劳动管理服务联系起来，形成就业联盟制度。目前，已有 500 家企业参加该联盟，共提供 2.9 万个岗位。"二对接"，是把工程项目库与人力资源库相对接，把开发就业岗位与安置下岗失业人员相匹配。"三同时"，是对政府投资项目、新建扩建项目和公益项目，在立项审批的同时，签订招工协议；在开工奠基的同时，签订员工培训协议；在投入运营的同时，签订劳动合同、社会保险和政策扶持协议，把开发就业岗位工作落到实处。目前来看，这个机制符合天津实际，也取得了一定效果，要坚持不懈地抓下去，并在工作实践中不断完善创新。

六、进一步强化政府组织就业的职责，对"4050"下岗失业人员进行托底安置

强化政府组织就业，大力开发公益性岗位，加强就业服务，为下岗失业人员再就业多办实事，是各级政府和政府各部门义不容辞的责任。我们必须把组织就业作为一项战略任务，切实抓紧、抓狠、抓出成效。

（一）实行政府购买公益性岗位制度，对"4050"人员托底安置

根据天津"三步走"战略实施规划，经调查测算，目前天津公益性岗位大体上有九大类，共计 8 万个，主要包括园林绿化养护岗位、新建住宅和旧楼区改造物业管理岗位、学校后勤服务岗位、行政事业单位后勤服务岗位、医疗卫生单位后勤服务和消毒保洁岗位、治安协勤和车辆管理岗位等。对在公益性岗位就业的

"4050"人员，由市再就业资金提供免费培训，按月给予工资性补贴；对转移社会保险关系的，再给予养老、失业保险费补贴；对其所在的公益就业组织，给予启动资金扶持。今年市里准备出资1亿元，购买开发2万个岗位，安置"4050"下岗失业人员。

加强政府组织就业工作，重点要按照"政府组织、市场运作、统一标识、各为法人"的原则，把下岗失业人员组织起来，选聘能人经营，组建社区服务、旧楼区物业管理、苗木植树、卫生保洁等就业组织，可以实行统一标识，统一着装，统一制度。通过这种形式，积极探索把短期、灵活的就业变为长期、相对稳定的就业途径。

（二）进一步加强公共就业服务工作

主要包括三个方面：一是强化再就业技能培训，增强劳动者的就业和创业能力。要加强各级各类再就业培训机构建设，从今年开始，着手改建市和区县就业训练中心，努力建成传统服务业、现代服务业、加工制造业和新型产业的培训基地，加快形成以市和区县培训基地为主干，以定点培训机构和技能鉴定所（站）为基础的全市再就业培训工作网络。要按照市场需求，坚持搞好"四个结合"，即培训与就业相结合，培训与提高技能相结合，培训与灵活就业相结合，培训与创业相结合，切实为下岗失业人员提高竞争就业能力、转业转岗能力和自主创业能力提供良好服务。二是按照统一领导、规范管理、条块结合、各负其责的原则，在全市建立起比较完善的公共就业服务体系。经市政府研究，决定组建天津市劳动保障服务指导中心，负责全市劳动保障服务工作的组织协调、指导服务和监督检查；各委、局（总公司）的再就业服务中心，改建为行业劳动保障服务指导中心，负责本行业、本系统下岗职工的再就业服务工作；各区县、街镇建立劳动保障服务中心，负责辖区内再就业服务工作；社区居委会建立劳动保障指导站，选聘 2—3 名"4050"人员作为劳动保障"协管员"，负责统计、采集信息和推荐岗位。最终形成"两级政府、三级管理、四级网络"的再就业工作格局。三是加强职业介绍机构建设。按照劳动保障部提出的"硬件上档次，软件上水平，服务一站式"的要求，在 2004 年底以前，把市和各区县的职业介绍机构，全部规范建设到位。同时，加快信息网络建设，使市、区、街、居委会实现联网，为社会提供"一点登录、多点查询、便捷高效"的就业服务。

加快发展文化事业和文化产业

（2003 年 12 月 22 日）

召开这次座谈会的目的是，总结成绩，明确认识，按照"三个代表"重要思想的要求，大力发展天津文化事业和文化产业，加快实施"三步走"发展战略，不断满足人民群众日益增长的精神文化生活的需求。

一、天津市在发展文化事业和文化产业上取得了显著成绩

我到天津工作以后，对天津的文化工作做了一些基本的了解。天津是国务院公布的国家级历史文化名城，有着深厚的文化积淀。这些年，天津市委、市政府在加快经济发展的同时，十分重视文化建设。文化部门的同志们认真贯彻党的文艺方针，围绕中心，服务大局，做了大量卓有成效的工作，取得了显著的成绩。一是文化基础设施建设取得了长足进步，一批标志性的文化设施和基层文化阵地相继建成并投入使用，基本形成了覆盖城乡的文化网络。二是精神文化产品生产数量增加，质量提高，涌现出一批精品力作，在"五个一工程"、"文华奖"、"国家舞台艺术精品工程"、"群星奖"等全国文艺评奖中取得喜人成绩。三是文化系统人才济济，特别是京剧、曲艺等方面的表演艺术人才实力雄厚，不少文艺工作者已在全国享有盛誉。四是群众性文化活动非常活

注：本文根据戴相龙同志在天津市文化工作座谈会上的讲话整理。

跃，全市 18 个区县有 15 个是市级文化先进区县，不少区县形成了独具特色的文化品牌。五是文物事业发展很好，大批历史文物、文物遗存得到妥善保护，特别是新建了几个博物馆，举办了多次展览，为丰富全市人民文化生活作出了贡献。此外，文化市场整体健康，文化产业的发展也呈现出新的态势。总之，文化系统这支队伍是一支素质高、能吃苦、讲奉献、真抓实干的队伍，天津的文化工作整体上有水平，有些方面在全国也有一定位置，为促进全市经济和社会发展，满足人民群众日益增长的文化需求作出了重要的贡献。

二、按照"三个代表"要求，站在天津战略发展的高度，充分认识加快文化事业和文化产业发展的重要意义

党的十六大确定全面建设小康社会的奋斗目标，提出了大力发展文化事业和文化产业的要求。十六届三中全会作出了关于改善社会主义市场经济体制若干问题的决定，进一步提出要深化文化体制改革。我们要认真学习、深刻领会，把认识统一到中央的精神上来，积极推进文化事业和文化产业发展。2002 年底，天津市委八届三次全会确定了"三步走"的发展战略，提出了五大战略举措。今年，预计全市 GDP 增长 14.3%，人均 GDP 达到 3050 美元，"三步走"战略第一步目标已经达到，并实现了 6 个方面的突破。预计明年经济发展仍然可以保持今年这样一个增幅，这就为文化事业和文化产业的发展提供了好的机遇。

文化作为一种战略资源，不仅是一个国家综合国力的重要组成部分，也是一个城市吸引力、竞争力、创造力、综合实力的重要标志。重视文化建设，提高文化品位，以文化品位来塑造城市形象，改善投资环境，以文化氛围来凝聚人心，推动经济建设，已成为一个地区、一个城市发展的重要内容。对天津来讲，发展

文化事业和文化产业，是加快实施"三步走"战略，增强城市实力的需要，是建设现代化国际港口大都市不可缺少的组成部分。现代化国际港口大都市，不仅表明经济发展水平，也有很深的文化内涵。我国加入 WTO 以后，既为我们更好地学习、借鉴世界优秀文化成果，推动我们的文化走向世界提供了有利条件，同时也使我们面临西方文化资本、文化产品和价值观念的严峻挑战。面临这种形势，不少省市提出了建设文化大省、文化强市的发展目标。因此，我们必须进一步增强紧迫感和责任感，把文化建设摆到更加重要的位置。

加快文化事业和文化产业发展，也是不断满足人民群众日益增长的精神文化生活的必然要求。随着经济的发展，人民群众物质生活水平有了很大提高。天津的恩格尔系数已降到37%，与此相适应，人民群众对精神文化的需求也迅速增长，呈现出多层次、多形式、多样化的特点。只有加大文化建设的力度，加快文化事业和文化产业发展，多出优秀精神产品，才能满足人民群众日益增长的精神文化生活需求，才能促进社会全面发展，促进人的全面发展。

三、锐意进取，深化改革，大力发展文化事业和文化产业

大力发展文化事业和文化产业，是各级政府以及文化部门的重要任务，也是社会各界应当关心的一件大事。

（一）大力发展文化公益事业

中央对文化事业和文化产业的概念、内涵和实行的政策是有区别的。对文化事业总的政策是增加投入，转换机制，增强活力，改善服务；文化产业总的政策是创新体制，转换机制，面向市场，增强活力。加大对公益性文化事业投入，是发展文化事业，保护和实现人民群众的基本文化利益的重要内容，也是各级政府的一

项重要职能。今后，市政府主要抓好五件事：一是进一步加大对体现天津特色和高水准的重要文化项目和艺术院团的扶持力度，认真解决公益文化事业发展存在的困难和问题。二是加强文化基础设施建设，有计划地新建和扩建一批院、馆、站等公益文化设施。三是鼓励社会赞助和社会力量兴办公益性文化事业。四是大力发展社区文化、村镇文化、企业文化、校园文化等，不断扩大人民群众的文化生活空间。五是引导文化事业单位面向市场，强化管理，不断增强自身发展活力，提高服务水平。

（二）积极发展文化产业，增强天津文化产业的整体实力和竞争力

发展文化产业是市场经济条件下繁荣社会主义文化、满足人民群众精神文化需求的重要途径，是加快服务业发展、促进经济结构调整和产业结构升级的重要步骤。一是积极整合文化资源，打破部门、行业界限和所有制界限，最大限度地发挥文化资源的价值。同时鼓励支持中小文化企业的发展，促使其在调整产业结构、扩大内需、增加就业等方面发挥积极作用。二是运用财税、金融等手段，扶持发展具有示范性、导向性的重点文化产业项目，加强与金融机构的联系与沟通，积极推荐有发展前景、有良好效益的文化产业项目，争取银行给予信贷支持。三是推进高新技术成果与文化产业相结合，提高文化产品和服务的科技含量，扶植开发新兴文化产业。四是实施"走出去"战略，挖掘资源，采取措施，积极培育一批对外交流的文化品牌。金融、财税、人才、法律、出入境管理等有关部门，要为文化企业开拓国际市场，扩大市场份额创造必要条件。

（三）进一步深化文化体制改革，增强文化事业和文化产业的活力

文化体制改革要按照社会主义精神文明建设的特点和规律，

适应社会主义市场经济的发展要求。一是按照精简、统一、效能原则，加快文化行政管理体制的改革，建立党委领导、政府管理、行业自律、企事业单位依法运营的管理体制与运行机制。二是加快文化领域的结构调整，关注人民群众文化消费需求的变化，建立优质、高效的文化产品生产和服务体系。三是加快文化企事业单位的改革，建立科学有效的内部运营机制。同时加快演出、展览等中介机构的改革和发展，扩大天津的优秀文化产品在国内外两个市场的份额。四是积极推进文艺从业人员社会保障制度的建立和完善，加快建立文艺人才的社会化管理机制。

四、加强领导，完善政策，促进文化事业和文化产业健康发展

发展文化事业和文化产业，离不开全市各有关方面的大力支持，需要有一个良好的发展环境。必须进一步加强领导，落实和完善相关政策。

第一，加大政府投入。文化事业投入应逐年增加，增长幅度不低于当年财政收入增长幅度。对公益文化事业单位基本支出，各级财政也必须予以保证。同时，对体现天津特色和高水准的重要文化项目和艺术院团给予扶持。现在，天津文化事业费支出在全国排第20位，与天津城市和文化地位很不匹配。明年，要加大政府投入，文化事业经费支出不能低于财政支出增长幅度，可能的话还要更高一点，争取排位进入全国前十名。

第二，提供政策支持。当前，要抓紧制定和完善以下三个方面的配套政策：一是制定和完善吸引社会资金投入公益文化事业的政策。要认真落实已有的国家和本市关于文化事业的资金投入、税收减免、捐赠和赞助等文化经济政策，利用财政、税收、信贷等经济杠杆，吸引社会资金投入公益文化事业。在国家政策允许

的范围内，积极支持和促进各种所有制形式文化机构的发展，鼓励集体经济、私营经济、个体经济兴办各类公益文化事业。二是制定和完善支持文化产业的发展政策。对文化局提出的房产、土地等实行国有资产授权经营的意见，政府原则上同意，下一步就是请建设部门尽快拿出实施办法，抓紧落实。三是制定和完善基层文化设施建设的相关政策。抓紧制定并出台《天津市关于发展文化事业和文化产业若干经济政策的通知》，以市政府的名义下发全市执行。凡中央、国务院规定的，都要落实，中央没有规定的，也要根据我们建设现代化国际大都市的需要制定。公益性文化设施建设项目，在选址、立项、征地、投入等方面给予优惠，保证文化设施建设的健康发展。明年确定的文化设施建设项目，一定要落实好资金，保证按时开工，高质量完成。四是在本届政府任期内，要有计划地对全市演出团体的团址进行更新、新建。首先要解决好青年京剧团团址，再建一座新型的京剧演出场所，对滨湖剧院、音乐厅等进行改造。五是建立专项补助经费，对造诣高、贡献大的专家、艺术家实行生活补贴。六是要创作更多的在全国叫得响的文化品牌。像《精卫》、《华子良》这些精品力作，既能获大奖，也能赢得市场。其他剧目也要积极面向群众、面向市场，还要营造社会文化氛围。我多次呼吁文化局可以举办一些公务员专场，我提倡领导干部和公务员要带领家属去看戏。天津的大企业很多，可以利用节庆、厂庆组织职工观看节目，提高整个社会的文化品位。同时，我们的优秀作品也要"走出去"，到全国、到国外去演出，开展文化交流与合作，扩大天津在国内外的影响，展示天津的文化形象。

第三，密切配合，形成合力。发展先进文化不是文化部门一家的事，是全党、全社会的共同任务。各级计划、财政、人事、劳动、税务、土地规划管理等部门要提高认识，增强责任感，以积极主动的姿态，发挥各自的职能作用，研究和落实发展文化事业和文化产业的各项政策，加大扶持力度，共同推进天津文化事业和文化产业发展。

全面提高农民健康水平

（2004 年 11 月 4 日）

天津市委、市政府决定对全市农民进行免费体检，体现了"三个代表"重要思想和"以人为本"、执政为民的理念，受到天津市广大农民的拥护。区县和乡的党政部门、卫生系统组织得力，安排周密，工作认真，出色地完成了任务。通过检查，基本掌握了天津农民的健康状况，为进一步搞好农村卫生工作创造了条件。

一、整体提高农民的健康水平和生活质量，是落实"三个代表"重要思想的具体体现，是依法行政的重要职责

在十六届三中全会上，以胡锦涛同志为总书记的党中央，明确提出了"以人为本"，树立和落实科学发展观的思想。"以人为本"是指我们经济和社会发展的目的，都是为了提高人民的物质文化生活与健康水平，让人民充分发挥自己的聪明才智，使人得到全面发展。从卫生工作来讲，"以人为本"就是要维护人民的健康和安全，使他们能够得到全面的发展。党中央很重视这个问题，在 2002 年，作出了关于搞好农村卫生工作的决定，把提高农民的健康水平和生活质量作为我们的工作重点。胡锦涛同志多次强调，一定要搞好农村卫生工作，做好合作医疗。温家宝同志讲了要把

注：本文根据戴相龙同志在天津市农村居民健康体检工作总结表彰会议上的讲话整理。

合作医疗作为"三农"工作的重要问题。2003 年天津召开了农村卫生工作会议，农村卫生工作有了改进。2004 年，把"以人为本"的思想贯穿在整个政府工作中，其中包括维护市民的健康和安全，提高期望寿命年龄。

二、建立健全天津农村卫生服务体系

2003 年 6 月召开的天津市农村卫生工作会议，确定到 2007 年基本建立高效完整的农村卫生服务体系和合作医疗服务体系。规定要保留 170 余所乡镇卫生院，其中改扩建 33 所，建立和完善区县、乡镇、村三级服务体系。当时要求，花一定时间对区县、乡镇、村三级卫生服务网络建设做个检查。一年半了，工作进度怎么样？三级卫生服务系统建立了吗？是否符合标准？服务能力怎样？医务人员技术水平是否合格？医院、卫生所是否符合医疗级别？医务人员服务是否符合要求等，都要进行检查。这个三级卫生服务体系不同于一般医院，不仅仅是你给钱、我看病，而应该深入到乡村，了解农民的健康状况。我认为，农民健康体检起到了这个作用，收集和掌握了农民健康资料。三级卫生系统不但要掌握这些资料，而且要对病人的状况进行跟踪，及时进行治疗，对于常见病进行宣传防疫，真正体现三级服务。如果我们不到农村、不到病人那里去，有病的人也不到三级体系去，那就脱离了实际。所以，更重要的是使这个体系有服务能力。这个三级卫生服务体系收集和掌握了农民健康资料，对病人的状况进行跟踪，对于常见病进行宣传防疫，及时进行治疗，从而提高了农民健康水平，提高了农民的寿命，我们的目的就达到了。

三、及时做好这次农民免费健康体检工作

这次对农民体检实行免费，所花费用由财政及事业单位安排。

市和区县两级财政共同出资 5000 多万元，医院投入 1.5 亿元，共计投入 2 亿元。90 多所医院出动 4000 多名医护人员，工作了 7 个多月，为 320 万名农民进行了体检，体检率达到了 85.74%，效果相当不错，非常了不起。实行农民健康体检，不是对老百姓的恩赐，是我们党和政府关心老百姓、维护人民群众利益应该做的事情。我们做得还很不够，还要继续做。对农民实行一次免费体检，我们的最大收获是认识上的提高，我们要牢牢记住并始终做好一项工作，就是要"以人为本"，时时处处维护人民的健康和安全，让广大农民得到全面发展。

四、做好新型合作医疗制度的试点工作

2003 年确定，到 2007 年，基本建立起天津农村合作医疗制度，农民参加合作医疗保险人数达到 70%。我们搞合作医疗工作，就要按照吴仪同志讲话精神，坚持积极稳妥的原则、群众自愿原则和结合实际的原则来开展工作。原来定的标准是，对每个人，市和区县拿出 10 元，农民不少于 10 元。到了 2007 年，使之达到农民人均收入的 1%，达到这个目标是比较艰巨的。今年的工作，主要是对四个试点区县进行检查评估。今年四个试点区县本身还有一个扩大面的问题。最近发现，医保面扩大了，医疗水平保障了，但也出现了一些小病大养，没病看病，通过医疗保险赚钱的现象。合作医疗保险要把资金管理好。所以，要在认真总结四个试点经验的基础上，稳步地扩大参保面，完善制度，再逐步推广到其他地方。这是农民健康的需要，也是实现 2007 年参保面达到 70% 的需要。

根据天津市委的决定，我们要不断提高农村社会保障水平，在搞好合作医疗试点的同时，建立有利于失地农民的社会养老保险制度。对失地农民，用土地补偿资金的一部分建立养老保险金，

一年一个亿（元）；市政府再补贴一块，一年八千万到一个亿（元），一年共计一亿八千万到两个亿（元）。大家可以体会到，我们这方面工作是按照党中央、国务院的要求落实的，是一步一步深入的，是天津农民、市民生活水平的提高对养老保险、社会保险的必然要求，也是我们的责任，我们必须要把农村合作医疗搞好。

五、加强农村环境保护工作

农村环境保护工作的一项重要内容，是开展以改水、改厕为主要内容的乡村卫生工作。首先是改厕。2002 年天津农村厕所的卫生达标率只有 27.4%，低于全国卫生标准。从今年开始，我们加大了工作力度，要求到 2007 年，农村厕所的卫生达标率达到 70%。对此，各区县要认真落实。在国家对市或区县给予补贴的情况下，帮助农民改进厕所，符合农民愿望，农民也很支持。当然，也有个生活习惯问题，但是习惯会改变的，随着农民生活质量的提高和观念的改变，他们不仅会接受现在的要求，还会提高标准。如果我们的工作做不好，没有落实，那就是我们党政部门的认识出了问题，工作出了问题。所以，我们一定要坚定信心，把改厕工作做好。其次是改水。要按照原来规定的任务完成好，包括降氟问题。各区县要认真落实市政府刚刚通过的《关于加强天津市环保和环卫工作的决定》，特别是各个区县要严格加强对乡村垃圾的管理。往河塘里倒垃圾，是个严重的问题，城区有责任，乡村也有责任。要把乡村垃圾的管理，纳入到区县、乡村规划中，认真治理。现在全市有 7 个地方小化工的污染极为严重，市政府为此下达了一个治理小化工污染的通知，要求有关区县狠抓落实，有关部门在年内要向市政府汇报。在明年，最晚在 2006 年，要把被污染的河道、土地等，经过认真治理，至少恢复到被污染前的状况，甚至要更好一些。

执行上述任务，都要贯彻一条主线，那就是"以人为本"。我们不是只做一件事，而是要做很多事，如果我们把"以人为本"和全面协调、可持续的科学发展观，作为处理事情的出发点和原则，就能把各项工作做好。各区县还要加强对交通、治安的管理，有农业的区和各县政府要加强对农民的交通安全及社会治安教育。要严把食品卫生的准入关，对于不符合要求的，一律不允许执业。要把控制非正常死亡的指标，作为对政府社会管理的考核指标。

切实保障妇女儿童权益

（2005 年 9 月 29 日）

妇女儿童工作，是社会事业工作的重要组成部分。做好妇女儿童工作，是体现"以人为本"，深入落实科学发展观的重要要求。我们要认真贯彻全国妇女儿童工作会议精神，创造条件，改善环境，采取切实措施，全力做好天津市妇女儿童工作。

一、充分认识发展妇女儿童事业的深远意义

恩格斯说过，妇女解放的程度是一个社会解放程度的标志。这句话具有深刻的意义。在人类社会发展的历史上，经历过母系社会。那时，母亲在人类的繁衍和生存以及组合起来跟自然作斗争中，处于中心地位，发挥了重要作用。后来由于私有财产的出现，男性在占有财产、支配家庭方面越来越占有优势，再加上剥削阶级的出现，把妇女看成低层次的人，使妇女在社会上处于被剥削的、附属的地位。尤其在中国，由于长时期受"三从四德"封建礼教的束缚，妇女长期受到不公平的待遇。解放以后，在党的领导下，妇女得到翻身解放，男女平等成为现实，特别是随着社会主义制度的不断完善，社会生产力的持续发展，我们国家妇女的地位进一步提高，在各个方面发挥的作用越来越大，是"三个不可替代"的重要力量。这"三个不可替代"，可以从母力、母

注：本文根据戴相龙同志在天津市妇女儿童工作会议上的讲话整理。

爱、母教三个方面理解。所谓母力，就是说妇女是人类经济社会发展不可替代的力量。特别是在我们国家的文化、卫生、教育、金融、科研、商业等事业中，女性占一半以上。所谓母爱，就是说妇女在建立和谐家庭、和谐社区、和谐国家中具有不可替代的力量。在建立和维护一个和平的家庭中，母亲起着重要的作用。一个国家是由很多家庭组成的，如果没有这样一个个和谐、完善的家庭，社会甚至社区的稳定都难以做到。所谓母教，就是说妇女在家庭教育、幼儿教育等方面的力量是不可替代的。母亲的勤劳智慧，对子女的影响都非常大，很多科学家和名人创造光辉业绩，都跟他们的家庭教育有关，即使是贫困家庭的母亲也能教育出智力非常超群的人才。在中国"岳母刺字"、"孟母三迁"早就成为教育子女的典范。儿童是国家的未来，是民族的希望，也是家庭的希望。所以，党和政府历来高度重视妇女儿童工作，支持妇女儿童事业的发展。我国政府把男女平等作为促进社会发展的一项基本国策，制定、颁布并实施了"九五"妇女儿童发展纲要（即《九十年代中国儿童发展规划纲要》和《中国妇女发展纲要（1995—2000年)》）和"十五"妇女儿童发展纲要（即《中国妇女发展纲要（2001—2010年)》、《中国儿童发展纲要（2001—2010年)》）。两个纲要的制定和实施大大改善了我国妇女儿童的生存状况，加快了男女平等的进程，使法律赋予妇女的政治、经济、文化、社会及家庭等方面的平等权利进一步得到落实，调动了广大妇女投身现代化建设、争取自身发展进步的积极性，促进了儿童的健康成长。

大家知道，今年我国妇女社会生活中有三件大事在国内外产生重大影响，一是国家召开了第四次全国妇女儿童工作会议，温家宝总理作了重要讲话，吴仪同志作工作报告。二是在北京举办了纪念联合国第四次世界妇女大会十周年系列活动，胡锦涛总书记发表了重要讲话，向国际社会重申了中国政府继续推行男女平等基本国策的主张。三是十届全国人大常委会第十七次会议表决通过了《妇女权益保障法》修正案，将男女平等基本国策写进总则，并进一步明确了政府在妇女权益保障工作中的执法主体地位，强化了政府依法行政、依法维权的责任。这三件大事，为妇女儿童的生存、保护、发展创造了良好的政策环境、法制环境和社会舆论环境。

多年来，天津市委、市政府始终高度重视妇女儿童事业发展，坚持把妇女儿童工作纳入全市经济和社会发展总体规划。建立健全了促进妇女儿童发展、保障妇女儿童权益的法律法规体系、工作体系和组织体系，建立了促进性别平等和儿童优先的宣传工作机制，形成了全社会共同关心和支持妇女儿童事业的良好格局。全国妇联对天津市的妇女儿童事业发展给予了充分肯定，并创新地提出和开展了"天津母亲文化周"活动，有力地推动了天津妇女儿童事业的发展。在新的形势下，我们一定要从树立和落实科学发展观，构建和谐社会的高度，充分认识做好妇女儿童事业的战略地位和深远意义，努力增强做好妇女儿童事业的自觉性，采取更加有效措施，不断把天津妇女儿童工作提高到新的水平。

二、认真贯彻第四次全国妇女儿童工作会议精神

国家召开的第四次全国妇女儿童工作会议，进一步明确了在新形势下做好妇女儿童工作的指导思想、总体目标和主要任务，是今后一段时期开展妇女儿童工作的重要遵循，我们一定要认真贯彻落实会议精神，把尊重妇女、保护儿童作为一项基本准则，把贯彻落实男女平等基本国策作为各级政府的自觉行动。

要继续运用经济、法律、行政及舆论等多种措施，使男女平等基本国策和儿童优先原则真正落实到经济社会发展的各个领域

和社会生活的各个方面。通过各级政府的共同努力，动员全社会力量，推进男女平等基本国策进企业、进学校、进社区、进家庭。进一步形成全社会都来关心和支持妇女儿童工作的良好氛围。要进一步明确维护妇女儿童权益的责任主体地位。司法行政部门要把《妇女权益保障法》纳入"五五"普法教育内容，加大宣传力度。各级政府及有关部门要把保障妇女儿童权益作为转变职能、依法行政的重要任务，作为加强社会管理和公共服务的重要方面。各级政府及有关部门都要把做好妇女儿童工作摆上重要议事议程，纳入整体发展规划，采取切实有效措施，调动方方面面的力量，形成支持妇女儿童事业的合力，促进妇女儿童全面发展，推动经济社会协调发展。

三、全面落实天津市妇女儿童发展规划

天津市妇女儿童发展规划是维护妇女儿童合法权益，促进妇女儿童全面发展，规范和指导妇女儿童工作的重要文件，各级政府和有关部门一定要切实加强领导，认真抓好落实。

一是要将妇女儿童发展规划纳入国民经济和社会发展"十一五"规划。推动妇女儿童事业与经济社会同步发展，是国际社会普遍认同的妇女儿童发展模式。这条基本经验应该认真总结汲取。当前，天津的经济社会发展形势很好，1993—2004 年 GDP 保持了年均 12.8％的高速增长，加快滨海新区开发开放，已经成为环渤海区域乃至全国发展战略布局中重要的一步棋。妇女儿童工作一定要抓住这一重要战略机遇，同步加快发展。现在，天津正在抓紧制订全市和滨海新区"十一五"规划，要抓住契机，把妇女儿童发展规划的各项目标任务纳入其中，统筹考虑，统一安排。要坚持高标准、高水平、高质量的目标要求，以科学发展观为指导，树立全局意识，把妇女儿童发展规划放到天津乃至国家整体发展

的大局中去谋划。实施"两纲"的示范区县、先进单位要继续作好表率。同时,各级政府、有关部门要结合本地区、本部门经济社会发展的实际和妇女儿童的实际状况,制定本地区、本部门的工作计划和配套政策措施,把实施规划作为政府和各职能部门的日常工作,真正落到实处。

二是要加大对妇女儿童事业的支持力度。妇女儿童事业的发展与经济社会全面、协调、可持续发展密不可分,互为前提、互为基础、互相促进。经济发展为妇女儿童事业的发展提供丰富的物质基础和广阔空间,使妇女儿童得到更多实惠。妇女儿童事业发展使广大妇女儿童更加积极、广泛地参与经济社会发展的伟大实践,最终推动经济社会发展。因此,必须随着经济和社会的发展不断加大对妇女儿童事业的支持力度。应当看到,在天津妇女儿童事业发展中,消除贫困、解决就业、卫生保健、教育培训等都是大问题,直接关系妇女儿童切身利益,关系社会安定和政治稳定。各级政府要区别情况,分类指导,加大投入,全力支持。一方面,要加强卫生设施建设和人员培训。"十一五"期间,要完成市妇幼保健中心、市中心妇产医院、市第二儿童医院等建设项目;另一方面,要加强妇幼卫生保健工作,要向基层倾斜,建立健全三级妇幼保健网,切实降低孕产妇死亡率、5 岁以下儿童死亡率、提高孕产妇系统管理率和 7 岁以下儿童保健管理率,控制和减少出生缺陷,尽快使这些指标达到中等发达国家水平。同时,也要保证对妇女儿童工委办公经费的支持,并根据经济发展状况逐步增加。要最大限度调动各有关部门、群众团体和社会各界的积极性,通过实施"春蕾计划"、"幸福工程"、"希望工程"等,利用多种形式和多种渠道筹措资金,为实施两个规划、推进妇女儿童发展提供服务。

三是要突出重点,解决难点,确保两个规划目标的实现。据了解，天津妇女儿童事业发展的主要指标有的位居全国前列，有些甚至达到和超过了中等发达国家水平。但也有一些重点、难点问题还没有得到很好的解决或者说还存在一些困难。重点是指妇女就业、再就业，女职工劳动权益保护，女干部培养选拔，婚姻家庭权益保护等。难点是指妇幼卫生保健工作中的婚检率下降，孕产妇死亡率和五岁以下儿童死亡率不稳定，流动人口中孕产妇和 7 岁下儿童保健管理率还比较低；农村基层妇女进"两委"（村党支部和村委会）比例偏低等。这些问题有的是全市的共性问题，有的是局部问题，造成问题的原因也是多方面的。各级政府及有关部门要区别情况，因地制宜，加强调查研究，找准问题症结，认真加以解决。在这里，我提出一个观点，对女性公民一生的权益，要实行全程维护，终生保障。要维护女婴生命和健康的安全，打击违法行为；要推进"春蕾计划"，支持贫困儿童特别是女儿童入学读书；要帮助妇女就业，使她们自立自强；要着力培养女干部，支持她们参政议政；要维护孤独老年妇女的权益，做好各种社会保障。我相信，只要各级政府真正重视起来，主要领导干部亲自抓，这些问题都会迎刃而解，两个规划的目标会在更高水平上如期实现。

天津的大发展离不开妇女儿童事业，妇女儿童事业的发展同样离不开天津经济社会的持续快速发展。让我们牢固树立和落实科学发展观，高标准、高水平地实施妇女儿童发展规划，推进妇女儿童事业全面发展，为全面实施"三步走"战略，为加快滨海新区的开发开放作出新的更大贡献！

努力建设国家职业教育改革试验区

（2006 年 3 月 28 日）

今年 3 月 23 日，教育部和天津市共同签署了《国家职业教育改革试验区建设实施方案》。今天会议出台了《中共天津市委、天津市人民政府关于大力发展职业教育的若干意见》（以下简称《若干意见》）。下面，我就贯彻落实国务院关于大力发展职业教育的决定，搞好天津国家职业教育改革试验区建设，讲三点意见。

一、深刻认识加快发展职业教育的重要性和紧迫性

发展职业教育，目标不能仅停留在培养更多产业工人上，应从落实科学发展观，构建和谐社会的高度，从促进城乡协调发展、区域协调发展的高度，来认识职业教育的重大意义。党中央、国务院对职业教育高度重视，2005 年 11 月召开了全国职业教育工作

注：职业教育是现代教育体系的一个重要组成部分，是培养实际管理和操作人才的重要途径。天津是现代制造业基地，一直高度重视职业教育，积累了较多经验。2005 年底，全市高等学校 47 所，其中职业技术学院占 49%；中等教育学校 746 所，其中中等专业学校占 5.4%。经过认真考察，国家教育部决定将天津列为国家职业教育基地和全国技术培训比赛长久举办地。2006 年 3 月 23 日，戴相龙市长与国家教育部周济部长共同签署《国家职业教育改革试验区建设实施方案》（以下简称《实施方案》），市委、市政府制定了大力发展职业教育若干意见，并召开全市职业教育工作会议，周济部长出席并讲话。本文根据戴相龙同志在这次大会上的讲话整理。

会议，温家宝总理作了重要讲话。国务院制定下发了关于大力发展职业教育的决定，进一步明确了新时期发展职业教育的目标和任务。我们一定要结合天津实际，认真学习贯彻，努力把天津职业教育推向新的水平。

天津作为我国北方的经济中心和老工业基地，历来就有重视职业教育的传统。早在 19 世纪 60 年代，伴随着洋务运动开展，天津就开设了实习工场传习工艺，开设考工厂、劝工陈列所启发工商知识。随后洋务学堂、实业学校也在天津应运而生，水师学堂、电报学堂、铁路学堂和工艺学堂等相继建立，为全国培养了大批工商英才。当时著名实业家周学熙提出："工艺非学不兴，学非工艺不显。"由此，"工学并举"成为中国近代创办实业和兴办学校的重要思想。新中国成立后，国家在天津进行了"两种劳动制度、两种教育制度"试点，培养了大批技能型人才。改革开放以来，特别是 20 世纪八九十年代，天津市委、市政府提出教育兴旺、天津兴旺，怎么支持教育也不为过等重要思想，促进了教育事业的快速发展。应该说，天津职业教育是有传统、有基础的。几天前，国务院常务会议原则通过了《天津市城市总体规划》，提出把天津建成国际港口城市、北方经济中心和生态城市。面临新的形势，在新的起点上实现经济社会发展的新跨越，对职教工作也提出了更高的要求。对此我们必须进一步提高对发展职业重要性和紧迫性的认识，把职业教育摆在更加突出的位置，作为一项重要的基础性工作来抓，努力开创天津职业教育的新局面。

（一）大力发展职业教育，是实施"十一五"规划，促进天津经济社会全面发展的迫切需要

"十五"期间，天津生产总值年均增长 13.9%，财政收入年均增长 24.3%，单位能耗下降 22%。"十一五"期间，天津的经济社会发展任务非常艰巨，全市生产总值年均将增长 12%，财政收

入年均将增长 16% 以上，单位能源消耗将在"十五"期间已下降 22% 的基础上，再下降 15% 以上，同时还提出了建设生态城市等其他目标。实现"十一五"的宏伟目标，需要调动和发挥各个方面的积极因素，其中关键是人才。这些人才既包括科技尖子和企业的领军人物，同样包括掌握熟练技术的高技能、高素质的产业大军。中央领导反复强调，要把工作重点转移到依靠科技进步和提高劳动者素质上来，提高城市生产经营者、城乡工作人员、产业工人的政治素质和科学文化素质。高层次的尖子人才可以引进，但是高素质的百万产业大军引不进来，这就要靠我们自己，靠加强职业教育培养。因此，职业教育是最基础、最重要、最实在的工作。这些年，天津国民经济之所以能够连续十多年保持两位数快速增长，在很大程度上是得益于我们作为老工业基地，具有多年形成的产业大军队伍。正是这支队伍，面对新、旧体制的转型，主动适应经济社会的发展，在各个行业和各个方面发挥了不可替代的中坚作用。但随着市场竞争日益激烈，对产业大军的素质也提出了更高的要求和标准。要达到这个要求和标准，需要通过多种途径进行培养，最重要的就是要大力发展职业教育。当前，有一个很值得重视的倾向，就是"都愿上大学，不愿学技术"。由此造成的结果，一方面是许多大学生拿了文凭难以及时就业，就了业还必须经历较长时间的培训过程；另一方面是许多企业为找不到需要的技能人才着急。有一个例子很能说明问题。3 月 23 日，市劳动和社会保障局组织了 3000 多个以技术类为主的岗位集中向社会发送，吸引了 8000 余名求职者，其中不乏本科生、研究生，但被录取的大多是技工、电工、电气焊工、制冷、物流管理等方面掌握一技之长的技能人才。我这样说，绝不是忽视高等教育，更不是否定尖子人才的领率作用，而是强调从适应经济社会快速发展的需要出发，实行多层次教育并举，强调大力发展职业教育的作用。

（二）大力发展职业教育，是实现天津城市定位和建设创新型城市的重要基础

中央政府历来十分重视天津的城市定位，自 20 世纪 80 年代以来，先后四次对天津进行城市定位。前三次分别是 1984 年、1986 年和 1997 年，第四次是今年 3 月 22 日，国务院常务会议审议并原则通过了《天津市城市总体规划》，进一步确定天津要努力建设成为国际港口城市、北方经济中心和生态城市。这次对港口城市和经济中心的定位给予了很大程度的加强，还增加了建设生态城市的内容。国际港口城市的内涵，不仅仅是只有港口就行了，最主要的是有港口文化、港口经济。与之相适应，这就需要大量的高素质管理人才。由原来的我国北方重要的经济中心确定为北方经济中心，去掉了"重要的"三个字，这就进一步提高了天津的城市地位，要求天津要大力发展先进制造业、金融业、运输业等产业，同时也需要大批的高素质的产业工人。建设生态城市，同样需要大批高素质的技能型人才来实现。因此，发展职业教育，培养大批高素质的高技能人才，是实现天津城市定位的需要。

此外，我们还提出要建设创新型城市。建设创新型城市，很重要的是掌握更多的核心技术和关键技术，培育更多的具有自主知识产权的产品和品牌，不断提高整体竞争实力。在这方面，既需要我们的科研院所和企业技术中心，瞄准市场需求加快新产品、新工艺、新装备的研发步伐，同样需要通过职业教育培养一大批高素质的职工队伍。总体可以这样讲，建设创新型城市，科技是先导，人才是关键，教育是基础，职业教育是重要的基础环节。这里有两层意思，一是高技能的产业工人是推动技术创新和实现科技成果转化不可缺少的基础力量，奋斗在生产一线进行技术革新、工艺改造的创新活动是提高企业竞争力的主战场。培养这些

有知识、有技能的技术工人必须发展职业教育。二是现代科学技术迅猛发展使知识更新加快，人们在学校所学的知识很难应付不断变化的挑战，作为创新主体的企业也会不断将新设备和新工艺装入生产线。适应这一形势要求，企业的员工有的需要到高等院校进行深造，但大量的是利用职业教育工学结合最为密切的特点，接受有针对性的教育和培训。提高科技持续创新能力，使从事一线生产的劳动者的技能不断提高、不断完善、延续终身，这都要通过职业教育来实现。因此在建设创新城市进程中，职业教育发挥着至关重要的作用。

（三）大力发展职业教育，是推进滨海新区开发开放，实施国家发展战略的需要

推进滨海新区开发开放纳入国家总体发展战略布局，为天津发展提供了难得的历史性机遇。要把天津建成北方经济中心、国际物流中心和制造研发基地，都需要高水平技能型人才，这就对我们的管理能力和产业队伍素质提出了严峻考验。滨海新区的开发开放，与经济特区和上海浦东新区相比，基础不同，起点也不一样。从人才支撑方面看，迫切需要从依靠人力成本优势迅速转变到依靠人力素质优势上来。比如，我们围绕滨海新区的空间布局，规划了 8 个功能区。每一个功能区都要摆放一批大项目，都需要一大批技能人才。就从建设化工基地来讲，仅即将开工的 100 万吨乙烯炼化一体化项目，就需要十多万技术工人。这样一个现代化程度比较高的项目，对于技术工人素质的要求是比较高的。2005年发生的吉林化工爆炸事故，在国内外造成了很坏的影响，给国家造成巨大损失，就是因为现场职工操作不当造成的。这说明，加强职业培训，提高技术工人的素质何等重要。我们从看这一个项目，再看一个功能区，再看整个滨海新区的开发开放，可以得出肯定的结论，就是大力发展职业教育，培养大批技能型人才，

是推进滨海新区开发开放的重要内容。

（四）大力发展职业教育，是天津建设社会主义新农村的根本途径

建设社会主义新农村，是我国现代化建设进程中的重大历史任务。昨天，中央政治局召开会议，专门研究促进中部地区崛起工作，其中一个重要内容，就是加强对农民的培训。国务院也下发了关于解决农民工问题的若干意见，其中也明确提出要切实保护农民工的合法权益，加强对农民工的培训，不断提高农民工的素质，引导农村富余劳动力合理、有序流动。天津人口流动性很大，对我们来说，那些进城打工的农民工绝大部分要成为新市民，很有必要对他们进行职业教育和培训。从天津自身来看，农业占全市 GDP 的 3.5% 左右，农民还有 380 多万名，解决天津的"三农"问题，就是要根据直辖市的特点和优势，以产业化提升农业，以城市化带动农村，以工业化富裕农民，走"三化一提高"的发展路子，高标准推进社会主义新农村建设。实现这一目标，最根本的就是要把 380 万名农民培育和造就成有文化、懂技术、会经营的新型农民。从农业产业化看，实现城乡统筹发展，产业间要相互联系，人才、劳动力培训方面要进行衔接。我们主要是按照沿海都市型农业的方向，着重建设一批有特色的农产品和畜产品基地，提高农产品生产、加工和销售的科技含量和集约化经营水平。从长远看，从事农业产业化的农民已不再是传统意义上的农民，也必须持证上岗。这就要求大力发展农村职业教育和成人教育，大规模开展农村劳动力技能培训。从 2005 年开始，我们已实施了"351"工程，有近 40 多万名农民接受了培训，获得了证书。从农村工业化看，现在的郊区工业也不是过去那种简单的小作坊式的企业，而是承担着农副产品深加工、承接产业梯度转移、为主体工业加工配套等任务，这也对从业人员的技能和素质提出了更高

的要求。从农村城市化进程看，天津到 2010 年的城市化率要从目前的 46.5% 提高到 60%，据测算，每年需要向非农产业转移农民 5 万人，这些农民将成为新市民，这就意味着这些农民的生产、生活方式必须为适应城市生活而发生根本性变化。因此，不论是新型农民，还是新市民，还是产业工人，都需要掌握技能，提高素质，都必须通过发展职业教育来完成这一重大任务。

（五）大力发展职业教育，是支持中西部开发，推动区域协调发展的需要

实施西部大开发，加快中西部地区发展，是落实科学发展观，实现区域协调发展的重要内容，也是新世纪、新阶段中央为加快我国现代化建设而确立的总体布局。中央要求东部地区要进一步支持西部地区发展，包括在产业布局、资金保障、基础设施建设、教育等方面予以支援和帮助。西部大开发关键在人才，而大批高素质的技能型人才则是基础。因此，我认为，在支持西部大开发，实施对口支援中，职业教育是最大的支持。从一定意义上讲，招收一个西部地区贫困家庭的孩子，通过职业教育和培训实现就业，就可以使一个贫困家庭脱贫。大力发展职业教育，提高西部地区招生比例，对于支持西部开发，加快西部发展有着十分重要的意义。对此，教育部也会给予政策上的支持和帮助。

总之，我们要深刻认识加快发展职业教育的重要性和紧迫性，与教育部携手，搞好国家职业教育改革试验区建设，在为天津乃至全国输送大批高素质的技能型人才的同时，也为国家职业教育工作提供经验和借鉴。

二、以共建国家职业教育改革试验区为契机，切实把国务院《关于大力发展职业教育的决定》落到实处

以这次会议为标志，天津市政府与教育部合作共建国家职业

教育改革试验区的各项工作将全面展开。我们天津一定会全力支持职业教育工作，当前和今后一段时期，要在全面推进各项工作的基础上，集中力量在以下六个方面实现突破，力求尽快见到实效，带动整体工作开展。

（一）要在职业教育办学体制上实现突破

建设国家职业教育改革试验区，关键要在教育改革上先行、先试，其中首要的环节就是深化办学体制。一是积极推进职教集团建设，实现职业教育的集约化和规模化。也就是要积极创造条件，加快组建一批高水平的职业教育集团。在集团内，要建立产教结合的董事会制度，形成强有力的领导体制，统筹使用师资、资金、设备、场地等各种教育资源。积极探索以公有制为主导、产权明晰、多种所有制并存的办学方式，实现职业教育投资主体多元化。二是整合全市职业教育资源，提高办学效益。目前，天津职业教育资源一方面相对不足，另一方面也比较分散，下一步要集中力量予以整合。制订统一规划，充分依靠行业和区县政府，推进职业教育资源向优势学校集中。未来几年，全市中等职业学校要由151所调整到100所左右，高等职业学校数量控制在30所以内。在调整过程中，教育行政主管部门要加强指导、监督和检查，防止教育资源流失。三是积极引进国外优质教育资源，扩大职业教育对外开放。鼓励职业院校与世界著名的职业教育机构开展多种形式的合作办学，与国际公认的职业资格认证机构进行合作交流，与世界跨国公司及在津的世界500强企业共同建设高水平的员工培训基地。

（二）要在培养模式上实现突破

职业教育培养模式是衡量学校教育能否适应经济社会发展的重要标志，直接关系到学生的技能与素质。为此，要在推进职业教育教学改革中，完善"工学结合"的人才培养模式，使职业院校更好地面向社会、面向市场。一是实行弹性学习制度。职业院校要根据经济社会发展需求，采取灵活学习方式，全面实行学分制、工学交替、半工半读、分阶段完成学业的弹性学习制度。我看可以建立这样的教学机制，企业急需用人时，在校学生可以暂时中断学业，到企业就业，学校保留学籍。实践一段时间后，根据需要还可以随时回到学校继续完成学业。有的可以一边在企业工作，一边在学校学习。这样，职业院校既可以不断为社会输送技能型人才，还可以成为调节劳动力余缺的"蓄水池"。二是优化教育课程设置。鼓励职业院校围绕经济社会发展灵活设置专业，鼓励学校探索针对工作岗位需要的、以能力为本位的课程体系。要把职业指导和创业教育贯穿于学校教育的全过程，加强职业技能鉴定工作，为学生毕业后持证上岗就业创造有利条件。加强职业教育，很重要的是加强职业道德教育。要在学生中广泛开展以"八荣、八耻"为主要内容的社会主义荣辱观教育，努力把职业道德培养和职业能力培养紧密结合起来，造就更多的德才兼备的建设人才。

（三）要在职业师资建设上实现突破

师资水平高低直接决定着职业教育的质量。我们要进一步创新"双师型"教师的培养模式，造就一批专兼结合、德才兼备、知能俱佳的，具有职业教育鲜明特点的教师队伍。关于职业院校师资队伍建设问题，在这次会议下发的《若干意见》和《实施方案》中，对改革教师评聘办法、建立教师到企业实践制度以及加大青年骨干教师的培养等，都做了具体规定。我觉得，提高师资队伍水平，重要的是要让他们在政治上有地位，经济上得实惠，社会上受尊重。比如，在职称问题上，职业院校教师可以实行"双职称"。在收入待遇上，要让这些人的待遇达到整个高等教育和中等教育的平均水平，办得好的还可以高于这个水平，收入可以不封顶。我们要高度重视青年骨干教师的培养。"十一五"期间，全市职业院校每年招聘200名左右的研究生应届毕业生，先送到企业锻炼一年，接触生产实际，然后回学校顶岗教学。另外，要制订国际培训规划，分批安排100名左右的青年骨干教师到职业教育发达国家进修。这项工作，我们要给予专项补贴。

（四）要在就业准入上实现突破

实行就业准入是市场经济条件下规范劳动力管理的基础性工作，也是提高职业教育质量的一个重要环节。下一步，我们要通过推进就业准入制度，探索建立社会化、专业化的职业资格认证机制。第一，用人单位必须严格执行"先培训后就业"、"先培训后上岗"的规定。今后，要进一步强化职业培训的作用。用人单位招收、录用职工，要从取得职业学校学历证书、职业培训合格证书和取得职业资格证书的人员中优先录用。如果接受过和没接受过职业教育的都一个样的话，职业教育的作用就体现不出来了。对此，劳动和社会保障、人事和工商等部门要加大对就业准入制度执行情况的监察力度。第二，加强职业资格鉴定工作。有条件的职业院校，要加快建立职业技能鉴定机构。做好职业资格认证与职业院校专业设置的对接，教学内容能够覆盖国家职业资格标准要求的专业，学生技能鉴定可与学校教学考核结合起来，不再重复考核。各有关部门要为职业院校毕业生取得"双证书"提供服务。

（五）要在服务经济社会发展能力上实现突破

发展职业教育，很重要的就是要坚持以服务经济和社会发展为宗旨，培养高素质的劳动者。一是要加强技能型、实用型人才培养。未来五年，要通过职业学校与对口企事业单位联合共建，培养50万生产和服务一线急需的技能型紧缺人才，其中高级技能型人才占40%。要大力开展以岗位培训和继续教育为重点的在职职工培训，年培训率要达到20%以上。在农村，要继续实施"351培训工程"，重点建设12个职业教育与成人教育中心，办好180个乡镇成人文化技术学校。在社区，要进一步统筹各类教育资源，建立各具特色的社区教育网络，推进创建学习化社区的进程，大力提高市民的整体素质。二是要加强基础能力建设。基础能力建设是提高服务能力的重要保障。当前，要抓紧建设一批有效提高学生实践能力的平台。"十一五"期间，要围绕天津优势产业发展，分期和分批建设50个技术设备先进、专业种类齐全、适应技能型人才培养需要的实训基地。

（六）要在东西部教育合作上实现突破

贯彻中央的部署，支持西部大开发，最根本的是教育支持。为此，我们要采取有效措施，主动吸纳更多的西部学生接受职业教育。另外，天津是一个劳动力输入城市，居住6个月以上的，每年要增加8万人，总流动人口超过百万，滨海新区开发开放后，预计人数还会增加。这些人相当一部分没有接受职业培训，如果在一定范围内，变招工为招生，吸纳接受过职业教育的中西部优秀毕业生在天津就业，可以有效提高流动人口的质量，同时也为农村劳动力有序转移搭建服务平台。做好这项工作要重点抓好两件事：一是积极推进合作办学。充分发挥天津优质职业教育资源及就业优势，加强与中西部的合作办学，不断扩大招生规模。根据区域经济社会发展和产业结构调整的需要，选择企业急需的专业，实行灵活的学习制度，订单培养。二是加强对口交流。教育部在天津设立了若干个国家级职业教育师资培训基地，我们要充分利用好这些资源，为中西部地区培训师资力量。同时，在天津确定一批重点中等职业学校，选派一批学校管理人员和教师，与中西部学校开展校际合作交流。

三、加强组织领导，为发展职业教育创造良好环境

职业教育涉及各个地区、部门和行业，工作量大，任务繁重，必须切实加强领导，调动方方面面的积极性，把各项工作落到实处。

一是要把职业教育切实摆上事关全局的战略位置。各级政府和相关部门都要把发展职业教育作为重要职责，纳入经济社会发展的整体规划，和其他重点工作一起筹划、一起推动。要及时研究解决教育改革发展中遇到的困难和问题，积极创造条件，保障职业教育的顺利开展。为了做好试验区工作，天津市与教育部共同组建了国家职业教育改革试验区工作领导小组，领导小组办公室设在市教委。市教委要加强职业教育的领导力量，主动做好协调和推动工作。要充分发挥市职业教育工作联席会议的作用，统筹协调职业教育的资源配置、条件保障和政策引导等。教育行政部门要做好职业教育工作的统筹规划、综合协调和宏观管理，加强职教力量，增加教工数量。劳动保障部门和其他有关部门要在各自职责范围内，加强协调配合，主动让方便、作贡献，形成齐抓共管、合力推进的局面。此外，天津有许多大企业，他们都有自己的职业培训体系和考核体系，因此我们还要进一步做好与大企业职业教育的对接，实现天津职业教育统一、协调发展。

二是要加大对职业教育的投入。今后的职业教育经费要有较大幅度增加，但我说的增加，不是在原有的经费中挖来挖去，而是整个教育经费总额要有大幅度增加。市政府决定，在保证正常经费不断增长的前提下，五年内再投入专项经费5.5亿元，这部分只会多、不会少，行业和学校主管部门配套投入10.1亿元，再加上教育部投入和外资部分，我想达到20亿元没有问题。这些经费主要用于实施技能型紧缺人才培养与培训工程、职业教育实训基

地建设工程、示范性职业学校建设工程、职业院校师资队伍建设工程。同时，教育部已同意将国家有关职业教育的重大项目放在天津，这是对我们有力的支持。从今年开始，天津教育费附加用于职业教育的比例，也由 20% 提高到 30%。一般企业应该按照职工工资总额的 1.5% 足额提取职工培训经费；从业人员素质要求高、培训任务重、经济效益好的企业可以按照 2.5% 提取，列入成本开支。总之，要建立多渠道筹措职业教育经费机制，形成有利于职业教育快速发展的多元化投资渠道。

三是要进一步完善助学体系。"职业教育是平民教育"，也是最需要帮助和扶持的教育。因为接受中等职业教育的学生大多来自于普通老百姓，家庭经济困难的学生相对集中。政府和社会多给他们一些关爱，是构建社会主义和谐社会的重要内容。从今年开始，市政府将设立职业教育助学金，每年由市财政拿出 500 万元，资助 5000 名家庭经济困难的学生接受中等职业教育。对招收中西部学生规模大的中职学校，国家和天津市每年都将给予一定的补助或奖励；中等职业学校每年也要安排学费收入的 10% 用于奖学金、助学金和学费减免。学生可以通过"工学结合、半工半读"等形式，参加生产性实训实习，取得相应的补贴。经过几年努力，要逐步形成以勤工助学为主要渠道，以助学贷款为主要手段，以奖学金、助学金为激励方式，以学费减免和困难补助为辅助措施的助学体系。

四是要营造有利于职业教育改革发展的良好氛围。要通过新闻媒体和多种渠道，宣传职业教育的重要地位和作用，宣传优秀技能人才的劳动价值和社会贡献，在全社会树立新的求学观、择业观和成才观。定于每年的 5 月 15 日，为职业教育法制宣传和成果展示日。要认真总结和推广近年来各行业、各区县发展职业教育的成功经验，推动各级、各类职业教育的改革和发展。通过舆论宣传和政策引导，在全社会形成爱劳动、重技能，"三百六十行、行行出状元"的社会风尚。

总之，发展职业教育，关系全局，责任重大。我们一定要进一步提高认识，开拓创新，高标准地做好职业教育工作，把天津建设成为具有鲜明特色和国际水准的全国技能型人才培养基地，为天津加快"三步走"战略，服务区域经济发展，作出应有的贡献。我们有理由相信，这一目标一定能够实现！

做好社区工作

（2006 年 8 月 31 日）

这些年来，天津市委、市政府对社区建设始终高度重视，各级党委和政府都把社区建设摆在重要位置，当做大事来抓。各社会团体、群众组织和广大居民积极参与社区建设，形成了工作合力。社区建设整体水平不断提高，成效显著，多项工作走在全国前列。全市 1380 多个社区的广大社区工作者长期在基层辛勤工作，任劳任怨，默默奉献，在平凡的岗位上做出了不平凡的业绩。今后，随着城市管理重心的下移，社区建设的作用和地位将越来越重要。下面，我讲五点意见。

一、社区是建设和谐社会的基础

社区是社会的基本单元，是城市的重要组成部分。20 世纪 80 年代后期，我国顺应改革开放和发展社会主义市场经济的需要，将"社区"概念引入民政等相关工作领域。社区既跟商业区相联系，也和生产区相联系，更是人们居住、生活和相互往来的场所。社区的概念很多，我国元朝时就有"社"这个概念，当时 50 户为一"社"。而现在社区范围更大，主要是指人们集中居住和相互往来的生活区。

进入新世纪，社区建设被赋予新的时代内涵。2005 年 1 月，

注：本文根据戴相龙同志在天津市社区建设工作会议上的讲话整理。

胡锦涛总书记在省部级主要领导干部提高构建社会主义和谐社会能力专题研讨班上指出："要加强城市基层自治组织建设，从建设和谐社区入手，使社区在提高居民生活水平和质量上发挥服务作用，在密切党和政府同人民群众的关系上发挥桥梁作用，在维护社会稳定、为群众创造安居乐业的良好环境上发挥促进作用。"总书记的讲话既界定了和谐社区的内涵，又提出了建设和谐社区的总体目标、原则要求和实现途径，是我们建设和谐社区的指南。8月22日，温家宝总理主持召开国务院常务会议，听取了民政部关于社区建设的汇报，并提出了五项任务。紧接着，全国召开社区建设工作会议，全面贯彻总书记的讲话和总理的批示精神，明确提出，以"居民自治、管理有序、服务完善、治安良好、环境优美、文明祥和"为标准，全面开展和谐社区建设。今年4月9日，国务院又专门下发了《国务院关于加强和改进社区服务工作的意见》，充分体现了社区工作的重要性。

社区是社会的细胞，是建设社会主义和谐社会的基础，是政府加强和改进社会管理和公共服务职能的重要载体，也是规划、建设和管理城市的重要抓手。实现天津城市定位，离不开社区建设，需要社区的参与，需要社区充分发挥好作用。因此，我们一定要把社区建设好、规划好、管理好。

二、要建立和完善社区服务体系

社区居民的需要是多方面的，这就决定了社区建设工作也是多方面的。社区服务具有广泛性、多元化、多层次的特点。主要包括衣、食、住、行等方面的服务，文化、医疗、卫生以及法律等方面服务。建立和完善社区服务体系应包含以下几个层面：一是要把政府办的社会服务覆盖到社区。政府职能转变的重点就是要加强社会管理、公共服务职能，所以政府要把属于社会管理和公共服务的职能覆盖到社区去。比如，社区道路建设问题、旧楼区改造问题，等等，这都是政府的职能，是应该尽到的责任。因此，政府必须把这些工作做好，一定要把政府的责任承担起来，所需的资金要纳入预算，切实把精力、财力、人力、工作转到社会管理和公共服务上来。二是要提倡创办互助性服务。这是社区居民自身的需要。要充分调动社区居民的积极性和创造性，组织社区有精力、有能力的群众，遵循自愿和适用原则，为社区提供自助性服务。要为社区服务人员提供必要的设施和用房，不断提高利用率。通过民意调查，掌握群众感到最不方便、最需要解决的问题，把它解决好。三是要支持企业和个人创办一些经营性服务。这主要是从便民的角度考虑，方便社区群众买菜和购买一般日用品。要从实际出发，以便民为宗旨，根据需要来进行管理。四是要提供志愿服务。社区服务内容非常广泛，应该根据需要确定不同服务的组织形式。这几个层次的服务关键在于搭配合理，处理好社区服务和社会专业化大服务的配套和衔接问题。总之，应该把社会化、专业化的大服务和社区的便民服务结合起来，合理分工，形成优质、高效、便民的社区服务体系。

三、要充分发挥居民委员会在建设和谐社会中的作用

天津市 1380 多个社区居委会，在天津构建和谐社会中的作用非常大。居委会的性质是基层的群众自治组织，这个组织有两方面的职责。一方面，居委会要立足于社区群众，及时、有效、真实地反映群众意见，并把这些意见集中起来加以解释，解释不了的向街道反映，街道解释不了的再向市里反映。扎根于市民是居委会最重要的性质。政府从根本上是为人民服务的，而居委会是政府联系人民群众的一个重要渠道，所以必须要靠居民委员会来收集群众意见，反映给各级政府，以便改进政府工作。另一方面，

社区居委会还应把国家的政策、市政府的政策以及社会管理和公共服务的措施介绍给居民，向居民解释清楚。正因为社区居委会有这样的双重职能，所以我们一定要按照上述定位、性质和任务，充分发挥居民委员会的作用。此外，居民委员会应在文明管理城市方面发挥作用。经过多年的努力，我们的城市管理水平有了很大进步，交通讲秩序了，说话更文明了，各方面都有很大进步。但是也还有一些遗憾的地方，例如，有些居民在大街上烧纸钱，居然在我们这样一个城市里制止不了。对这个事情，有人说这是一种落后的民俗，我看不能把这种行为简单看成是不文明的迷信活动，而应该看成违规行为。政府应该发文件，严禁在街上、公路路口烧纸钱。为什么呢？第一是污染环境，第二是影响交通，第三是容易造成火灾。居民委员会要做好宣传教育工作，尽快杜绝沿街烧纸钱等违规行为，形成与国际港口城市相适应的社会新风尚。

四、要依法进行社区建设

建设和谐社区是一项崭新的事业，要认真研究新情况，解决新问题，勇于创新，尤其要坚持依法行政，实施规范管理。要结合天津的实际，抓紧出台《天津市社区建设管理办法》及相关的法规、规章。认真贯彻落实《国务院关于加强和改进社区服务工作的意见》和天津市政府《关于进一步加强社区建设的意见》，保证社区建设法制化、制度化、规范化运行。

要加强领导，为社区建设提供有力保障。要完善政府机构设置，切实履行政府职能，使各级政府能够适应社区建设需要。要为社区建设提供必要的财力支持，并将其纳入全市和区县财政预算。要随着经济社会的发展，不断增加居民委员会的工作经费和补贴。

支持办好天津市大学生季谈会

（2007 年 6 月 13 日）

很高兴参加第七届天津市大学生现代经济与社会发展季谈会。我讲三个问题。

一、要办好天津市大学生现代经济与社会发展季谈会

政府工作的重要内容之一，就是促进教育事业的发展，而高校建设在教育工作中是重中之重。通过季谈会，能够让我们天津的大学生较早了解到国家经济社会发展的重大方针政策和战略决策，了解到经济全球化的基本情况。早知道，才能早参与；早参与，才能早成才；早成才，才能早立业。作为市长，我希望以最快的速度，准确、简要地把这些信息介绍给大家。南开大学和天津大学都是全国名校，有着良好的学习氛围，要通过季谈会的形式，由大学生"自主选题、自主研讨、自主管理"，做到"早知

注：为了引导在校大学生就我国改革发展的重大问题进行思考和研究，激励大学生对这些重大问题早知道、早参与、早成才，天津市举办了"天津市大学生现代经济和社会发展季谈会"。季谈会由学生代表主持，到会学生积极讨论，由市政府、学校领导和教授作简要评论。季谈会从 2005 年第二季度开始，到 2008 年 11 月已召开 8 次，先后谈论了科学发展观、经济全球化、区域经济一体化、构建和谐社会、推进天津滨海新区开发开放等专题，受到天津有关大学和广大师生的欢迎。本文根据戴相龙同志在第七届季谈会上的讲话整理。

道、早参与、早成才，早立业"。季谈会从 2005 年 4 月开始举办，至今已召开了七次，先后讨论了树立和落实科学发展观、经济全球化和区域经济一体化发展、推进滨海新区开发开放、"十一五"规划、推进滨海新区综合配套改革、构建社会主义和谐社会等。通过学习和讨论，丰富了同学们的知识，开拓了同学们的视野，很受老师和同学们的欢迎。座谈会以学生为主体，市政府领导和专家共同参加。座谈会由学生组织，由学生代表轮流担任主席、副主席，并在几所大学轮流举办。座谈会的主题一般是国内外经济社会发展重大课题，事先在学生中公布，有学生研究并选择对问题研究较有深度的学生参加。座谈会有利于大学生关心国内外大事和提高宏观思考能力，也是大学生业余学习的有效方式。国务院有关部门的领导对我们的学习活动也非常关注和支持。所以，我们一定要把季谈会办下去，并且越办越好，真正做到"三自"、"四早"，让天津的大学生在取人之长的同时，有自己的风格和智慧，能够在祖国的发展中作出自己的贡献。

二、天津面临的历史性机遇是什么

今天季谈会的主题是"历史的机遇，大学生的责任"。如果我要问大家，我们站在哪里？大家会说我们站在某某大学，或者说站在天津，这是很不够的。我希望你们站在环渤海、东北亚来看机遇和责任。我讲讲滨海新区的开发开放为你们带来的机遇。

第一，要站在天津滨海新区开发开放纳入国家总体发展战略的高度想问题。从 1978 年改革开放到现在，已经快 29 年了。我们的改革开放走了这样几步：从 1978 年到 1992 年，是有计划的商品经济，在这种情况下建设了深圳特区，那里只能是特区，围起来成为一个窗口，这就是向前走了一步，就全国而言还都是有计划的商品经济。到 1992 年，党的十四大提出建设社会主义市场经济，推动了浦东新区开发开放，这不只是一个窗口，更是一个大的区域，是"一个龙头、三个中心"，带动了长江中下游的发展。到2003年，各地发展速度都很快，但是东、中、西部经济发展差距拉大了，生态环境遭到了破坏，党中央及时提出了科学发展观。科学发展观是邓小平理论和"三个代表"重要思想的继承和发展，是在原有理论的基础上的创新和提高，使原有理论更具有时代特点。在新的形势下，改革开放的内容不同了，不再是计划经济，也不再是建立社会主义市场经济，而是要用科学发展观完善社会主义市场经济。在这个背景下，滨海新区开发开放被纳入国家总体发展战略布局，这不仅是经济新区的问题，而是在建设经济新区的同时，建设社会新区、生态新区以及综合配套改革试验区。深圳和浦东最初的开发开放，是在计划经济向市场经济转轨时期，国家要给优惠政策。滨海新区的开发开放就没有特殊的财税优惠政策了，但是给了我们一个特殊政策，那就是批准天津滨海新区成为国家综合配套改革试验区，一些重大改革可以在滨海新区先行、先试。滨海新区的定位是，我国北方对外开放的门户，高水平的现代制造业和研发转化基地，北方国际航运中心和国际物流中心。天津的城市定位中，"北方经济中心"这个定位，跟滨海新区的定位是有着紧密联系的。这将极大地促进天津的发展，把天津建设成国际港口城市、北方经济中心和生态城市。滨海新区没有定为金融中心，而是要建立与北方经济中心相适应的现代金融服务体系和金融改革创新基地。推进滨海新区开发开放，为天津发展带来难得的机遇。

第二，要站在推动规划建设京津冀都市圈战略的高度想问题。滨海新区开发开放，不仅仅是要把天津建设成为北方经济中心，更是要把北京市、天津市、河北省有关城市组成京津冀都市圈，要与珠江三角洲一样。到2008年奥运会，天津到北京的城际客运专线就要通车了，120 公里的路程不到 30 分钟就可以到达。天津还要建一条从滨海新区到唐山再到秦皇岛的高速铁路，北京也要建高速铁路到石家庄，然后到太原。这样就形成以北京、天津为中心的一个整体。北京是政治中心、文化中心、金融中心、世界名城，天津就是经济中心。在改革开放以后，资源更多是在向港口城市集中，越是开放，发展的速度就会越快。比如，原来沈阳GDP 比大连大，现在大连超过了沈阳；济南是山东的省会城市，现在青岛的经济总量超过济南了，等等。当然，并不是说我们超过北京了，但现在把天津定位为北方经济中心，说明港口城市的作用更大了，从长远看，北京、天津都是直辖市，但经济社会活动会紧密连在一体。

第三，要站在促进环渤海区域整体发展战略的高度想问题。环渤海有 7 万平方公里海面，实际上分三大块：以北京、天津为中心的京津冀都市圈，以大连和沈阳为主的辽东半岛，以及以青岛为中心的山东半岛。环渤海区域这个概念已经讲了 15 年了，一直是一个地理界线，不是经济区域。目前，环渤海地区发展势头迅猛，港口吞吐量占全国的 40%，在距我们 38 海里的曹妃甸，建设了超大型矿石码头、煤炭码头、油码头，首钢也在那里建了 1000万吨优质钢的生产基地；北面的辽宁，已经提出将大连、丹东、锦州、葫芦岛等 5 个城市联合为沿海开放带；南面的山东半岛也在蓬勃发展。随着环渤海地区经济发展速度的提升，沿海的高速铁路和公路交通更为便捷，海上交通会更为发达。天津到大连要建海上快速通道，今后在北京工作的人下了班，当晚乘高速铁路到天津，然后上船，次日凌晨就可以到大连，就不必到沈阳绕圈子。今后的环渤海地区不仅有陆地的交通，还有海上的交通，加上渤海油田的新发现和开发，必将形成环渤海经济圈。环渤海地区拥有 300 多所大学，珠江三角洲和长江三角洲分别仅有 100 多所和

200 多所。从财经大学来讲，环渤海地区就有中央财经大学、天津财经大学、东北财经大学，珠江三角洲还没有财经大学。就拿这点来说，这就是优势。天津滨海新区开发开放将带动京津冀都市圈的发展，而京津冀都市圈的发展，又将促进环渤海地区从地理圈变成经济圈。不仅如此，环渤海经济圈发展了，必将带来从南到北、从东到西全国性的大开放。珠江三角洲主要有 9 个城市，GDP 占全国的 10%；长江三角洲主要有 16 个城市，GDP 占全国 18%；京津冀都市圈 GDP 占全国 10%，环渤海地区主要有 35 个城市，GDP 占全国的 38%。珠江三角洲和长江三角洲开发了，但到了黄河以北，一直到西部就不行了。从此我们可以看到，滨海新区开发开放将有利于形成全国从南到北、从东到西大开发的格局。

第四，要站在经济全球化和区域经济一体化的大背景下想问题。中国东部沿海开放了，特别是环渤海开放了，可以有利于我们更好地参与经济全球化和东北亚区域合作。经济全球化必然带来区域经济一体化，区域经济一体化会更加促进经济全球化。这一过程中，自由贸易区发挥着很重要的作用，自由贸易区一般没有商品交易和税收的限制。欧美自由贸易区内部的自由贸易已经占全区半数以上，欧盟自由贸易区包括 20 多个国家，内部贸易占全区贸易近 2/3。可是我们亚洲地区，特别是中、日、韩三国，自由贸易发展较慢。中国和日本的 GDP 就占亚洲的 80%，加上韩国的就更多了。但相互间贸易还有关税壁垒，不是自由贸易。目前，中国已经开始跟韩国谈自由贸易了，2005 年，在日本召开世博会的时候，吴仪副总理访日，曾提出商谈自由贸易问题。2006 年底，中、日、韩 10 个城市的市长在天津召开会议，专门研究十城市经贸合作问题，中、日、韩在这方面都是非常积极的。

总之，推动滨海新区开发开放四个层次的意义，可以带动我们天津的长远发展，可以促进京津冀都市圈的形成，可以促进环渤海地区的发展，进而促进我国从南到北、从东到西的全面开放，可以促进我们更好地参与经济全球化和东北亚区域合作。这个趋势是肯定的，所以，我觉得有必要问你们站在哪里。你们这些大学生，是中国的希望和栋梁，你们看事情、想问题的立足点要高一些，眼光要远一些，要用正确的眼光、全球的眼光去看问题。你们在这样的历史机遇下学习，也要想到自己的历史责任，通过努力学习增长才干去承担这个历史责任。

三、面对历史机遇，当代大学生应该做些什么

在目前的情况下，我希望天津的大学生除了学好现有的功课以外，还应从以下三方面培养和塑造自己。

第一，要用更加深远的战略眼光看问题。天津市第九次党代会结束后的第二天，新一届市委领导成员去参观周邓纪念馆。当时的周总理就是用战略的眼光去看问题。校园是有限的，你们的思维和眼光是无限的。你们应该想亚洲的事，想全球的事，你们应该有战略的眼光、历史的眼光和全球的眼光。

第二，要有更加厚实的专业技能。不论是学工业制造的、学金融的、学社会管理的、学电子信息的，还是学交通的，毕业以后都可以找到你们事业的舞台。今天上午我们开了一个有关美国供应链的会议，是关于物流的。现在全球化货物的流水线很长，应该组织一个快捷、高效的货物流水线，使其成本更低，商品更便宜，从而造福全球。将来经济效益的大小已不取决于生产过程，因为生产过程的差别已经不大了，而决定库存成本的高低，以及运输链的长短。所以，大学生不管是学文还是学理，一定要更好地了解专业知识，掌握专业技能，了解现在，掌握将来。

第三，要有参与社会的道德水准。社会是多元化的，经济是多元化的，人也是有个性的。要想更好地融入社会，你就要承认

别人的存在，别人也要承认你的存在。所以同学之间、同事之间、与外国人之间都要有一个交往和适应的过程。我希望大家能够适应与世界各地的人们交往，适应与各种文化的人们交往，这样才能走出校门，走出天津，走向全国，走向世界。

做好改善民生的十项工作

（2007 年 1 月 28 日）

尽心竭力为群众谋利益，是人民政府的根本宗旨。要坚持想问题、定政策、办事情始终着眼于中低收入的大多数群众，着力解决群众最关心、最直接、最现实的利益问题，让群众共享改革发展的成果。2007 年，重点做好十项工作。

一、切实做好扩大就业工作。统筹城乡就业，多渠道开发就业岗位，确保实现新增就业 30 万人。对"4050"下岗失业人员实施托底安置。做好零就业家庭等十类困难群体的就业援助工作。建立 100 家青年就业见习基地，促进新生劳动力就业。免费为失地农民提供就业培训等服务，引导农村富余劳动力到城镇从事适当工作。用 3 年时间，基本完成 1018 户困难企业依法退出市场并妥善安置职工的计划。

二、努力提高居民整体收入水平。城镇单位从业人员劳动报酬总额增长 12% 以上。继续推行公务员工资制度改革和事业单位分配制度改革。增加低收入者收入，提高企业工资指导线和最低工资标准。加大政府和社会对"三农"的支持，加快农村经济发展，促进农村劳动力转移，多渠道增加农民收入。建立和完善防止拖欠农民工工资的法规和机制，维护外来务工人员的合法权益。

———————————

注：本文根据戴相龙同志在市十四届人大四次会议上所作政府工作报告中关于民生问题的内容整理。

拓宽投资渠道，为有条件的城乡居民增加投资分红收入。

三、加快建立健全覆盖城乡的社会保障体系。扩大社会保险覆盖面，进一步提高参保率和征缴率，切实保证社保基金安全、规范使用。实施新的基本养老保险金计发办法，继续提高企业退休人员养老待遇，逐步做实养老保险个人账户，推行企业年金制度。建立农村社会养老保险制度。完善城镇职工基本医疗保险制度。提高失业、工伤、生育保险的社会保障水平。抓紧制定社会救助体系建设的意见。全面建立农村低保制度，出台"五保"对象供养标准指导线。通过政府投资、企业和社会参与，完善多层次、多需求的养老服务。落实各项优抚安置政策。发展妇女儿童事业。保障和维护残疾人合法权益。发展社会福利和慈善事业。

四、优先发展教育事业。全市财政对教育事业的投入增长22.7%。促进教育事业均衡化发展，体现普惠性。全面实行义务教育"两免一补"政策。继续清理整顿"民办公助"学校，坚决制止教育乱收费。增加财政对贫困学生的助学力度。完成农村学校教学装备升级和初中建设工程。办好国家职业教育改革试验区，加快建设20所示范性职业院校和30个职业教育实训基地。抓好优质高中建设，高中阶段教育普及率达到93%。推进高校重点学科建设，高等教育毛入学率达到55%。城镇新增劳动者平均受教育年限超过14年。依法加强和规范各级、各类学校管理，营造良好办学环境。

五、加强医疗卫生服务。全市财政对卫生事业的投入增长22%。全面实施新型农村合作医疗制度，最低筹资水平不少于110元，人均筹资标准提高到130元以上，参合率达到80%以上。基本完成乡镇卫生院的标准化建设项目。扩大城镇居民合作医疗，重点解决大病医疗问题。财政用于社区公共卫生服务的补贴经费提高一倍以上。无偿为居民提供慢性病管理、一类疫苗预防接种等 18 项服务。降低群众医药费负担。统筹做好人口和计划生育工作，建设市计划生育生殖健康服务中心。

六、改善群众住房条件。加强房地产市场的调控管理，有效抑制房价过快上涨。城镇人均住房建筑面积增加 1 平方米，达到 26.9 平方米。新建住房确保 90 平方米以下的中小套型不低于 70%。全面启动新家园建设。开工建设 300 万平方米的经济适用房。扩大受益范围，提高补贴标准，为更多的困难家庭提供廉租房或租房补贴、经济租赁房租金补贴。完善城市房屋拆迁管理办法，依法推进城市建设，维护被拆迁居民权益。加快推进住房货币化分配。对二手房交易资金实行全面监管。

七、丰富群众文化生活。继续实施公民道德建设工程，树立社会主义荣辱观。加快面向群众、面向市场的文化体制改革。繁荣文艺创作，推出一批艺术精品。充分利用现有文化设施和场所，推广群众喜闻乐见的戏剧、曲艺等传统艺术，开展丰富多彩的社区、村镇、校园、企业等文化娱乐活动，引进国内外高水平的文艺展演，引导扩大文化消费，不断满足群众多层次的文化需求。搞好文化市场管理。推进文化信息资源共享工程建设。多渠道筹集资金，2008 年实现全市广播电视数字化。搞好城市雕塑和园林艺术建设。抢救和保护各类文化遗产。继续做好新闻出版、广播影视、社会科学、文物保护、图书、档案等工作。开展"全民健身与奥运同行"为主题的群众体育活动。办好 2007 年中国女足世界杯（天津赛区）等国际赛事。

八、为群众提供更多便利。加强城市交通管理，完善路网设施，疏通阻塞严重的路口和路段。优先发展公共交通，调整优化公交线路，缩短候车、换乘时间；恢复被挪用的停车场，新建一批停车场，规范和减少占路停车，切实解决群众出行难、停车难问题。继续实施城乡"三进"工程，使每个社区都有便民商业网点，每个街道都有规范的菜市场或早市，每个村镇都有日用消费品超市或农业生产资料连锁店。将8890家庭服务网络覆盖到全市，为城乡居民提供方便快捷、丰富多样的家庭生活服务。

九、努力营造宜居环境。继续实施蓝天、碧水、安静等六大工程。推进绿色家园计划，新建一批城区公园和街景绿地。铺设供排水、供气、再生水管网1000公里。将天然气管道延伸到宝坻、蓟县，实现区县全覆盖。综合整修旧楼区400万平方米。集中供热率提高到85.8%。改造二次供水设施400片，整治里巷道路300条，改造低洼积水点50处。采取各种措施，让广大居民喝上清洁卫生水，享受到300天以上的二级以上良好空气，人均拥有7平方米公园绿地，区域环境噪音平均声级处于较好水平。

十、保持社会和谐、稳定。拓宽与人民群众的联系渠道。落实信访工作责任制，方便群众依法、有序、理性地表达诉求，及时解决群众反映强烈的问题。做好人民调解工作。深入开展平安天津创建活动，完善社会治安防控体系，依法打击刑事犯罪。完善应急管理机制，有效预防和处置各种突发事件。建立健全动物防疫和农畜产品质量监管体系，强化食品、药品监管，加强生产、消防、交通安全管理，防止重特大事故发生，保障群众的健康和安全。

积极开展区域经济合作

（2006 年 11 月—2007 年 8 月）

一、加强天津与北京的合作

北京与天津地相连、人相亲，两市之间有着深厚的历史渊源、广泛的经济联系与良好的合作基础。近几年来，两市高层往来频繁，多次组团进行互访。经贸、城建、交通、教育部门之间关系密切，科技部门间签订了《关于进一步发展经济技术合作的会谈纪要》。合作建设区域性交通设施取得了重要进展，将有效地缩短京津间的时空距离。京津城际快速铁路明年奥运会前将投入使用，届时从北京到天津仅需 30 分钟。京津塘高速公路二线、京平（平蓟）高速公路，也将在明年上半年建成。两市间的经贸合作加速发展，据不完全统计，今年 1—7 月，北京在天津投资 16 项，投资额为 394.4 亿元，主要集中在房地产、制造业、商业流通业等领

注：戴相龙同志率天津市代表团于 2007 年 8 月 27 日访问北京市，2007 年 6 月 2 日访问河北省，2006 年 11 月 26—27 日访问辽宁省和大连市，2006 年 11 月 29—30 日访问山东省和青岛市。2007 年 8 月，张高丽同志为团长、戴相龙同志为副团长，率天津市党政代表团先后访问上海、广东、深圳、厦门等地。本文根据戴相龙同志与兄弟省市领导座谈时的讲话整理。

域。在此基础上，应进一步加快合作步伐。

一是共同推进京津冀都市圈和环渤海区域协调发展。北京是全国的政治中心、文化中心和国际交往中心，在科技、人才、金融、市场、信息等方面也具有诸多优势。天津是我国北方最大的沿海开放城市，在港口、涉外经济区等方面具有独特优势。按照国家明确的城市功能定位和京津冀都市圈区域规划，两市发挥各自优势和区域核心城市的带动作用，全面加强战略合作关系，共同支持和服务周边地区发展，可以实现优势互补、互利共赢，促进京津冀都市圈和环渤海区域经济发展。

二是全力支持2008年北京奥运会。天津作为协办城市，是奥运会足球第一阶段比赛的赛区之一，将按期完成在津赛场、训练场地的建设，保障奥运会天津协办项目的圆满成功。争取将天津市更多的企业和产品介绍给北京，争取成为奥运会一部分指定供应商和一部分指定产品。加快推进迎奥运环境保障专项行动。充分发挥港口、机场、保税区等物流优势，为奥运会提供便捷、高效的服务。

三是进一步加强以港口、机场为重点的交通网络合作。进一步发挥天津港和东疆保税港的服务作用，搞好与天津和北京的口岸直通，使天津港成为北京的最佳出海口和物流通道。积极推进天津滨海机场和首都机场的合作。继续联手加强高速公路、铁路等交通基础设施的衔接、联网。

四是不断深化两市经贸合作。积极支持适合在天津滨海新区发展的北京企业到津落户，参与滨海新区开发建设。充分利用滨海新区建设全国综合配套改革试验区的机遇，加强在金融创新等方面的合作。共同发展旅游市场和产品。

五是开展科技、人才合作与交流。主要是鼓励和支持科研单位、大专院校及有条件的企业相互转让科技成果。促进两市科技部门和科技、学术团体，开展两市间的科技交流活动，加强重大科研课题的联合攻关。利用京津塘高速公路沿线汇集了十多个经济开发园区的优势，共同打造高新技术产业带。

六是建立合作交流的长效机制。京津两市领导友谊深远，春节期间两市领导会见并举行网球友谊赛至今已持续 11 年。建议进一步完善高层互访机制、部门交流机制和市场协作机制，协调解决合作中的重大问题，落实具体合作事项。鼓励企业和行业之间加强沟通与协作。共同争取由国家有关部门牵头，建立京津冀都市圈区域合作协调机制。

二、加强天津与河北的合作

天津市与河北省地域相接，人缘相亲。多年来，两省市来往密切，关系融洽，在经济和社会发展上相互支援、相互促进，实现了互利共赢发展。天津人民永远不会忘记，河北省在引滦入津、引黄济津等方面给予我们的大力支持和无私援助。多年来，河北省围绕建设沿海经济社会发展强省，实施"两环"战略，深化改革开放，加快结构调整，各方面都取得令人瞩目的显著成就。2006 年生产总值达到 1.16 万亿元，比上年增长 13.2%，固定资产投资5500 亿元，增长 32.8%。

在经济全球化和区域经济一体化的新形势下，进一步密切津冀合作，对两省市发展、振兴环渤海经济都具有十分重要的意义。近年来，两省市不断加强交流与合作，先后签署了《关于全面发展经济技术合作的会谈纪要》、《关于两省市建立面向二十一世纪的全面经济合作关系的会谈纪要》和《跨区域口岸合作天津议定书》。2004 年 2 月，京津冀有关城市发展和改革委员会签署了《廊坊共识》。2006 年滨海新区与沧州签署了合作协议。所有这些，都为扩大双方合作打下了良好基础。2002 年以来，河北省每年经天津港进出口的货物总值均占全省的 60% 左右。据统计，2006 年河北省在津投资项目达 397 个，合作金额达 40 亿元，占当年天津引资总额的 9.3%。目前，河北省有 1000 多家企业为天津市的汽车、电子、化工和食品等行业进行配套加工，年创产值 80 多亿元。天津也有一批实力较强的民营企业、合资企业到河北省投资建厂，累计投资金额达到 100 多亿元，涉及化工、汽车、电子、食品、制药、软件、物流及旅游等行业。天津市将按照"市场主导、政府推动、优势互补、互利共赢"的原则，进一步拓宽合作领域，提升合作层次和水平，为促进津冀两地经济社会协调发展，为京津冀和环渤海区域经济振兴贡献力量。

1. 加强港口合作。认真落实国家《渤海湾地区港口建设规划》，加强天津港与秦皇岛港、唐山港、黄骅港的合作，尽快形成分工协作、布局合理的渤海湾港口发展格局。一是进一步建立和完善跨区域口岸合作机制，落实《跨区域口岸合作天津议定书》和津冀口岸有关合作协议，全面推进区域通关，在充分协商的基础上，在河北省有要求的地区建设内陆"无水港"，为当地经济搞好服务。二是发挥不同港口的优势，利用各自航线，开展货物中转联运，降低运输成本，共同为腹地经济服务。三是发挥天津国际贸易和航运中心的作用，与河北省的港口共建航运信息网络，实现运输行情信息网络化。四是支持天津港的矿石接卸业务逐步向曹妃甸港转移，实现错位发展、互惠共赢。

2. 加强天津滨海新区和曹妃甸工业区的合作。天津滨海新区和曹妃甸工业区发展各具特色，合作大于竞争，具备相互支持、共同发展的有利条件。天津将鼓励和支持大企业、大公司，通过企业参股、组建区域性的企业集团等方式，参与曹妃甸工业区的开发建设。同时，我们欢迎河北的企业到滨海新区创业，共同打造沿海经济隆起带，构筑区域发展的新格局。

3. 加强金融合作。发挥滨海新区金融创新试验基地的作用，取得的成果优先在河北等地推广应用。鼓励渤海银行、天津银行等金融机构在河北省建立分支机构，开展相关业务。支持渤海产业基金管理公司与河北省有关部门合作，寻求适于基金投资的项目，促进河北省有关企业的发展。

4. 加强区域交通设施合作。推进津秦客运专线、保霸铁路、黄万铁路复线的建设，形成连接两地便捷的铁路通道。加快建设沿海公路、津汕高速公路、承德至天津的高速公路，搞好京津塘三线和唐津高速公路西延至石家庄高速公路的前期工作，构建快速的公路网络。加快天津滨海国际机场改扩建，为唐山、沧州等地区提供良好空运服务。逐步实行两地高速公路收费一卡通。构筑以海港为核心，连接空港、铁路、公路的区域交通体系。

5. 加强生态环境和水资源保护合作。天津市在"十一五"期间安排适度资金，支持河北省改善滦河上游水质，共建京津冀北生态功能区。开展两地资源综合利用、风沙源治理、沿海防护林建设及水土流失、农业面源污染、渤海湾近岸海域污染防治等方面的合作，保护区域生态环境。加强海河、滦河流域，特别是子牙新河、沧浪渠和蓟运河等河流的水污染治理合作。

6. 加强产业对接和地区合作。打造区域性的制造业产业集群，根据龙头产业的发展情况互相提供产业配套。支持天津有条件的企业向河北省转移，支持天津化工企业在河北省黄骅、海兴等沿海地区改造现有老盐田，建立现代化的盐业化工基地。支持天津大港区与黄骅市进行产业合作，共同建设化工基地。支持天津宁河县为唐山市进行钢铁等产业配套。

7. 建立合作交流的长效机制。为不断扩展合作领域，深化合作关系，双方有关部门要抓紧拟订加强两地经济社会发展合作备忘录，建立合作交流的长效机制。一是高层互访机制。省市领导每年互访一次，协调解决合作中的重大问题。二是部门交流机制。两地政府有关职能部门建立定期交流制度，相互邀请参加本地区涉及两地区域发展的相关会议和重要活动，落实合作的相关工作。三是企业和行业协会协作机制。积极建立两地相关企业和行业协会的信息沟通和协作制度，为企业与行业间的协调发展、联合发展创造良好的环境和条件。

三、加强天津与辽宁的合作

辽宁历史悠久，是中华民族文化的发祥地之一，是我国重要的工业基地。新中国成立后，辽宁建立了以重工业为主体，门类齐全，基础雄厚的工业体系，为国家作出了历史性贡献。改革开放以来，特别是近年来，辽宁省紧紧抓住国家振兴东北老工业基地的历史机遇，调整经济结构，加快发展步伐，取得了令人瞩目的成就。在前不久召开的中共辽宁省九届十次全会上，又响亮地提出，在全国乃至世界发展的大格局中谋划辽宁全面振兴，紧紧抓住东北振兴和沿海开放双重机遇，着力抓好建设国家新型产业基地，建设社会主义新农村，构建和谐辽宁三项重点任务，使辽宁经济社会发展总体水平进入东部发达地区行列，提前实现全面建设小康社会的宏伟目标。

长期以来，天津与辽宁的经济和社会联系十分紧密。1986年，天津联合14个环渤海城市共同成立了环渤海地区区域性经济合作组织——环渤海地区经济联合市长联席会，其中有5个城市是辽宁省的城市。今年恰逢环渤海市长联席会成立20周年，成员市已发展到32个，其中辽宁省的城市增加到9个。今年4月，环渤海各成员市在天津召开了第十二次联席会议，共同签署了推进环渤海区域合作的《天津倡议》。近年来，双方围绕环渤海区域经济振兴，开展了更加广泛而深入的合作，尤其是利用会展经济平台加强经贸往来，互派展团参加各种大型经贸会展活动，取得显著成效。去年9月，辽宁通过整合企业资源，在天津成立了"辽宁商会"，并着手在天津滨海新区响螺湾商务区建设辽宁省标志性建筑——"辽宁会馆"，项目的前期准备工作正在稳步推进。天津港与大连港各方面的合作也日益扩大。随着经济和社会的快速发展，辽宁与天津之间的合作关系会更加紧密。

当前，经济全球化和区域经济一体化趋势日益加快，加强区域合作，谋求共同发展，已成为各地区、各城市的战略选择。天津和辽宁都是我国的老工业基地，同处在环渤海地区，共同担负着振兴区域经济的重任，面临着振兴东北老工业基地、推进滨海新区开发开放的重大历史性机遇，发展潜力大，互补性强，我们完全可以在更高层次、更宽领域进一步加强联合，为实现国家总体发展布局作出更多的贡献。

天津与辽宁可以在以下几个方面加强合作。

一是加强港口合作，实现优势互补。天津港正在加快实施港内、外34个重点项目，积极推进东疆保税港区的建设。辽宁省也正在加快大连港、营口港等港口的建设。津辽两地在港口方面的合作前景十分广阔，我们要学习辽宁港口建设和管理方面的经验，搭建相互交流的平台，进一步提升港口功能，实现合理分工，优势互补，促进两地港口经济的发展。

二是加强立体交通体系建设，共同构建便捷、快速的区域交通网络。我们应联合构建区域空运、海运、铁路、公路等现代交通网络。天津正在进行滨海国际机场改扩建工程，努力增加到辽宁各城市的飞机航线。我们完全可以创造条件，规划建设天津与大连的海上快速航运交通项目。进一步搞好区域内铁路和连接线的建设，加快与东北铁路交通网的连接。搞好京津、唐津等高速公路的延伸，形成连接东北地区的高速公路网络。

三是加强产业合作，提高聚集度和竞争力。"十一五"期间，天津将大力发展电子信息、石油化工、汽车制造、生物技术与现代医药等优势产业，构建高水平的现代制造业和研发转化基地。辽宁是老工业基地，制造业基础雄厚，电子信息、石化、冶金、机械等产业优势明显。双方应立足自身优势，实行合理分工，加强资源、资本、技术等方面的合作，共同培育一批附加值大、科技含量高、市场前景好的产业和产品。我们欢迎辽宁省的企业通过嫁接、并购的方式，参与天津企业的改造和升级。同时，我们也鼓励天津的企业到辽宁投资发展，参与重大项目的开发建设。

四是加强科技合作，提高自主创新能力。天津和辽宁都具有较强的科研实力，两地高等院校、科研院所和科技人才资源密集。我们要充分利用这一优势，围绕提升自主创新能力，加强科技合作与交流，建立区域科技服务体系，鼓励和支持科研单位、大专院校及有条件的企业相互转让科研成果。积极推进两地科技部门和科研学术团体开展省市间的科技交流活动，加强重大科研课题的联合攻关，促进人才的交流与互动。

五是加强旅游合作，共同开发旅游市场。天津是著名的历史文化名城，在意、奥、德、法等九国风情区保存着872幢历史风貌建筑，有近代100多处名人故居，是中国近代史的集中体现。辽宁旅游资源丰富，拥有文物古迹1.13万处，国家级重点文物保护单位19处，省级重点文物保护单位159处，国家和省级风景名胜区14处，是我国旅游业比较发达的地区之一。双方可以加强旅游资源的合作，联合建设旅游设施，开发旅游产品，精心设计旅游路线，共同打造跨区域发展的旅游市场。

中央领导多次要求我们，天津滨海新区开发开放应当主动融入区域、服务区域，融入全国、服务全国，全面加强与周边省市的联系与合作。我们一定要按照中央的指示，努力增强服务意识，提升服务功能，创造优越环境，尽心尽力为区域经济振兴作出应有贡献。

四、加强天津与大连的合作

大连是我国北方重要的港口、贸易、工业和旅游城市，素有"北方明珠"之称。那里风光秀丽，气候宜人，生活与居住环境十分优越，是我国最适宜居住的城市之一，曾获得联合国颁发的"中国人居环境奖"。改革开放以来，特别是近年来，大连市国民经济和社会事业发展速度很快，取得了令人瞩目的成就。特别是港口经济发展迅猛，现与世界 160 多个国家和地区的 300 多个港口有着贸易往来，承担了东北地区 70% 以上的海运货物和 90% 以上的集装箱运输。今年 10 月，国务院批准设立了规划面积 6.88 平方公里的大连大窑湾保税港区，为大连港进一步发展注入了强劲动力和发展活力。

长期以来，天津与大连的经济和社会联系十分紧密。1986 年，天津联合大连等 14 个环渤海城市共同发起成立了环渤海地区区域性经济合作组织——环渤海地区经济联合市长联席会。近年来，双方高层领导互访频繁，部门和企业之间的交往日益密切，经贸合作和相互投资十分活跃。大连万达集团、大连亿城股份公司、大连华恒国际工贸有限公司等相继来津投资发展。大连将在天津滨海新区响螺湾商务区投资建设大连市政府"窗口"，规划建设面积 16 万平方米的丰盈大厦，目前项目的前期准备工作正在稳步推进。天津和大连是东亚经济交流推进机构的成员城市，就在前不久，天津召开了第二届东亚经济交流推进机构会议，中日韩三国十个城市的市长齐聚津门，就进一步加强区域经济合作进行研讨，并签署《天津宣言》，达成了多项共识。会议期间，我与夏德仁市长会面，就两市加强区域合作进行了深入交流，达成了共识。在经济全球化大潮中，特别是在中日韩区域经济一体化的进程中，经济中心城市和城市群的合作，起着至关重要的作用。天津和大连都是经济中心城市，两市的合作，必将对东亚区域经济合作产生重大影响。我们要以此为契机，在更大范围、更广领域、更高层次上开展广泛而深入的合作，共同促进东亚区域经济的发展，实现互利共赢。

天津地处环渤海湾的中心，是中国北方最大的沿海开放城市，总面积1.19万平方公里，辖18个行政区县，常住人口1043万人。改革开放以来，天津同全国一样发生了巨大的历史性变化。特别是近十多年来，全市人民以邓小平理论和"三个代表"重要思想为指导，全面贯彻落实科学发展观，团结一致，奋力拼搏，提前实现了我们于1994年提出的"三五八十"四大奋斗目标，正在加快实施"三步走"发展战略。当前，天津发展正面临着难得的历史性机遇，就是天津滨海新区开发开放被纳入国家总体发展战略布局。今年7月27日，国家批复同意了修编后的《天津市城市总体规划（2005—2020年）》。进一步调整提升了天津的城市定位，明确提出，天津要努力建设成为国际港口城市，北方经济中心和生态城市。这就对我们的各项工作提出了更高的标准和要求。

天津和大连都是港口城市，同处在环渤海地区，共同担负着振兴区域经济的重任。面临着振兴东北老工业基地、推进滨海新区开发开放的重大历史性机遇，双方发展潜力大，互补性强，我们完全可以在更高层次、更宽领域进一步加强联合，为实现国家总体发展布局作出更多的贡献。

天津与大连可以在以下几个方面加强合作。

一是加强港口合作，实现优势互补。天津港正在加快实施港内外34个重点项目，积极推进东疆保税港区的建设。大连也正在加快港口和大窑湾保税港区的建设。天津和大连在港口方面的合作前景十分广阔，我们要学习大连港口建设和管理方面的经验，搭建相互交流的平台，进一步提升港口功能，实现合理分工，优势互补，促进两地港口经济的发展。我们完全可以创造条件，规划建设天津与大连的海上快速交通项目。

二是加强产业合作，提高聚集度和竞争力。"十一五"期间，天津将大力发展电子信息、石油化工、汽车制造、生物技术与现代医药等六大优势产业，构建高水平的现代制造业和研发转化基地。大连是辽宁重要的工业城市，制造业基础雄厚，装备制造、石化、电子信息和软件等产业优势明显。双方应立足自身优势，实行合理分工，加强资源、资本、技术等方面的合作，共同培育一批附加值大、科技含量高、市场前景好的产业和产品。我们欢迎大连市的企业通过嫁接、并购等方式，参与天津企业的改造和升级。同时，我们也鼓励天津的企业到大连投资发展，参与开发建设。

三是加强科技合作，提高自主创新能力。天津和大连都具有较强的科研实力，两地高等院校、科研院所和科技人才资源密集。我们要充分利用这一优势，围绕提升自主创新能力，加强科技合作与交流，建立区域科技服务体系，鼓励和支持科研单位、大专院校及有条件的企业相互转让科研成果。积极推进两地科技部门和科研学术团体，开展两市间的科技交流活动，加强重大科研课题的联合攻关，促进人才的交流与互动。

四是加强旅游合作，共同开发旅游市场。天津是著名的历史文化名城，在意、奥、德、法等九国风情区保存着872幢历史风貌建筑，有近代100多处名人故居，是中国近代史的集中体现。大连是著名的旅游胜地，大连国际服装节等各种旅游活动品牌享誉海内外。天津和大连都是环渤海港口城市旅游合作组织的成员，双方应加强旅游资源的合作，共同开发旅游产品，与北京、

河北等省市一起，共同设计旅游路线，开发跨区域发展的旅游
市场。

五、加强天津与山东的合作

山东是华夏文明的重要发祥地之一，独具特色的齐鲁文化是
中国传统文化的重要组成部分。伟大的思想家、教育家、政治家
孔子，以及他创立的学说，仍在世界上产生着重大影响。改革开
放以来，特别是近年来，山东省的经济和社会飞速发展，成为我
国东部沿海地区的经济大省。2000 年山东省生产总值不到 9000 亿
元，到 2005 年达到 1.85 万亿元，翻了一番以上，经济总量和增长
速度均居全国第二位。今年上半年山东省 GDP 已经超过万亿元，
增势迅猛，尤其是培育了青岛海尔等一批拥有自主品牌的知名企
业，显示出了强大经济实力和增长后劲。长期以来，天津与山东
的经济和社会联系十分紧密。1986 年，天津联合 14 个环渤海城市
共同成立了环渤海地区区域性经济合作组织——环渤海地区经济
联合市长联席会，其中有 6 个城市是山东省的城市。今年恰逢环渤
海市长联席会成立 20 周年，成员市已发展到 32 个，其中山东省的
城市增加到 9 个。今年 4 月，环渤海各成员市在天津召开了第十二
次联席会议，共同签署了推进环渤海区域合作的《天津倡议》。近
年来，双方围绕环渤海区域经济振兴，开展了更加广泛而深入的
合作。2000 年，天津市政府与山东省政府签订了《关于进一步发
展全方位经济合作的会谈纪要》。据统计，近几年双方的合作项目
达 162 项，合作金额 91 亿元。特别是进入新世纪以来，在四次引
黄济津过程中，山东省委、省政府和山东人民无私奉献，给予天
津大力支持，对此天津人民始终铭记在心。我们相信，随着经济
和社会的快速发展，山东与天津之间的合作关系会更加紧密。

天津和山东同处环渤海地区，共同担负着振兴区域经济的重

任，发展潜力大，互补性强，我们完全可以在更高层次、更宽领域进一步加强联合，为实现国家总体发展布局作出更多的贡献。

一是加强港口合作，实现优势互补。天津港正在加快实施港内外 34 个重点项目，积极推进东疆保税港区的建设。山东省也正在加快青岛港、日照港等港口的建设。津鲁两地在港口方面的合作前景十分广阔，我们要学习山东港口建设和管理方面的经验，搭建相互交流的平台，进一步提升港口功能，实现合理分工，优势互补，促进两地港口经济的发展。

二是加强立体交通体系建设，共同构建便捷的区域交通网络。我们应联合构建区域空运、海运、铁路、公路等现代交通网络。天津正在进行滨海国际机场改扩建工程，努力增加到山东各城市的飞机航线。我们完全可以创造条件，规划建设天津与青岛的海上快速交通项目。进一步搞好区域内铁路和连接线的建设，加快与山东铁路交通网的连接。搞好京沪、津汕等高速公路的建设，形成连接山东的高速公路网络。

三是加强产业合作，提高聚集度和竞争力。"十一五"期间，天津将大力发展电子信息、石油化工、汽车制造、生物技术与现代医药等优势产业，构建高水平的现代制造业和研发转化基地。山东是我国的经济大省，制造业基础雄厚，电子信息技术、生物制药、纺织、机械、化工等产业优势明显。双方应立足自身优势，实行合理分工，加强资源、资本、技术等方面的合作，共同培育一批附加值大、科技含量高、市场前景好的产业和产品。我们欢迎山东省的企业通过嫁接、并购的方式，参与天津企业的改造和升级。同时，我们也鼓励天津的企业到山东投资发展，参与重大项目的开发建设。

四是加强科技合作，提高自主创新能力。天津和山东都具有较强的科研实力，两地高等院校、科研院所和科技人才资源密集。

我们要充分利用这一优势，提升自主创新能力，加强科技合作与交流，建立区域科技服务体系，鼓励和支持科研单位、大专院校及有条件的企业相互转让科研成果。积极推进两地科技部门和科研学术团体，开展省市间的科技交流活动，加强重大科研课题的联合攻关，促进人才的交流与互动。

五是加强金融合作，推动区域金融创新。天津在金融方面的优势比较明显，有跨省市设立的中国人民银行天津分行和各类金融企业，最近又新建了渤海银行、渤海保险等全国性、区域性金融机构。金融改革和发展目标是，建立与北方经济中心相适应的现代金融服务体系和全国金融改革创新基地。山东在这方面也有许多优势。我们可以利用天津滨海新区进行全国金融改革试验的有利时机，进一步加强区域性的金融联合，进行金融创新，发挥金融在区域经济中的核心作用。

六是加强旅游合作，共同开发旅游市场。天津是著名的历史文化名城，在意、奥、德、法等九国风情区保存着 872 幢历史风貌建筑，有近代 100 多处名人故居，是中国近代史的集中体现。山东旅游资源丰富、风光秀丽、文物古迹众多。有著名的"世界自然文化遗产"、"五岳之尊"——泰山、"人间仙境"——蓬莱、国际啤酒城——青岛、"泉城"——济南，是我国旅游业比较发达的地区之一。双方应该加强旅游资源的合作，联合建设旅游设施，开发旅游产品，精心设计旅游路线，共同打造跨区域发展的旅游市场。

六、加强天津与青岛的合作

青岛是我国东部重要的港口城市，国家历史文化名城和旅游胜地。这里依山傍海、风光秀丽、气候宜人，是国家环境保护模范城市、国家卫生城市和国家园林城市，曾获得联合国"中国人居环境奖"。改革开放以来，特别是近年来，青岛市国民经济和社会事业发展速度很快，取得了令人瞩目的成就。青岛拥有一批中国知名的大企业，比如海尔集团、海信集团、青岛啤酒股份有限公司、澳柯玛集团、双星集团等。拥有中国名牌产品 54 种，中国驰名商标 16 个，有 7 个中国行业标志性品牌，今年青岛再次荣获"中国品牌之都"称号。青岛已经在品牌建设方面走出了一条独具特色的发展之路。青岛的港口经济发展也十分迅猛。青岛港是著名的天然良港，是中国沿黄海流域和环太平洋西岸重要的国际贸易口岸和海上运输枢纽。2005 年，青岛港集装箱吞吐量达到 631 万标准箱，成为东北亚第二大集装箱大港，预计今年将突破 800 万标准箱。长期以来，天津和青岛经济社会发展联系十分紧密。1986 年，天津联合青岛等 14 个环渤海城市共同发起成立了环渤海地区区域性经济合作组织——环渤海地区经济联合市长联席会。近年来，双方高层领导互访频繁，部门和企业之间的交往日益密切，经贸合作和相互投资十分活跃。青岛海利尔药业集团、天人物流集团等 7 家企业参加了环渤海企业合作促进会，借助这一平台，与天津企业密切合作，相互投资踊跃。天津、青岛两市整合旅游资源，共同发起成立了环渤海港口城市旅游合作组织，签署了打造环渤海无障碍旅游圈合作协议，全面推进旅游合作。天津和青岛是东亚经济交流推进机构的成员城市，就在前不久，天津召开了第二届东亚经济交流推进机构会议，中日韩十个城市的市长齐聚津门，就进一步加强区域经济合作进行研讨，并签署《天津宣言》，达成了多项共识。会议期间，我与夏耕市长会面，就两市加强区域合作进行了深入交流，达成了共识。在经济全球化大潮中，特别是在中日韩区域经济一体化的进程中，经济中心城市和城市群的合作，起着至关重要的作用。天津和青岛都是经济中心城市，两市的合作，必将对东亚区域经济合作产生重大影响。我们要以此为契机，在更大范围、更广领域、更高层次上开展广泛而深入的合作，共同促进东亚区域经济的发展，实现互利共赢。

天津和青岛都是港口城市，同处在环渤海地区，共同担负着振兴区域经济的重任，发展潜力大，互补性强，我们完全可以在更高层次、更宽领域进一步加强联合，为实现国家总体发展布局作出更多的贡献。

一是加强港口合作，实现优势互补。天津港正在加快实施港内外34个重点项目，积极推进东疆保税港区的建设。青岛也正在加快港口的建设。天津和青岛在港口方面的合作前景十分广阔，我们要学习青岛港口建设和管理方面的经验，搭建相互交流的平台，进一步提升港口功能，实现合理分工，优势互补，促进两地港口经济的发展。我们完全可以创造条件，规划建设天津与青岛的海上快速交通项目。

二是加强产业合作，提高聚集度和竞争力。"十一五"期间，天津将大力发展电子信息、石油化工、汽车制造、生物技术与现代医药等六大优势产业，构建高水平的现代制造业和研发转化基地。青岛是山东重要的工业城市，制造业基础雄厚，电子通信、信息家电、化工橡胶、饮料食品、汽车船舶、服装服饰等产业优势明显。双方应立足自身优势，实行合理分工，加强资源、资本、技术等方面的合作，共同培育一批附加值大、科技含量高、市场前景好的产业和产品。我们欢迎青岛市的企业通过嫁接、并购的方式，参与天津企业的改造和升级。同时，我们也鼓励天津的企业到青岛投资发展，参与重大项目的开发建设。

三是加强科技合作，提高自主创新能力。天津和青岛都具有较强的科研实力，两地高等院校、科研院所和科技人才资源密集。我们要充分利用这一优势，围绕提升自主创新能力，加强科技合作与交流，建立区域科技服务体系，鼓励和支持科研单位、大专院校及有条件的企业相互转让科研成果。积极推进两地科技部门和科研学术团体，开展两市间的科技交流活动，加强重大科研课题的联合攻关，促进人才的交流与互动。

四是加强金融合作，推动区域金融创新。天津在金融方面的优势比较明显，有跨省市设立的中国人民银行天津分行，有门类齐全的各种金融机构，最近又新建了渤海银行、渤海保险等全国性、区域性金融机构。天津金融改革和发展目标是，建立与北方经济中心相适应的现代金融服务体系和全国金融改革创新基地。青岛金融业发展也有许多优势。我们可以利用天津滨海新区进行全国金融改革试验的有利时机，进一步加强区域性的金融联合，进行金融创新，发挥金融在区域经济中的核心作用。

五是加强旅游合作，共同开发旅游市场。天津是著名的历史文化名城，在意、奥、德、法等九国风情区保存着872幢历史风貌建筑，有近代100多处名人故居，是中国近代史的集中体现。青岛是著名的旅游胜地，城市中山、海、城相融相拥，是我国最优美的海滨风景带和著名的度假、休闲目的地。双方可以加强旅游资源的合作，共同开发旅游产品，精心设计旅游路线，共同打造跨区域发展的旅游市场。

扩大中日韩区域经济交流与合作

（2004 年 8 月 30 日）

当今世界，经济全球化趋势不断加深，区域经济发展呈现新的特点，特别是日本、韩国与中国环渤海地区的经贸往来越来越密切。举办环渤海区域中日韩经济合作发展论坛，对促进形成全新的东北亚经济区，建立中日韩"全面经济伙伴关系"，具有重要意义。我相信，这次论坛一定是一次高质量的论坛。

日本、韩国和中国互为重要邻国和经贸合作伙伴，经济合作发展迅猛。2003 年，中日、中韩、日韩之间的贸易额分别达到1335 亿美元、632 亿美元、525 亿美元。在 2003 年 10 月召开的第七次东盟与中日韩"10＋3"领导人会议期间，中日韩三国领导人共同发表了推进三方合作的联合宣言。中日韩三国正在逐渐担负起区域经济一体化的历史责任。

进入 21 世纪，约占中国经济总量五分之一的中国环渤海区域迅速崛起，成为继珠江三角洲、长江三角洲之后，中国经济又一个新的增长区域。京津冀区域合作、西部大开发和振兴东北老工业基地，使环渤海区域经济迅速发展，同时也为中日韩在这个地

注：环渤海区域中日韩经济合作发展论坛是由国家商务部与天津市人民政府共同主办，有中日韩三国政要、经济合作促进机构负责人、知名大企业和专家学者参加的国际性论坛。本文根据戴相龙同志在环渤海区域中日韩经济合作发展论坛上的演讲整理。

区的合作创造了条件。

一、中日韩在环渤海区域的经济合作前景广阔

2003 年 10 月，东盟与中日韩"10＋3"领导人召开了第七次会议，中日韩三国领导人共同签署了《中日韩推进三方合作联合宣言》，一致同意在贸易与投资、信息通信产业、环境保护、能源、金融、科技等方面开展更广阔的合作。环渤海地区是日本、韩国贸易投资的重点。这种大的国际背景和发展趋势，必将进一步影响和加速环渤海区域中日韩之间经济合作进程。据有关方面统计，2003 年环渤海区域五省二市与日本、韩国的贸易额分别达到 332 亿美元和 246 亿美元，占全国总量的 25% 和 39%；投资额分别达到 151 亿美元和 154 亿美元，分别占全国总量的 37% 和 78%。

改革开放以来，我国采取了一系列重大措施，推进环渤海区域经济发展。1992 年，中共十四大明确提出，要加速环渤海湾地区的开放开发。1996 年，八届全国人大四次会议指出，要形成以京津冀为主的环渤海综合经济圈。2001 年，九届全国人大第四次会议又进一步明确，发挥环渤海等经济区域在全国经济增长中的带动作用。中共十六届三中全会又明确指出，要统筹区域发展。我国环渤海地区将成为继珠江三角洲和长江三角洲崛起之后的第三个经济增长极。2003 年，环渤海地区生产总值达到 3.6 万亿元，占全国的 30.8%；实际直接利用外资 183 亿美元，占全国的 34.2%；外贸出口 821 亿美元，占全国的 18.7%。目前，国家发改委正在组织编制京津冀经济和社会发展规划。随着我国东北老工业基地振兴计划的深入实施，辽东半岛区域经济将迅速发展。山东半岛的经济发展十分强劲。西部大开发也给环渤海地区经济发展增添活力。所有这些，将促进环渤海地区出现新一轮的大发

展。同时，也使这个地区成为日韩在华投资的最好地区之一。

二、政府部门要在推进环渤海地区经济合作中发挥更大作用

推进环渤海地区经济发展，作为地方一级政府应该发挥更大的作用。

一是树立和落实科学发展观，逐步制订区域经济和社会发展规划。编制和实施区域发展规划，对于实现总体发展目标，弥补市场缺陷，有效配置资源，具有十分重要的意义和作用。目前，国家正在编制"十一五"规划，国家发改委正在组织编制京津冀区域发展规划中。我相信，辽东半岛和山东半岛也在编制区域发展规划中。山西、内蒙古和京津冀之间长远合作也在规划过程之中。在此基础上，我们建议由国家发改委牵头，统一编制环渤海地区整体发展规划。在规划指导下，解决制约区域经济发展的一些突出问题，统筹区域发展。

二是构建统一市场，促进生产要素在区域内依法、有序、自由流动。市场是区域发展的重要载体。加强区域联合与发展，应当按照现代经济规律，努力克服各种阻碍市场发展的不利因素，选择易于突破的联合点，共同培育和发展环渤海地区统一、开放、有序的市场，促进区域内各类要素合理流动，为企业搭建合作平台。要通过培育市场，打破行政壁垒，实现地区间资本、技术、劳动力和信息等生产要素的优化组合，提高整体竞争实力。

三是规划和建设区域现代综合交通体系，拉近经济发展空间。区域经济一体化必然要求交通体系一体化，需要区域内的公路运输、铁路运输、航空运输等统筹协调发展。建议由国家有关部门牵头，由相关区域共同出资，拓宽和新开辟东西铁路、公路大通道，连接大连—天津—青岛沿海公路、铁路大通道，充分发挥沿海各港口的优势，增加区域内城市之间航空班次。

四是发展非公有经济，增强区域内经济发展活力。在加快国有企业改革的同时，要大力发展本地区的非公有经济。环渤海地区与珠江三角洲、长江三角洲的一个最重要差距，是非公有经济所占比例小、成长慢。非公有经济天生特征是，打破行政区划，按市场经济原则配置资源，追求最大资本利润率。本地区各级政府要开放城门，允许非公有资本自由进出，为本区域经济发展增添活力。

五是合理布局，加快中小城市建设。环渤海地区是由多个自成体系的城市群组合而成的复合型经济区域。除京津冀城市群以外，还有以大连为中心的辽东半岛城市群和以青岛为中心的山东半岛城市群。有条件的地方，应当立足于现有基础，加快卫星城和小城市的建设。建设卫星城，发展小城市，可以积极承接大城市工业企业转移，大力发展配套工业和农产品深加工；可以吸引中心城区人口和农村人口向卫星城和小城市集中，加快城市化和工业化步伐，促进区域经济更快发展。

六是加强政府之间的沟通与联系。要推动五省二市之间行政部门、行业组织之间的交流，创造条件举办定期、轮流主持的联席会议。在国务院或有关部门帮助下，建立环渤海地区高层领导人会晤制度，以便加强政策协调、信息沟通、增进融合。围绕区域合作中的难点和热点问题，定期举办环渤海地区市长论坛，共同促进环渤海地区繁荣与发展。

三、天津将努力为环渤海及东北亚地区经济发展作出贡献

天津一直非常重视与东北亚地区的经济交往与合作。早在30多年前，在周恩来总理的倡导下，天津就与日本神户结为中国第一个对外友好城市。目前，日本已经成为天津第二大贸易伙伴国，年进、出口总额达57亿美元。天津与韩国的交往也十分密切，到

汉城的空中飞行距离只有 50 分钟。韩国已在天津投资 17 亿美元。天津港与两国之间各有 10 多条集装箱航线，与日本神户港、韩国仁川港各有一条客运航线。天津与俄罗斯、朝鲜、蒙古的经贸往来也在逐年提高。天津与环渤海地区各省市联合与协作更是日益密切。近两年，仅京津冀地区的经济合作项目就有 220 项，合作金额 120 亿元。

天津与环渤海区域各省市地域相连，利益相关，有着悠久的历史渊源和合作基础。早在 1986 年，时任天津市市长李瑞环同志就倡导成立了环渤海地区经济联合市长联席会，组织规模已由当初的 15 个成员市发展到现在的 30 个，先后召开了 10 次联席会议。推动区域内各省市达成了 4497 个合作项目，合作金额 468 亿元。今年 9 月 1 日，在丹东市还要召开第 11 次环渤海地区经济联合市长联席会。

近十多年来，天津经济以年均 12.4% 的速度增长。2002 年我们又提出了"三步走"发展战略。2003 年，"三步走"战略第一步目标圆满实现，人均 GDP 超过 3200 美元。现在，正在向第二步发展目标迈进，就是到 2010 年人均国内生产总值达到 6000 美元，成为全国率先实现现代化的地区之一。

1. 以发展港口物流为中心，构建大交通体系。一是加快天津港发展。2010 年前港区扩大到 100 平方公里，预计投入 450 亿元，建设港区内 12 个大项目和港区外 22 个配套工程。港口货物吞吐量将达到 3 亿吨，集装箱吞吐量超过 1000 万标准箱。二是加强天津与周边地区的交通联系。初步商定，有关企业共同投资，建设 115 公里的京津城际客运铁路专线，实现两市之间半小时内通达的目标；投资建设 146 公里的京津塘高速公路二线，延伸蓟县至平谷 15 公里连接线。三是搞好现有机场扩建。建设 6 万平方米航站楼及相应配套工程，向北延长跑道达到 3600 米。到 2010 年，客运能力由现在的 100 万人次提高到 1000 万人次。同时，还要建设京沪高速铁路天津段，完成京山、京沪线电气化改造工程。

2. 发展优势产业，打造面向世界的现代化制造业。今后几年，天津工业着力发展电子信息、汽车、化工、冶金、生物技术与现代医药、新能源及环保 6 大支柱产业和 12 个产品基地，努力建设面向世界的现代化制造业基地。到 2010 年，全市工业销售总收入达到 1.1 万亿元，年均递增 15% 以上；工业增加值达到 2400 亿元，年均递增 13% 以上。

3. 加快建设滨海新区。天津滨海新区包括港口、开发区、保税区、海洋高新技术园区等功能区和沿海三个行政区，既是京津城市带与环渤海城市带的交汇点，又是东北亚地区亚欧大陆桥最近的起点。2003 年该区国内生产总值已占全市的 40.2%。国务院各部门对天津滨海新区的发展给予了很大的帮助和支持。在有关方面帮助下，我们正在编制滨海新区中、长期整体发展规划。总的构想是，要打造一个高度开放的、以高新技术和先进制造业为主体的示范区，在区域经济发展中发挥更大的服务和促进作用。

4. 坚持"以人为本"，建设现代化港口城市。要按照科学发展观的要求，合理规划城市布局。天津的城市建设规划，过去形象地称作"一根扁担挑两头"。现在，这根扁担拉长了，变粗了。在这个基础上，我们又形象地称它为"一轴两带"。"一轴"就是从武清到中心城区、到塘沽，主轴和北京连在一起。"两带"一个是东部沿海发展带，包括宁河、汉沽、塘沽、大港；另一个是西部城镇发展带，也就是从蓟县、宝坻中心城区到静海。一个主轴和两个发展带是我们天津市的特点，这要在"十一五"规划中认真体现。

以更紧密的口岸合作促进区域发展

（2005 年 11 月 7 日）

今天，借天津国际贸易与航运服务中心及天津电子口岸举行落成仪式的机会，我介绍三方面的情况。

一、天津口岸在区域经济发展中的作用

口岸是国家的门户，是供人员、货物等进出国境的通道。天津拥有海港、空港等诸多口岸，在促进区域经济发展中发挥着越来越大的作用。天津港 GDP 每增加 1 个百分点，就带动相关产业增加 5 个百分点。现在，天津港仓储货场达 400 多家，一次性储存货物 3000 多万吨，年仓储收入超过 8 亿多元，其规模居全国各口岸之首。全国每年有五分之三的煤、四分之一的盐、六分之一的油和七分之一的矿产通过天津港出海。天津港还是亚欧大陆桥最近的东部起点，也是日本、韩国等东北亚国家进入我国北方的重要通道。

注：本文根据戴相龙同志在加强口岸合作促进区域发展座谈会上的讲话整理。加强口岸合作促进区域发展座谈会是由国家海关总署、国家质检总局、交通部、公安部与天津市政府共同举办的。出席座谈会的有四川、青海、宁夏、新疆、陕西、内蒙古等省、自治区和新疆生产建设兵团的负责人，石家庄、西安、宁波、太原、成都、郑州、兰州、乌鲁木齐等市的海关、出入境检验检疫局、商务厅等部门的负责人。

近年来，随着中西部地区经济的快速发展和天津口岸服务功能的不断完善，天津与中西部地区的经济联系更加紧密。2002 年，天津市与北京市签订了天津海港口岸与北京朝阳陆港口岸直通协议。京津口岸实现直通，在全国首开先例。之后，天津又与西安、成都、兰州、郑州、乌鲁木齐、呼和浩特、包头、河北、太原等地签署了快速转关协议。与内蒙古二连浩特和新疆乌鲁木齐、阿拉山口建立了以多式联运和陆桥运输为载体，以口岸直通为依托的跨区域合作关系。同腹地各口岸城市构筑了多式联运和过境运输快速通道。促成了环渤海区域内支线内外贸同船运输，建立了河北和新疆乌鲁木齐集装箱"无水港"，开辟了新疆阿拉山口和内蒙古二连浩特的过境班列，以及成都、包头与天津三地循环班列。通过与周边港口合作，进一步强化了天津港作为环渤海集装箱中转港的地位，初步形成了遍布腹地主要省市的内陆服务网，使内陆地区丰富的矿产资源和多种农副产品经天津港发往世界各地。同时，吸引中亚国家大批货物从西伯利亚大陆桥转道天津口岸出口。2004 年 11 月，天津市与河北省签订了口岸合作备忘录。今年4 月，天津与北京、河北、内蒙古、山西、河南、陕西、新疆、宁夏、甘肃、四川和青海等 12 个省、市、自治区共同签署了《跨区域口岸合作天津议定书》。预计天津港今年货物吞吐量将达到 2.48 亿吨，集装箱运量 480 万标箱，口岸贸易值达到 800 亿美元。其中进出口货物 70% 以上、集装箱运量 60% 以上来自北京、河北、山西、内蒙古等腹地省市自治区。天津海关进出口总值中，55% 来自天津以外的地区。这些年，天津口岸通过采取一系列便捷的通关措施，货物通关速度由过去 4—7 天缩短到 24 小时，空港口岸达到 12 小时。天津海关还提出 7 小时以内办结的措施，检验检疫局提出 4 小时以内办结的措施，进一步加快了通关速度。

多年来，天津市委、市政府一直非常重视改善投资环境，力求为广大客商和海内外投资者提供更加优质、便捷、高效的服务。2004 年，我们围绕贯彻落实国家《行政许可法》，建了天津市行政许可服务中心，集中了 68 个政府部门联合办公，深受广大企业和用户的欢迎。今年，我们又着眼于增强滨海新区国际航运、国际贸易和现代物流功能，设立了天津国际贸易与航运服务中心，并加强了电子口岸建设，大大提高了通关效率。

二、推进滨海新区开发开放，服务区域经济发展

进入新世纪，经济全球化和区域经济一体化加速推进，正在深刻改变着世界经济的格局。2004 年，世界货物贸易额达 9.1 万亿美元，其中属于各经济区域内的贸易占 45% 以上，预计今年可超过 50%。中央提出树立和落实科学发展观，很重要的一点，就是统筹区域发展。目前，全国已呈现出东、中、西部竞相发展的态势。近年来，环渤海地区的发展正在引起国内外的热切关注。

当前，天津面临着一个重大历史机遇，就是天津滨海新区被纳入全国整体发展战略布局。目前，我们正在按照党中央、国务院的要求，高标准、高水平地编制滨海新区长远发展规划，努力把滨海新区建设成开放型、创新型、多功能、现代化的经济新区、社会新区、生态新区和综合改革试验区。

围绕加快滨海新区发展，服务区域经济振兴，我们一是抓紧构筑现代化大交通体系，为区域经济发展提供便捷的交通服务。从今年开始，我们计划投资 800 多亿元，全力打造航空、港口、公路和铁路四大枢纽。京津城际轨道交通将在 2008 年北京奥运会前投入使用，届时北京到天津只需 30 分钟。二是努力构建现代化制造、研发基地，为区域经济发展提供完善的产业服务。今后几年，天津将大力发展电子信息、汽车、化工等六大支柱产业。预计到2010 年，将年产手机 1 亿部，汽车总产量达到 100 万辆，全市工

业销售收入达到1.2万亿元。三是加快建设中国北方国际航运中心和国际物流中心，为区域经济发展提供高效的物流服务。我们正在加紧构建以港口为中心、海陆空相结合的物流体系。加快建设保税物流园区等九大物流基地。还将进一步加强城市建设与管理，加大对500平方公里湿地和各类自然保护区的开发和保护，努力改善生态环境。四是全面增强服务功能，加强与西部省市和周边地区的合作。突出加强"四方面合作"。主要是加强与环渤海各港口的合作，实现合理分工，优势互补；加强与周边省市的合作，促进金融、科技、教育和公共交通设施方面的共享与联合，共同构造区域信息网、海空航运网、铁路网、高速公路网和区域旅游圈，扩大化工、汽车、电子等产业规模，延伸产业链，带动产业升级；加强与中西部地区的合作，尽快打通与西部地区的大交通联系，扩大口岸直通和进出口货物运输服务，搞好技术和人才输出，梯度转移产业；加强与东北亚地区的经济合作，发挥天津作为中日韩十城市经济联合会主干事城市的作用，扩大与日本、韩国的经济联系。

三、站在高起点，实现口岸合作新跨越

我们始终认为，各兄弟省、市、自治区是天津口岸重要的合作伙伴，我们将以贯彻党的十六届五中全会精神，加快滨海新区开发开放为契机，站在更高的起点上，加快制度创新和工作创新，进一步为腹地服务，把口岸合作提高到一个新水平。

第一，天津港将努力增强辐射功能，为腹地提供优质的服务。港区面积准备由现在的30多平方公里，扩大到100平方公里。预计投资500亿元，建设34项港内外重点工程。同时，规划建设30多平方公里的天津港东疆保税区。到2010年，货物吞吐量将增加到3亿吨以上，集装箱吞吐量将增加到1000万标准箱以上。对来

自中西部地区的进出口货物，在港口集疏运、船舶装卸等方面将给予优先安排。针对内陆出口集装箱由于运距较远、不能按时到港的问题，采取放宽集港时间的措施，最大限度地为内陆用户提供便利条件。对内陆客户在港口费用上给予优惠。对重点物资和大客户，给予一定程度的优惠；对经天津港内陆班列运输的集装箱，免收减收集港费、堆存费等费用；对煤炭、焦炭、钢材等大宗货类，根据运量规模给予优惠。

天津滨海国际机场改扩建工程已经开工，航站楼由目前的2万平方米扩建到6万平方米，同时加宽和延长跑道，确保2008年前投入使用，建成后将满足年旅客吞吐量600万人次、货邮吞吐量30万吨的需求。同时，充分利用空港、海港的交通优势和中国民航学院的科教资源，规划建设100平方公里的航空城，进一步发展机场地区枢纽经济、口岸经济和临空经济。

第二，天津海关大力加强通关建设，提高通关服务水平。继续实施"大通关"战略，提高通关信息化水平，建立口岸环境监督、监测和评估体系，努力把天津口岸建成通关便捷、服务高效、监管规范的国际一流口岸。到2010年，海关进出口货值将达到2000亿美元，年均增长20%。我们将创造性地进行各种类型的转关实践，开通多种转关渠道；对特殊货类采取灵活通关措施；加强与腹地的沟通和配合，适应内陆海关的需求。我们将深入进行海关管理区域一体化改革，创新海关转关监管流程，并积极推动京津空港及华北、西北主要省会城市口岸直通。

第三，天津港保税区将发挥保税优势和空港物流优势，不断增强服务功能。积极推动"区港联动"，继续发挥出口加工区优势，争取"保税港"政策，不断增强国际中转、国际配送、国际采购、转口贸易四大功能。今后十年，预计保税区生产总值年均增长30%以上，到2005年比2000年实现翻两番；到2010年突破

500 亿元，约占全市的十分之一。依托天津机场和空港物流区，大力发展航空物流，主要是高附加值货物的分拨配送，为腹地地区提供高质量的保税优惠服务。大力发展国际物流关联产业，完善与腹地省市的多式联运体系，使保税区真正成为面向中西部和东北亚的国际物流大进大出的绿色通道。

共同促进环渤海区域经济发展

（2006 年 4 月 17 日）

　　环渤海地区经济联合市长联席会第十二次会议在天津举行，对于促进环渤海区域合作，将起到积极的作用。

一、环渤海地区经济联合市长联席会为加强区域合作作出了积极贡献

　　环渤海地区经济联合市长联席会从 1986 年至今已经走过二十个年头，召开了十二次会议。在中央领导及国家有关部委的关心支持下，经过各成员市的共同努力，联席会由小到大，合作的内容不断丰富，层次不断提高，已经成为全国规模较大的区域经济合作会议组织，在区域经济发展中发挥了积极作用。回顾这个历程，大体经历了三个阶段。

　　第一阶段从 1986 年 5 月到 1992 年 9 月。这一阶段国家实行的是有计划的商品经济，经济体制处于重要转型时期。为了适应形势发展需要，扩大区域经济联合，由当时任天津市市长的李瑞环同志倡议，于 1986 年 5 月 26 日在天津召开了第一次环渤海地区经

　　注：本文根据戴相龙同志在环渤海地区经济联合市长联席会第十二次会议上的讲话整理。环渤海地区经济联合市长联席会是 1986 年在李瑞环同志的倡导下成立的。成员市由最初的 15 个发展到 2008 年的 37 个，在区域经济发展中发挥了重要作用。

济联合市长联席会议，共有 15 个城市的市政府领导人参加。这一阶段共开四次会议，环渤海各城市之间的合作主要是进行物资串换和经济协作，各种类型的合作均处于起步阶段。这个时期创办了《环渤海经济研究》、《中国环渤海地区经济开发合作指南》等，取得了一批研究成果。

第二阶段从 1992 年 10 月到 2002 年 10 月。1992 年 10 月 12 日召开的党的十四大，提出社会主义市场经济的概念，把社会主义基本制度和市场经济结合起来，是我们党的一个伟大创举。这一理论的提出，对于加强区域联合，拓展了更为广阔的空间。这段时期历经十年，召开过六次会议，主要探讨和加强社会主义市场经济条件下的区域合作。环渤海各城市从过去的物资串换、经济协作，拓展为科技、金融、人才、医疗、环保、旅游等领域全方位合作，逐步形成了政府、行业、企业间多种形式合作发展新格局。

第三阶段从 2002 年 11 月到现在。以 2002 年 11 月 8 日召开的党的十六大为标志，我国进入了一个新的发展阶段。2003 年，我们党提出了"以人为本"，全面、协调、可持续的科学发展观，提出了"五个统筹"的要求。其中很重要的一条，就是统筹区域发展。现在，我国有 661 个城市，GDP 占全国的 70% 以上，前 100 个城市的 GDP 约占全国的 50% 以上。今天参加环渤海经济联合市长联席会的 32 个成员市，GDP 已达 3.3 万亿元，占全国的 18%。实践表明，发挥城市群的集聚效应，有利于更好地进行社会生产力布局，更多地减少资源的浪费，切实提高区域整体竞争力。这一时期，市长联席会虽然只开了两次会议，但是其他形式的会议和论坛明显增加。各城市党政领导、各部门和工商界，按照科学发展观的要求，主动寻求合作，推进区域经济发展，形成各种"共识"、"倡议"，建立了环渤海地区技术、人才、旅游、卫生、信息等行业性协作网络，成立了多种所有制企业参与的环渤海企业合作促进会，累计促成合作项目4900多个，合作金额830亿元。联席会在国内外的知名度和影响力不断提升，组织规模日益壮大，展示出广阔发展前景。

二、环渤海区域已经成为我国第三个经济发展增长极

振兴环渤海区域经济，是党中央早已明确的战略任务。1992年10月，党的十四大就提出要加速环渤海湾地区的开发和开放。1996年，八届全国人大四次会议提出，依托沿海大中城市，形成以辽东半岛、山东半岛、京津冀为主的环渤海综合经济圈。2001年，九届全国人大四次会议提出，进一步发挥环渤海等经济区域在全国经济增长中的带动作用。2005年10月召开的党的十六届五中全会指出，环渤海地区要继续发挥对内地经济发展的辐射和带动作用，加强区内城市的分工协作和优势互补，增强城市群的整体竞争力。国家"十一五"规划进一步明确，要建立区域协调互动机制，形成合理的区域发展格局。

我们高兴地看到，这些年环渤海地区按照中央的部署，顺应区域发展趋势，正在发挥后发优势迅速崛起。据统计，2005年环渤海地区"五省二市"的生产总值5.5万亿元，占全国的30.2%，发展势头非常强劲。从总体上来看，环渤海地区已经形成以京津两个直辖市为中心，大连、青岛等沿海开放城市为扇面，沈阳、太原、石家庄、济南、呼和浩特等省会城市为区域支点，共有大、小城市157个组成的我国范围最大的经济圈。从山东半岛城市群看，这里聚集着以青岛为龙头，包括烟台、威海等在内的城市群，制造业发展迅速，拥有众多代表民族实力的知名品牌，经济实力强大。2005年，山东省生产总值达1.85万亿元，占全国经济总量的10.1%，为由经济大省向经济强省转变奠定了坚实的基础。从

辽东半岛城市群看，这里作为我国重要的重工业基地，正在建设成为国家新型产业基地和新的重要经济增长区域，发展势头十分强劲。以沈阳、大连为中心的城市群不断扩大。2005 年辽宁省地区生产总值达 8005 亿元，占全国经济总量的 4.4%。从内陆省市看，山西是我国的资源大省，煤炭等自然资源丰富，经济发展迅速，正在加快新型工业化、特色城镇化进程，努力建设国家新型能源和工业基地。内蒙古农牧业发达，"草原经济"优势突出，将构筑成为我国重要的能源重化工业基地、绿色农畜产品生产加工基地和北方生态屏障。从京津冀城市群看，科技引领作用大，总部经济发达，互补性强，比较优势明显。2005 年，京津冀地区经济总量 2.06 万亿元，占全国的 11.3%。从 2005 年开始，国家发改委就已会同有关部门着手制订京津冀区域发展规划，目前已拿出初稿，正在征求意见，进行修改、补充和完善。北京提出要紧紧围绕"新北京、新奥运"战略构想，按照国家京津冀都市圈区域开发的整体部署，发挥首都科技创新和研发中心集聚优势，实现国家首都、国际城市、文化名城、宜居城市的发展定位。天津滨海新区被纳入国家总体发展战略布局，必将更为有力地服务和带动区域经济振兴。天津正在全面实施"三步走"发展战略，努力实现国务院审定的"国际港口城市，北方经济中心和生态城市"的定位。河北省提出环京津、环渤海的"两环"发展战略，着力打造区域经济增长极和高增长产业群，积极融入京津冀一体化，坚持促进区域协调发展。当前，京津冀都市圈合作与分工日益清晰，优势互补性进一步增强，正在展现出联合发展的强劲势头。许多专家学者和权威人士认为，环渤海地区正在成为我国继珠三角、长三角之后的又一重要经济增长极。我们可以自信地说，环渤海区域经济发展已经进入一个新的上升期，站在了新的历史起点上。

三、把滨海新区开发开放纳入国家总体发展战略布局，有利于更好地服务和促进环渤海区域经济发展

党的十六届五中全会和十届全国人大四次会议明确提出："推进天津滨海新区开发开放，带动区域经济发展"。以此为标志，天津滨海新区成为继深圳经济特区、上海浦东新区后又一国家级新区。滨海新区作为区域经济发展的战略重点，具有不可多得的综合优势。新区地处环渤海经济带和京津冀城市群的交汇点，是联系南北方、沟通东西部的重要枢纽，腹地遍及北方 12 个省市自治区。新区拥有我国北方最大的港口，有全国最好的经济技术开发区和保税区，综合功能优势明显。2005 年，港口货物吞吐量 2.4 亿吨，居世界第九位，集装箱吞吐量 480 万标准箱，海关进出口货物总值 819 亿美元。港口货物吞吐量的 70% 以上、口岸进出口总值的 55% 以上，来自北京、河北、山西、内蒙古等省区市。新区形成了电子信息、石油和海洋化工、汽车及装备制造等六大主导产业，2005 年工业销售收入达 4000 亿元，高新技术产品比重占 44%。新区有 1214 平方公里盐碱荒地，可作为生态和建设用地的空间很大。这些优势都集中在滨海新区，全国没有，世界罕见。

中央明确指示，推进滨海新区开发开放，必须主动融入区域、服务区域，融入全国、服务全国。我们一定树立服务第一的理念，全面提高服务功能，在服务中实现区域联合与发展。一是在国际航运方面搞好服务。将港口功能向内地延伸。办好天津港到内地六个海铁联运的集装箱班列，实现点对点航运服务。在内陆省区设立"无水港"。积极改进航空货运服务。二是在海关和口岸方面搞好服务。推进跨区域通关改革，开展跨关区的属地申报、口岸验收试点。在国际航运服务中心，设立对环渤海各省市的优先服务窗口。三是在国际贸易方面搞好服务。建设天津港集装箱物流

中心等六大物流基地，规划建设 40 万平方米国际贸易与航运服务区，在仓储、中介、信息等方面提供系统服务。四是在科技创新和促进产业升级方面搞好服务。依托京津地区科技教育资源，支持国内外企业、高等院校、科研院所到新区建立研发和技术转移中心。推进区域间产业梯度转移，延伸产业链，带动区域产业升级。五是在区域金融合作发展方面搞好服务。充分发挥新建渤海银行等全国性、区域性银行的有利条件，推动区域金融联合。设立渤海产业投资基金，建设产业基金管理中心。六是在休闲旅游方面搞好服务。发挥自然资源和历史文化资源丰富优势，打造旅游集聚区，推进区域旅游一体化。

目前，滨海新区开发开放正在形成新的高潮。八个经济功能区的详细建设规划正在制订；改善京津交通的城际轨道交通，京津塘高速公路二线、天津机场和天津港扩建等一大批重大交通项目正在紧张施工；滨海新区新一轮基础设施建设融资协议已签订；100 万吨乙烯炼化一体化项目和两组 100 万千瓦的发电厂上半年开工；渤海银行已经开业，渤海产业基金和渤海产业基金管理公司今年上半年成立。滨海新区作为国家重大战略，已经引起国内外的普遍关注。

四、紧紧把握历史发展机遇，积极推进环渤海区域合作再上新水平

随着经济全球化和区域经济一体化趋势不断加深，经过多年合作实践，加强区域联合发展，已成为环渤海各省市的高度共识。我阅读了今年"五省二市"的政府工作报告，都一致强调进一步扩大区域合作，很受启发和鼓舞。北京市提出，抓住天津滨海新区建设机遇，建立交流合作的长效机制。河北省提出，抓住国家实施京津冀都市圈区域发展规划和建设天津滨海新区的机遇，积极融入环渤海经济圈。山东省提出，要实行龙头带动、重点突破，促进区域经济协调发展。辽宁省提出，努力打造沿海经济带，使辽宁成为环渤海对外开放的活跃地区。山西省提出，要进一步加强与东南沿海发达地区、环渤海经济区域和周边省市的合作。内蒙古自治区提出，要加强与环渤海经济圈等地区的经济合作。近年来，环渤海区域间高层往来频繁，各种形式的交流合作日益密切。围绕环渤海区域经济振兴，国家有关部门和有关地区在北京、天津、廊坊、丹东、威海等地，多次召开经济合作会议和论坛，深入探讨区域经济发展的有关问题。国家领导人及相关国家政要分别出席会议，形成了"北京倡议"、"廊坊共识"等一系列协议和文件，有力地促进了环渤海地区的合作进程。按照中央区域发展战略和统一部署，在国务院及有关部门的帮助支持下，提出了"政府主导、市场运作、发挥优势、互补共赢"的合作原则。据此，我们建议从以下几个方面加强联合与发展。

一是加快重大交通项目建设，形成海、陆、空立体化区域交通网络。按照国务院常务会议通过的环渤海地区港口建设规划，加强环渤海湾各港口间合作，实现合理分工，优势互补。建设天津与大连、烟台和青岛的海上快速交通。加快区域内铁路和连接线的建设，建设京津快速铁路，改造京津普通铁路，建设津秦城际铁路、黄万铁路、蓟港铁路复线，推动东部沿海直通西部的铁路大通道建设。积极推进与沟通区域各地的公路建设，加快京津塘高速公路二线、京沪高速公路天津段建设，把滨海新区海滨大道延伸到邻近省市。抓紧天津滨海国际机场改扩建，推进京津航空一体化，增加天津到区域内各大城市飞机航线。

二是健全市场机制，推动区域生产要素合理流动。加快区域市场整合，放宽市场准入，逐步形成统一的区域性生产要素和商品流通市场。推进各种专业、行业合作，逐步上升为区域合作。扩大区域内各市场主体之间合理分工与有机联系，提升区域整体竞争力。天津市在滨海新区响螺湾商务商业区，提供土地1.1平方公里，以优惠条件提供环渤海省市区投资建设商务设施。在这次会议上将有8个城市和大型企业集团签订12个建设项目。

三是加强产业合作，提高聚集度和竞争力。提升自主创新能力，加强科技合作与交流，建立区域科技服务体系；积极引进符合国家产业政策和城市发展规划、具有龙头带动作用的制造业项目，提高引进、吸收再创新能力；立足区域内各省市的产业基础、特点和优势，加强资源、资本、技术等方面的互补合作，搞好产业分工，在环渤海地区形成紧密合作的产业关联体，构建具有世界水平的现代加工制造区域。

四是加强现代服务业合作，提升城市群的服务辐射功能。大力发展现代物流企业，构筑区域综合物流基地、专业配送中心、保税物流中心，形成层次分明、运转有序的物流体系。推动金融联合，构建区域金融服务体系。联合建设旅游设施，相互开发旅游产品，共同构建区域旅游大市场。

五是加强区域生态建设，共同治理和保护环境。坚持"以人为本"，构建资源节约型、环境友好型生态环境。加强区域水污染防治、大气污染防治、渤海海域污染防治等方面的合作，联合制订区域环境和资源保护规划，建立环境安全预警预报制度和区域环境重大事故灾害通报制度，提高区域整体环境质量和可持续发展能力。

六是建立交流合作长效机制，提升区域合作层次。进一步发挥环渤海地区经济联合市长联席会的作用，推动建立区域高层领导人定期会晤制度。积极促进城市间社会团体、学术机构、行业协会和广大市民的交流与沟通，建立广泛的合作渠道，形成多元化、多层次的区域合作体系。在分别编制京津冀、山东半岛、辽东半岛城市群发展规划的基础上，建议由国家发改委牵头，研究编制推进环渤海区域的发展规划，推动区域经济合作加快发展。

港口城市的历史责任

（2006 年 4 月 19 日）

由国务院发展研究中心、交通部、中国交通运输协会和天津
市政府共同举办的"首届中国港口城市市长（国际）高峰论坛"，
在天津滨海新区隆重召开，国家有关部委领导和全国 29 个港口城
市的市长以及专家学者欢聚津门，共商港口与城市发展大计，对
于深入落实科学发展观，推动经济社会又好又快发展，具有深远
的意义。

一、共同发展的历史新机遇

港口是人类走向文明和开放的桥梁，是促进社会进步和经济
繁荣的节点。随着我国经济发展进入新的上升期，港口和港口城
市发展正面临难得的历史性机遇。

一是经济全球化带来的机遇。当今世界，经济全球化步伐不
断加快，区域经济一体化特征日益明显，国际贸易迅速发展。经
济全球化，开始主要是商品贸易，后来出现资本和技术流动，现
在主要是跨国公司，但这不会减少航运，相反会增加航运。近几

注：本文根据戴相龙同志在首届中国港口城市市长（国际）高峰论坛上
的演讲整理。论坛由国务院发展研究中心、交通部、中国交通运输协会和天
津市人民政府共同举办。国家有关部委领导和 29 个港口城市的市长、有关
专家学者、部分港口企业代表出席论坛。

年，全球经济年均增长 4% 左右，国际贸易增长 8% 左右。从我国情况看，"十五"时期，全国国内生产总值年均增长 9.5%，商品进出口年均增长 24.6%，2005 年超过 1.4 万亿美元，与之相应的港口货运加快发展。"十五"期间，全国万吨级码头新增吞吐能力 4.5 亿吨，其中 2005 年增长 1.9 亿吨，占新增总量的 42%。2005 年，全国港口货物吞吐量达到 49 亿吨，增长 17.7%，其中外贸货物吞吐量 13.6 亿吨，增长 18%。参加此次高峰论坛的港口城市，承担了 50% 的货物吞吐量和 80% 以上的集装箱运量。"十一五"期间，我国将更加积极有效地利用外资，继续扩大对外贸易，货物进出口总量会加快增长，到 2010 年进出口贸易将达到 2.7 万亿美元。这无疑将为港口发展提供更大空间，使港口和港口城市的地位更加突出。

二是区域发展带来的机遇。以党的十六大为标志，我国经济社会发展进入新的阶段。在这个阶段，我们党提出了全面协调、可持续的科学发展观，明确要求统筹区域协调发展，形成东、中、西互动的格局。加快区域发展，必然要求进一步发挥港口和港口城市聚集和带动作用。

三是天津滨海新区纳入国家战略新布局对区域发展带来的机遇。党的十六届五中全会和全国十届人大四次会议都明确提出，"推进天津滨海新区开发开放，带动区域经济发展"。这就使滨海新区同深圳经济特区和上海浦东新区一样成为国家级新区。推进滨海新区开发开放，必须主动融入区域、服务区域，融入全国、服务全国。这将有利于发挥滨海新区服务带动作用，促进合作共赢格局形成。

二、加快构建国际航运中心

全国十届人大四次会议通过的《国民经济和社会发展第十一

个五年规划纲要》明确提出，要"建设上海、天津、大连等国际航运中心"。中国疆土辽阔，海岸线长，面对世界各个地区的贸易发展，建设几个国际航运中心组成的港口体系是必要的，也是可能的。我觉得，在港口建设上应该着眼长远、着眼未来，应该有几个不同层次、不同水平的国际航运中心。一般意义上讲，国际航运中心应是以面向海洋、航运业发达的国际大都市为依托，功能齐全、设施先进、服务辐射能力强的航运体系。国际航运中心具有如下条件：

第一，要有深水大港。现代国际海运船舶的大型化对港口航道的吃水条件要求很高，因此，国际航运中心必须拥有深水港，具备满足第六代集装箱船舶自由进出的深水航道，拥有良好的港口条件和一流的港口设施。

第二，要有广阔腹地和相当运量。在众多的港口城市中，一个城市要在激烈的竞争中脱颖而出，成为国际航运中心，同腹地经济的发展和雄厚的运量是密不可分的。无论是伦敦、纽约、鹿特丹等欧美国际航运中心的形成和发展，还是东京、香港等亚太国际航运中心的崛起，都充分证明国际航运中心的形成离不开腹地经济的发展及其相称的运量标准。

第三，要有良好的服务体系。具有功能齐全、能提供一流服务的海关、边检、卫检和港务监督等口岸检查检验机构和造船修船、各类金融、邮电通信、航运信息、航运经纪等机构。

第四，要有国际水准的现代企业经营港口。

目前，天津港已基本具备建设国际航运中心的条件。但是，要把天津港建成国际一流大港，成为国际航运中心，还有明显差距，需要进一步加倍努力。

近三年我们已两次召开港口工作会议，重点加强了以下几个方面的工作。

一是确定了天津港的发展目标。就是努力把天津港建设成为设施先进、功能完善、管理科学、运行高效、文明环保的现代化国际深水港，成为面向东北亚、辐射中西亚的集装箱枢纽港，中国北方最大的散货主干港，环渤海地区规模最大的综合性港口，力争成为世界一流大港。2010 年，天津港货物吞吐量将达到 3 亿吨，集装箱超过 1000 万标准箱。

二是加大基础设施建设力度。"十一五"期间，我们将投资367 亿元用于港口基本建设，进一步扩大规模，提高等级，完善功能，增强核心竞争力。把港口的规划面积从 40 多平方公里扩大到 100 平方公里。新建深水泊位 17 个。重点建设水深达 – 19.4 米深水航道，到 2008 年可以行驶 25 万吨级轮船，"十一五"末港口等级达到 30 万吨级。更为重要的是，我们正在利用挖掘深水航道的泥土建人工半岛，参照国际枢纽港的功能，建设面积为 15 平方公里的东疆保税港区。

三是加强对腹地的服务。进一步完善通关、通验、结算、信息、咨询等服务功能，为腹地省市和重点企业开辟绿色通道。在国际贸易和航运服务中心设立对腹地省市的服务窗口，实行优先申报、优先接单、优先验放。在内陆省区增设口岸办事处，密切港口与腹地的信息沟通。扩大"无水港"网络范围，实行"一站式"服务。积极推进跨区域通关改革，开展跨关区的属地申报、口岸验收试点。开工建设港、城分离的立体交通枢纽，建设一批大型物流基地和配套设施。

三、建设国际港口城市

今年 3 月 22 日，国务院常务会议原则通过了《天津市城市总体规划》，进一步明确了天津的城市定位，就是"要努力建成国际港口城市，北方经济中心和生态城市"。建设国际港口城市，必须充分考虑因港兴市，在建设港口城市过程中，逐步建设国际港口城市，主要标准有这样几条：第一，要把港口建设放在重要位置，全面提高通行能力和服务功能。第二，要依托港口，发展现代产业群。从我们来说，要重点发展化学化工、电子信息等。第三，要有广泛的国际交往和合作，要吸收国际的先进技术和管理制度。第四，要有发达的现代服务业，特别是物流和金融。因为港口要有大量运输，需要有保险，需要有融资，更重要的是要有大量的外币交换。所以，必须有与国际港口城市相适应的国际金融。第五，管理国际化和文化国际化，尤其要对外国企业实行国民待遇。第六，建成生态城市。港口城市是一个经济汇集、人流集中的地方，它的环境更应具有生态特征。目前，国内外港口城市各具特色，发展的途径和模式不尽相同，在这方面有很多地方需要研究规划，这也是这次会议交流探讨的一项重要内容。

天津因"天子渡津之地"而得名，因港口和漕运而发展。早在1860年，天津就被辟为对外通商口岸，逐渐成为我国近代北方最大的港口城市、工商业经济中心和金融中心。新中国成立以后，中央先后4次对天津进行城市定位，都突出了港口在城市中的重要位置和作用。这次最新定位，在港口城市前面加了"国际"两个字，这给我们提出了更高的建设标准，也更加突出了天津港在国内外的重要地位。"十一五"期间，我们围绕建设国际港口城市，将重点做好以下几方面工作。

一是加快建设具有更多自主知识产权和品牌的现代制造业基地，不断提高自主创新能力和国际竞争力。到2010年，工业增加值达到2000亿元，高新技术产业产值的比重达到50%以上。手机生产能力要达到1亿部，汽车生产能力达到100万辆，逐步形成3000万吨炼油、2个100万吨乙烯的生产能力。

二是抓紧规划建设现代综合交通体系。全长 115 公里的京津城际轨道交通已于 2005 年 7 月开工，2008 年交付运营。届时，京津直达只需 30 分钟。双向八车道的第二条京津塘高速公路已于 2005 年 6 月开工。天津国际机场改扩建工程也已于 2005 年 8 月开工。同时，其他一大批交通项目都在加紧建设。

三是大力利用外资和先进技术。在天津 GDP 的组成中，50% 以上是国有和国有控股企业，22% 是民营经济，28% 是三资企业。所以，除了发展天津已有特色经济外，要大力吸收外资，提高天津工业技术水平。

四是打造与北方经济中心相适应的金融服务体系。时隔近十年，国务院批准设立的全国第一家股份制商业银行渤海银行已于 2005 年底成立。国务院有关部门已批准在天津设立全国第一只数额最大的 200 亿元的渤海产业投资基金。我们着眼于培育和发展区域性金融市场，努力扩大直接融资，推进外汇管理和开放性金融改革试点，发展金融培训等各种服务，努力使滨海新区成为全国的金融改革试验区和金融发展安全区。

五是提升城市规划建设和管理的水平。在全面提高城市规划建设水平的同时，我们提出了"三创一建"的工作目标。其一，在已经建成国家环保模范城市的基础上，再用三年时间巩固提高"创模"成果。其二，开展创建国家卫生城市，2008 年底各区县实现国家卫生区申报，2009 年底实现国家卫生城市的申报。其三，创建国家园林城市，2008 年底，各项指标都达到国家园林城市标准。在此基础上，到 2010 年中心城区和滨海新区建成生态城区，力争 2015 年建成生态城市。

六是构建和谐社会。不断提高群众生活水平，提高社会文化品味，促进经济社会协调发展，实施科教兴市战略，建设创新型城市。

四、服务和带动城市群发展

人类文明史和现实发展充分表明，港口和城市有着密不可分的天然联系。有港则有城，因港兴市，建市兴港，由港口体系形成港口城市群，与内陆城市相联系发展为区域城市群。由此来讲，港口和港口城市服务带动区域城市群的发展，是历史发展的必然要求。目前，东部沿海地区已形成"珠三角"、"长三角"和以京津冀为核心的环渤海地区三大城市群。这三个城市群共有城市35个，2005年GDP占全国的38%。

多年来，我们始终坚持树立全局意识，打好服务牌，建设以港口为中心的综合服务体系，竭诚为区域经济发展服务。规划城市的发展，不但要看经济增长的速度和总量，同样要看为区域发展的服务功能和为区域振兴所做的工作。在今后的发展中，我们主要是做好"六个服务"，搞好"四个合作"。

"六个服务"：一是在国际航运方面搞好服务。将港口功能向内地延伸。办好天津港到内地六个海铁联运的集装箱班列，实现点对点航运服务。在内陆省区设立"无水港"。着手改造和扩建天津滨海国际机场，改进航空货运服务。二是在海关和口岸方面搞好服务。发挥保税物流园区的作用，增强转口贸易、简单加工、集港拼箱等功能。三是在国际贸易方面搞好服务。建设天津港集装箱物流中心等六大物流基地，规划建设40万平方米国际贸易与航运服务中心，在仓储、中介、金融保险、信息等方面提供系统服务。以最优惠价格提供一片土地，欢迎内地和周边城市到滨海新区建设商贸企业。四是在科技创新和促进产业升级方面搞好服务。依托京津地区科技教育资源，增强聚焦和服务辐射功能。支持国内外企业、高校、研究院所到新区建立研发和技术转移中心。推进区域间产业梯度转移，延伸产业链，带动区域产业升级。五是在区域金融合作方面搞好服务。加快形成与中国北方经济中心相适应的现代金融服务体系。六是在休闲旅游方面搞好服务。发挥自然资源和历史文化资源丰富优势，建设旅游集聚区，推进区域旅游一体化。

"四个方面的合作"：一是加强与环渤海湾各港口的合作。根据国家港口建设规划，扩大与环渤海湾各港口的联合，努力实现合理分工，优势互补。二是加强与北京等周边省市的合作。学习北京，服务北京，改善交通，共同发展。支持河北实施环京津、环渤海"双环"带动发展战略。三是加强与中西部地区的合作。打通交通联系，扩大口岸直通和运输服务，搞好资金、技术和人才输出。同时引导在津中外企业加强与中西部地区的产业联合。四是发挥天津作为中日韩十城市经济联合会制造业部会主干事城市作用，促进东北亚区域经济合作。我们要认真学习借鉴先进港口建设管理与城市区域发展的经验，不断增强滨海新区和天津港的服务和辐射功能。

津港合作大有希望

（2006 年 5 月 9 日）

　　值此"2006 香港·天津周"开幕之际，我谨向各界人士介绍天津滨海新区开发开放的现状和发展规划，并就进一步加强津港合作提出几点建议。

　　两个月前，中国十届全国人大四次会议明确指出："继续发挥经济特区、上海浦东新区作用，推进天津滨海新区开发开放，带动区域经济发展"。以此为标志，天津滨海新区开发开放已纳入国家总体发展战略布局。天津滨海新区成为继深圳经济特区、上海浦东新区之后又一个国家级新区。今年 3 月 22 日，中央政府进一步提升了天津的城市定位，提出"努力把天津市建设成为国际港口城市、北方经济中心和生态城市。"4 月 26 日，国务院召开常务会议，审议并通过了《国务院关于推进天津滨海新区开发开放有

　　注：戴相龙同志在天津工作期间两次访问香港。2004 年 11 月 29 日，在香港招待酒会上发表了围绕现代服务业扩大津港合作的演讲。接受了香港凤凰卫视中文台的采访。2006 年 5 月 9—11 日举办"2006 香港·天津周"，全国政协副主席董建华出席开幕式并为天津周启幕。戴相龙致开幕词并发表主旨演讲。期间，举办了天津滨海新区建设成就及发展规划展览、滨海新区招商引资项目推介洽谈会、城市基础设施及海河开发推介洽谈会、津港金融中介行业合作洽谈会及项目签约仪式等一系列活动。戴相龙分别会见了李嘉诚、郑裕彤、郭鹤年、何鸿燊等香港著名企业家。本文是戴相龙同志在"2006 香港·天津周"开幕式上的致辞摘要。

关问题的意见》，明确了滨海新区开发开放的指导思想、功能定位以及扶持政策。这些政策中最有含金量的就是批准天津滨海新区是国家综合改革试验区。至此，天津滨海新区纳入国家发展战略布局的决策程序已基本完成。

目前，天津滨海新区各项工作全面展开，开发开放高潮已经兴起。一是国务院已经批准天津城市总体规划，对推进滨海新区开发开放制定了若干意见。八个功能区正在规划或建设中。二是抓紧"两路两港"建设。京津城际高速铁路，双向八车道的京津塘高速公路二线，天津滨海国际机场改扩建工程，均于 2005 年开工，将于 2008 年运营。到那时，乘坐高速铁路列车京津相通只需30 分钟，而且可以 3 分钟发一次车。25 万吨级海港航道、30 万吨级原油码头、15 平方公里保税港区正在建设中。三是 30 个重大工业建设项目正在建设或规划。1000 万吨炼油、100 万吨乙烯炼化一体化项目和两组 100 万千瓦发电厂即将开工建设。四是时隔近十年，国务院批准设立的全国第一家股份制商业银行渤海银行 2005年底在天津成立。全国第一只数额较大的渤海产业基金及管理公司即将成立，滨海新区将成为全国的金融改革试验区和金融发展安全区。

各位朋友很关心天津及滨海新区今后五年的投资方向。在这里可以告诉大家，我们已经按照"十一五"规划的总体要求，提出了近三年招商引资的重大项目。总投资约为 600 亿美元，包括工业、服务业和农业 183 个重点项目，涉及电子信息、汽车、化工、冶金、生物制药、新能源等 12 个领域。其中，工业项目 80 个，总投资 135 亿多美元，比较大的项目有聚苯乙烯、子午线轮胎、无缝管材等；服务业项目比重最大，占 70% 以上，共 94 个项目，总投资 433 亿多美元，比较大的项目有和平广场中心商业区、国际会展中心、奥林匹克中心体育场等；农业项目 9 个，总投资 37 亿多美元，比较大的项目有水产科技园区、高新葡萄产业园区、绿色食品养殖基地等。我们推出这些项目，有利于进一步扩大与世界各地的经贸合作。

长期以来，天津与香港有着密切的经贸合作和友好往来。到今年2月底，香港在天津设立合资独资企业5700多家，占全市外资企业总数的31%，实际投资总额达101亿美元，占全市吸引外资总额的32.7%。香港在天津企业均取得了较好的投资回报。2005年实现销售收入增长18%，实现利润增长40%。2005年天津与香港的进、出口贸易额达25亿美元，比上年增长24%。天津在香港的投资也不断增加。

津港两地经济互补性强，合作空间广阔。这次我们到香港准备签约的项目有30个，投资总额32亿美元，其中外商投资额28.5亿美元。包括港口集装箱码头建设项目、物流地产项目、化工项目、环境保护项目、休闲旅游项目。在此基础上，我们希望进一步加强下列几个方面的合作。

一是加强港口建设与管理。天津港计划投资500多亿元，建设25万吨级深水航道、30万吨级原油码头、液化天然气接卸码头等34个重点项目。我们正在参照国际枢纽港的功能，建设10平方公里的东疆保税港区。香港具有丰富的港口建设和管理经验，可以带动和提高天津港的发展。

二是提升现代制造业能级。天津围绕提高自主创新能力，将进一步发展电子信息、石油化工、汽车制造等六大支柱产业，构建现代制造业和研发转化基地。香港企业可以通过嫁接、并购、租赁等方式到天津投资，参与天津制造业的改造和升级。

三是加快发展现代服务业。重点建设天津港散货物流中心、保税区国际物流园区、开发区国际物流园区、空港物流加工区等一批物流项目；投资500多亿元，开发建设香港免税商品销售中心、铜锣湾广场、现代商业广场等 35 个商贸会展项目。以海河综合开发为重点,有力地带动了房地产市场的发展,合资合作的空间很大。同时,我们正在不断提升区域金融服务功能,构建全国的金融改革试验区和金融发展安全区。通过与香港合资合作、兼并重组等方式,提升天津会计师事务所、律师事务所、资产评估所等中介服务机构的规模、层次和水平。

四是共同开发旅游市场。天津是著名的历史文化名城。中心城区有意、奥、德、法等 9 国风情区和末代皇帝溥仪、袁世凯、曹锟等 100 多处名人故居。现保存完好的历史风貌建筑有 872 幢、156 万平方米。著名的五大道就有各式风貌建筑 430 栋,占地 130 公顷。在解放路 1.8 公里长的金融街上有 28 家各国银行建筑。香港作为一个充满魅力的国际都会,双方在旅游领域的合作前景十分广阔。

五是进行专业人才的交流与合作。我们欢迎香港人才中介服务机构到天津开展业务,支持香港各类高级人才到天津担任高级职务,加强津港两地企业之间的人员交流和培训。采取多种形式,吸引香港金融、会计、法律、物流等方面的人才到天津施展才干。

天津的发展前景非常广阔,滨海新区的未来十分美好,津港合作,大有希望。回顾过去,合作硕果累累;展望未来,更加充满信心。在这里,我诚挚地邀请各界人士到天津滨海新区去走一走、看一看,选择新的商机。我们衷心祝愿,津港双方在我国实施互利共赢的开放战略中取得更好的成绩。

开放的天津走向世界

（2003 年 9 月）

　　天津位于太平洋西岸的渤海湾畔，是中国北方最大的沿海开放城市。总面积 1.19 万平方公里，海岸线长 153 公里，辖 18 个行政区县，常住人口 1000 万人。

　　天津是中国著名的历史文化名城，距今已有近 600 年的历史，拥有诸多的传统优势，在长期发展中又形成了许多新的优势。一是地理区位优越。天津地处环渤海地区的中心，距首都北京仅 120 公里，对内腹地辽阔，对外面向东北亚，是我国北方对内、对外开放两个扇面的轴心。二是港口规模较大。天津港是连接亚欧大陆桥距离最近的东部起点，辐射中国东北、华北、西北 13 个省市区，与世界 170 多个国家和地区的 300 多个港口城市有贸易往来。天津滨海国际机场是中国北方最大的航空货运中心。三是工业基础较好。天津是中国近代工业发源地之一，现有各类工业企业 1.4 万多家，其中电子、汽车、冶金、化工、机械、纺织、轻工、医药等行业都具有一定优势。目前，天津为跨国公司配套的企业有 600 多家，提供重点配套产品 20 多类。四是金融商贸发展较快。

　　注：本文是戴相龙同志在《中国对外贸易》（2003 年第 9 期）杂志上发表的署名文章。

天津现有各类金融机构 2800 多家，其中外资银行 14 家。商品和要素市场体系基本形成，各种新型业态不断发展。五是科技人才密集。现有大专院校 37 所，各类专业人才 50 多万人，技术、管理人才和熟练劳动力素质较高。六是自然资源丰富。石油、天然气、地热等储量十分可观，海盐产量居全国前列。特别是港口和市中心区之间，有 1214 平方公里未开发的滩涂荒地，这在世界各大城市中是不多见的。在这些综合优势中，尤其令人瞩目的是，天津滨海新区正在蓬勃兴起。滨海新区地处渤海之滨，依托天津港，规划面积 2270 平方公里。有以高科技工业为基础、以现代服务业为支撑的天津经济技术开发区，主要经济指标始终居全国各开放区之首；有中国一流的天津港保税区，具有国际物流、国际贸易、加工制造和商品展销等功能；有以生产 100 万吨无缝钢管为主的冶金基地；有以生产乙烯、聚酯为主的石油化工和海洋化工基地。经过 9 年多的努力，滨海新区建成区面积已达 150 平方公里。截至 2002 年底，国内生产总值已占全市的 44%，外贸出口占 62%，是天津最大的经济增长点和对外开放的标志性区域。这些有利条件和比较优势，都在区域经济发展中发挥着重大作用。

改革开放以来，天津发生了举世瞩目的巨大变化。特别是 1992 年以来，国内生产总值连续 11 年保持两位数增长，年均递增 12.2%，财政收入年均递增 20.1%，综合实力显著增强，开放型经济格局已经形成，现代化国际港口大都市构架初步显现，人民生活水平明显提高。可以说，这一时期是天津历史上经济发展最好、改革开放步子最大、群众得到实惠最多的时期。

天津之所以取得这样的成就，在很大程度上得益于对外开放。截至 2002 年底，全市外商投资企业总数已超过 1.5 万家，工业总产值占全市的比重达到 48%，出口额占全市的 78%，实现利润和税收分别占 43% 和 31%。利用外资不断扩大，全市累计签订直接利用外资协议 15049 项，协议外资额 418 亿美元，实际利用外资 300 亿美元，世界 500 强中有 95 家在天津投资，外商投资回报率是全国最高的地区之一。外贸出口持续增长，全市进出口总值由 1992 年的 28 亿美元增加到 2002 年的 228 亿美元，增长了 7 倍，其中外贸出口由 1992 年的 16.7 亿美元增加到 2002 年的 116 亿美元，增长了 6 倍。天津已同世界上 180 个国家和地区建立了贸易往来关系，外贸出口依存度达到 47.4%。

进入新世纪，天津的现代化建设进入了一个新阶段。2002 年底，天津市委、市政府又明确提出了"三步走"战略，勾画了天津发展的宏伟蓝图。第一步，2003 年，人均国内生产总值达到 3000 美元，实现全面建设小康社会的主要经济指标；第二步，提前 3—4 年，实现国内生产总值和城市居民人均可支配收入、农民人均纯收入分别比 2000 年翻一番，使经济总量和群众收入水平再上一个大台阶；第三步，到 2010 年，人均国内生产总值达到 6000 美元，把天津建设成为现代化国际港口大都市和我国北方重要的经济中心，建立起比较完善的社会主义市场经济体制，成为全国率先基本实现现代化的地区之一。

围绕实现这一宏伟目标，全市上下正在全力实施发展海河经济、海洋经济、优势产业、区县经济、中小企业和个体私营经济五大战略举措。这些都是天津的优势所在，蕴藏着巨大的发展潜力，为海内外投资者创造了不可多得的商机。海河两岸的开发改造，为大宗投资构筑了广阔的舞台；海洋经济的开发利用，使邻海优势最大限度地转化为经济优势；传统产业和优势工业的新一轮嫁接改造调整，为合资合作创造了良好的契机；区县经济的全面兴起，使区域发展空间进一步扩大；中小企业和个体私营经济的发展，将产生众多新的经济增长点。预计今后 5 年，全市固定资产投资将突破 7000 亿元。地铁、轻轨、快速路、二级河道改造、污水处理和垃圾处理等一批重点基础设施工程已全面展开。天津港建设明显加快，2003—2010 年将投资 270 多亿元，进行港内 10 大工程和港外 20 个项目建设，使港口吞吐量由 1.3 亿吨增加到 2.6 亿吨，集装箱运量达到 1000 万标准箱。所有这些，都为海内外投资者提供了多种选择，现在正是到天津投资经商、兴办实业的最佳时机。

在发展对外贸易方面，我们将以参与经济全球化为契机，以发展货物贸易为主体，吸引跨国公司来津兴办国际贸易企业。重新整合全市外贸资源，着力调整商品结构，创新贸易方式，积极开拓国际市场，把天津建设成为中国北方的物流中心和环渤海地区的国际贸易中心。在扩大利用外资方面，我们将继续改善投资环境，一如既往地为广大投资者提供全方位的优质服务。1987 年，我们在全国率先建立了天津市外国投资服务中心，全市有 20 多个政府职能部门联合办公，为外商提供"一条龙"和"一站式"服务。为减轻外商投资企业负担，我们实行了"一卡式"收费，建立了外商投诉中心，完善了投诉渠道。重点从八个方面推进投资软环境的建设。一是建立稳定、规范、透明的政策环境，做到政策内容、执行标准和办事程序公开化、规范化。二是建立高效率的政府办事环境，树立良好的政府信誉，提高公务员的政策水平。三是建立有利于科技创新的体制环境，进一步培育和完善资本、人才、技术、信息等要素市场。四是建立公平竞争的市场经济环境，规范市场行为，保护知识产权。五是建立完善的现代物流服务环境，全面实施"大通关"措施，提高通关效率，建设一流口岸。六是建立优越的人力资源培养和流动环境。七是建立与国际接轨的法制环境。不断清理与 WTO 规则相悖的地方性法规和行政规章，制定新的法规和政策措施。八是建立优美舒适的文化生活和家居环境，努力为外商在天津投资创业提供各种便利条件。

在多年的经贸往来与合资合作中，我们与海内外客商形成了有效的沟通渠道和方式，建立了休戚与共的利益关系，形成了双赢的格局。在今后的发展中，我们愿与海内外商界朋友，继续在更广阔的领域和更大的范围内，谋求新的经济合作与友好交往，互惠互利，共同发展！

中国梦与和谐世界

（2007 年 3 月 24 日）

　　"中国梦与和谐世界"，这个命题很有意境。这是世界普遍关注的议题，对于提高国民责任，促进建立和谐世界，具有深远意义。我们这里讲的梦是褒义词，梦是指对良好前景的期望和追求，是个人的、民族的，也是世界的。当今的中国之梦，就是通过科学发展、和谐发展，实现人民富裕、国家强盛，并承担权利和义务，共建共享和谐世界。

　　"中国梦"首先是发展。1980 年，邓小平同志就高瞻远瞩地提出了我国"三步走"发展战略。1995 年，前两步目标顺利实现。1997 年，江泽民同志把"三步走"的第三步目标具体化，提出了新世纪、新阶段的三大目标。第一，就是从 2000 年到 2010 年的第一个十年，实现国内生产总值翻一番，使人民的小康生活更加宽裕，形成比较完善的社会主义市场经济体制。第二，再经过十年的努力，到建党一百年时，使国民经济更加发展，各项制度更加完善。第三，就是到 21 世纪中叶建国一百年时，基本上实现现代化，建成富强民主文明的社会主义国家。

　　注：本文根据戴相龙同志在"中国梦与和谐世界"研讨会上的致辞整理。第二届"中国梦与和谐世界"研讨会，是由中国国际关系学会、北京外国语大学、外交学院、天津外国语学院、北京语言大学联合主办的。主要围绕"中国梦"的内涵与"和谐世界"的理念等专题进行了广泛交流。

中国之梦，不但期望经济发展，而且追求社会和谐，在坚持社会主义制度的前提下，不断促进地区之间、城乡之间，各民族、宗教、人群之间、人与自然之间的和谐相处，实现共建社会主义，共享社会主义成果。

中国之梦，不局限于追求中国发展、民主、和谐，而且放眼世界，适应经济全球化，参与推进建设和谐世界。2005年，胡锦涛同志在联合国成立60周年首脑会议上，首次提出了建设持久和平、共同繁荣的和谐世界的构想，得到了世界各国的一致响应。建设和谐世界，是人类社会共同的价值取向，也是我国矢志不渝的奋斗目标，中国和谐发展本身就是对世界和谐作出的最大贡献。

各地区在促进和谐发展中都承担着自身的责任与义务。实现"中国梦"，参与全球化，构建和谐世界，要从脚下开始，从本地区开始。

第一，我们要全面推进天津滨海新区开发开放。把天津滨海新区建设成为经济新区、社会新区、生态新区、综合配套改革试验区。推进天津滨海新区开发开放纳入国家总体发展战略布局，是天津面临的重大历史性机遇，也是我们的历史责任。目前，滨海新区开发开放的热潮已经兴起。我们编制了滨海新区发展规划，上报了综合配套改革方案。总面积650平方公里的八个产业功能区规划建设正在全面展开。国内面积最大的东疆保税港区今年将实现首期4平方公里封关运作。天津港25万吨级深水航道今年底将建成，届时可以接卸所有进入渤海湾的船舶。京津城际铁路客运专线今年将完成轨道工程，2008年北京奥运会前投入运营。京津塘高速公路二线今年将达到通车条件。滨海国际机场改扩建项目将全部竣工。100万吨乙烯、1000万吨炼油的炼化一体化项目正在建设中。空客A320系列飞机总装线及配套项目已经开工建设，预计2009年第一架飞机将从天津起飞。

　　第二，我们要参与和推进京津冀都市圈的规划建设。京津冀地区主要是北京市、天津市和河北省8个城市组成的都市圈。这一地区地缘相近，互补性强，正呈现出联合待发之势。2006年，京津冀地区的生产总值达到2.1万亿元，占全国的10.1%。北京市是祖国的首都，是全国的政治中心、文化中心，是世界著名的古都和现代国际城市。天津是环渤海地区的经济中心，要逐步建设成为国际港口城市，北方经济中心和生态城市。河北省提出环京津、环渤海"两环"发展战略。目前，国家发改委正在会同有关部门制订京津冀都市圈发展规划，这将为京津冀地区合理分工、优势互补，加强联合与协作，开辟广阔前景。

　　第三，我们要参与和推进环渤海区域经济发展。长期以来，环渤海地区只是地理区域概念，没有形成经济区域概念。环渤海区域主要包括京津冀地区和辽东半岛、山东半岛，2006年该区域GDP约占全国30%。这一地区区位优势明显，工业基础和技术力量雄厚，高等院校与科研机构密集，有大专院校近400所，大小港口40多个，货物吞吐量占全国的40%以上。目前，环渤海地区以京津两个直辖市为中心，大连、青岛等沿海开放城市为扇面，沈阳、石家庄、济南等省会城市为区域支点，已经构成了我国北方最重要的骨干城市群落，具有巨大的发展潜力。我们要进一步加强与山东半岛、辽东半岛的联系，规划推进大连、青岛海上快速交通项目建设，全面加强环渤海地区之间的联合与合作，推进中国从南到北、从东到西更加开放。

　　第四，我们要参与和推进东北亚区域合作。当前，东北亚地区的发展正在成为世界经济中的一大亮点。特别是中日韩之间的交流与合作不断扩大，商品贸易、产业转移和资本流动的范围和规模越来越大。2006年，中日韩三国的GDP总量约占亚洲的80%，三国间的贸易额接近5000亿美元，近几年平均每年都增长

18% 以上。在中国直接利用外资中，日本和韩国的投资分别居第 2 位和第 3 位。天津在中日韩三国的友好交往中，一直发挥着重要作用。天津距韩国首尔的空中飞行距离只需 1 个小时，到日本东京仅 2 个小时。天津与日、韩多个城市结为友好城市，已成为中日、中韩交流与合作的典范。近年来成立的中日韩三国十个城市东亚经济交流推进机构，对促进东亚经济发展起到了积极作用。天津被推举为制造业分会主干事城市，我本人也很荣幸地担任了新一届东亚经济交流推进机构会议主席，我们将为进一步加强中日韩之间的交流与合作作出更大的贡献。

第五，我们要更好地加强与欧美国家的合作。多年来，天津与欧美国家的合作非常顺利，合作的范围越来越广，规模越来越大，双方均取得了良好的收益。2006 年，摩托罗拉中国公司的销售额已超过 100 亿美元。空客 A320 项目进展顺利。随着天津滨海新区开发开放的不断推进，将为欧美国家的企业带来更为广阔的新商机。

把天津建成中日友好交流与
合作的模范城市

（2006 年 10 月 24 日）

　　日本是世界经济强国，也是与中国合作最广泛的国家之一。中日建交34年来，各领域的交流与合作不断拓展，相互依存进一步加深，中日关系成为两国最重要的双边关系之一。今年10月8日，贵国首相安倍晋三先生刚刚上任不久就访问中国，与胡锦涛主席、吴邦国委员长、温家宝总理就中日友好和扩大双方互利合作交换了意见，发表了《中日联合新闻公报》。该公报再次提出，要恪守《中日联合声明》等三个政治文件的原则，不断巩固和加强两国关系的政治基础，扩大双方在贸易、投资、科技等领域的合作，尤其是加强能源、环保、信息通信技术、金融等领域的合作，实现互利互惠、共同发展；要不断增进两国人民的了解和友好感情，共同构筑全方位、宽领域、多层次的中日友好和互利合作的新格局。近十年来，中日两国的经贸合作关系十分密切。双

　　注：本文是戴相龙同志在东京举办的天津滨海新区推介会上演讲的一部分。1973年，天津市与日本神户市结为友好城市，开创了新中国成立后与国外城市结好的先河。此后，天津市相继与四日市（1980年）和千叶市（1986年）结为友好城市。目前，中日间缔结友好城市已达237对。2008年9月5—8日，为庆祝天津市与神户市结好35周年，神户市市长矢田立郎率216人组成的代表团访问天津。2008年11月3—4日，时任天津市市长黄兴国率219人组成的代表团访问神户。

边贸易额由 1996 年的 600 亿美元增加到 2005 年的 1844 亿美元，年均增长 12.4%。今年 1—8 月，双边贸易额又完成 1300 多亿美元，增长 11.8%，预计全年将超过 2000 亿美元。日本在华投资逐年增长，进入世界 500 强的 70 余家日本企业几乎都有在华投资。截至今年 8 月底，日本在中国的投资项目累计达到 3.6 万个，实际投资 562 亿美元，在中国直接利用外资中居第二位。

在中日两国的友好交往中，天津一直发挥着重要作用。早在 1973 年，天津市就与神户市结为友好城市。这是中日两国间的第一对友好城市，也是中国对外缔结的第一对友好城市。在这之后，天津市又与四日市和千叶市结为友好城市。现在，中日友好城市已发展到 200 多对。我们高兴地看到，天津与这些友好城市的交往，已成为中日交流与合作的典范。近十年来，天津与日本的贸易额已由 1996 年的 19 亿美元跃升到 2005 年的 82 亿美元，年均增长 17.2%，高于中日间贸易额近 5 个百分点。

展望未来，天津与日本城市的合作领域更加广阔，前景十分美好。我们将在继续扩大人员交往，加强文化交流的同时，进一步扩大经济合作。在基础设施建设方面，将在开发滨海新区的公路、铁路、机场、港口等重大项目上加强合作。在制造业方面，将继续与丰田公司合作，投资 320 亿元发展汽车工业，生产中、高档和经济型轿车，到 2010 年形成 100 万辆的生产能力。欢迎日本企业扩大对电子、化工、环保等产业方面的投资。在现代服务业方面，双方将在金融、商贸、物流、中介等现代服务业领域，进一步拓展合作发展空间。学习借鉴日本的经验，发展天津特色的综合商社。

在加强文化交流和经济合作的同时，积极推进东北亚区域合作。2004 年 11 月，中日韩三国十个城市成立了东亚经济交流推进机构，并在北九州召开了第一届会议。发表了《共同宣言》，提出了创设次区域性自由贸易区等五个重大课题，设置了制造业、环境、物流、旅游四个分会，并推选了主干事城市。天津市很荣幸地被推举为制造业分会的主干事城市。今年11月6日，在天津将举行第二届东亚经济交流推进机构会议，中日韩十个城市市长齐聚津门，将就创建自由贸易先行区、创建区域经济发展论坛、创建区域金融机构等重大问题进行探讨，共同为促进东亚地区发展作出努力。

各位嘉宾、各位朋友，继深圳、上海浦东新区之后，天津滨海新区已成为我国带动区域发展的又一新的经济增长极。滨海新区开发开放又为扩大中日合作，推进东北亚区域合作提供了历史机遇。我们欢迎更多日本企业界朋友参与天津滨海新区的开发开放，为促进东北亚区域合作作出应有的贡献。我们将依法保护日资企业的合法权益，努力构建公平竞争的市场环境、优质高效的办事环境、舒适优美的人居环境，力求在更高的层次和更广的领域开展新的合作，实现互利共赢。

促进加强中日交流和合作

（2007 年 9 月 9 日）

今年是中日邦交正常化 35 周年，也是中日文化体育交流年。"神户·天津友好之翼"代表团，乘坐神户机场建成后首班国际航线包机来到天津，我们感到十分高兴，我们对代表团来访表示热烈欢迎。

一、随着经济全球化日益加深，扩大区域合作已成为时代发展的必然趋势

当今世界，在现代交通、通信事业快速发展的情况下，经济资源配置不断突破国界限制，在全球范围内寻求最优的配置方式和配置效率。货物、服务、资本、技术、人才、信息等跨越国界的流动越来越频繁，贸易自由化、金融国际化、生产跨国化不断深化，各国经济的相互依赖、相互渗透不断加深，共同利益不断增加。与此同时，20 世纪 90 年代以来，随着经济全球化的发展，由于地理相近、经济相似、文化相亲、人脉相通等因素，区域经济一体化迅速发展，越来越多的国家通过区域内相互融合与协作，降低贸易成本，加快经济增长，提升国际竞争力。据统计，在

注：本文根据戴相龙同志在庆祝中日邦交正常化 35 周年纪念集会上的演讲整理。2007 年 12 月 29 日，日本时任首相福田康夫访问天津。目前，常驻天津的日本人 1.5 万人。天津每天都有通往名古屋的航班。

WTO 的成员国中，有近 90% 隶属于不同程度的区域经济组织。目前，全球已逐步形成以欧盟、北美自由贸易区和亚洲经济合作组织为主的三大区域板块。到 2006 年底，欧盟内的自由贸易量相当于整个欧盟对外贸易总量的 68%，北美自由贸易区国家之间的自由贸易额已占其贸易总量的 56%，全球已有 50% 以上贸易属于区域内贸易。

亚洲的区域经济合作，特别是以中日韩为重点的东北亚区域交流与合作近年来不断扩大，正在成为影响世界经济发展中的历史大趋势。2006 年，中日韩三国间贸易额从 2000 年的 1700 亿美元迅速增长到 4200 亿美元。但是我们也看到，目前，中日韩三国之间的贸易量只占三国对外贸易总量 3 万亿美元的 13%，而且主要是一般贸易，这与欧盟地区和北美自由贸易区相比，差距还比较大，影响了中日韩三国在世界贸易中的竞争力和东北亚国家自身利益。为了适应经济全球化及区域化发展的需求，我们应该充分利用已有基础，加快交流与合作步伐。

早在 2002 年，中国领导人就提出中日韩三国进行建立自由贸易区研究的建议，得到日韩两国的积极回应。2005 年，国务院副总理吴仪在访问日本时的演讲中提出，尽快启动中日双边自由贸易区进程，与东亚一体化进程和中日韩合作相协调的建议。2006 年 10 月，日本首相安倍晋三先生上任不久就访问中国。今年 4 月，我国国务院总理温家宝访问日本，实现"融冰之旅"，双方就构筑"基于共同战略利益的互惠关系"达成了广泛共识，并推动在节能、环保、金融、能源、信息通信、高新技术等重点领域开展合作。

促进区域合作要由各国政府共同决策，同时要在地方政府和民间积极推进。天津市和日本的一些城市，在区域城市群发展跨国合作方面，进行了富有成效的探索和实践。2004 年 11 月，中日韩三国十个港口城市成立了东亚经济交流推进机构，并召开了第一次会议，天津市被推举为制造业部会主干事城市。2006 年，第二届会议在天津举办，十个城市的市长再次聚集，共同签署了《天津宣言》，提出了加强区域合作实际措施。我本人也被选为会议执行主席，我们将为推动东亚区域合作而不断努力。

二、随着中日间经贸合作不断发展，天津与神户的友城关系已成为国际交流与合作的典范

中日两国是一衣带水的邻邦，友好交往源远流长。在绵延两千多年的交往中，中华民族和日本民族相互学习、相互借鉴，促进了各自的发展和进步。中日邦交正常化 35 年来，双方在经济领域的合作不断扩大，双边贸易额由 1972 年的 11 亿美元增加到 2006 年的 2074 亿美元，增长近 200 倍，中国是日本的第二大贸易伙伴，日本也已成为中国第三大贸易伙伴。截至 2006 年，日本已累计在中国投资 580 亿美元，在中国直接利用外资中居第二位。日方的投资对中国产业升级、技术进步起到了积极的促进作用。同时，"中国需求"在日本最近一轮经济增长中也发挥了十分重要的作用。随着中国综合国力的不断增强，将有越来越多的中国企业前往日本投资。

天津在中日两国的友好交往中，一直发挥着重要作用。1972 年中日邦交正常化，1973 年 6 月 24 日，神户市宫崎辰雄市长访问天津，在周恩来总理和当时日本政府领导人支持下，天津市与神户市结为友好城市，这是中日间第一对友好城市，也是中国同国外缔结的第一对友好城市。此后，天津市又分别与四日市和千叶市结为友好城市关系。多年来，天津与日本的经贸关系也十分密切。截至 2007 年 6 月底，日本在天津投资企业 1800 多家，累计投资总额近 80 亿美元。日本丰田公司和天津一汽公司的合作，成为

中日企业合作的典范。天津市在日本投资也逐年增加。现在，中国外汇储蓄已达 1.4 万亿美元，国家正在放宽资本流出，可以预测，天津对日本的投资将会迅速增加。2006 年，天津市与日本进出口贸易额达到近 100 亿美元。此外，天津与日本在教育、人员往来方面交流频繁。目前，天津每年赴日人数近 10 万人，日本游客每年来天津人数达 25 万多人。天津的许多大学与日本的大学建立了校际友好关系。仅南开大学就与日本 36 所大学缔结友好协议。

神户市是一个风景秀美的城市，是日本阪神经济圈的西部核心。神户港是世界最重要的国际贸易港口之一。天津与神户的城市功能和产业特色很相近，两市的经济互补性强，合作的前景十分广阔。两市建立友好城市关系 34 年来，两市高层领导一直保持不间断的互访关系，在贸易投资、港口建设、动物养殖与保护、技术研修与引进、城市建设、人员交流、卫生环保、文化教育等方面开展了广泛的交流与合作，取得了丰硕的成果。天津与日本神户间有定期的客货班轮——燕京号，神户机场开港将为天津与神户的交往与合作开辟一条便利的空中航道。我们高兴地看到，天津与神户的友好交往，已成为中日交流与合作的典范。

三、随着天津滨海新区成为中国新的经济增长极，中日交流与合作正面临广阔发展前景

当前，天津发展正面临着一个最难得的历史性机遇，就是天津滨海新区开发开放被纳入国家总体发展战略布局，成为我国继深圳经济特区、上海浦东新区之后，又一带动区域发展的新的经济增长极。按照国家的要求，天津滨海新区将努力建设成为中国北方对外开放的门户，高水平的现代制造业和研发转化基地，北方国际航运中心和国际物流中心，逐步成为宜居生态型新城区。同时，要建设国家综合配套改革试验区。我们特别注意到，一些日本、美国的专家将规划和建设天津滨海新区称为中国经济增长的"第三波"。

当前，天津滨海新区开发开放的热潮正在兴起。一是总面积510平方公里的7个产业功能区规划建设正在加快推进。二是现代交通体系建设快速推进。天津港25万吨级深水航道将于今年底建成，届时可以接卸所有进入渤海湾的船舶。30万吨级原油码头将于2008年4月建成。半小时不到就可以直达的京津城际快速铁路、京津塘高速公路二线、天津滨海国际机场改扩建等重点工程，都将于明年北京奥运会前投入使用。三是一大批先进工业项目正在投产。100万吨乙烯炼化一体化项目已于2006年开工建设。空客A320系列飞机总装线及配套项目已经开工建设，2009年6月第一架在天津组装的飞机将飞上蓝天。四是各项改革正在深入。全国第一只总规模200亿元的渤海产业投资基金已经设立。总面积为30平方公里的东疆港区已建港造陆10多平方公里，其中，东疆保税港区年底可实现首期4平方公里封关运作。五是环保生态建设取得新成绩。天津已被国家环保总局评为国家环保模范城市。我们也深深知道，和中国许多城市比较，和神户市比较，天津市在城市规划建设和管理方面，还有很大差距。我们将向你们学习，努力改进。

展望未来，天津与日本各个城市的合作领域非常广阔。我们非常欢迎日本企业参与到天津的建设和滨海新区的开发开放中来，加强双方的合作。基础设施建设方面，我们可以在港口、机场、物流设施等重大项目上加强合作。制造业方面，我们将继续加强与丰田公司合作，生产中高档和经济型轿车，到2010年形成100万辆的生产能力。现代服务业方面，我们将在金融、商贸、物流、中介等领域，进一步拓展合作发展的空间，学习借鉴日本的经验，发展天津特色的综合商社。神户市在人工港岛建设、填海造陆、海滨地区改造、发展会展经济、推动国际经济与文化交流等方面也有许多宝贵的经验，对我们很有借鉴意义。今后，我们要在巩固业已存在的合作的基础上，进一步拓展在航运物流、高新技术、会展经济、医疗事业等领域的交流与合作，促进双方的友好城市关系不断向前发展。

各位嘉宾、各位朋友，天津滨海新区的开发开放，为扩大中日交流与合作提供了一个广阔的平台。我们欢迎更多的日本朋友，特别是神户市的各界朋友，能够一如既往地关心天津的发展，支持滨海新区的开发开放。让我们携起手来，共同努力，为巩固和发展友好城市关系，为中日两国人民的世代友好，为促进东北亚区域合作作出应有的贡献。

促进加强中韩交流和合作

（2007 年 5 月 14 日）

记者：尊敬的戴相龙市长，我们是韩国阿里郎电视台的记者，非常感谢您在百忙之中接受我们的采访。

答：很高兴接受韩国阿里郎电视台采访。这一方面是因为，今年是中韩建交十五周年，也是中韩友好交流年，在这种情况下接受采访，感到很有意义。另一方面是天津作为中国北方最大的沿海开放城市，与韩国的经济、文化交流十分密切，各方面的合作都取得了丰硕成果，尤其是天津滨海新区开发开放被纳入我国发展总体战略布局，为我们双方的进一步合作提供了更加广阔的平台。

记者：正如您刚才所说，今年是中韩建交十五周年，确实是值得纪念的日子。您还讲到中韩双方的友好交往与合作十分密切。请介绍一下这方面的情况。

答：中国与韩国是一衣带水的友好邻邦，地缘相近，文化相通，友好交往源远流长。1992 年中韩建交以来，两国关系迅速发展，高层往来日趋频繁，文化交流十分活跃，经贸合作不断扩大。十五年来，中韩两国贸易额由 1992 年的 51 亿美元增加到 2006 年

注：天津与韩国的交往十分密切。1993 年 12 月 7 日，与韩国仁川市建立了友好城市关系，2007 年 7 月与韩国釜山市建立了友好交流与合作关系。本文根据戴相龙同志在接受韩国阿里郎电视台记者采访时的谈话整理。

的 1343 亿美元，年均增长 27%，发展速度之快在世界贸易史上是不多见的。截至 2006 年底，韩国在中国的投资项目累计达到 4.3 万个，实际投资 350 亿美元。目前，韩国是中国的第三大贸易伙伴，中国是韩国的第一大贸易伙伴，也是最大的出口市场和最大的投资对象国。

在中韩两国的友好交往中，天津一直发挥着重要作用。早在 1993 年，天津市就与仁川市结为友好城市，目前，这对友好城市的交往，已成为中韩交流与合作的典范。2003 年 9 月，韩国仁川市市长安相洙率代表团访津，参加"天津·仁川建立友好关系十周年"庆祝活动。我也率天津市政府代表团参加了仁川市举行的各种庆祝活动。2004 年，天津成功举办了"天津·韩国周"，进一步促进了双方的交流与合作。为纪念中韩建交十五周年，韩国驻华大使提出，今年 7 月在天津再次举办"天津·韩国周"。对此，我们非常欢迎。2006 年 10 月，我率团访问韩国，在首尔举行了天津滨海新区推介会，在韩国工商界引起了强烈反响。中韩双方还为促进东亚区域经济合作不断作出努力。2004 年 11 月，在日本北九州市召开的第一届东亚经济交流推进机构会议上，包括韩国的仁川市、釜山市和蔚山市在内的中日韩十个城市成立了东亚经济交流推进机构，天津市很荣幸地被推举为制造业部会的主干事城市。2006 年 11 月，在天津成功地召开了第二届东亚经济交流推进机构会议，中日韩十个城市市长就进一步加强交流与合作达成了广泛共识，并签署了《天津宣言》。在文化交流和人员往来方面，天津与韩国的关系也十分密切。截至 2006 年底，韩国在天津的常住人口达 1.1 万人，流动人口达 6.2 万人。2006 年韩国来天津旅游者达 17.8 万人次，占来天津海外旅游人数的 20% 以上，增长速度居第一位。天津与韩国在教育方面也开展了全方位、多领域的合作。2006 年在天津访问和工作的韩国教师和专家达 122 人，韩国籍学生 5000 多人。南开大学、天津大学、天津师范大学等多所高校与韩国釜山大学、仁川大学等高校进行合作与交流，开展联合办学。

记者：天津是韩国在华投资最重要的城市之一，在天津的韩国企业数量多、规模大，并且都取得了很好的投资回报。请您介绍一下这方面的情况。

答：2006 年我国政府进一步明确和提升了天津的城市定位，就是要努力建设成为国际港口城市、北方经济中心和生态城市。当前，我们正在朝着这个目标努力。近年来，天津经济和社会发展取得令人瞩目的成绩，经济增长幅度一直居全国前列。2006 年，天津口岸进出口总值突破 1000 亿美元。全市实际直接利用外资累计达到 359 亿美元，世界 500 强企业已有 121 家在天津投资，外商在天津投资的回报率是全国最高的地区之一。据有关部门统计，外商投资企业资本回报率高达 20% 左右，比全市社会资本回报率高 10 多个百分点。

在对外开放中，天津与韩国的经贸合作是十分密切的。2006 年，天津与韩国贸易额达到 110 亿美元，比 1993 年中韩建交初期增长了近 40 倍。目前，韩国是天津的第三大贸易伙伴。韩国在天津的投资也十分活跃。截至今年第一季度，韩国在津投资企业已达 2617 家，占全市三资企业总数的 13%，累计实际投资总额 85 亿美元。韩国在天津企业投资领域分布较广，主要集中在电子、服装、食品等行业，其中近 80% 集中在制造业。2006 年，韩资企业实现总产值 940 亿元，实现利润总额 33.5 亿元。其中，著名的三星集团有 17 家企业在天津落户，投资规模达 10 多亿美元，主要产品包括手机、数码摄像机、液晶显示器等，2006 年实现总产值 604 亿元，利润总额近 30 亿元。韩国乐金（LG）集团在天津市投资设立了乐金电子、乐金大沽化、乐金建材等 6 家企业，合同外资额 3.2 亿美元，主要产品包括空调、微波炉、冰箱、聚氯乙烯、电线电缆等，2006 年实现生产总值 140 亿元，利润总额 0.7 亿元。锦湖集团在天津投资 0.82 亿美元，主要生产汽车轮胎，2006 年实现生产总值 0.7 亿元。特别是隶属于锦湖集团的韩亚航空公司，是较早在天津设立办事处的国外航空公司之一。目前，韩亚航空公司是经营中国航线最多、客运量最大的外国航空公司。在天津的客运航班已达到每周 7 班、货运航班每周 2 班。大韩航空公司1994 年进入天津滨海国际机场。目前，客运航班每周 11 班，货运航班每周 2 班，并且还有增加的趋势。2006 年 9 月 19 日，大韩航空与中外运合资在天津机场建立货运基地仓库，总投资额为 6500万美元。预计今年底动工，建成后每年可实现货运吞吐量 38 万吨。另外，韩国的大宇、现代、浦项制铁等企业在天津均有投资，取得不俗业绩。外换、朝兴等四家韩国银行也在天津落户。韩国在天津投资企业大多都获得了丰厚的回报。据 767 家韩国在天津企业统计，2006 年盈利企业达 297 家，占 39%，盈利金额 37.9 亿元，这些企业利用利润再投资累计达到 9540 万美元。在全市三资企业销售收入排名前 20 位中，韩资企业占 40%。同时，我们也鼓励天津的企业"走出去"，到韩国投资发展。截至 2006 年底，天津在韩国的投资企业和机构共有 23 家，投资总额为 392 万美元，其中中方投资占 60% 以上。另外，还有劳务、工程承包和研修生培训等合作项目。

记者：天津滨海新区的综合优势和发展前景，我想一定会引起韩国工商企业的极大兴趣。那么，韩国企业可以在哪些方面作为投资重点？

答：这主要看双方的优势和条件。现在，天津滨海新区各个功能区的发展规划，包括产业发展规划基本制订完毕，为外商投资提供了广阔空间。在这里我可以讲几个方面，比如，在电子信息领域，未来 5 年，天津滨海新区将投资 680 亿元，重点扩大手机、显示器、芯片等产品的生产能力。韩国三星公司等企业，在这方面很有优势，完全可以进一步加强合作。在石油化工领域，未来 5 年，我们将投资 1380 亿元，建设 60 多个石化项目，形成 160 万吨聚氯乙烯和 3000 万吨炼油的生产能力。天津 100 万吨乙烯炼化一体化项目正在建设之中，预计 2009 年建成后乙烯年生产能力可达到 120 万吨，炼油年综合加工能力可达到 1250 万吨。在航空、航天领域，空客 A320 系列飞机总装线及配套项目已经开工建设，一批飞机零部件、机载设备、地面设备制造企业等也将落户天津滨海新区。预计 2009 年第一架 A320 飞机将从天津起飞。新一代运载火箭项目正在积极洽谈之中。在循环经济领域，天津 4×100 万千瓦北疆电厂等大型国家级循环经济试点项目正在建设之中。两个循环经济工业园区和石化、汽车、钢管、发电等四条循环经济产业链建设也在积极推进。这些项目的开发建设，都为我们与韩国企业合作开辟了新的领域。

记者：您刚才提到，天津滨海新区已成为中国的投资热点地区，未来几年到这里来投资的客商会越来越多，竞争也越来越激烈。请问，来这里投资的韩国企业，应在哪些方面作出更多努力？

答：随着经济全球化步伐的不断加快，企业在世界范围内的竞争越来越激烈。在这种形势下，无论是中国企业，还是韩国企业，都必须发挥自身优势，主动抢占先机。一是技术水平先进。当今世界，科学技术日新月异。科技进步对于提高企业的核心竞争力具有决定性的作用。韩国企业在电子、汽车、机械等方面的技术创新一直走在前列，我们希望韩国企业能够发挥技术优势，把更多的技术含量高的项目摆在天津滨海新区。二是经营管理现代化。管理是企业赖以生存的基础。韩国企业在市场营销、生产管理、公司治理和人力资源管理等方面都有自身的特色。我们也希望韩国企业把这些先进的管理经验带到天津滨海新区来。三是拓宽投资领域。当前，韩国企业在天津的投资主要集中在制造业。在金融业也有一些。随着我国对外开放市场的不断扩大，韩国企业可以更多地涉足商贸、物流、旅游等现代服务业领域，进一步拓展合作空间。四是高度重视环境保护和能源节约。这些年，我们在环境保护和节约能源方面采取一系列重大措施，不断加大工作推动力度，比如实行环境保护"一票否决制"，抬高耗能项目准入门槛等。一方面是搞好现有污染项目的治理，另一方面是坚决不上那些高能耗、高物耗、高污染的项目。希望韩国企业到中国投资也要把握好这一点。

记者：投资环境对于一个地区的发展非常重要。目前，天津滨海新区的投资环境已经具备了一个很好的基础。那么，在今后的发展中，还准备采取哪些措施，进一步优化投资环境？请您介绍一下这方面的情况。

答：这几年，我们在改善投资环境上做了大量工作，随着形势的发展，我们还要作出多方面的努力。一是加快现代综合交通体系建设。重点是搞好海港、空港、铁路、公路等重要交通设施的建设。通过完善综合交通体系，加强与周边地区、腹地省市以及东北亚地区交通联系。进一步加强与韩国、日本在水运、航空等方面的合作，促进经贸发展和人员往来。二是切实搞好综合配套改革试验。天津滨海新区被国家批准为全国综合配套改革试验区，允许滨海新区先行试验一些重大的改革开放措施，这是国家给予天津滨海新区最大的政策支持。按照这个要求，我们已制订了综合配套改革试验总体方案。今年力争在金融创新、科技体制、涉外经济体制、土地管理、行政管理等方面取得重大突破。目前，国家财政部、税务总局、外汇管理局、海关总署、质监总局等部门已出台多项支持天津滨海新区发展的政策措施，我们正在抓紧落实。三是努力提高服务水平。这几年，我们先后成立了天津行政许可服务中心、国际贸易与航运服务中心等服务性机构，对项目审批、进出口货物通关实行"一站式"的服务，极大地方便了企业和投资者，有效地降低了企业的运行成本，受到了广大用户的欢迎。我们将进一步完善服务措施，提高办事效率，努力使天津成为投资成本低、投资回报高、最有吸引力的地区之一。四是进一步健全政策法规体系。目前，我们正在修订《天津滨海新区管理条例》，力争为广大海内外投资者创造更加宽松的投资环境，依法保护广大投资者的合法权益，实现互惠互利、共赢发展。

推进东亚城市合作与经济交流

（2007 年 10 月 31 日）

2006 年 11 月，在天津市举行的第二次东亚经济交流推进机构会议，推举我为执行主席，并签署了《天津宣言》，提出了今后加强东亚城市合作五个方面的重点工作。这次论坛将围绕城市特定区域、港口物流和生态建设等方面的合作进行专题研讨。这次论坛对加强东亚城市的交流与合作、促进区域经济发展必将产生积极的影响。围绕本次论坛的主题，我讲三个方面的内容。

一、促进区域经济发展，符合各国共同利益

由于通信和交通事业的发展，世界大多数国家的生产要素跨国流动不断扩大，在全球范围内按市场原则合理配置，全球经济

注：东亚经济交流推进机构由中国的天津市、大连市、青岛市、烟台市，韩国的仁川市、釜山市、蔚山市，日本的北九州市、下关市、福冈市十个城市组成，于 2004 年 11 月 16 日在日本北九州市召开第一次会议，2006 年 11 月 7 日在天津市召开第二次会议。天津当选为第二次会议执行主席。这次会议发表了著名的《天津宣言》。内容主要包括：（1）全面加强城市和城市特定区的合作，推进贸易和投资便利化；（2）创建"东亚城市合作论坛"，密切政府与民间沟通；（3）推进金融合作；（4）共同采取措施，加大环境保护力度；（5）进一步扩大合作城市范围，吸收新的城市加入机构。本文根据戴相龙同志在第二次会议决定召开的东亚城市合作论坛上的演讲整理。

呈现一体化的发展趋势。从总体上看，经济全球化符合世界各国共同利益。经济全球化是一个过程，是通过区域一体化来实现的。据统计，到 2006 年底，欧盟的自由贸易已相当于欧盟全部贸易量的 60%，北美的自由贸易占北美全部贸易量的 50% 以上，东盟的自由贸易占东盟全部贸易量的 20% 以上。

近年来，东亚经济往来不断扩大，呈现逐步发展的良好势头。2006 年，中日韩三国之间的贸易额为 4200 亿美元，比 2000 年增长 1.47 倍，占三国贸易总额的 13%。其中，中日贸易额超过 2000 亿美元，到今年 3 月底，中国已取代美国成为日本第一大贸易伙伴国。从 2001 年至 2006 年，中韩贸易额由 359 亿美元增至 1343 亿美元，增长 2.7 倍。中日韩三国之间发展自由贸易的潜力很大，发展空间非常广阔。但值得研究的是，我们之间的贸易大都是一般贸易，还不同程度地受到贸易配额、交易渠道不畅等方面的制约，缺乏竞争力。改进这种状况，需要我们共同努力。

顺应区域经济一体化，为了促进自由贸易的发展，中国正在通过多种形式进行积极努力。继 2001 年 11 月中国与东盟签署全面经济合作框架协议，确定双方将在 2010 年前建成世界最大的自由贸易区之后，我国还同海湾六国、新西兰、澳大利亚、新加坡、冰岛进行自由贸易谈判；同印度、韩国、秘鲁开展自由贸易研究；积极参与亚太经合组织、亚欧会议、上海合作组织、东盟和中日韩（10＋3）、东亚峰会等区域经济论坛；推动了包括很多周边邻国的大湄公河次区域合作，大图们江合作开发。这些，都充分体现了中国促进区域交流与合作的鲜明态度。

二、加强东亚城市合作，推动区域经济发展

把中日韩三国现行贸易方式提高到一个新水平，创造条件建立自由贸易区，涉及三国人民的根本利益，也是中日韩政府共同

关心的问题。2002 年，中国领导人就提出中日韩三国进行建立自由贸易区研究的建议，得到日本和韩国的积极回应。2005 年，时任中国国务院副总理吴仪在访问日本时明确建议，尽快启动中日双边自由贸易区进程，使其与东亚一体化进程和中日韩合作相协调。2007 年 4 月，中国国务院总理温家宝在访问韩国时，就建立中韩自由贸易区等问题交换了意见；在访问日本时，就构筑"基于共同战略利益的互惠关系"达成了广泛共识，并在节能、环保、金融、能源、信息通信、高新技术等重点领域开展合作。多年来，中日韩三国十个城市不断加强沟通和交流，具备了良好合作基础。1991 年召开"东亚城市会议"时只有六个城市参加，1994 年发展到十个城市。2004 年，在"东亚城市会议"基础上，又发展建立"东亚交流推进机构"，内设制造业、环境、物流、旅游四个部会。几年来，这一合作组织交往日益频繁，规模不断扩大，机构逐步完善。经贸合作日益加强，在港口、物流、制造、环保、文化、旅游等领域取得了许多重要成果。对外影响明显扩大，有效促进了中日韩三国的友好交往和经贸合作，得到了国际社会的认同和赞誉。

按照这次论坛议定的主题，我们主要将围绕三个专题进行座谈。

第一个专题，就是加强城市特定区域的合作。所谓特定区域，就是在一个国家或城市，选择一个条件较好的地区，赋予特殊政策，采取特殊措施，以发挥对城市和区域的示范带动作用。诸如中国的经济技术开发区、保税区，韩国的经济自由区域，日本的结构改革特区等。应该说，建立自由贸易合作关系，是由各国政府共同作出的制度安排，不是各有关城市决定的。但是，我们可以充分利用各国有关城市已有的开放政策和设立的特定地区加强合作，为推进和建立自由贸易区探索途径、积累经验。2006 年 10

月 26 日，天津滨海新区管委会与韩国的仁川经济自由区域厅，以共同建设东北亚物流中心为远大蓝图，致力于发展高科技产业，签订了八条合作意向书，产生了积极广泛的影响。由此，我们可以考虑成立中日韩城市特定区联合发展组织，共同探讨加强合作的各种问题。

第二个专题，就是加强港口和物流领域的合作。参加这次会议的十个城市，都是港口城市，各具优势，互补性强。天津港与其他九个城市的港口都有一定的贸易往来或航班通航。天津港与大连、青岛、烟台之间主要是散杂货，与釜山、仁川、蔚山三个港口之间的贸易往来主要是集装箱，今年 1—9 月的货运量就达 1000 多万吨，相当于 2006 年全年的总和。与日本三个城市的港口货运还未得到统计资料，但运量正在增加。另外，天津港到仁川港每周有 3 个航班，到釜山港每周有 13 个航班。我们完全可以利用现有基础，加强港口之间的合作。2006 年 7 月，天津港（集团）有限公司与釜山港务局达成协议，双方商定在港口物流、腹地基础设施建设、高科技技术开发利用等方面进行联合与合作。我们完全可以在这方面做进一步的探讨和研究。

第三个专题，就是加强环境保护方面的合作。环境问题是全球面临的共同问题，我们十个城市围绕生态建设，都在加快经济结构调整，创新和推广环保技术，下力量解决河、海等水体污染及空气质量问题，在许多方面已经取得很大成效，居于本国乃至世界先进水平。如日本北九州市正致力于保护海滨及海域的自然环境和生态系统，谋求与自然共存的对策。我们可以相互借鉴，取长补短，发挥东亚经济交流推进机构环境部会的作用，进一步探讨和研究环境建设问题。选择合适的地点，共同建设生态城市示范区，推广生态城市和清洁生产先进技术。协调实施环保政策，加强对渤海、黄海的污染监护和治理。

三、天津滨海新区开发开放，为东亚城市合作提供了新的舞台

在刚刚闭幕的中国共产党第十七次全国代表大会上，胡锦涛总书记再次强调指出，更好发挥经济特区、上海浦东新区、天津滨海新区在改革开放和自主创新中的重要作用。这对天津滨海新区开发开放提出了更高要求，也表明了天津滨海新区在全国区域总体发展战略布局中的重要地位。

天津滨海新区地处环渤海经济带和京津冀城市群的交汇点，背靠"三北"，腹地辽阔，是连接国内外、联系南北方、沟通东西部的重要枢纽，是亚欧大陆桥最近的东部起点，是邻近内陆国家的重要出海口。在东亚城市经济合作中，可以发挥多方面作用。

一是加快现代综合交通体系建设，促进港口、物流方面的合作。天津港25万吨级深水航道将于今年底建成，届时可以接卸所有进入渤海湾的船舶。30万吨级原油码头将于明年4月建成。今年，天津港货物吞吐量预计超过3亿吨，集装箱达到700万标准箱。到2010年，港区面积将由30平方公里扩大到100平方公里。天津滨海国际机场改扩建项目今年底竣工后，旅客吞吐能力将达到1000万人次。半小时即可通达的京津城际快速铁路以及京津塘高速公路二线，都将于明年北京奥运会前投入使用。

二是发挥作为中国综合配套改革试验区"先行先试"的优势，促进特定区域合作。目前，中国国家外汇管理局、海关总署、质检总局、税务总局等部门，都相继出台了一系列支持天津滨海新区开发开放并进行综合配套改革试验的政策措施。规划面积10平方公里的东疆保税港区年底可实现首期4平方公里封关运作，将实行"境内关外，一线放开，二线管住，区内自由，入港退（保）税"的特殊海关监管政策。这些都为推动与日韩两国特定区域的合作创造了极为有利的条件。天津滨海新区已与韩国仁川自由贸

易区签订了国际区域合作协议。可以考虑，设立中日韩城市特定区联合发展组织，建议将具体办事机构设在天津滨海新区，我们将提供一切便利条件。

三是建设全国金融改革创新基地，促进金融方面合作。目前，总部设在天津的渤海银行，已在北京、杭州设立分支机构。中国第一只总额为 200 亿元的渤海产业投资基金正在遴选项目。国家外汇管理局批准的七项外汇管理制度改革试点已经启动，并公布在滨海新区进行境内个人直接投资境外证券市场试点。我们正组织力量会同国家有关部门，进行组建东北亚银行的论证和研究。

四是加快宜居生态型新城区建设，促进环境保护方面的合作。天津滨海新区正在保护和开发 500 平方公里的南北两大生态保护区，建设开发区生态工业园区和大港生态化工业园区，建立四条循环经济产业链，以及一批生态廊道和生态组团。2010 年，滨海新区核心区要率先建成生态城区。目前，天津滨海新区已与日本环境协会签订协议，进一步加强环境保护方面合作。

东亚地区是一个充满生机与活力的地区，是一个极具希望与美好前景的地区。我们相信，通过中日韩三国十个城市的共同努力，这一地区一定会成为区域友好交流与经济合作的典范，为推动东亚地区的繁荣与发展作出更大的贡献！

争取中新生态城项目选址天津

（2007 年 9 月 6 日）

2005 年 5 月，我率天津市政府代表团访问新加坡，在访问期间，我建议新加坡集中一部分工商企业到天津滨海新区投资。2005年 10 月，新加坡总理李显龙先生率政府和企业代表团访问中国时，专程到天津考察，使天津和新加坡各城市的投资与合作关系进入

注：2007 年 4 月，国务院总理温家宝和新加坡国务资政吴作栋共同提议在中国合作建设一座生态新城。2007 年 7 月，国务院副总理吴仪访问新加坡，与新加坡方进一步探讨生态新城的选址和建设原则。天津一直关注和争取这个项目落户天津。2007 年 9 月国家建设部和新加坡国家发展部初步认定生态城选址天津滨海新区。2007 年 11 月 18 日，国务院总理温家宝和新加坡总理李显龙共同签署《中华人民共和国政府与新加坡共和国政府关于在中华人民共和国建设一个生态城的框架协议》。国家建设部与新加坡国家发展部签署了上述协议的补充协议。根据协议，中新双方将在城市规划、环境保护、资源节约、循环经济、生态建设以及社会和谐的政策和计划方面进行全面合作。为推动中新天津生态城的建设，中新两国成立副总理级"中新联合协调委员会"和部长级"中新联合工作委员会"，中新两国企业分别组成投资财团，成立合资公司，共同规划和建设中新生态城。中新天津生态城规划建设面积 30 平方公里，第一期开发 4 平方公里。2008 年 9 月 28 日，中新生态城正式开工建设。国务院总理温家宝和新加坡国务资政吴作栋出席开工仪式。中新天津生态城是中国、新加坡两国政府战略性合作项目，是继苏州工业园区之后两国合作的新亮点。生态城的建设显示了中新两国政府应对全球气候变化、加强环境保护的决心，为建设资源节约型、环境友好型社会进行了积极有益的探索。本文根据戴相龙同志 2007 年 9 月 6 日在参加大连"世界经济论坛"时拜会新加坡国务资政吴作栋先生时谈话摘要整理。

一个新的发展阶段。2007 年 4 月，温家宝总理和吴作栋资政就中新合作建设生态城问题达成共识，对于深入落实科学发展观，建设资源节约型、环境友好型社会，具有重要意义。

天津作为中新合作建设生态城的备选城市，对这个项目非常重视，天津市委书记张高丽和我亲自抓这件事情，专门成立了领导小组，由我任组长。生态城的选址，既要不占耕地，又要在建成后有人去工作和居住。围绕项目选址问题，我们进行了三个多月的考察论证，选择了两个备用地块，其中坐落在天津汉沽区并靠近中心渔港的一个地块，距离滨海新区核心区只有 15 公里，距离市中心城区 45 公里，区位很好，而且都是盐田和滩涂，开发成本低。将来随着高速公路、高速铁路等交通设施的建成，这里的交通将更加便利。

天津滨海新区作为中国经济发展新的增长极，建设生态城很有优势，很有竞争力，也可以充分体现和发挥新加坡各方面的优势。我可以自信地说，历史和实践将证明，在天津滨海新区建设生态城肯定是正确的，是富有远见的。希望吴作栋资政更多地关心和支持选址天津生态城。这个项目谈成后，一定邀请吴作栋资政到天津出席开工仪式。

积极扩大天津在中美合作交往中的作用

（2003 年 9 月 26 日）

这些年，中国始终致力于与世界各国的友好交往和贸易往来。特别是随着中美两国经济合作的不断加强，双方的投资和贸易不断扩大。截至 2002 年底，美国在华投资 2049 亿美元，居世界各国在华投资的首位。2002 年，中国对美国进出口总额达到 972 亿美元。今年 1—7 月，中国对美国进出口总额达到 680 亿美元，居中国商品进出口国家和地区第二位，比上年同期增长 33%，其中出口 484 亿美元，进口 196 亿美元。

在此期间，天津工商界与美国工商界的交往也日益密切。1982年，美国联合技术公司下属子公司 OTIS 与天津电梯公司合资组建美国在津第一家企业——中国天津奥的斯电梯有限公司，揭开了美国企业在天津投资的序幕。天津还与美国的费城、桔郡建立了友好城市关系，与休斯敦市、达拉斯市、夏威夷州、得克萨斯州建立了友好交流关系。目前，摩托罗拉、埃克森美孚、可口可乐、卡特皮勒、菲利普·莫里斯、宝洁等 25 家美国大企业在天津投资，涉及电子、通信、机械、医药、食品等几十个行业。

截至 2003 年 6 月底，天津共有美国投资企业 2510 家，占全市三资企业总数的 16%；合同外资额 75 亿美元，占全市的 17%；实际利用外资 35 亿美元，占全市的 15%，占美国在中国投资的 2%，

注：本文根据戴相龙同志在美国天津投资报告会上的演讲整理。

居在津投资国家和地区的第二位。与其他国家和地区投资企业相比，美国企业投资的规模、领域、技术含量都具有较高水平，项目起点高、管理规范、发展稳健是美国企业在津投资的显著特点。

近些年，天津对美国贸易也有很大发展。2002 年，天津对美国的进出口总额为 49 亿美元，比上年增长 37%，占中国对美国进出口总额的 5%。今年上半年，虽然受 SARS 疫情的影响，对美国的进出口仍有较大增长，总额达 25 亿美元，增长 30%。主要出口商品是：原油、纺织品、蓄电池、集装箱、自动数据处理设备及其部件、集成电路及微电子组件等。另外，天津在美国的投资企业和机构目前共有 73 家，投资总额为 2919 万美元，其中中方投资占 69%。今年以来，我先后会见了美国摩托罗拉总裁、花旗集团副董事长、EMP 公司董事长、美国前助理国防部长、前世界银行副行长等各界人士。他们对天津的投资环境表示满意，并表达了进一步合作的意向。

这些年，天津发生了巨大变化。特别是 1992 年以来，国民经济持续、快速、健康发展，全市国内生产总值年均递增 12.2%，财政收入年均递增 20.1%。应当说，这在很大程度上得益于对外开放。截至 2002 年底，全市累计实际利用外资 300 亿美元，占全国 3483 亿美元的 9%。世界 500 强企业有 95 家在天津投资，外商在天津投资的回报率是全国最高的地区之一。2002 年，天津进出口总额 228 亿美元，其中外贸出口 116 亿美元，外贸出口依存度达到 47%。

进入新世纪，天津的现代化建设进入一个新阶段。2002 年底，我们明确提出了天津"三步走"战略，勾画了今后发展的宏伟蓝图。第一步，2003 年，人均国内生产总值达到 3000 美元，实现全面建设小康社会的主要经济指标；第二步，提前 3—4 年，实现国内生产总值和城市居民人均可支配收入、农民人均纯收入分别比

2000 年翻一番，使经济总量和群众收入水平再上一个大台阶；第三步，到 2010 年，人均国内生产总值达到 6000 美元，把天津建设成为现代化国际港口大都市和我国北方重要的经济中心，建立起比较完善的社会主义市场经济体制，成为全国率先基本实现现代化的地区之一。

围绕实现上述宏伟目标，市政府制订了"三步走"发展战略实施方案。目前，全市上下正在全力实施五大战略举措，重点发展海河经济、海洋经济、优势产业、区县经济、中小企业和个体私营经济。这些都是天津的优势所在，蕴藏着巨大的发展潜力，为海内外投资者创造了不可多得的商机。海河全长 72 公里，是各种资源的密集地，我们计划用十年左右时间，投资 1800 亿元人民币，建设一批基础设施和商贸旅游项目，努力把海河两岸建成独具特色、国际一流的服务型经济带、文化带和景观带。天津港 2003—2010 年将投资 270 多亿元人民币，进行港内 10 大工程和港外 20 个项目建设，使港口吞吐量由 1.3 亿吨增加到 2.6 亿吨，集装箱运量达到 1000 万标准箱，成为中国第二大港，跻身世界十强。天津作为中国的老工业基地，今后将重点发展和扶植电子信息、汽车、生物制药与现代医药、无缝钢管和高档金属制品、石油化工海洋化工精细化工、新能源六大支柱产业和十二大产品制造及加工基地。围绕区县经济发展，重点建设 5 个卫星城、12 个中心镇和 100 个建制镇。鼓励个体私营经济放心放开发展，欢迎外资和国内民间资本采取合资、合作、参股、兼并等形式，加大国有中小企业改组、改制力度。在北京—天津—塘沽之间，建设一条城际铁路专线、一条轻轨交通、增建两条高速公路的规划正在筹划之中，2—3 年后北京到天津只需 30 分钟，使京津一体化发展明显加强。在这次投资报告会上，我们经过认真准备和充分论证，选择了 64 个大的合资合作项目，供美国企业家选择，总投资额达

216 亿美元。这些项目大多是 1 亿美元以上的项目，其中 5 亿美元以上的项目 10 个，涉及工业、农业、基础设施、商贸旅游、金融保险和科学技术等领域。我们欢迎外商到天津投资办厂，更欢迎外商兼并、收购天津国有中小企业。最近，天津市工业主管部门提出了 14 个合资合作项目，涉及 41 个企业，总资产 24 亿美元，净资产 10 亿美元，欢迎外商洽谈合作。

我们将努力改善外商投资环境。我们于 1987 年在全国率先建立了天津市外国投资服务中心，为外商提供"一条龙"和"一站式"服务。还建立了外商投诉中心，完善了投诉渠道。今后，我们将建立稳定、规范、透明的政策环境，与国际接轨的法制环境，高效、快捷的政府办事环境，有利于科技创新的体制环境，公平竞争的市场环境，完善的现代物流环境，优越的人力资源培养和流动环境，以及优美舒适的文化生活和人居环境，一如既往地为广大投资者提供全方位的优质服务。

在多年的经贸往来与合资合作中，我们与海内外客商形成了有效的沟通渠道和方式，建立了休戚与共的利益关系，形成了互惠双赢的格局。在今后的发展中，我们愿与海内外各界朋友继续在更广阔的领域和更大的范围内，谋求新的经济合作与友好交往。2004 年 12 月 23 日，是天津设卫建城 600 周年纪念日。在这里，我代表天津市人民政府，真诚地邀请大家到天津参加各种庆祝活动，也诚恳地希望各位新老朋友到天津投资置业，共谋发展！

开拓中德合作新领域

（2005 年 10 月 25 日）

　　德国是世界上具有重要影响的国家，也是与中国合作最广泛
的国家之一。中德两国自 1972 年正式建交以来，政治关系稳固发
展，各个领域的交流与合作日益深化。2004 年 5 月，中国国务院
总理温家宝访问德国，与施罗德总理进行了亲切会谈。两国就共
同推进经贸交流与高新技术合作，加强企业特别是中小企业之间
联合等方面达成了广泛的共识。同时，在文化、教育合作等领域，
也取得了丰硕成果。目前，中国在德国各类留学人员约 3 万人，德
国向中国派遣留学人员 2500 余名。中德两国计划在 2009—2010 年
举办"德国文化年"活动。截至 2005 年 8 月，德国在华投资项目
4500 个，实际投资金额 118 亿美元，在欧盟国家中列第一位。德
国还是中国在欧洲最大的贸易伙伴，中国是德国在亚洲最大的贸
易伙伴，两国贸易额 2004 年达 541 亿美元，占中欧（盟）贸易总
额的三分之一。我们相信，随着双方交往的日益密切，中德两国
的合作领域将越来越广阔，有望 2010 年实现双边贸易额翻一番，
达到 1000 亿美元。

　　进入新世纪，经济全球化和区域经济一体化加速推进，正在
深刻改变着世界经济的格局，影响着各国发展的进程。从国际上

　　注：本文根据戴相龙同志在德国法兰克福天津投资推介会上的演讲
整理。

看，2004 年世界货物贸易额达 9.1 万亿美元，其中属于各经济区域内的贸易占 45% 以上。德国所在的欧盟，是世界上发展最早、紧密程度最高的区域经济合作组织，目前成员国之间的自由贸易已占欧盟贸易总量的 60% 以上。中国所在的亚洲，区域经济合作日益密切，已成为世界经济发展的一大亮点。2004 年 11 月，亚太经合组织领导人非正式会议发表了《圣地亚哥宣言》，为亚太地区经贸合作注入新的活力。中国与东盟自由贸易区的建立也在近期取得突破性的进展。中国政府正在积极创造条件，大力发展自由贸易，以利于更好地促进东北亚区域经济的快速发展。

中国经过 27 年的改革开放，社会主义市场经济体制已经初步建立，全方位对外开放格局基本形成。中国"十一五"时期，要贯彻落实科学发展观，促进经济和社会的全面、协调、可持续发展。预测今后 5 年，每年经济增长 7.3%，实现 2010 年人均国内生产总值比 2000 年翻一番。"十一五"时期的一项重要任务就是统筹区域发展，既包括统筹东、中、西部地区的协调发展，又包括统筹城市群的发展。中国有 660 个城市，按 GDP 总量统计，前 100 个城市的 GDP 约占全国的 53%。充分发挥核心城市的带动作用，突出城市群的集聚效应，这将有利于更好地进行社会生产力布局，更多地减少资源的浪费，更大地提高参与全球经济的竞争力。目前，中国已呈现出东、中、西部竞相发展的态势，天津所在的环渤海地区的发展也极为迅猛，正在引起国内外的热切关注。

天津地处环渤海湾的中心，距中国首都北京 120 公里，面积 1.19 万平方公里，常住人口 1100 万人，是我国北方最大的港口城市，也是一座历史文化名城。近 10 年来，天津生产总值年均增长 12.8%。世界 500 强有 106 家在津投资，天津已成为中国经济增长最快、外商投资回报率最高的地区之一。今年，全市生产总值预计增长 14% 以上。

　　天津面临的一个重大历史机遇，就是滨海新区纳入全国整体发展战略布局。当前，我们正在高标准、高水平地编制滨海新区长远发展规划，努力把滨海新区建设成现代化的经济新区、社会新区、生态新区和综合改革试验区。

　　我们着眼于滨海新区的加快发展，正在做这样几件事情，希望能在更广阔的领域寻求与德国工商企业的新合作。

　　一是构筑现代化大交通体系。从今年开始，我们计划投资800多亿元，全力打造航空、港口、公路和铁路四大枢纽。在港口建设方面，将投资500亿元建设12个重点项目和22个配套工程。在铁路建设方面，将重点建设3条大通道，京津城际轨道交通已于7月4日开工，将在2008年6月北京奥运会前投入使用，届时北京到天津只需30分钟。在公路建设方面，重点建设4条高速公路，京津塘高速公路二线已于6月16日开工，将在2008年通车。天津滨海国际机场扩建工程已于8月9日开工，到2007年客运规模将达到560万人次。

　　二是构建现代化制造、研发基地。今后几年，天津将大力发展电子信息、汽车、化工等六大支柱产业。到2010年，将年产手机1亿部，汽车总产量达到100万辆，海洋石油化工产业达到原油加工能力3000万吨，乙烯120万吨，全市工业销售收入达到1.2万亿元人民币。同时，着力提高研发水平和创新能力，规划建设25平方公里的滨海新区高新技术区。

　　三是建设中国北方国际航运中心和国际物流中心。我们正在加紧构建以港口为中心、海陆空相结合的物流体系。天津港区面积将由现在的30多平方公里扩大到100平方公里。建设30万吨级深水航道、30万吨级原油码头等重点工程。规划和建设30多平方公里的天津港东疆保税区。到2010年，货物吞吐量将超过3亿吨，集装箱吞吐量将超过1000万标准箱。100平方公里的航空城也在规划和建设之中。

四是搞好历史风貌建筑保护和生态环境建设。天津有英、美、法、德、意、比、日、奥、俄九国风格的各式风貌建筑854座，素有"万国建筑博览"之称。目前，我们正在对首批核定的323幢进行维护和开发。今后三年，准备投资800多亿元用于城市的市政建设与管理，努力改善生态和人文环境。

多年来，天津与德国城市一直保持着良好的合作关系。1993年，天津与德国萨尔州结为友好城市。十二年来，双方高层接触频繁，经济合作不断加深，在经贸、教育等方面取得了非常丰硕的成果。尤其值得一提的是，创建20年的天津中德培训中心，是中国和德国政府迄今在职业教育领域最大的合作项目，为中国培养了数以万计的高技能人才，创出了中国职业教育的优秀品牌。截至今年6月底，德国在天津投资项目224个，到位金额6亿美元，居欧盟15国（2004年5月东扩前）在天津投资的第一位，占德国在华投资的5%。2004年，天津对德国的进出口贸易超过29亿美元，涉及手机、显示器等多种商品。天津已有14家企业在德国投资，投资额410万美元。随着时间推移，两国的友好合作正展现出更加广阔的前景。

天津及滨海新区加快发展，必将为广大投资者提供无限商机，我们热情欢迎更多的德国投资者来天津置业发展。我们将继续改善投资环境，依法维护投资者的权益，一如既往地为国内外投资者搞好服务。

实现中法合作的新发展

（2006 年 5 月 15 日）

法国是世界上具有重要影响的国家，也是与中国合作最广泛的国家之一。多年来，中法两国友好关系不断发展，目前正处于历史上的最好时期。双方高层交往频繁，民间往来日益密切，文化交流空前活跃，经贸合作不断扩大。2005 年底，中国国务院总理温家宝访问法国，与希拉克总统和德维尔潘总理就加强两国全面战略伙伴关系、扩大双方互利合作深入交换了意见，达成广泛共识。2005 年，法国在中国投资项目 342 个，投资总额 6.15 亿美元；中法贸易额达到 206.5 亿美元，增长幅度为 17.5%。预测未来 5 年中法贸易将超过 400 亿美元。

在中法两国交往中，天津一直发挥着重要作用。1984 年，天津与法国北加莱海峡大区建立友好市区合作关系。近两年，天津各级领导与法国高层交往频繁。从 2004 年到现在，共有 11 批代表团到法国访问。天津拥有目前中国最大的法式建筑群，数量达 80 多座，我们正在着手恢复和建立法式风情区。法国设计大师埃菲尔先生在中国唯一的作品——钢结构大桥，也就是天津横跨海河的解放桥，已经成为中法文化的象征。改革开放以来，天津与法国的经贸关系发展迅速。目前，法国在天津投资企业达 152 家，累

注：本文根据戴相龙同志在法国中国天津滨海新区推介会上的演讲整理。

计实际投资 2.23 亿美元。天津在法国投资企业和机构也在逐步增加。2005 年，天津与法国进出口贸易额 6.95 亿美元，比上年增加 48.7%。法国在天津企业均取得了良好的投资回报，2005 年实现销售收入 50 亿元，增长 28%；出口 5800 万美元，增长 12%；实现利润 6.9 亿元，增长 22%。王朝葡萄酒公司是中国第一批外商投资企业，也是天津第一家中外合资企业，其产品已成为中国的知名品牌。在座的企业家中，就有许多在天津的投资者，如道达尔公司、巴黎银行、液化空气集团、施耐德集团、欧尚集团、家乐福集团等许多法国大型跨国公司也已落户天津。前不久，我们与法国航空航天大学集团签订了合办航空工程师学院的协议，开辟了新的合作领域。今年 3 月 30 日，第十二届中法经济研讨会在天津隆重召开，贵国前总统德斯坦先生亲临会议，我们就一系列共同关心的问题进行了友好交谈。这次，我还将和德斯坦先生会面。我们相信，随着天津经济社会的快速发展，天津与法国友好交往和经贸往来会更加活跃。

中法两国经济互补性强，合作空间广阔。这次，天津市代表团共带来了投资额 1000 万美元以上的招商项目 125 个，投资总额 216.6 亿美元。主要包括服务业和基础设施项目、房地产土地开发项目和农业项目等。我们将同液化空气集团、人头马公司、道达尔公司等十多家企业和机构的高层进行会谈。

在此基础上，我们希望加强这样几个方面合作。

一是规划建设和管理好国际航运中心和国际物流中心。天津港计划投资 500 多亿元，正在规划和建设 25 万吨级深水航道、30 万吨原油码头、液化天然气接卸码头等 34 个重点项目。我们正在参照国际枢纽港的功能，建设 15 平方公里的东疆保税港区。法国拥有悠久的航运历史，拥有世界著名的港口和丰富的港口建设与管理经验，与天津有广阔的合作空间。

二是规划和建设具有先进水平的制造和高新技术研发转化基地。天津围绕提高自主创新能力，将进一步发展电子信息、石油化工、汽车制造、生物制药、新能源等六大支柱产业，构建现代制造研发基地。到 2010 年，生产手机 1 亿多部，汽车 100 万辆，乙烯 130 万吨。我们欢迎法国企业通过嫁接、并购、租赁等方式到天津投资，参与天津制造业的改造和升级。

三是加快发展现代服务业。重点建设面积超过 50 万平方公里的天津港散货物流中心、保税区国际物流园区、开发区国际物流园区、空港物流加工区等一批物流项目；投资 500 多亿元，开发建设铜锣湾广场、现代商业广场等 35 个商贸会展项目。同时，我们正在不断提升区域金融服务功能，在这方面可以进一步加强合作。

四是规划和建设生态城市。天津已被国家环保总局命名为环保模范城市。我们正在推进国家园林城市、卫生城市建设，争取到 2010 年，把天津市中心区和滨海新区建成生态城区。因此，在环境保护方面需要大量投资，我们愿与法国有关企业深入合作。

五是扩大中小企业合作。法国有 240 万家中小企业，中国有 800 万家中小企业，天津有 8 万多家中小企业，合作前景十分广阔。天津将进一步完善中小企业促进体系，创造良好的发展环境，配合法国政府"1000 家中小企业来华计划"，大力推进与法国中小企业的合作。

六是共同开发旅游市场。天津是著名的历史文化名城。全市有法、意、奥、德等九国风情区和 100 多处名人故居。现保存完好的历史风貌建筑有 872 幢、156 万平方米。在解放路 1.8 公里长的金融街上有 28 家各国银行建筑。法国是一个富有浪漫色彩的国度，拥有丰富的旅游资源，双方在旅游领域的合作潜力巨大。

　　天津的发展前景非常广阔，滨海新区的开发开放必将为广大投资者提供无限商机，我们热情欢迎更多的法国投资者来天津置业发展。我们将继续改善投资环境，依法维护投资者的权益，一如既往地为国内外投资者搞好服务，实现双方合作的互利共赢。

推进中意交往进入新阶段

（2005 年 10 月 22 日）

意大利"中国天津周"昨天隆重开幕了。许多意大利新老朋友出席了开幕式，对这次活动给予很高期望。开幕式后，中国民族音乐会、百对新人喜庆婚典、中国天津文物珍品展等系列活动相继举行，充分展示了天津的文化底蕴和天津作为中国北方重要经济中心、国际港口城市的风采。我们相信，这次活动的成功举办，必将大大增进中国和意大利之间的传统友谊，推动天津与意大利各个城市的友好交往进入一个新的发展时期。

我们来到意大利的首都罗马，这座美丽的城市给我们留下了十分深刻的印象。具有 2500 年历史的罗马，是意大利政治、历史和文化的中心，世界灿烂文化的发祥地。天津也是中国的一座历史文化名城，现有英、美、法、德、意、比、日、奥、俄九国风

注：本文根据戴相龙同志在意大利"中国天津周"招待酒会上的演讲整理。为了表彰天津市对意大利风情区的保护，时任意大利总统钱皮授予戴相龙同志一级骑士勋章。意大利"中国天津周"由国家文化部和天津市人民政府共同举办。期间，举办了大型中国民族音乐会、天津印象大型图片展、魅力天津—旅游推介会、中意文化交流史回顾学术研讨会、中意中学生女子排球友谊赛等。在罗马西班牙广场，天津 52 对 104 名新人举行了"盛世婚典、浪漫罗马"集体婚礼，由罗马市市长维尔特罗尼和天津市市长戴相龙联袂主持，在当地引起强烈反响。2007 年 3 月，罗马市长维尔特罗尼回访天津，有 10 对曾参加罗马婚典的新人，热情向贵宾献花，并赠送婚礼纪念册。

格的各式风貌建筑854座、141万平方米,素有"万国建筑博览"之称。天津与罗马市的互补性很强,合作潜力很大,我们完全应当在更广阔的领域寻求新的交流与合作。

今年恰逢中意两国建交35周年。回顾35年来的友好历程,两国政治关系稳固发展,各个层次的交流相当活跃,经贸、科教、文化等领域的合作日益深化。目前,中国与意大利已签订了海关、民航、经济、科技、文化等多个协议、条约与合作议定书。两国政府也十分重视文化上的交流与沟通,双方文化、艺术界人士往来不断,合作举办了众多展览会和研讨会。今年6月9日,中国首次参加了举世瞩目的威尼斯国际艺术双年展,明年意大利还将在中国举办意大利文化年。截至今年7月,意大利在华投资2720个项目,投资总额30亿美元,涉及机电、服装、纺织等诸多行业。今年头7个月,中国和意大利双边贸易额达108亿美元,较2004年同期增长24%。今年9月8日,意大利对外贸易委员会、意大利发展委员会又与中国商务部签订了旨在增强两国间更紧密双向投资的《谅解备忘录》,相信未来中意两国间的经贸合作会更加深入。

中国和意大利的友好交往源远流长。早在1985年,天津就与意大利伦巴第大区结为友好城市。近年来,友城之间的高层互访频繁,双方各个领域交往不断,堪称友城合作之典范。2004年12月,我在北京曾与钱皮总统会面,深入讨论了中国与意大利的未来合作方向,达成了许多一致性的意见。钱皮总统对天津意式风情区的保护和开发十分赞赏,提出了许多宝贵的意见。今年4月,意大利驻华大使孟凯蒂先生专程到天津同我商谈此事。天津意式风情区占地28公顷,是意大利境外唯一保存完好的近代意式建筑风貌区。我们正在对具有意式风貌特征的旧建筑进行修缮和保护,现在一期工程已经完工,修复了36幢单体建筑,改造了周边8条道路。预计明年底，风情区改造完成后，将成为集商贸、办公、旅游、休闲、娱乐为一体的精品商务区。目前，天津与意大利的经贸往来十分密切。截至今年6月，意大利在天津投资项目84个，到位金额1.3亿美元，占意大利在华投资的5%。2004年，天津对意大利的进出口贸易超过3.5亿美元，涉及手机、摄录机等多种商品。天津工艺品进出口公司和食品进出口公司均在意大利设有办事机构。意大利也有富士豪等5家公司在天津设立办事处。

当前，天津面临的一个重大历史机遇，就是滨海新区纳入全国整体发展战略布局。我们正在高标准、高水平地编制滨海新区长远发展规划，努力把滨海新区建设成现代化的经济新区、社会新区、生态新区和综合改革试验区。着眼于加快滨海新区和天津市的发展，我们正在做这样几件事情，希望能在更广阔的领域寻求与意大利工商企业的新合作。

一是构筑现代化大交通体系。从今年开始，我们计划投资800多亿元，全力打造航空、港口、公路和铁路四大枢纽。在港口建设方面，将投资500亿元建设12个重点项目和22个配套工程。在铁路建设方面，将重点建设3条大通道，京津城际轨道交通已于7月4日开工，将在2008年6月北京奥运会前投入使用，届时北京到天津只需30分钟。在公路建设方面，重点建设4条高速公路，京津塘高速公路二线已于6月16日开工，将在2008年通车。天津滨海国际机场扩建工程已于8月9日开工，到2007年客运规模将达到560万人次。

二是构建现代化制造、研发基地。今后几年，天津将大力发展电子信息、汽车、化工等六大支柱产业。到2010年，将年产手机1亿部，汽车总产量达到100万辆，海洋石油化工产业达到原油加工能力3000万吨，乙烯120万吨，全市工业销售收入达到1.2万亿元人民币。同时，着力提高研发水平和创新能力，规划建设

25 平方公里的滨海新区高新技术区。

三是建设中国北方国际航运中心和国际物流中心。我们正在加紧构建以港口为中心、海陆空相结合的物流体系。天津港区面积将由现在的 30 多平方公里扩大到 100 平方公里。建设 30 万吨级深水航道、30 万吨级原油码头等重点工程。规划和建设 30 多平方公里的天津港东疆保税区。到 2010 年，货物吞吐量将超过 3 亿吨，集装箱吞吐量将超过 1000 万标准箱。100 平方公里的航空城也在规划和建设之中。

四是搞好历史风貌建筑保护和生态环境建设。我们正在对首批核定的 323 幢历史风貌建筑进行维护和开发，加紧推进"近代中国看天津"12 个重点旅游板块的建设，积极塑造"渤海明珠，近代缩影"的旅游形象。今后三年，天津准备投资 800 多亿元用于城市的市政建设与管理，努力改善生态和人文环境。

天津及滨海新区加快发展，必将为广大投资者提供无限商机，我们热情欢迎更多的意大利投资者来天津置业发展。我们将继续改善投资环境，依法保护投资者的合法权益，一如既往地为国内外投资者搞好服务，让广大投资者盈利在天津，满意在天津。

后　记

　　本文集收录了戴相龙同志在天津工作时有关文章和讲话，并按专题进行了分类。张峻屹、杨金海、王盛、张继明，以及赵鹏、高宪哲、鲍培兰、胡俊强、王庆声、王洪府同志参加了本书的整理和编辑工作。天津市政府办公厅、天津市政府研究室、中国金融出版社等单位对于此书的编写和出版给予了很大支持和帮助。

二〇一〇年十月